JEFF NEVIN
& NOÉ SÁNCHEZ

LA MAESTRÍA DEL MARIACHI

This text appears in the student book.

Dear musician,

¡Bienvenido! Welcome to the world of mariachi! As you play your way through **Mariachi Mastery** you will develop your instrumental and vocal technique—technique that can be applied to any style of music. You will learn to read music well, to play with a strong sound, and to take responsibility for every note in the music (like a soloist) while blending your style and sound with the rest of the ensemble (like a chamber musician). But perhaps most important, you will participate in, and experience, a little bit of Mexican culture.

Mariachi music is exciting and it is challenging. It is a centuries-old music full of rich history, but it is also quite modern. It is continually evolving, and is as alive today as it has ever been. Hopefully you will be hooked by the sound of the music, its spirit, and the camaraderie amongst mariachis. Most of all, mariachi music is fun!

Best wishes,

Jeff Nevin

Use the accompaniment CD to help you during your practice sessions. Playing with the CD will improve your pitch and rhythm, and will make practicing more fun!

Este texto aparece en el libro del estudiante.

Estimado músico,

¡Bienvenido al mundo del mariachi! Durante tus ensayos con **La maestría del mariachi**, vas a desarrollar tu técnica instrumental y vocal—técnica que se puede aplicar a cualquier estilo de música. Aprenderás a leer música bien, a tocar con un sonido fuerte y a asumir responsa- bilidad por cada nota que toques (como los solistas). Además, aprenderás a combinar tu estilo y tu sonido con el del resto del conjunto (como los músicos de cámara). Pero quizá lo más importante es que vas a participar y a sentir un poco de la cultura mexicana.

La música de mariachi es una experiencia emocionante y estimulante. Es una música que lleva cientos de años y cuenta con una historia muy rica, pero también es muy moderna. Cambia constantemente y está tan viva hoy como siempre. Espero que te seduzcan sus sonidos, su espíritu y la camaradería que hay entre los mariachis. Más que nada, ¡la música de mariachi es divertidísima!

Les deseo lo mejor,

Jeff Nevin

Utiliza el CD de acompañamiento para ayudarte durante tus sesiones de ensayo. Al tocar junto con el CD mejorarás tu entonación y ritmo, y harás tu ensayo ¡más divertido!

ISBN 0-8497-3464-9

ABOUT THE AUTHOR

Jeff Nevin (b.1968), Ph.D., is one of America's leading mariachi educators and performers. Dr. Nevin is currently Professor of Music and Director of Mariachi Activities at Southwestern College in Chula Vista, California, where he has devised and implemented a unique program that offers the world's first college degree in mariachi music. He has given lectures to music educators across the country on the subject of incorporating mariachi music into public school curricula. He is the Artistic Director of the Mariachi Scholarship Foundation, and is the leader of his own Mariachi Champaña Nevín. Dr. Nevin is an accomplished classical musician as well, performing regularly with the San Diego Symphony among other professional ensembles in the region. He holds a Ph.D. in music composition from the University of California at San Diego. His first book, <u>Virtuoso Mariachi</u>, was published in 2002.

ACERCA DEL AUTOR

Jeff Nevin (n.1968), Ph.D., es uno de los más destacados maestros y artistas de mariachi en Estados Unidos. Es Profesor de Música y Director de Actividades de Mariachi en el *Southwestern College* en Chula Vista, California, donde creó e implementó un programa único que ofrece el primer grado universitario en la música de mariachi en el mundo. Ha dado conferencias a maestros de música en todo el país sobre la inclusión de la música de mariachi en el curriculum de la escuela pública. Es el Director Artístico del *Mariachi Scholarship Foundation* y de su propio *Mariachi Champaña Nevín*. Es también un consumado músico clásico que con frecuencia toca con la Orquesta Sinfónica de San Diego y otras orquestas profesionales de la región. Recibió su Doctorado en Composición musical de la Universidad de California en San Diego. Su primer libro, <u>Virtuoso Mariachi</u>, fue publicado en 2002.

ABOUT THE CONTRIBUTING AUTHOR

Noé Sánchez (b.1969) was born in Roma, Texas, and attended the University of North Texas. He earned a Bachelor's degree in Music Education and a Master's degree in Musicology/Ethnomusicology with specialization in Latin-American Music. Currently, he lives in San Antonio, Texas where he has started seven mariachi programs. Mr. Sánchez has published choral and mariachi music and has also published and provided mariachi curriculum guides for schools starting mariachi programs. Mr. Sánchez is a very active mariachi educator and is involved as a clinician, instructor, and judge throughout the United States.

ACERCA DEL AUTOR ASOCIADO

Noé Sánchez (n.1969) es originario de Roma, Texas. Estudió la Licenciatura en Educación Musical y la Maestría en Musicología y Etnomusicología con especialización en música latinoamericana en la *University of North Texas*. Hoy en día vive en San Antonio, Texas, donde ha inaugurado siete programas de mariachi. El Sr. Sánchez ha publicado música para coros y para mariachi, así como guías curriculares de la música de mariachi para las escuelas que están implementando programas de mariachi. Aunque su trabajo como profesor de mariachi lo mantiene muy activo, también organiza clínicas y funge como instructor y juez en todo el país.

ACKNOWLEDGEMENTS

There are a number of people I would like to thank for their contributions to this method—either for contributing directly to the content herein or for making contributions of a less specific (though no less important) sort. In truth, I began writing these books the day that Dr. Serafin Zasueta invited me to create the world's first college degree in mariachi at Southwestern College—an invitation he made more than 9 years ago, and I am proud to say that the degree was approved 2 years ago. Thanks to you and all of my colleagues at Southwestern for creating the opportunity for me to do this work.

Since then, I have had the pleasure of teaching and learning from my students, for whom this method was originally intended, and to whom it is greatly indebted.

RECONOCIMIENTOS

Hay varias personas a quienes quisiera agradecer sus contribuciones a este método, sea que contribuyeron a su contenido en forma directa, o que apoyaron en una manera menos específica (aunque no por eso menos importante). En realidad, empecé a escribir estos libros el día en que el Dr. Serafin Zasueta me invitó a crear el primer programa de licenciatura en la música de mariachi en Southwestern College hace, ya, más de 9 años. Me enorgullece decir que este programa fue aprobado hace 2 años. Gracias a Ud. y a todos mis colegas en Southwestern por haberme dado la oportunidad de hacer esta obra.

Desde entonces, he tenido el placer de enseñar a -y aprender de- mis alumnos, los destinatarios originales de este método, y a quienes en buena medida se

Thanks in particular to Enrique Campos, Rafael Hernandez, and Magdalena Loza for their input that contributed to the guitarrón and armonía books. Thanks as well to Christian Gonzalez for recording the harp book and making suggestions that contributed to the final version. Thanks to Carlos Santoyo for his expertise, energy, and enthusiasm and to his Ballet Folklórico students for their professionalism while holding their positions long enough to be photographed! Thanks to the many instrumentalists who agreed to be photographed demonstrating their artistry, and thanks to the members of Mariachi Champaña Nevín who looked over and made suggestions that contributed to the final versions of all of the books, especially Carlos "Chi Chi" Rodriguez, Roberto "Chino" Torrez, Guadalupe Gonzalez, and Silvano Chavez. Thanks to Lourdes Vivanco for loaning the beautiful huipil.

Thank you to Noé Sanchez for being at the forefront of standardizing mariachi education for so long, and for contributing articles to the teacher's edition of this method.

Many thanks to my new friends in Michoacán: Paul Kersey, for the wonderful and diligent work translating our text into Spanish; Alvaro Ochoa Serrano for his remarkable mariachi scholarship and of course, for introducing us to Paul! Thanks also to Juan Morales, Eric Hyland, Jorge Mejía Mendoza, and Jesús Morales-Matos for contributing to the translation. And thanks to Perlita Dicochea for all of her support including help in the final hours preparing the student worksheets.

A special thank you to Don Rubén Fuentes, Federico Torrez, and all of the members of Mariachi Vargas de Tecalitlán, past and present, for inspiring so many musicians to play mariachi music—including myself—and for your very kind endorsement of this method. I hope to be working together with you more and more to continue the trajectory of mariachi's evolution that you set forth.

I owe an enormous debt of gratitude to everyone at the Neil A. Kjos Music Company who helped to put this together: Mark Kjos for the brainstorming conversations about this project we had years ago; artists Bruce Johnston for his tireless work on the layout of all the books, Thom Cook for the cover design, and Nelson Surles and Ed Beth for spearheading the photo sessions and editing and preparing the final images; and of course my editor Ryan Beard who, truth be told, could almost be credited as a co-author, considering all the work he's done. Thanks, man.

And finally, yet most importantly, to my daughter Charlotte, my inspiration for everything: I hope you'll forgive me for always staying up so late and being so tired in the morning when you go to school.

— Jeff Nevin

debe su elaboración. Un agradecimiento especial a Enrique Campos, Rafael Hernández y Magdalena Loza por sus contribuciones a los libros del guitarrón y de la armonía. Gracias también a Christian González por grabar el libro del arpa y por sus sugerencias que mejoraron la versión final. Agradezco a Carlos Santoyo su pericia, su energía y su entusiasmo, y a los alumnos de su Ballet Folklórico el profesionalismo que mostraron al sostener sus posiciones hasta que se pudo tomar las fotografías. Gracias a los muchos músicos que se dejaron retratar mientas demostraban su destreza, y también a los integrantes del Mariachi Champaña Nevín por revisar los borradores y hacer sugerencias que fueron incorporadas en la versión final de los libros, especialmente Carlos "Chi Chi" Rodríguez, Roberto "Chino" Torrez, Guadalupe González, y Silvano Chávez. Gracias a Lourdes Vivanco por prestarnos su hermoso huipil.

Agradezco a Noé Sánchez por encabezar el esfuerzo por estandarizar la enseñanza del mariachi por tanto tiempo y contribuir artículos a la edición del maestro de este método.

Muchas gracias a mis nuevos amigos en Michoacán: Paul Kersey, por el excelente y dedicado trabajo de traducir nuestro texto al español; Álvaro Ochoa Serrano por su notable obra académica sobre el mariachi y, desde luego... ¡por presentarnos a Paul! Gracias también a Juan Morales, Eric Hyland, Jorge Mejía Mendoza y Jesús Morales Matos por ayudar en la traducción. Y gracias a Perlita Dicochea por todo su apoyo, especialmente su ayuda de última hora en preparar las hojas de trabajo para los estudiantes.

Un agradecimiento especial a don Rubén Fuentes, Federico Torrez y todos los miembros (actuales y pasados) del Mariachi Vargas de Tecalitlán, por inspirar a tantos artistas a tocar la música de mariachi –yo incluido– y por su amable endoso de este método. Espero seguir trabajando con Uds. para seguir la trayectoria en la evolución del mariachi que Uds. iniciaron.

Tengo una enorme deuda de gratitud con todo el personal de Neil A. Kjos Music Company, quienes ayudaron a armar este trabajo: a Mark Kjos por nuestras pláticas años atrás sobre este proyecto; a los artistas gráficos Bruce Johnston por su incansable trabajo en diseñar los tomos, Thom Cook por la portada, y Nelson Surles y Ed Beth por dirigir las sesiones fotográficas y editar y preparar las imágenes finales; y, desde luego, a mi editor, Ryan Beard a quien, palabra de verdad, casi debo reconocer como co-autor, por todo el trabajo que ha hecho. Gracias 'mano.

Por último, pero no por eso de menor importancia, agradezco a mi hija, Charlotte, mi inspiración en todo: ojalá me perdones mis desveladas y mi cansancio en las mañanas a la hora de ir a la escuela.

— Jeff Nevin

CONTENTS

ÍNDICE DE CONTENIDO

USING *MARIACHI MASTERY*

EL USO DE *LA MAESTRÍA DEL MARIACHI*

INTRODUCTION AND WARM-UPS

INTRODUCCIÓN Y CALENTAMIENTO

EXERCISES AND SONGS — RANCHERAS — EJERCICIOS Y CANCIONES

EXERCISES AND SONGS | RANCHERAS, cont. | EJERCICIOS Y CANCIONES

	Violin Violín	Viola	Trumpet Trompeta	Harp Arpa	Armonía	Guitarrón	Cello & Bass Chelo & Bajo	Score Partitura	CD Track/Pistra
LA VALENTINA									
Exercise / Ejercicio 1	10	8	10	16	16	16	8	55	15
Exercise / Ejercicio 2	11	9	11	17	17	17	9	57	16
Exercise / Ejercicio 3	12	9	12	18	17	18	9	58	17
Exercise / Ejercicio 4	12	10	12	18	18	18	10	60	18
Exercise / Ejercicio 5	13	10	13	19	18	19	10	62	19
Song / Canción	**14**	**11**	**14**	**20**	**19**	**20**	**11**	**65**	**.mp3 CD2-2**
LAS GOLONDRINAS									
Exercise / Ejercicio 1	16	12	16	22	20	22	12	70	20
Exercise / Ejercicio 2	17	12	17	23	20	22	12	72	21
Exercise / Ejercicio 3	17	13	17	23	21	23	13	72	22
Exercise / Ejercicio 4	17	13	17	23	21	23	13	73	23
Exercise / Ejercicio 5	17	13	17	23	21	23	13	73	24
Exercise / Ejercicio 6	18	13	18	23	21	23	13	74	25
Exercise / Ejercicio 7	18	13	18	24	21	23	13	75	26
Exercise / Ejercicio 8	18	13	18	24	21	23	13	76	27
Song / Canción	**19**	**14**	**19**	**25**	**22**	**24**	**14**	**78**	**.mp3 CD2-3**
LA ADELITA									
Exercise / Ejercicio 1	20	15	20	26	23	25	15	83	28
Exercise / Ejercicio 2	21	15	21	27	23	25	15	84	29
Exercise / Ejercicio 3	21	16	21	27	24	26	16	86	30
Exercise / Ejercicio 4	22	16	22	28	24	26	16	87	31
Exercise / Ejercicio 5	22	16	22	28	24	26	16	89	32
Exercise / Ejercicio 6	23	17	23	29	25	27	17	92	33
Exercise / Ejercicio 7	23	17	23	29	25	27	17	93	34
Exercise / Ejercicio 8	24	17	24	30	25	27	17	95	35
Exercise / Ejercicio 9	24	18	24	30	26	28	18	96	
Exercise / Ejercicio 10	24	18	24	30	26	28	18	97	36
Exercise / Ejercicio 11	25	18	25	31	27	29	19	98	37
Exercise / Ejercicio 12	25	18	25	31	27	29	19	99	38
Exercise / Ejercicio 13	25	18	25	31	27	29	19	100	
Song / Canción	**26**	**19**	**26**	**32**	**28**	**30**	**20**	**102**	**.mp3 CD2-4**
TRISTES RECUERDOS									
Exercise / Ejercicio 1	28	20	28	34	30	32	22	108	39
Exercise / Ejercicio 2	29	20	29	35	31	32	22	111	40
Exercise / Ejercicio 3	30	21	30	36	31	33	23	113	41
Exercise / Ejercicio 4	30	21	30	36	32	33	23	114	42
Exercise / Ejercicio 5	30	21	30	36	32	33	23	115	43
Exercise / Ejercicio 6	31	21	31	37	32	34	24	116	44
Exercise / Ejercicio 7	31	22	31	37	33	34	24	117	
Exercise / Ejercicio 8	31	22	31	37	33	34	24	118	45
Exercise / Ejercicio 9	31	22	31	37	33	34	24	119	
Exercise / Ejercicio 10	31	22	31	37	33	34	24	119	
Song / Canción	**32**	**23**	**32**	**38**	**34**	**35**	**25**	**121**	**.mp3 CD2-5**

SONES

	Violin Violín	Viola	Trumpet Trompeta	Harp Arpa	Armonía	Guitarrón	Cello & Bass Chelo & Bajo	Score Partitura	CD Track/Pistra
LA RASPA									
Exercise / Ejercicio 1	34	24	34	40	35	36	26	127	46
Exercise / Ejercicio 2	34	24	34	40	36	36	26	129	47
Exercise / Ejercicio 3	35	25	35	41	36	37	27	130	49
Exercise / Ejercicio 4	35	25	35	41	36	37	27	131	49
Exercise / Ejercicio 5	35	25	35	41	37	37	27	131	50
Exercise / Ejercicio 6	36	25	36	42	37	37	27	132	51
Exercise / Ejercicio 7	36	25	36	42	37	37	27	133	52
Exercise / Ejercicio 8	36	25	36	42	37	37	27	134	53
Ballet Folklórico #1	37	26	37	43	38	38	28	135	
Song / Canción	**38**	**27**	**38**	**44**	**39**	**39**	**29**	**137**	**.mp3 CD2-6**
EL CABALLITO									
Exercise / Ejercicio 1	40	28	40	46	40	40	30	143	54
Exercise / Ejercicio 2	40	28	40	46	40	40	30	143	55
Exercise / Ejercicio 3	41	28	41	47	40	40	30	144	56
Exercise / Ejercicio 4	41	29	41	47	41	41	31	145	57
Exercise / Ejercicio 5	42	29	42	48	41	41	31	146	58
Exercise / Ejercicio 6	42	29	42	48	41	41	31	147	59
Exercise / Ejercicio 7	42	29	42	48	41	41	31	147	
Song / Canción	**43**	**30**	**43**	**49**	**42**	**42**	**32**	**149**	**.mp3 CD2-7**
LA BAMBA									
Exercise / Ejercicio 1	44	31	44	50	43	43	33	154	60
Exercise / Ejercicio 2	45	32	45	51	44	43	33	156	61
Exercise / Ejercicio 3	45	32	45	51	44	44	34	157	62
Exercise / Ejercicio 4	46	32	46	52	44	44	34	157	63
Exercise / Ejercicio 5	46	32	46	52	44	44	34	158	64
Exercise / Ejercicio 6	46	32	46	52	44	44	34	159	
Exercise / Ejercicio 7	46	32	46	52	44	44	34	159	
Exercise / Ejercicio 8	46	32	46	52	44	44	34	159	
Ballet Folklórico #2	47	33	47	53	45	45	35	161	
Song / Canción	**48**	**34**	**48**	**54**	**46**	**46**	**36**	**162**	**.mp3 CD2-8**
EL SÚCHIL									
Exercise / Ejercicio 1	50	35	50	56	48	48	38	169	65
Exercise / Ejercicio 2	50	35	50	56	48	48	38	170	66
Exercise / Ejercicio 3	51	36	51	57	49	48	38	171	67
Exercise / Ejercicio 4	51	36	51	57	49	49	39	173	68
Exercise / Ejercicio 5	52	36	52	58	49	49	39	174	69
Exercise / Ejercicio 6	52	37	52	58	50	49	39	176	70
Exercise / Ejercicio 7	53	37	53	59	50	50	40	178	71
Exercise / Ejercicio 8	53	37	53	59	50	50	40	179	
Exercise / Ejercicio 9	53	37	53	59	50	50	40	179	
Armonía & Guitarrón Duet/Dúo					51	51	41	180	
Song / Canción	**54**	**38**	**54**	**60**	**52**	**52**	**42**	**183**	**.mp3 CD2-9**

	Violin / Violín	Viola	Trumpet / Trompeta	Harp / Arpa	Armonía	Guitarrón	Cello & Bass / Chelo & Bajo	Score / Partitura	CD Track/Pistra
LA LLORONA									
Exercise / Ejercicio 1	56	39	56	62	54	54	44	190	72
Exercise / Ejercicio 2	56	39	56	62	55	54	44	191	73
Exercise / Ejercicio 3	56	39	56	63	55	55	45	192	74
Exercise / Ejercicio 4	57	40	57	63	55	55	45	193	75
Exercise / Ejercicio 5	57	40	57	63	55	55	45	194	76
Exercise / Ejercicio 6	57	40	57	63	55	55	45	194	■
Song / Canción	**58**	**41**	**58**	**64**	**56**	**56**	**46**	**196**	**.mp3 CD2-10**
Huipil	60	40	60	66	57	57	47	200	■
EL SON DE MI TIERRA									
Exercise / Ejercicio 1	61	42	61	67	58	58	48	203	77
Exercise / Ejercicio 2	62	42	62	67	58	58	48	204	78
Exercise / Ejercicio 3	62	42	62	68	58	58	48	205	79
Exercise / Ejercicio 4	62	43	62	68	58	58	48	205	80
Exercise / Ejercicio 5	62	43	62	68	59	59	49	206	81
Exercise / Ejercicio 6	63	43	63	68	59	59	49	206	■
Exercise / Ejercicio 7	63	43	63	69	59	59	49	207	82
Exercise / Ejercicio 8	63	43	63	69	59	59	49	209	83
Exercise / Ejercicio 9	63	43	63	69	59	59	49	209	■
Song / Canción	**64**	**44**	**64**	**70**	**60**	**60**	**50**	**211**	**.mp3 CD2-11**
MARÍA CHUCHENA									
Exercise / Ejercicio 1	66	45	66	72	62	62	52	217	84
Exercise / Ejercicio 2	67	45	67	73	62	62	52	218	85
Exercise / Ejercicio 3	67	45	67	73	62	62	52	219	86
Exercise / Ejercicio 4	68	46	68	74	63	63	53	220	87
Exercise / Ejercicio 5	68	46	68	74	63	63	53	221	88
Exercise / Ejercicio 6	68	46	68	74	63	63	53	221	89
Exercise / Ejercicio 7	69	46	69	75	63	63	53	222	■
Exercise / Ejercicio 8	69	46	69	75	63	63	53	222	■
Exercise / Ejercicio 9	69	46	69	75	63	63	53	222	■
Song / Canción	**70**	**47**	**70**	**76**	**64**	**64**	**54**	**224**	**.mp3 CD2-12**

EXTRA EXERCISES   EJERCICIOS ADICIONALES

	Student Page Página del Estudiante	Score Page Página de la Partitura	
Harp	78	228	Arpa
Armonía	66	231	Armonía
Guitarrón	66	233	Guitarrón

VOCAL SOLOS   SOLOS VOCALES

	Violin Violín	Viola	Trumpet Trompeta	Harp Arpa	Armonía	Guitarrón	Cello & Bass Chelo & Bajo	Score Partitura
LA ADELITA	72	48	72	88	72	72	56	234
TRISTES RECUERDOS	73	49	73	89	73	73	57	235
LA BAMBA	74	50	74	90	74	74	58	236
LA LLORONA	75	51	75	91	75	75	59	237
EL SON DE MI TIERRA	76	52	76	92	76	76	60	238
MARÍA CHUCHENA	77	53	77	93	77	77	61	239

Mariachi History / La historia del mariachi	78	54	78	94	78	78	62	240
Map / Mapa	79	55	79	95	79	79	63	241
Chart & Diagram / Tabla y diagrama	80	56	80	96	80	80	64	242
Vocal Exercises / Ejercicios vocales	Back Cover / Contraportada							320

RESOURCES / RECURSOS

Amable lector:

Como Ud. notará al leer la versión española de **La maestría del mariachi**, en su redacción se usa sólo el género masculino (los estudiantes, el maestro). Aunque conscientes de este "sesgo" y de la necesidad de corregirlo para no marginar a la mitad de la población humana, en el desarrollo de este libro enfrentamos dos complicaciones.

Primero, como un "Manual", el libro contiene referencias continuas al docente y su alumnado; por ejemplo: "El maestro debe enseñar al alumno cómo cuidar su instrumento." De escribir esto usando ambos géneros, se leería: "El/la maestro/a debe enseñar al/a la alumno/a cómo cuidar su instrumento", un estilo que, creemos con sinceridad, resultaría incómodo o incluso cansado para el público.

Segundo, hubo consideraciones de espacio. Un texto en español casi siempre resulta más largo que su versión en inglés, y este libro no es la excepción. Entonces, escribir usando ambos géneros habría implicado que la versión en español fuera sustancialmente más larga.

Por estas dos razones se optó por acatar la normatividad de la redacción en español que indica que el uso del género masculino incluye ambos géneros. Esto, en la esperanza de que contaremos con la comprensión de todas las personas –mujeres y hombres– que tengan de bien "echar un ojo" a **La maestría del mariachi**.

Atentamente, los autores y el editor de **La maestría del mariachi.**

PROLOGUE: A RATIONALE FOR MARIACHI MUSIC EDUCATION

Mariachi is no longer just a "folk" music: its rich history and diverse repertoire of songs help establish it as a legitimate art form worthy of formal study. Until now, no systematic and comprehensive approach to teaching mariachi music has been available. Music teachers have had to scramble to find or create appropriate materials to share with their pupils. Illegible photocopies and substandard arrangements of mariachi music abound.

Mariachi music is currently at a point within its evolution where it is becoming widely recognized as a "parallel art music"—parallel to the other great art music of the world, such as European art music ("Classical Music"), East Indian Classical Music, Jazz and others—as opposed to its former designation as a so-called "folk" music. This distinction is important, since it implies a greater degree of sophistication, artistic merit, longevity, respect, and broader *importance* in this world.

Consider the analogy of jazz music: 100 years ago jazz was in its infancy, rooted in American negro spirituals, work songs and certain regional (i.e. isolated) popular musical forms. Through the first half of the 20th Century jazz grew in popularity and spread across the country, with a number of immensely popular performers and composers writing and performing in a number of different "styles" of jazz, such as swing, ragtime, be-bop. Classical composers including George Gershwin and Darius Milhaud borrowed from jazz rhythms, harmonies, melodic styles and created new classical music based on jazz.

And yet still, up until perhaps the 1970s, jazz music itself was widely considered by the musical establishment to be "informal" or un-structured, people quipped that much of it is "made up" (i.e. improvised), it is performed mainly in bars or night-clubs, many jazz musicians were not classically trained, etc. This was hardly a music considered worthy of "serious" study or being taught in school, but by the 1970s the academic community slowly did begin to recognize and appreciate that jazz had indeed become a musical art-form unto itself, with its own history, performance practices (jazz improvisation is a remarkably complex and involved skill to master), repertoire, major influences, a large body of performers both professional and amateur (many widely recognized "virtuosos"), and a huge audience base that extended far beyond the United States' borders. Today, most colleges and high schools with a strong music program offer jazz band in addition to the more "traditional" American music ensembles of concert band, orchestra, and choir, and many colleges have several full-time jazz faculty members and offer undergraduate and graduate degrees in various aspects of jazz music (instrumental or vocal performance, composition, education, etc.).

PRÓLOGO: ¿POR QUÉ ENSEÑAR LA MÚSICA DE MARIACHI?

La música de mariachi ya no es sólo otro género de música "folk": su rica historia y amplio repertorio de canciones la han establecido como una forma de arte legítima, digna del estudio formal. Hasta ahora, no ha existido un programa sistemático y comprensivo para enseñar la música de mariachi: el maestro de música tenía que buscar, o crear, material apropiado para sus pupilos. Abundan fotocopias ilegibles y arreglos de mala calidad de la música de mariachi.

Hoy, la música de mariachi está en un punto en su evolución en que se reconoce como una "música artística paralela": al lado de los otros grandes géneros de música artística, como el europeo ("música clásica"), la música clásica de la India oriental y el jazz, entre otros; esto en contraste a su otra designación como una música "folk"; una distinción relevante, porque implica mayor sofisticación, mérito artístico, longevidad, respecto e *importancia* en el mundo.

Consideremos una analogía con el jazz. Hace 100 años, el jazz estaba en su infancia, enraizado en la música folklórica de los afro-americanos: espirituales, cantos de trabajo y formas musicales populares regionales (aisladas). En la primera mitad del siglo XX, creció la popularidad del jazz y se extendió por todo el país. Tenía varios artistas y compositores muy populares que escribían y tocaban en varios "estilos" de jazz: swing, ragtime y be-bop. Compositores clásicos como George Gershwin y Darius Milhaud tomaron prestados los ritmos, armonías y estilos melódicos del jazz para crear una nueva música clásica basada en este género.

Sin embargo, hasta quizá los años 70 el jazz fue visto generalmente por los del "establecimiento" musical como un género "informal" o "no-estructurado". La gente lo despreciaba y decía que mucho del jazz era "inventado" (improvisado), que se tocaba más bien en bares y clubes nocturnos, que muchos de sus músicos no tenían una formación clásica, etc. No lo veían como una música digna del estudio "serio" o de ser enseñada en la escuela. Pero en los 70, la comunidad académica empezó paulatinamente a reconocer que el jazz se había convertido en una forma artística propia, con una historia, normas de presentación (improvisar en el jazz es un arte complejo, muy difícil de aprender), repertorio, influencias relevantes, un amplio gremio de artistas, tanto profesionales como amateurs (muchos reconocidos como virtuosos), y un enorme público que se extiende más allá de las fronteras de E.U. Hoy, la mayoría de las universidades y preparatorias con buenos programas de música ofrecen cursos de jazz al lado de los géneros "tradicionales" de la música de conjunto del país: como la orquesta y el coro. Además, muchas universidades tienen profesores de jazz de tiempo completo y programas de Licenciatura y Pos-grado en varios aspectos de la música jazz (actuación instrumental, vocal, composición, educación, etc.).

Mariachi music today is at a very similar point in its evolution to that of jazz music in the 1970s. While still generally regarded as purely "folk" music, many scholars, musicians, students and mariachi enthusiasts have grown to respect the rich and diverse history of mariachi. They have embraced the large number of musical forms and styles that are found within mariachi (huapango, son jarocho, son jalisciense, ranchera, etc.), they appreciate the unique musical style and performance practices that have developed into the modern mariachi, and they have recognized a large number of "virtuoso" performers and immensely important composers who have shaped this tradition. Many classical-music composers, as diverse as Aaron Copland and Silvestre Revueltas, have drawn upon mariachi music as inspiration for their new classical-music compositions for orchestral and chamber ensembles. A number of books have been written about mariachi in both English and Spanish, countless newspaper articles have appeared, and mariachi bands exist in countries on at least 4 continents.

Clearly mariachi is poised to take its place among the other great classical music of the world.

Ahora, la música de mariachi está en un punto de evolución similar al del jazz en los 70. Aunque muchos siguen considerándola un género más bien "folk", bastatnes académicos, músicos, estudiantes y aficionados de mariachi de hoy respetan su rica y diversa historia, están atraídos por los múltiples estilos y formas que abarca (huapango, son jarocho, son jalisciense, ranchera, etc.), y aprecian el estilo musical único así como las normas de presentación que han emergido para constituir el mariachi moderno. Reconocen varios *virtuosos* y compositores de enorme importancia que han dado forma a esta tradición. Compositores de música clásica tan diferentes como Aaron Copland y Silvestre Revueltas, han encontrado en la música de mariachi la inspiración para nuevas obras de música clásica escritas para orquestas y conjuntos de cámara. Además, se han escrito y publicado varios libros sobre el mariachi tanto en inglés como en español, así como incontables artículos periodísticos, y existen mariachis en países en al menos 4 continentes.

Está claro que el mariachi está a punto de ocupar su lugar entre las grandes y clásicas tradiciones musicales del mundo.

THE MARIACHI EDUCATION MOVEMENT IN THE U.S.

The following is a brief history of events that led to the current status of mariachi music education.

In 1964, in Tucson, Arizona, Father Charles Rourke founded a mariachi called *Los Changuitos Feos* ("The Ugly Little Monkeys"). This mariachi was established to provide cultural musical experiences to Hispanic children in the area. Father Rourke (an Irish Catholic priest) had been introduced to mariachi music by Father Arsenio Carrillo. Father Carrillo had two nephews (Randy and Steve Carrillo) that had been playing mariachi music for a short time and needed some guidance. *Los Changos* (as they are affectionately called) were very successful and it didn't take long before other places starting taking note. This priest had started a movement from which many programs began to emerge throughout the country. Since their inception, hundreds of *Changos* have graduated from the group, benefiting from the enrichment, encouragement and scholarships provided (funded by the group's many performances) to attend college. *Los Changitos Feos* is still in existence and counts among its alumni members of some of the best mariachis in the world.

In 1971, several members of *Los Changitos Feos*, including Randy Carrillo and Mack Ruiz, graduated from high school and by rule had to leave the mariachi. Along with other Changos including Steve Carrillo, Gilbert Velez, Paul Romo, Wilfred Arvizu, George Corrales and Tony Saldivar they formed *Mariachi Cobre*. This became a turning point in mariachi education. This mariachi was to influence mariachi education in the years to come through their organization in teaching mariachi music at conferences nation-wide. Indirectly, their model of teaching infiltrated public schools around the country.

The first mariachi conference was held in San Antonio, Texas in 1979, another important moment in mariachi history, and continued until 1988. Isabella San Miguel and Juan Ortiz were responsible for organizing the conference and bringing *Mariachi Vargas de Tecalitlán* to perform and teach at it. This conference introduced mariachi education classes but, unfortunately, most of the music was for advanced mariachis, which did little to foster growth in mariachi music. However, this conference did open doors for other conferences.

EL MOVIMIENTO DE ENSEÑANZA DE MARIACHI EN E.U.

Aquí presento una breve reseña de los antecedentes de la situación actual de la enseñanza de la música de mariachi.

En 1964 en Tucson, Arizona, Charles Rourke organizó un mariachi que llamó *Los Changuitos Feos*, con el propósito de presentar experiencias músico-culturales a los niños hispanos de la región. El padre Rourke (un cura católico irlandés) fue introducido a la música de mariachi por el también padre Arsenio Carrillo, cuyos dos sobrinos (Randy y Steve Carrillo) tenían tiempo tocando la música de mariachi pero estaban urgidos de cierta orientación. *Los Changos* (como se conocen con afecto) fueron muy éxitosos y pronto la gente en otros sitios empezó a tomar nota. Este padre había iniciado un movimiento que generaría muchos programas emergentes en E.U. En los años desde que se formó, cientos de Los Changos han graduado de este conjunto, beneficiados por la experiencia enriquecedora, el apoyo y becas (financiadas por sus frecuentes conciertos) para luego entrar en la universidad. *Los Changuitos Feos* aún tocan y cuentan entre sus egresados con algunos de los mejores mariachis del mundo.

En 1971, varios miembros de *Los Changuitos Feos*, entre ellos Randy Carrillo y Macario Ruiz, se graduaron de la preparatoria y, según las reglas, tuvieron que dejar el grupo. Luego, con otros Changos (Steve Carrillo, Gilbert Velez, Paul Romo, Wilfred Arvizu, George Corrales, Tony Saldivar) formaron el Mariachi Cobre en lo que fue un momento clave en la enseñanza del mariachi, pues este grupo influiría por muchos años en la rama de la educación al dedicarse a instruir el género en congresos en todo el país. Indirectamente, su modelo de instrucción llegó a escuelas públicas en varias zonas de E.U.

Otro momento importante en esta historia fue la celebración del primer congreso de mariachi, organizado en 1979 en San Antonio, Texas, por Isabella San Miguel y Juan Ortíz, quienes llevaron al *Mariachi Vargas de Tecalitlán* a tocar y enseñar allí. El congreso siguió hasta 1988 e introdujo clases de mariachi pero, desafortunadamente, la mayor parte de la música era para músicos ya avanzados, así que poco logró en cuanto a alentar el crecimiento de este estilo musical, aunque sí estimuló a otros a organizar nuevas congresos.

THE MARIACHI EDUCATION MOVEMENT IN THE U.S.
EL MOVIMIENTO DE ENSEÑANZA DE MARIACHI EN E.U.

13

The Tucson International Mariachi Conference (1983–present) became the model that other conferences would try to emulate. *Mariachi Cobre* was instrumental in creating the curriculum for the Tucson conference which includes separating classes into beginner, intermediate, and advanced levels (so that mariachi musicians of all levels of expertise could participate) and teaching each of the instruments separately before bringing everyone together in a "mass" mariachi—both of which became important aspects of this and other conferences. *Mariachi Cobre* and *Los Changitos Feos* became spokesmen for the importance of this educational component of the conference in order to promote the culture and awareness of the mariachi tradition.

In 1986, Linda Ronstadt sang with *Mariachi Vargas de Tecalitlán* at the Tucson conference. By this time, isolated school-based mariachi programs had been in existence for some time around the country, in part due to the influence of these conferences, but the release of Ronstadt's album, *Canciones de mi Padre* (1987), created an explosion in awareness of mariachi music throughout the United States, helping to prime the country for the rapid growth of school-based mariachi programs that followed.

Today there are many important conferences across the US besides the Tuscon conference, including Fresno, CA (1983–present), Las Cruces, NM (1994–), taught by *Mariachi Cobre* and widely regarded as one of, if not the most important educational conference in the country today; Albuquerque, NM (1990–); San Jose, CA (1991–); and San Antonio, TX (1994–). The only conference in Mexico as of this writing is in Guadalajara, Jalisco, (1994–).

The University of California, Los Angeles (UCLA) became the first university to offer a mariachi ensemble in 1961. Several prominent mariachis emerged from this group including Daniel Sheehy, Director and Curator of Smithsonian Folkways Recordings, and long-time mariachi educator Mark Fogelquist. Many universities and community colleges have followed, too many to mention, but the University of Texas at Pan American in Edinburg, Texas (Rio Grande Valley), has long been considered to have one of the top university mariachi ensembles in the country.

Luego, la *Conferencia Internacional del Mariachi de Tucson* (1983–hoy) se convirtió en el modelo que otros eventos tratarían de emular. El *Mariachi Cobre* jugó un papel clave en la creación del programa del congreso de Tucson, mismo que estipula una división por niveles –principiante, intermedio, avanzado– que alentó la participación de mariachis de todos los grados y la enseñanza de los instrumentos por separado antes de conjuntarlos en un mariachi "masivo"; dos elementos que se convertirían en prácticas estándares en éste y otros eventos. El *Mariachi Cobre y Los Changuitos Feos* llegaron a ser los portavoces que predicaban la importancia de este componente educativo del congreso a fin de promover la cultura del mariachi y aumentar la conciencia de esta tradición.

En 1986, Linda Ronstadt cantó con el *Mariachi Vargas de Tecalitlán* en el evento en Tucson. Para entonces, había programas de mariachi aislados en algunos lugares, en parte gracias a la influencia de los congresos. Pero la presentación del álbum de Ronstadt, *Canciones de mi padre* (1987), creó una explosión en la popularidad de la música de mariachi en todo E.U., y ayudó a preparar al país para el rápido crecimiento de programas de mariachi en las escuelas que surgió después.

Hoy, se celebran muchos congresos importantes en E.U., además del de Tucson: entre ellos el de Fresno, California (1983–hoy); el de Las Cruces, Nuevo México (1994–), donde enseña el *Mariachi Cobre* y que hoy se reconoce generalmente como quizá el evento educativo más importante en el país; el de Albuquerque, Nuevo México (1990–); el de San José, California (1991–), y el de San Antonio, Texas (1994–). El único evento en México ahora se celebra en Guadalajara, Jalisco (1994–).

La Universidad de California en Los Ángeles (UCLA) fue, en 1961, la primera en organizar un conjunto de mariachi. Varios músicos conocidos han emergido de este grupo, como Daniel Sheehy, Director y Curador de las *"Grabaciones Folkways"* del *Smithsonian Institute*, y el maestro de mariachi de tantos años, Mark Fogelquist. Muchas universidades y politécnicos (demasiados para nombrar) han seguido, pero el maricahi de la Universidad de Texas en Pan American (Edinburg, valle del Río Grande, Texas), ha sido considerado por mucho tiempo como uno de los mejores en el país.

14

THE MARIACHI EDUCATION MOVEMENT IN THE U.S.
EL MOVIMIENTO DE ENSEÑANZA DE MARIACHI EN E.U.

While mariachi classes have become commonplace in colleges and universities across the US, in 2004 Southwestern College in Chula Vista, California, under the direction of Jeff Nevin, became the first in the world to offer a college degree specifically in mariachi music (Associate's Degree in Music: Mariachi Specialization). Courses offered as part of the degree include Music Theory, beginning and advanced mariachi ensembles, Development of Mariachi: Style and Culture, and primary and secondary instrument instruction (guitar, vihuela, guitarrón, violin, trumpet, voice, harp). Our Lady of the Lake University in San Antonio, Texas, began offering a Bachelor of Arts in Music with an optional emphasis in Mariachi Performance and Pedagogy in 2005, and other colleges and universities are expected to continue this trend of offering higher education degrees in mariachi.

Today, school districts in many states, including California, Texas, Arizona, New Mexico, Nevada, Washington, Colorado, Idaho, and Illinois, provide mariachi as an official class-for-credit during the school day. With this expansion of school-based mariachi programs comes the need for published materials to support them. *Mariachi Mastery* is the first complete mariachi method published by a major publisher. The Mariachi Connection is the first retail store and website to specialize in providing materials to the mariachi community. They not only sell printed music but also instruments, trajes (mariachi suits), supplies, and the only (as of this writing) widely available curriculum for mariachi, "The Current State of Mariachi Curriculum (2005)," by Noé Sánchez.

The first major book on mariachi music in English is Jeff Nevin's <u>Virtuoso Mariachi</u>, published by University Press of America (2002). This book includes basic mariachi history, an in depth and sophisticated discussion of the mariachi style and how it has evolved, a close examination of the trumpet style including tonguing, vibrato and rubato, different song styles and the author's thoughts on the future of mariachi music. Daniel Sheehy's book <u>Mariachi Music in America</u>, published by Oxford University Press (2006) presents an overview and description of mariachi music's evolution, a discussion of the cultural significance of mariachi to musicians and others in Mexico and the US, and details the changes that have occurred in mariachi as a result of its popularization in the US.

Aunque ahora clases de mariachi son comunes en las universidades de E.U., en 2004, el *Southwestern College* (Chula Vista, California), bajo la dirección de Jeff Nevin, se convirtió en la primera institución en el mundo en ofrecer un grado universitario específicamente en la música de mariachi (Grado Asociado en Música: Especialización en Mariachi). Entre las materias que ofrece este programa están: Teoría Musical, Conjuntos de Mariachi para Principiantes y Avanzados, el Desarrollo del Mariachi: Estilo y Cultura, y enseñanza de los instrumentos tanto primarios como secundarios (guitarra, vihuela, guitarrón, violín, trompeta, voz, arpa). En 2005, la Universidad *Our Lady of the Lake* en San Antonio, Texas, inauguró una Licenciatura en Música con especialización en el Arte y la Pedagogía del Mariachi. Esperamos más instituciones de educación superior sigan esta tendencia y abran programas de mariachi.

Hoy, varios distritos escolares en estados como California, Texas, Arizona, Nuevo México, Nevada, Washington, Colorado, Idaho e Illinois ofrecen clases acreditadas en mariachi en sus programas. Esta expansión de programas de mariachi en las escuelas crea la necesidad de contar con material de apoyo impreso. *La Maestría del Mariachi* es el primer método completo para la música de mariachi publicado por un editorial importante. La Mariachi Connection es la primera tienda y sitio web especializado en proveer materiales a la comunidad mariachi. Vende no sólo partituras sino instrumentos, trajes, accesorios y el único currículum ampliamente disponible (en este momento) para el mariachi: *El estado actual del currículo del mariachi* (2005), de Noé Sánchez.

El primer libro importante sobre la música de mariachi en inglés, se intitula **Virtuoso Mariachi**, escrito por Jeff Nevin y publicado por la *University Press of America* (2002). Este tomo contiene una historia del mariachi, una honda y sofisticada discusión del estilo mariachi y su evolución, un detallado análisis del estilo de tocar trompeta que habla del uso de la lengua, del vibrato y rubato y de diferentes estilos de canciones. Incluye las reflexiones del autor sobre el futuro de la música de mariachi. El libro de Daniel Sheehy, **Mariachi Music in America**, (Oxford University Press 2006), presenta una panorama y descripción general del desarrollo de la música de mariachi, una discusión de la importancia cultural del mariachi para músicos y otras personas en México y E.U., y detalla los cambios que ha sufrido debido a su popularización en Estados Unidos.

THE MARIACHI EDUCATION MOVEMENT IN THE U.S.
EL MOVIMIENTO DE ENSEÑANZA DE MARIACHI EN E.U.

15

On December 13, 2005, MENC: The National Association for Music Education held a meeting at their headquarters in Reston, Virginia, where a group of mariachi educators from around the country met with their executive board to discuss creating a mariachi component to MENC. The fact that this, the largest and most important music education organization in the US, would consider placing mariachi alongside band, choir, orchestra and jazz in its list of standard American classroom ensembles is a testament to the extent of mariachi's growth in the US, its future, and indeed the level of respect that mariachi music itself has attained.

Mariachi music has come a long way since the 1960s when Father Rourke started the movement that flourishes in American public schools today. The future of mariachi music education is dependent upon us providing music educators with training in mariachi music as well and the continued proliferation of high quality, standardized published materials for these teachers to utilize. There is every reason to expect that mariachi music will continue to be offered in more and more schools throughout the country in years to come.

El 13 de diciembre de 2005, hubo una reunión de la MENC (*Asociación Nacional para la Educación Musical*) en su sede en Reston, Virginia, donde un grupo de maestros de mariachi de todo el país habló con la *Mesa Directiva* sobre la idea de crear un sector de mariachi en su organización. El hecho de que esta organización de educación musical (la más grande e importante en E.U.) contemplara poner al mariachi en el nivel de su lista de conjuntos musicales escolares estándares que incluye banda, coro, orquesta y jazz es prueba del crecimiento del mariachi en E.U., de su futuro y del respeto que la música de mariachi ha logrado.

La música de mariachi ha progresado mucho desde los 60, cuando el Padre Rourke inició el movimiento que hoy está floreciendo en las escuelas públicas de E.U. El futuro de la enseñanza de la música de mariachi depende de que capacitemos a los profesores en este estilo musical, y de la continua proliferación de materiales impresos de alta calidad y estandarizados que ellos pueden utilizar. Hay muchas razones para pensar que la música de mariachi seguirá siendo ofrecida en cada vez más escuelas en el país en los años venideros.

USING MARIACHI MASTERY

PREREQUISITES

Mariachi Mastery is a comprehensive method book for group or individual study of mariachi music. It is designed for use by violinists who have completed Book 1 of *All for Strings* (or the first book of another comprehensive string method) and trumpet players who have completed Book 1 of the *Standard of Excellence Comprehensive Band Method* (or the first book of another comprehensive band method). No prior experience is required to for the harp, armonía (guitar/vihuela), and guitarrón: these books contain extra preparatory exercises, and the first several songs of *Mariachi Mastery* were written in such a way as to allow beginning harp, armonía, and guitarrón players to quickly "catch up" with violinists and trumpet players who have had one year of prior experience on their instruments.

Viola, cello and bass books are provided as well, although these are not traditionally considered mariachi instruments, so that teachers of string orchestras may use *Mariachi Mastery* without neglecting any students. It should be said that incorporating these instruments into mariachi is not unheard of, in fact countless "symphonic mariachi" recordings have been made as far back as the 1940s and the added depth they contribute to the over-all sound is wonderful, but in live performances very few mariachis utilize these instruments.

A great deal of care and attention went into designing exercises that would teach the true essence of mariachi's unique style. Musicians of any level of ability, including professionals, who would like to learn this beautiful style of playing can use these exercises and the CD accompaniment recording as their guide to doing so.

COLOR

Besides the full color photos, color coding the text and music highlights important features throughout the student books. The book is divided into two parts. The *Ranchera* section is indicated with yellow tabs. The *Son* section is indicated with blue tabs.

EL USO DE LA MAESTRÍA DEL MARIACHI

REQUISITOS

La maestría del mariachi es un método comprensivo para el estudio individual o en grupo de la música de mariachi. Está diseñado para violinistas que han terminado el *Libro 1* de *All for Strings* (o el primer libro de otro método completo para instrumentos de cuerda) y para trompetistas que han terminado el *Libro 1* del *Standard of Excellence Comprehensive Band Method* (o el primer libro de otro método completo para banda). No se requiere experiencia previa para el arpa, la armonía (guitarra/vihuela) o el guitarrón, ya que estos libros contienen ejercicios de preparación adicionales, y las primeras piezas fueron escritas de tal manera que el principiante de arpa, armonía y guitarrón pueda "alcanzar" a los violinistas y trompetistas que ya tienen un año de experiencia con sus instrumentos.

Hay también libros para la viola, el chelo y el bajo, aunque estos instrumentos no se consideran parte tradicional del mariachi. Pero así el maestro de la orquesta de cuerda podrá usar *La maestría del mariachi* sin exluir a ningún alumno. Cabe señalar que incluir a estos instrumentos no sería algo nuevo, pues se han hecho numerosos discos de "mariachi sinfónico" desde la década de 1940, y el fondo musical que agregan al sonido del mariachi es maravilloso. Sin embargo, es poco frecuente que un mariachi usa estos instrumentos en sus presentaciones en vivo.

Los ejercicios que enseñan la verdadera esencia del estilo único del mariachi han sido diseñados con gran cuidado y atención a detalle. Los músicos de todos los niveles – hasta los profesionales– que están interesados en aprender este hermoso estilo musical podrán usar como guías estos ejercicios y la grabación que los acompaña en forma de un CD.

COLOR

Además de las fotos a color, se usan colores para codificar el texto y la música, resaltando así elementos importantes del libro del estudiante. El libro se divide en dos partes. La sección *Ranchera* tiene pestañas amarillas, y la de *Sones* lleva pestañas azules.

Other uses of color are described below.

Light Blue: New musical symbols and terms are featured in light blue boxes in the center of the page. Many students may already be familiar with these terms.

Yellow: Text inside the yellow boxes defines the symbols and terms included in the blue boxes.

Pink: Topics concerning mariachi history, culture, performance practice, etc., are discussed in the pink boxes at the beginning of each song, and throughout the exercises. These are often titled "**Mastering Mariachi.**"

Green: Music printed on a green background or pages with a green stripe down the side indicate music or concepts specific to that instrument. The introduction pages and extra exercises of the armonía, guitarrón, and harp books are colored green.

Blue: Music printed on a blue background indicates a vocal exercise that is to be sung only, and not performed on instruments. This music is printed in concert pitch, and is not playable by a full ensemble that includes B♭ trumpets. In the armonía and guitarrón books, these vocal exercises appear on two staves. Players are to sing and play at the same time. The vocal staff is printed on a blue background, below which the instrumental staff is printed without a colored background.

Yellow: Music printed with yellow boxes indicates the *tonos de acompañamiento* in the harp, armonía, guitarrón, and cello & bass books.

Reasons for Using a Mariachi Method

Mariachi music has traditionally been taught informally, and often by rote, but with the proliferation of school-based mariachi programs as well as the huge expansion of top-flight professional mariachi ensembles in the United States and Mexico, more formalized mariachi education is necessary. If mariachi is to be taught in schools in the US, music literacy and all other aspects of the National Standards of Music Education must be taught as well. Also, long gone are the days when professional mariachis have no need of reading music: a mariachi professional who does not read today is at a serious disadvantage.

A continuación, se describe los otros usos del color:

Azul claro: Nuevos símbolos y términos musicales aparecen en casillas azul claro en el centro de la página. Muchos estudiantes tal vez conozcan estos términos.

Amarillo: El texto en las casillas amarillas define los símbolos y términos de las casillas azules.

Rosa: Temas relacionados con la historia, cultura y presentación, etc., del mariachi están en casillas color rosa al inicio de cada pieza y entre los ejercicios. A menudo llevan el título "***Dominando la música de mariachi.***"

Verde: Música impresa en un fondo verde o en hojas con una raya verde a un lado indica que la partitura o los conceptos son específicos a *ese* instrumento. La introducción y ejercicios extras en los libros de armonía, guitarrón y arpa están en verde.

Azul: Música impresa en un fondo azul indica un ejercicio vocal que debe cantarse sólo, sin tocar instrumentos. Esta música aparece en el tono real y no puede ser tocada por todo el conjunto con trompetas Si♭. En los libros de armonía y guitarrón, estos ejercicios vocales aparecen en dos pentagramas: los músicos deben cantar y tocar al mismo tiempo. El pentagrama vocal tiene fondo azul, y abajo aparece la pentagrama para los instrumentos, sin fondo de color.

Amarillo: La música impresa en casillas amarillas indica los *tonos de acompañamiento* en los libros de arpa, armonía, guitarrón y chelo y bajo.

Razones por usar un método de mariachi

Tradicionalmente, se ha enseñado la música de mariachi informalmente, a menudo por imitación, pero con la proliferación de programas de mariachi escolares y el enorme crecimiento de mariachis profesionales de primer nivel en E.U. y México, precisamos de una enseñanza más formal. Si vamos a enseñar el mariachi en las escuelas de E.U. hay que enseñar también las "Normas Nacionales de Educación Musical" (*National Standards of Music Education*). Ya quedaron atrás la época en que no era necesario que el mariachi profesional pudíera leer música: hoy, un mariachi que no sabe leer música se encuentra en seria desventaja.

One aspect of mariachi education that has been almost ubiquitous out of necessity is the division of instrumental sections during rehearsal—trumpets in one room, violins in another, etc.—in order to learn new songs. While having "sectionals" like this is of course advantageous in just about every musical situation, in American classrooms it is usually the case that one teacher must address the entire class at once. Very few schools provide the 4–5 teachers that would be required for separate simultaneous sectionals for the violins, trumpets, armonía, guitarrones, and harp. Many mariachi teachers might meet different sections at different times, or one teacher would go from room to room visiting each section for a short time before moving to the next. Sometimes assistant instructors for each instrument (volunteer or paid) are brought in to make simultaneous sectionals possible, but in a typical school setting these scenarios are unrealistic and cannot be expected to work well.

While quite a few music publishers sell arrangements of mariachi songs, no comprehensive, sequential course of study that teaches music literacy, mariachi style, instrumental and vocal technique, and mariachi's history and culture has ever been available until now. *Mariachi Mastery* was carefully designed to allow a classroom teacher to simultaneously teach violin, trumpet, guitarrón, armonía, viola, cello, bass and harp students all together in one room. Each instrument book has exercises and performance tips specifically written for that instrument, and all of the books work together seamlessly so that a teacher can successfully guide their students' musical advancement while learning to perform mariachi music in the authentic style.

Un aspecto de la enseñanza de mariachi que, por necesidad, ha sido casi ubicuo es la separación de las secciones instrumentales en el ensayo: para aprender nuevas canciones las trompetas estaban en un aula, los violines en otro, etc. Si bien, ensayar por secciones resulta positiva para casi toda situación musical, en las aulas de E.U. lo más común es que un maestro atiende a todo el grupo al mismo tiempo, ya que pocas escuelas cuentan con los 4 o 5 maestros que se requerirían para atender a secciones separadas de violín, trompeta, armonía, guitarrón y arpa. Muchos maestros de mariachi optan por trabajar con distintas secciones en diferentes momentos; otros van de un salón a otro para atender a cada sección por un corto tiempo antes de pasar a la que sigue. A veces hay maestros asistentes para cada instrumento (voluntarios o pagados), lo que permite la enseñanza simultánea por secciones. Empero, en una escuela típica estas condiciones no son realistas y no se puede esperar que funcionen bien.

Aunque varios editoriales musicales venden arreglos de canciones de mariachi, no ha existido -hasta ahora- un programa de estudio completo y secuencial que enseña a leer música, el estilo mariachi, las técnicas instrumentales y vocales y la historia y cultura del mariachi. *La maestría del mariachi* ha sido cuidadosamente diseñado para permitir al maestro enseñar simultáneamente los estudiantes de violín, trompeta, guitarrón, armonía, viola, chelo, bajo y arpa en un salón. Cada libro contiene ejercicios y sugerencias para tocar que son específicos para un instrumento, y todos los tomos se integran perfectamente para que el maestro pueda guiar el avance musical de sus alumnos mientras ellos aprendan a tocar la música de mariachi con el estilo correcto.

Outline of the Method

Mariachi Mastery is divided into two sections representing two broad styles of mariachi music: *Ranchera* and *Son*. *Ranchera* is a type of song that features a somewhat simple and unobtrusive rhythmic accompaniment by the armonía and guitarrón, with a prominent melody usually sung by a solo singer, though choral and duet singing are also common (**La Valentina** and **Las Golondrinas** are arranged in instrumental versions here). The violins and trumpets play the introduction and other melodic figures that complement this melody throughout *rancheras*. *Rancheras* can be waltz-like in ¾ meter, polka-like in ²⁄₄, a romantic *bolero* in ⁴⁄₄, a slower *ranchera lenta* in ⁴⁄₄, or a combination of these.

Sones are much more active rhythmically and often syncopated. In most *sones* the rhythmic accompaniment is just as important as the melody. The armonía and guitarrón need to play strong in order to balance with the violins, trumpets, and voices. In turn, the violins, trumpets, and voices need to take the rhythmic feel (accents and "swing") from the armonía and guitarrón. Unlike in the *ranchera*, where the melody should usually predominate, every part is equally important in the *son*. Different types of *son* are often named by where that style originated: *son jalisciense* is from Jalisco, *son huasteco* is from the Huasteca region, etc.

Mariachi Mastery is laid out mostly sequentially, progressing from the easiest to the hardest song, but teachers may want to jump around from chapter to chapter in order to obtain desired results with different classes/students. For example, the song **Tristes Recuerdos** (towards the end of the Ranchera section) is rhythmically quite simple for the armonía players, but harmonically quite advanced. Some armonía players may have difficulty with their chords but little difficulty with rhythm, while for others the reverse may be true. For some students or some classes, it might be better to learn **La Raspa** (the first *son*, containing simple chords but more complex rhythms) before learning **Tristes Recuerdos**. The reverse may be true for other students/classes. Important concepts, such as key signatures, time signatures, scales, and melodic patterns, are reinforced throughout the method so that if you do skip around from song to song students will not miss learning these concepts.

Un esbozo del método

La maestría del mariachi está dividido en dos secciones, que representan los dos amplios estilos de esta música: *Ranchera* y *Son*. *Ranchera* es un tipo de canción con el acompañamiento simple y no muy llamativo de la armonía y el guitarrón. Su fuerte melodía la canta normalmente un solo cantante, aunque arreglos para coro y dueto también son comunes (**La Valentina** y **Las Golondrinas** se presentan aquí en arreglos instrumentales). Los violines y trompetas tocan la entrada y otras figuras melódicas de las *rancheras* que complementan la melodía. Una *ranchera* puede usar el compás ¾ del vals, el ²⁄₄ de la polka, el ⁴⁄₄ del *bolero* romántico, un ⁴⁄₄ más lento o una combinación de éstas.

Los *Sones* tienen un ritmo mucho más movido y suelen ser sincopadas. El acompañamiento rítmico del son es casi siempre tan importante como la melodía. La armonía y el guitarrón deben ser tocados fuerte para balancear a los violines, trompetas y voces. Los violines, trompetas y voces, por su parte, deben seguir el *sentido* rítmico (acentos, *swing*) de la armonía y guitarrón. A diferencia de las rancheras, donde normalmente predomina la melodía, cada parte del son tiene la misma importancia. Los diferentes tipos de sones a menudo llevan un nombre que refleja su lugar de origen: el *son jalisciense* es de Jalisco, el *son huasteco* es de la región de la Huasteca, etc.

La maestría del mariachi se elaboró en forma secuencial que progresa de la canción más fácil a la más difícil, aunque los maestros podrían preferir saltar de un capítulo a otro para obtener el resultado deseado, según sus grupos y alumnos. Por ejemplo, **Tristes Recuerdos** (al final de la sección *Ranchera*) tiene un ritmo algo simple para los de la armonía, pero en lo armónico es bastante avanzado. Algunos estudiantes de armonía podrían tener dificultad con los acordes pero no con el ritmo, mientras que otros quizá la situación será al revés. Con ciertos alumnos o grupos podría ser mejor aprender **La Raspa** (el primer *son*; con acordes simples, pero un ritmo más complejo) antes de **Tristes Recuerdos**, aunque con otros resulta mejor al revés. Se repiten los conceptos básicos (armaduras de clave, cifras de compás, las escalas y los patrones melódicos) a lo largo del método, así que aunque un maestro salta de una pieza a otra, el alumno no dejará de aprenderlos.

Each chapter begins with a "Mastering Mariachi" box (see below for more information) that gives students some cultural context for the song they will learn, and an overview of musical terms they will need to play it. These are followed by a number of exercises designed to teach the musical concepts and skills needed to perform the song in that chapter. These exercises will have students progressing from a fairly rudimentary musical level through quite advanced as they work through the book. Violins and trumpets will learn progressively more difficult keys, scale patterns in those keys, melodic figures, rhythmic figures, and articulations. Armonía and guitarrón players will learn standard chord progressions in several different keys and progressively more difficult rhythmic patterns encompassing all of the most common mariachi song types.

Each chapter culminates in a song that will give students the wonderful opportunity to perform mariachi music and experience a little bit of Mexican culture.

VOCAL EXERCISES

Vocal exercises are included in all of the books since every instrumentalist is expected to also sing in mariachi. Some chapters have specific exercises designed to help students learn to sing the song in that chapter, while others simply point to the vocal warm-ups in the back of the books. These vocal warm-ups should be incorporated into every practice session so that students become comfortable singing from the beginning, and so they work on and improve their vocal technique side by side with their instrumental technique.

MASTERING MARIACHI

In addition to the those that appear at the beginning of each chapter, frequent "Mastering Mariachi" lessons appear throughout the book to teach about mariachi culture, give tips to players for performing in a more authentic mariachi style, and offer additional exercises that, when performed, will lead students on their way to becoming master mariachi musicians. Exercises such as "Memorize this melodic pattern and play it in as many keys as you know" will prepare students for memorizing entire songs, transposing songs in their head, learning songs by ear, and improvising the accompaniments to songs—all of which are important aspects of mastering mariachi.

Cada capítulo inicia con una casilla que dice "Dominando la música de mariachi" (véase abajo para más información), que habla al alumno del contexto cultural de la canción que va a aprender, y de los términos musicales necesarios para tocarla. Luego hay una serie de ejercicios diseñados para enseñar los conceptos musicales y la técnica requeridos para tocar la pieza del capítulo. Los ejercicios ayudan al alumno a progresar de un nivel musical quizá rudimentario a un nivel bastante avanzado mientras trabaja con el libro. El violinista y trompetista aprenderán tonos cada vez más complejos, patrones de escalas en estos tonos, figuras melódicas, figuras rítmicas y articulaciones. Los de la armonía y guitarrón aprenderán las secuencias de acordes estándares en varios tonos y patrones rítmicos cada vez más difíciles, que reflejan los tipos más comunes de canciones de mariachi.

Cada capítulo termina con una canción que da al estudiante una maravillosa oportunidad de tocar la música de mariachi y de gozar un poco de la cultura mexicana.

EJERCICIOS VOCALES

Cada libro contiene ejercicios vocales porque todos los músicos de mariachi también cantan. Algunos capítulos contienen ejercicios específicos diseñados para ayudar al alumno a aprender a cantar la canción que se muestra allí; otros simplemente recomiendan los ejercicios vocales al final. Este calentamiento vocal debe incluirse en cada ensayo para acostumbrar a los estudiantes a cantar desde el principio y a practicar y mejorar su técnica vocal al tiempo que aprenden su técnica instrumental.

DOMINANDO LA MÚSICA DE MARIACHI

Además de las que están al inicio de cada capítulo, hay lecciones llamadas Dominando la música del mariachi a lo largo del libro. Estos ejercicios enseñan aspectos de la cultura del mariachi, dan tips que ayudarán a los alumnos a lograr un estilo mariachi más auténtico, e incluyen ejercicios que, con la práctica, los llevarán a ser maestros de la música de mariachi. Los ejercicios "Memoriza este patrón melódico y tócalo en todos los tonos que conozcas" ayudarán al alumno a memorizar canciones enteras, a hacer la transportación mentalmente, a aprender piezas a la manera lírica y a improvisar acompañamientos para canciones; todas éstas son técnicas importantes para dominar la música de mariachi.

INTRODUCTION & WARM-UPS

All books (except for the Cello & Bass) have an introductory section. For the violin, viola, and trumpet, this section includes excellent warm-up and technique exercises playable by musicians in their second year of study. These exercises should be played every day at the beginning of the practice session to build a solid foundation. The harp, armonía, and guitarrón books contain an expanded introduction geared towards beginning instrumentalists. Students will learn music reading, posture, playing position, and technique. For more information, see the individual descriptions of the student books on pages 24-25.

EXTRA EXERCISES

Teaching mariachi music in a heterogeneous setting is a difficult task and including beginning instrumentalists together with more experienced ones only compounds the issue.

Extra exercises for the harp, armonía, and guitarrón have been provided to help bring these players up to the same level of competency on their instrument as players who have had at least one year of experience. For more information, see the individual descriptions of the student books on pages 24-25.

USING THE STUDENT CD

All of the exercises leading up to the song in each chapter are recorded on the accompaniment CD included with each book. The CD is mastered so that the melody instruments (violins, trumpets) are in the left channel, the armonía is in the right channel, and the guitarrón and harp are in the center. Violinists or trumpet players who want to hear their parts played without the distraction of the armonía should pan the recording to the left, or to play along with the just the accompaniment (filling in the violin or trumpet part themselves) pan to the right. Armonía players who want to hear their part isolated without the distraction of the melody can pan the recording to the right, or to play along with the violin, trumpet and guitarrón parts only (filling in the armonía part themselves) pan to the left.

Many of these exercises are designed for students to listen first and then play, modeling their performance on what they just heard on the CD. These exercises are identified by icons above the music. Using the method in this way will greatly facilitate and accelerate learning mariachi style. Concentrate on playing the short figures with the same sound, inflection and energy that can be heard on the CD.

INTRODUCCIÓN Y EJERCICIOS PRELIMINARES

Todos los libros (salvo el de chelo y bajo) tienen una introducción. Para el violín, viola y trompeta, esta sección incluye excelentes ejercicios de preparación y de técnica, adecuados para estudiantes de segundo año. Se recomienda practicar estos ejercicios todos los días al inicio del ensayo, para lograr sólidos cimientos. Los tomos para arpa, armonía y guitarrón tienen una introducción más extensa, dirigida a los alumnos que van iniciando con un instrumento. Allí, aprenden la técnica, a leer música, y a parar o posicionarse para tocar. Véase la descripción de cada libro de estudiante en las páginas 24-25 para más información.

EJERCICIOS ADICIONALES

Enseñar la música de mariachi en un medio heterogéneo es una difícil tarea, y la presencia de alumnos novatos complica los problemas que pueden surgir mientras Ud. enseña.

Se ha incluido ejercicios extras para arpa, armonía y guitarrón que ayudarán a estos alumnos a alcanzar el mismo nivel de competencia con sus instrumentos que ostentan los que ya tienen un año de experiencia o más. Véase la descripción de cada libro de estudiante en las páginas 24-25 para más información.

EL USO DEL CD DEL ALUMNO

Todos los ejercicios que preparan al alumno a tocar la canción del capítulo están grabados en el CD que viene con el libro. El CD fue grabado con los instrumentos de melodía (violines, trompetas) en el canal izquierdo, la armonía en el canal derecho, y el guitarrón y arpa en medio. Así, los violinistas o trompetistas que quieren escuchar sus partes sin la distracción de la armonía, pueden ajustar el balance de las bocinas a la izquierda o, si desean tocar con el acompañamiento, pueden ajustarlo a la derecha (y proceder a tocar la parte de violín o trompeta). Los estudiantes de armonía que desean escuchar su parte sin ser distraídos por la melodía, pueden girar el balance a la derecha, y si quieren tocar junto con las partes de violín, trompeta y guitarrón, girarlo a la izquierda (y proceder a tocar la parte de la armonía).

Muchos de estos ejercicios indican que el alumno debe escuchar primero y luego tocar, modelando su estilo en lo que acaba de oír en el CD. Estos ejercicios son marcados con un ícono impreso arriba de la partitura. Usar el método de esta manera facilita y agiliza el aprendizaje del estilo mariachi. Concéntrese en tocar las figuras cortas con el mismo sonido, inflexión y energía que se escucha en el CD.

To access the features of the Enhanced portion of this CD, place this disc into a computer. You'll find complete recordings of the 12 songs in this book in .mp3 file format. Listen to these files using your computer's audio program. We've also provided the Spanish lyrics and English translations in Adobe's .pdf format. You can download Adobe's Acrobat Reader for free from http://www.adobe.com.

USING THE DIRECTOR CD

The 2nd CD included with the score contains standard audio versions of the .mp3 files on the student CDs playable on a standard audio CD player.

The enhanced portion of this 2nd disc contains .pdf files of the Mariachi and Music Literacy Worksheets located on pages 245–263 of this score.

EXTENDING THE METHOD

Mariachi Mastery is designed to provide mariachi students and teachers with a formal method that has two broad purposes in mind: 1), teaching musical technique and literacy through mariachi music; and 2) teaching the fundamentals of mariachi music and style. Teachers can use the method alone, progressing from start to finish, but they can also use and re-use the exercises in each chapter to prepare students to perform other songs. For example, the first exercise for **De Colores** (a G Major scale in parallel thirds accompanied by simple chords and in $\frac{3}{4}$ meter) can be used as a warm up exercise before learning any song in G Major. Also, the exercises for **El Súchil** are a wonderful way of focusing an entire class on feeling the *son* rhythm together, and therefore could be used (and re-used) as preparation for learning any other *son*.

Each chapter introduces different keys, different scale patterns (broken thirds, triads, etc.), melodic patterns and rhythms for the violins and trumpets, and chords, harmonic progressions, rhythms (song types) for the guitarrón, armonía and harp: all of these exercises could be used as a warm up or preparation for other songs as well. In this way a teacher could spend more time progressing through the method (introducing outside songs after every chapter), or play through the method start-to-finish and then refer back to specific exercises in order to refresh and drill important concepts (scales, keys, rhythms, etc.) as further preparation for learning other songs.

Para accesar el material de la sección *Avanzada* del CD, coloca éste en tu PC. Allí encontrarás grabaciones completas de las 12 canciones del libro en formato .mp3. Escúchalas con el programa de audio de tu PC. Se incluye la letra de las canciones en español con traducción al inglés, en formato *Adobe .pdf*. Ud. puede descargar *Adobe Acrobat Reader* sin costo en http://www.adobe.com.

EL USO DEL CD DIRECTOR

El segundo CD incluido con el libro del Maestro tiene versiones estándares en audio de los archivos .mp3 de los CDs del estudiante que se pueden escuchar en un aparato normal de audio.

La parte *Avanzada* del segundo CD tiene archivos .pdf con las hojas trabajo sobre el mariachi y la notación músical de las páginas 245–263 de este libro.

LA EXTENSIÓN DEL MÉTODO

La maestría del mariachi está diseñado para que el alumno y profesor de mariachi cuenten con un método formal elaborado con dos grandes metas en mente: 1) enseñar técnica musical y a leer música usando el género del mariachi; y, 2) enseñar los fundamentos del estilo y música de mariachi. El maestro puede usar el método solo, progresando del inicio al final, o repetir los ejercicios de los capítulos para preparar a los alumnos a tocar otras piezas. Por ejemplo, el primer ejercicio para **De Colores** (escala Sol mayor en terceras paralelas con sencillos acordes en compás de $\frac{3}{4}$) sirve como preparación antes de aprender cualquier canción en Sol mayor. Los ejercicios para **El Súchil** ofrecen una manera maravillosa para que todo el grupo sienta el ritmo del son. Por lo tanto, pueden usarse (y re-usarse) como preparativos para aprender cualquier otro son.

Cada capítulo introduce diferentes tonos, patrones de escala (terceras quebradas, triadas, etc.), y patrones y ritmos melódicos para violín y trompeta, así como acordes, progresiones armónicas y ritmos (tipos de canciones) para guitarrón, armonía y arpa: todos estos ejercicios pueden usarse como calentamiento o preparación para otras canciones. El maestro puede dedicar más tiempo a progresar con el método (al introducir canciones extras después de cada capítulo); o bien seguir el método de inicio a final y después volver a ciertos ejercicios para recordar y practicar conceptos importantes (escalas, tonos, ritmos, etc.), como una preparación adicional que conducirá a la enseñanza de otras canciones.

USING THE SONGS

The songs in **Mariachi Mastery** were arranged for full mariachi, but if necessary they will still sound complete with some parts missing. The standard full-size mariachi has six violins (playing unison, in 2 or 3 parts), two trumpets, one guitarrón, one vihuela and one guitar (vihuela and guitar play the same *armonía* part together).

Harp was historically a very important instrument to mariachi and adds a wonderful dimension to its sound, but harp players are unfortunately rare. Including a harp book in this method is intended to help remedy this situation. Viola, cello and bass are not traditionally used in mariachi but their inclusion here is intended to allow the method to be used by string orchestras without excluding members, and for the cello/bass to substitute for the guitarrón if one is not available. Using all of these parts (harp, viola, cello/bass) will create a fuller, more symphonic sound to the mariachi, but none of them is required for the arrangements to sound complete.

The minimum players required to make the arrangements in **Mariachi Mastery** sound complete are 1–2 violins, 1 vihuela (or guitar, playing the *armonía* part) and 1 guitarrón (or one cello/bass substituting for guitarrón). Trumpets are very important, giving mariachi much of it's characteristic sound, but many early mariachis didn't use trumpets, and these arrangements were designed to function without trumpets if necessary. Though, having trumpets will add a great deal of authenticity and beauty to the music.

ARMONÍA NOTATION

The *armonía* instruments are rhythm guitars. Players finger chords with one hand and strum in rhythm with the other. Since chord symbols and rhythms are all that are required, *armonía* music is written with rhythmic notation (slashes) and chord symbols above this. In fact, given that different types of guitars with different tunings will play from the *armonía* part, and sometimes players will choose to finger a chord differently based on the context in a song, writing specific pitches is unnecessary.

For more information on armonía notation, please see page 292.

EL USO DE LAS CANCIONES

Aunque el arreglo de las canciones en **La maestría del mariachi** es para un mariachi completo, se escuchará bien incluso si faltan un u otro elemento. El mariachi estándar tiene seis violines (que tocan al unísono en 2 o 3 partes), dos trompetas, un guitarrón, una vihuela y una guitarra (las dos últimas tocan juntos la armonía).

Antes, el arpa era un instrumento muy importante en el mariachi, que añadía una dimensión maravillosa a su sonido pero, por desgracia, hoy en día hay pocos arpistas. Este método incluye un libro para arpa en un intento de remediar esta situación. La viola, el chelo y el bajo no son tradicionales en el mariachi, pero se incluyen para que la orquesta de cuerdas pueda usar el método sin excluir a ninguno de sus elementos, y para que el chelo y/o bajo pueda tomar el lugar del guitarrón si no lo hay. Aunque la inclusión de todos estos elementos (arpa, viola, chelo y bajo) crea un sonido de mariachi más lleno y sinfónico, ninguno es necesario para que los arreglos tengan un sonido completo.

El número mínimo de integrantes que se necesita para que los arreglos en **La maestría del mariachi** se escuchen completos son 1–2 violines, 1 vihuela (o guitarra, que toca la armonía) y 1 guitarrón (o, en su lugar, 1 chelo o bajo). Las trompetas son muy importantes, porque dan al mariachi mucho de su sonido característico. Sin embargo, muchos mariachis tempranos no las usaban, así que los arreglos en este libro están diseñados para funcionar sin trompeta en caso necesario. Empero, usar trompetas da mucho más autenticidad y encanto a la música.

LA NOTACIÓN DE LA ARMONÍA

Los instrumentos que componen la armonía son guitarras de acompañamiento. El guitarrista toca acordes con los dedos de una mano y rasguea el ritmo con la otra. Ya que sólo se ocupa los símbolos de los acordes y del ritmo, se escribe la música de la armonía usando una notación rítmica (diagonales) con los símbolos de los acordes arriba. Porque distintos tipos de guitarra con diferente afinación tocarán la armonía, y los músicos a veces prefieren tocar un acorde en forma distinta según el contexto de la canción, resulta innecesario anotar notas específicas.

Para más información sobre la notación de la armonía, favor de pasar a la página 292.

About the Student Books

Mariachi Mastery student books contain unique features written specifically for that instrument. These are included to provide proper warm-up and technique exercises for the beginning student and for the accomplished mariachi musician who perhaps learned by rote and never studied their instrument in an academic setting.

VIOLIN & VIOLA

A two-page warm-up section begins the book. The exercises focus on finger and bowing patterns. Students should play these exercises at their own pace before each rehearsal and home practice session to improve technique, finger accuracy, and bow arm facility. A valuable guide to instrument care concludes these pages. The last page of the book contains a finger pattern chart and labels the parts of the instrument in English and Spanish. These pages are reproduced in this score on pages 29, 30, and 242.

TRUMPET

A two-page warm-up section begins the book. The exercises focus on long tones and lip slurs. Students should play these exercises at their own pace before each rehearsal and home practice session to improve breath control, articulation, range, and endurance. A valuable guide to instrument care concludes these pages. The last page of the book contains a fingering chart and labels the parts of the instrument in English and Spanish. These pages are reproduced in this score on pages 30 and 242.

HARP

An eight-page introduction section begins the book. It labels the parts of the harp in English and Spanish and features instruction on proper posture and playing position, hand and finger placement, tuning the harp, and reading music. Warm-up exercises focus on arpeggios and scales. A valuable guide to instrument care concludes the introduction pages.

A ten-page section of additional exercises appears at the back of the book. These exercise feature more arpeggios, and a brief discussion of music theory as it relates to chord inversion and hand positions.

The last page of the book contains a chart of the *Tonos de Acompañamento*, and chord inversions in various keys.

These pages are reproduced in this score on pages 31, 228, and 242.

ARMONÍA

The armonía book is used by both guitar and vihuela players. The eight-page introduction section features separate starting pages for each instrument. Each

Sobre los libros del estudiante

Los libros del estudiante de *La maestría del mariachI* contienen información escrita específicamente para cada instrumento. Ofrecen ejercicios de calentamiento y técnica adecuados para ambos: el principiante y el mariachi experimentado que quizá aprendió por imitación sin estudiar su instrumento en la escuela.

VIOLÍN Y VIOLA

Este libro inicia con una sección de calentamiento de 2 páginas con ejercicios que repiten los patrones de movimiento de los dedos y del arco. El alumno debe repetir estos ejercicios a su propio paso en casa antes de cada ensayo o práctica para mejorar su técnica, la seguridad de sus dedos y la agilidad del brazo que usa el arco. Al final, hay una valiosa guía para el cuidado del instrumento y, en la última página, un cuadro con los patrones de los dedos y las partes del violín en español e inglés. Se reproduce esta parte aquí en las páginas 29, 30 y 242.

LA TROMPETA

Este libro inicia con una sección de calentamiento de 2 páginas. Los ejercicios enfatizan tonos largos y los ligados. El alumno debe practicarlos a su paso en casa antes de cada ensayo o práctica para mejorar el control de la respiración, la articulación, los agudos y su aguante. Al final, hay una valiosa guía para el cuidado del instrumento y, en la última página, un cuadro que muestra los movimientos de los dedos y las partes de la trompeta en español e inglés. Se reproduce esta parte aquí en las páginas 30 y 242.

EL ARPA

Inicia este libro con una sección introductoria de 8 páginas que identifica las partes del arpa en español e inglés, y enseña la postura y posición de tocar correctas, la colocación de los dedos y manos, la afinación del arpa y cómo leer la música. Los ejercicios de calentamiento enfatizan arpegios y escalas. Al final, hay una valiosa guía para el cuidado del arpa.

Concluye el libro con una sección de 10 páginas con ejercicios extras que tienen más arpegios y una breve discusión de la teoría musical y su relación con la inversión de los acordes y la posición de las manos.

En la última página, hay un cuadro con los *Tonos de Acompañamiento* y las inversiones de los acordes en varios tonos.

Se reproduce esta parte aquí en las páginas 31, 228 y 242.

LA ARMONÍA

El libro de armonía es para los guitarristas y vihuelistas. En la introducción (8 páginas), los instrumentos de la armonía son tratados por separado. La primera página

starting page labels the parts of the instrument and discusses proper posture, playing position, right and left hand placement, and tuning the instrument. After the initial pages, the guitarist and vihuela player read off the same page where they learn to read music, strum their instrument and play basic chords. A valuable guide to instrument care concludes the introduction pages.

A six-page section of additional exercises appears at the back of the book. These exercises feature a chart of the *Tonos de Acompañamiento* and accompaniment patterns and chord changes in several styles. Many of these exercises are playable as a duet with a guitarrón player to help improve everyone's technique.

The last page of the book contains a complete chord chart of fingerboard diagrams for the guitar and the vihuela.

These pages are reproduced in this score on pages 33, 232, and 243.

GUITARRÓN

A six-page introduction section begins the book. It labels the parts of the guitarrón in English and Spanish and features instruction on proper posture and playing position, hand and finger placement, tuning the guitarrón, and reading music. Warm-up exercises progress from teaching one note at a time to playing four notes in succession. This procedure ensures rapid success for beginning players. A valuable guide to instrument care concludes the introduction pages.

A six-page section of additional exercises appears at the back of the book. These exercises feature a chart of the *Tonos de Acompañamiento* and accompaniment patterns in several styles, as well as chromatic scales and diatonic scales in several keys. Many of these exercises are playable as a duet with a guitar or vihuela player to help improve everyone's technique.

The last page of the book contains a complete fingering chart for the guitarrón featuring fingerboard diagrams along side of color photos of the left hand position.

These pages are reproduced in this score on pages 35, 232, and 243.

CELLO & BASS

The cello & bass book can be used as a substitute for the guitarrón. When performed *pizzicato*, the sound will be similar to that instrument. The bow may be used at the director's discretion.

The last page of the book labels the parts of the cello and bass in English and Spanish. This page is reproduced in this score on page 243.

de cada sección indica las partes del instrumento y enseña la postura correcta, la posición para tocar, la colocación de ambas manos y cómo afinar el instrumento. Después, ambos –el guitarrista y el vihuelista– usarán las mismas páginas para aprender a leer música, a rasguear correctamente y a tocar los acordes básicos. El libro concluye con una valiosa guía para el cuidado de los instrumentos.

Una sección adicional de 6 páginas al final tiene ejercicios extras y un cuadro con los Tonos de Acompañamiento, los patrones de acompañamiento y los cambios de acordes en varios estilos. Muchos de estos ejercicios pueden tocarse como dueto con un guitarronista, para que todos mejoren su técnica.

La última página del libro tiene un cuadro completo de acordes con dibujos del diapasón para guitarra y vihuela.

Se reproduce esta parte aquí en las páginas 33, 232 y 243.

EL GUITARRÓN

Este libro inicia con una sección introductoria de 6 páginas que enseña las partes del guitarrón en español e inglés, la postura y posición para tocar correctas, la colocación de las manos y dedos, el método de afinación y cómo leer la música. Los ejercicios de calentamiento pasan de enseñar a tocar una nota a la vez a tocar cuatro notas en serie. Así, el principiante progresa a buen paso. Una guía valiosa al cuidado del instrumento concluye estas páginas introductorias.

Al final del libro, hay una sección con ejercicios adicionales que incluye un cuadro con los Tonos de Acompañamiento y los patrones de acompañamiento en varios estilos, así como las escalas cromáticas y diatónicas en diferentes tonos. Varios de los ejercicios pueden tocarse en forma de dueto con un guitarrista o vihuelista. Así, todos podrán mejorar su técnica juntos.

La última página del libro tiene un cuadro con diagramas de la posición de los dedos en el diapasón junto a fotografías a color de la posición de la mano izquierda.

Se reproducen estas páginas aquí en las páginas 35, 232 y 243.

CHELO Y BAJO

El libro para chelo y bajo puede usarse como sustituto del libro del guitarrón. Al tocar *pizzicato*, el sonido será similar al de este instrumento. El arco puede usarse a la discreción del director.

La última página del libro identifica las partes del chelo y bajo en español e inglés. Se reproduce esta página aquí en la página 243.

MAESTRO

These gray "Maestro" boxes are present throughout the exercises in this method. They indicate text that is specific to the teacher ("maestro"), and are not included in the student book.

Important points are presented in bold type, while information of a secondary nature is printed in plain type to make finding information quicker and easier during a rehearsal.

General guidelines

Before the start of every rehearsal, have the members of the mariachi tune their own instruments and begin to warm up individually. With inexperienced students, you may need to tune their instruments for them.

Tell students that they must arrive 10-15 minutes before rehearsal officially begins so they will have time to tune and warm up prior to rehearsal. Pass along to them this well-known saying in the music business: "if you arrive early you are on time, if you arrive 'on time', you're late."

When it is time for the rehearsal to begin, have the members of the mariachi position themselves according to the arrangement that you desire (see page 281), then have one person play a "concert A" so that the entire mariachi can tune together (or use the tuning track on the CD). Players need to tune their instruments individually before they can begin to warm up, but this process of tuning as a group at the beginning of rehearsal is very important: besides assuring that everyone is in tune with one another, it helps focus everyone's minds and bodies on the rehearsal.

Once the mariachi is situated, tuned and focused, the rehearsal is ready to begin. Regardless of what music will be rehearsed, it is always a good idea to begin with some group warm-ups: scales and melodic patterns for the melody instruments, chord progressions and different rhythmic patterns for the others. The first several exercises of each chapter of **Mariachi Mastery** present just these sorts of warm-up exercises: they are designed to prepare students for the songs found at the end of each chapter, but they can also be used to prepare them for playing other songs as well. In this way, you can continue to use these exercises at the start of each rehearsal even after your students have learned all of the songs included here. If you would like to teach any *ranchera valseada* in the key of G, warm up with the first exercise of the DE COLORES chapter,

MAESTRO

En este método, casillas para el Maestro –como ésta– aparecen entre los ejercicios. Indican que el texto es específicamente para el maestro. No aparecen en los libros del estudiante.

Los puntos claves están resaltados en letra negrita, mientras que la información secundaria aparece en letra normal. Así será más fácil y ágil encontrar la información durante un ensayo.

Lineamientos generales

Antes de iniciar el ensayo, los miembros del mariachi deben afinar sus propios instrumentos y calentarse individualmente. Si son estudiantes de poca experiencia, tal vez Ud. tendrá que afinar sus instrumentos.

Indique a los estudiantes que deben llegar 10-15 minutos antes de la hora oficial del ensayo para tener tiempo de afinar sus instrumentos y calentarse. Enséñeles este conocido dicho del negocio de la música: "Si llegas temprano estás 'a tiempo', si estás 'a tiempo' llegas tarde."

Cuando llega la hora de iniciar el ensayo, haga que los integrantes del mariachi se coloquen de acuerdo con el acomodo que Ud. prefiera (véase la p.281), y que uno de ellos toque la nota "La de tono real" para que todos procedan juntos a afinar sus instrumentos (también, puede usar el track para afinar en el CD). Aunque los músicos deben afinar sus instrumentos en forma individual antes de pasar a calentarse, la afinación en grupo al empezar el ensayo también es muy importante: aparte de asegurar que todos estén afinados, ayuda a cada uno a enfocar su mente y cuerpo en el ensayo.

Una vez que el mariachi esté colocado, afinado y enfocado, se puede iniciar el ensayo. Sea cual fuere la música que se planea ensayar, siempre es una buena idea empezar con ejercicios de calentamiento en grupo: escalas y patrones melódicos para los instrumentos de melodía; progresiones de acordes y varios patrones rítmicos para los demás. Los primeros ejercicios de cada capítulo de **La maestría del mariachi** ofrecen exáctamente estos tipos de ejercicios de calentamiento; diseñados para preparar a los estudiantes para tocar las canciones que se encuentran al final, aunque pueden usarse también para tocar otras piezas. Así, Ud. puede seguir usando estos ejercicios al iniciar cada ensayo, aunque sus alumnos hayan aprendido todas las canciones incluidas aquí. Si Ud. desea enseñar una ranchera valseada en el tono Sol, usa el primer ejercicio del capítulo de DE COLORES para calentar,

while if you would like to teach any *bolero ranchero* in the key of A, warm up with the first exercise of the TRISTES RECUERDOS chapter, and so on.

Once students have mastered these exercises, encourage them to memorize them, then teach the students to play the exercises by ear in different keys. This will help them to become better mariachis, and better overall musicians. See page 287 for more memorization tips.

Singing is a very important part of mariachi, every student should sing (regardless of how shy they may be at first!). You should consider developing your students' vocal technique to be just as important as developing their instrumental technique, so perform the vocal warm-ups (in the back of the student books) and vocal exercises during every rehearsal.

As the director of the mariachi, it is your responsibility to lead the rehearsal by starting and stopping the group, pointing out and correcting mistakes, etc., but the director of a mariachi should almost never conduct the musicians in the way that an orchestra conductor does. Simply count off the musicians (so they will start together and play the proper tempo), then let them feel the music together. Encourage everyone to listen to the guitarrón since it serves as the rhythmic foundation of the mariachi and is often playing on beat 1. During performance, ideally a student member of the mariachi will be able to start each song (with a motion of the trumpet or violin), but if it is necessary for the teacher to do this, simply count them off and then try to stand out of the way: the focus of the performance should be the students performing together, not on the instructor directing them.

pero si pretende enseñar algún bolero ranchero en el tono "La", haga el calentamiento usando el primer ejercicio del capítulo de TRISTES RECUERDOS, y así en lo sucesivo.

Una vez que los estudiantes hayan dominado estos ejercicios, aliéntelos a memorizarlos. Luego, enséñeles a tocarlos de memoria en diferentes tonos. Así, llegarán a ser mejores mariachis y mejores músicos en general. La página 287 presenta más sugerencias sobre la memorización.

Cantar es un elemento muy importante del mariachi y cada alumno debe cantar (¡no importa que al principio se sientan cohibidos!). Ud. debe considerar que el desarrollo de su técnica vocal es tan importante como el de su técnica con el instrumento. Entonces, deben practicar en cada ensayo el calentamiento vocal (al final de los libros del estudiante) y los ejercicios vocales.

Como director del mariachi, es su responsabilidad dirigir el ensayo. Ud. indicará al conjunto cuándo debe tocar y dejar de tocar, y señalará y corregirá los errores, etc.; pero el director de un mariachi rara vez dirige a los músicos como lo hace el maestro de orquesta. Ud. sólo debe enseñar el conteo (para que todos empiecen a tocar al mismo tiempo y a la misma velocidad), y luego dejar que ellos, en conjunto, sientan la música. Dígales a todos que pongan mucha atención al guitarrón, porque este instrumento pone el fondo rítmico del mariachi y a menudo toca en el batimiento 1. Lo ideal en un concierto es que un miembro (estudiante) del mariachi inicie cada canción (con un movimiento de su trompeta o violín), pero si el maestro tiene que hacerlo, debe limitarse a dar el conteo y luego orillarse: el punto focal del concierto debe ser el grupo de estudiantes que tocan en armonía y no el instructor que los dirige.

DUPLICATION AUTHORIZATION CERTIFICATE

This certificate grants permission to photocopy up to three copies each of the following pages from *Mariachi Mastery* to meet specific requirements for music festivals, contests, and competitions:

DE COLORES — 49-52
LA VALENTINA — 65-68
LAS GOLONDRINAS — 78-80
LA ADELITA — 102-106
TRISTES RECUERDOS — 121-125
LA RASPA — 137-140

Photocopied pages may not be sold or borrowed, and must be destroyed at the conclusion of the event.

CERTIFICADO DE PERMISO DE REPRODUCCIÓN

Este certificado otorga permiso de fotocopiar hasta tres ejemplares de las siguientes páginas de *La maestría del mariachi*, según los requerimientos de festivales, concursos y competencias musicales:

EL CABALLITO — 149-151
LA BAMBA — 162-166
EL SÚCHIL — 183-187
LA LLORONA — 196-199
EL SON DE MI TIERRA — 211-215
MARÍA CHUCHENA — 224-227

Las páginas copiadas no podrán ser vendidas ni prestadas, y deben ser destruidas al concluir el evento.

kjos NEIL A. KJOS MUSIC COMPANY • http://www.kjos.com

INTRODUCTION

The following pages appear in the student books.

INTRODUCCIÓN

Las siguientes páginas aparecen en los libros del estudiante.

	Score/Partitura	Student Book/Libro del estudiante
Violin/Violín	29	2–3
Viola	30	2–3
Trumpet/Trompeta	30	2–3
Harp/Arpa	31–32	2–9
Armonía	33–34	2–9
Guitarrón	35–36	2–7

Violin/Violín

p.2

p.3

Viola

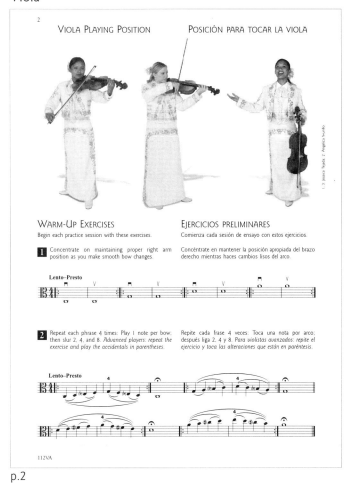

p.2

p.3

Trumpet/Trompeta

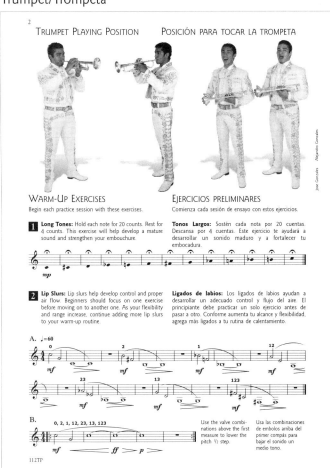

p.2

p.3

THE HARP / EL ARPA
DIAGRAM OF THE HARP — DIAGRAMA DEL ARPA

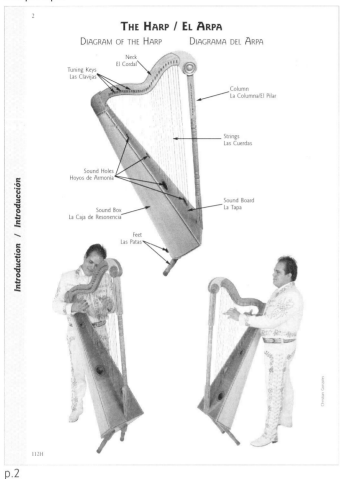

Neck / El Cordal
Tuning Keys / Las Clavijas
Column / La Columna/El Pilar
Strings / Las Cuerdas
Sound Holes / Hoyos de Armonía
Sound Board / La Tapa
Sound Box / La Caja de Resonancia
Feet / Las Patas

Christian Gonzales

112H

p.2

3

HARP PLAYING POSITION

Step 1
Adjust the feet of the harp so that the top of the harp touches your right shoulder. You should be able to reach the lowest strings with your left hand without bending over.

Step 2
Stand up straight with your feet shoulder-width apart and your weight evenly distributed.

Step 3
Lean the top of the harp against the front of your right shoulder. Extend your elbows out and place your hands flat against the strings. The harp should feel comfortable and stable in this position.

TUNING THE HARP

Each string on the harp is tuned to a specific pitch. (Pitch is the highness or lowness of musical sound.) There are several methods of tuning. One way is to use an electronic tuner. Also, you may use the tuning tracks on the CD, or a piano keyboard for reference.

❖ Begin tuning with the lowest string on the harp (G).
❖ Raise or lower the pitch with the tuning key until the electronic tuner indicates that it is in tune, or until it matches the reference pitch. Tightening the string will raise the pitch, while loosening it lowers the pitch.
❖ Proceed to the next string (A) and tune it in the same manner.
❖ Continue tuning all the strings on the harp.
❖ After tuning the final string, re-check the tuning of the whole harp.
❖ New harps or a new string on a harp may require re-tuning quite often.

POSICIÓN PARA TOCAR EL ARPA

1er Paso
Ajusta las patas del arpa hasta que la parte superior toque tu hombro derecho. Debes poder alcanzar las cuerdas más bajas con la mano izquierda sin tener que inclinarte.

2o Paso
Párate derecho con tus pies a la anchura de tus hombros y tu peso distribuido parejo.

3er Paso
Inclina la parte superior del arpa contra tu hombro derecho. Extiende tus codos, y coloca tus manos sobre las cuerdas en forma plana. Debes sentir el instrumento cómodo y estable en esta posición.

AFINANDO EL ARPA

Cada cuerda del arpa se afina a un tono específico (el tono es lo alto o bajo de un sonido musical). Hay varias maneras de afinar. Una consiste en usar un afinador electrónico. También, puedes usar las pistas para afinar en el CD, o el teclado del piano como referente.

❖ Empieza a afinar con la cuerda más baja del arpa (Sol).
❖ Sube o baja el tono usando la llave de afinar hasta que el afinador electrónico indique que esté afinado, o hasta que quede igual al tono de referencia. Al apretar la cuerda, el tono sube; al aflojarla, baja.
❖ Pasa a la siguiente cuerda (La) y afínala de la misma manera.
❖ Sigue hasta afinar todas las cuerdas del arpa.
❖ Al afinar la última cuerda, vuelve a revisar toda el arpa.
❖ Las arpas y las cuerdas nuevas pueden requerir afinarse con mucha frecuencia.

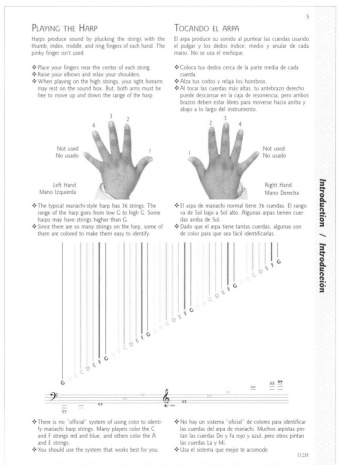

112H

p.3

1

READING MUSIC

Music is written on a **staff**, consisting of five lines and four spaces. Each line and space of a staff has a name. A **clef** appears at the beginning of every staff. The type of clef determines the names of the staff lines and spaces. Harp music is written using the **treble clef** and the **bass clef**.

Treble Clef / Clave de Sol
Bass Clef / Clave de Fa

Notes represent musical sounds. Notes higher on the staff are higher in pitch. Notes lower on the staff are lower in pitch.

Lower / Bajo — Higher / Alto
Ledger Line
Línea Adicional

LEYENDO LA MÚSICA

La música se escribe en un **pentagrama** de cinco líneas y cuatro espacios. Cada línea y espacio tiene un nombre. Una **clave** aparece al principio de cada pentagrama. El tipo de clave determina los nombres de las líneas y de los espacios del pentagrama. La música de arpa se escribe usando la **clave de sol** y la **clave de fa**.

Las notas representan los sonidos musicales. Las notas más arriba en el pentagrama son de tono más alto, las notas más abajo son de tono más bajo.

RHYTHM

Rhythm refers to the duration and organization of notes in time. The duration of a note is determined by the type of note used.

An open note head is a **whole note.**

An open note head with a stem is a **half note.**

A solid note head with a stem is a **quarter note.**

The duration of a **whole note** equals
two **half notes** or
four **quarter notes**

Rhythmic dot – The dot adds half the value to the note.

Bar lines divide music into measures. A **double bar line** appears at the end of the music.

Time Signature – The "4" on top means that there are four beats in each measure. The "4" on bottom means that the quarter note receives the beat.

RITMO

El ritmo se refiere a la duración y organización de las notas en el tiempo. La duración de una nota se determina por el tipo de nota utilizada.

Una nota abierta es una **redonda.**

Una nota abierta con palito es una **blanca.**

Una nota sólida con un palito es una **negra.**

La duración de una **redonda** equivale
a dos **notas blancas** o a
cuatro **negras**

El puntillo rítmico – El puntillo le agrega la mitad del valor a la nota.

Las **líneas divisorias** dividen a la música en compases. Una **línea de barra doble** aparece al final de la música.

Cifra de Compás – El número "4" más alta significa que hay cuatro tiempos en cada compás. El "4" más baja significa que la negra vale el tiempo.

112H

p.4

5

PLAYING THE HARP

Harps produce sound by plucking the strings with the thumb, index, middle, and ring fingers of each hand. The pinky finger isn't used.

❖ Place your fingers near the center of each string.
❖ Raise your elbows and relax your shoulders.
❖ When playing on the high strings, your right forearm may rest on the sound box. But, both arms must be free to move up and down the range of the harp.

Not used / No usado
Left Hand / Mano Izquierda
Right Hand / Mano Derecha

❖ The typical mariachi-style harp has 36 strings. The range of the harp goes from low G to high G. Some harps may have strings higher than G.
❖ Since there are so many strings on the harp, some of them are colored to make them easy to identify.

TOCANDO EL ARPA

El arpa produce su sonido al puntear las cuerdas usando el pulgar y los dedos índice, medio y anular de cada mano. No se usa el meñique.

❖ Coloca tus dedos cerca de la parte media de cada cuerda.
❖ Alza tus codos y relaja los hombros.
❖ Al tocar las cuerdas más altas, tu antebrazo derecho puede descansar en la caja de resonancia, pero ambos brazos deben estar libres para moverse hacia arriba y abajo a lo largo del instrumento.

❖ El arpa de mariachi normal tiene 36 cuerdas. El rango va de Sol bajo a Sol alto. Algunas arpas tienen cuerdas arriba de Sol.
❖ Dado que el arpa tiene tantas cuerdas, algunas son de color para que sea fácil identificarlas.

❖ There is no "official" system of using color to identify mariachi harp strings. Many players color the C and F strings red and blue, and others color the A and E strings.
❖ You should use the system that works best for you.

❖ No hay un sistema "oficial" de colores para identificar las cuerdas del arpa de mariachi. Muchos arpistas pintan las cuerdas Do y Fa rojo y azul, pero otros pintan las cuerdas La y Mi.
❖ Usa el sistema que mejor te acomode.

112H

p.5

Harp/Arpa (cont.)

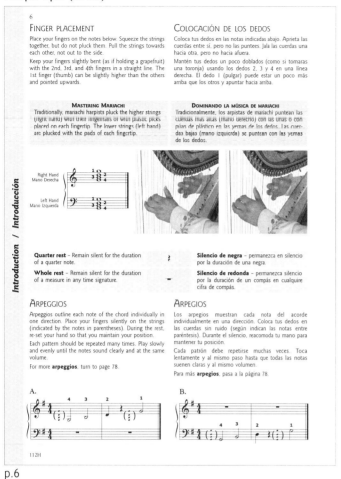

6

FINGER PLACEMENT

Place your fingers on the notes below. Squeeze the strings together, but do not pluck them. Pull the strings towards each other, not out to the side.

Keep your fingers slightly bent (as if holding a grapefruit) with the 2nd, 3rd, and 4th fingers in a straight line. The 1st finger (thumb) can be slightly higher than the others and pointed upwards.

COLOCACIÓN DE LOS DEDOS

Coloca tus dedos en las notas indicadas abajo. Aprieta las cuerdas entre sí, pero no las puntees. Jala las cuerdas una hacia otra, pero no hacia afuera.

Mantén tus dedos un poco doblados (como si tomaras una toronja) usando los dedos 2, 3 y 4 en una línea derecha. El dedo 1 (pulgar) puede estar un poco más arriba que los otros y apuntar hacia arriba.

MASTERING MARIACHI

Traditionally, mariachi harpists pluck the higher strings (right hand) with their fingernails or with plastic picks placed on each fingertip. The lower strings (left hand) are plucked with the pads of each fingertip.

DOMINANDO LA MÚSICA DE MARIACHI

Tradicionalmente, los arpistas de mariachi puntean las cuerdas más altas (mano derecha) con las uñas o con pías de plástico en las yemas de los dedos. Las cuerdas bajas (mano izquierda) se puntean con las yemas de los dedos.

Right Hand / Mano Derecha
Left Hand / Mano Izquierda

Quarter rest – Remain silent for the duration of a quarter note.

Whole rest – Remain silent for the duration of a measure in any time signature.

Silencio de negra – permanezca en silencio por la duración de una negra.

Silencio de redonda – permanezca silencio por la duración de un compás en cualquier cifra de compás.

ARPEGGIOS

Arpeggios outline each note of the chord individually in one direction. Place your fingers silently on the strings (indicated by the notes in parentheses). During the rest, re-set your hand so that you maintain your position.

Each pattern should be repeated many times. Play slowly and evenly until the notes sound clearly and at the same volume.

For more **arpeggios**, turn to page 78.

ARPEGIOS

Los arpegios muestran cada nota del acorde individualmente en una dirección. Coloca tus dedos en las cuerdas sin ruido (según indican las notas entre paréntesis). Durante el silencio, reacomoda tu mano para mantener tu posición.

Cada patrón debe repetirse muchas veces. Toca lentamente y al mismo paso hasta que todas las notas suenen claras y al mismo volumen.

Para más **arpegios**, pasa a la página 78.

A.   B.

112H

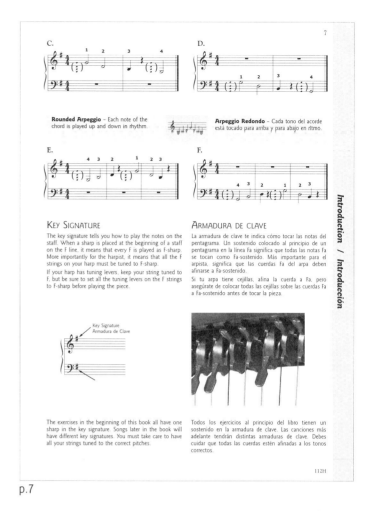

7

C.   D.

Rounded Arpeggio – Each note of the chord is played up and down in rhythm.

Arpeggio Redondo – Cada tono del acorde está tocado para arriba y para abajo en ritmo.

E.   F.

KEY SIGNATURE

The key signature tells you how to play the notes on the staff. When a sharp is placed at the beginning of a staff on the F line, it means that every F is played as F-sharp. More importantly for the harpist, it means that all the F strings on your harp must be tuned to F-sharp.

If your harp has tuning levers, keep your string tuned to F, but be sure to set all the tuning levers on the F strings to F-sharp before playing the piece.

ARMADURA DE CLAVE

La armadura de clave te indica cómo tocar las notas del pentagrama. Un sostenido colocado al principio de un pentagrama en la línea Fa significa que todas las notas Fa se tocan como Fa-sostenido. Más importante para el arpista, significa que las cuerdas Fa del arpa deben afinarse a Fa-sostenido.

Si tu arpa tiene cejillas, afina la cuerda a Fa, pero asegúrate de colocar todas las cejillas sobre las cuerdas Fa a Fa-sostenido antes de tocar la pieza.

Key Signature / Armadura de Clave

The exercises in the beginning of this book all have one sharp in the key signature. Songs later in the book will have different key signatures. You must take care to have all your strings tuned to the correct pitches.

Todos los ejercicios al principio del libro tienen un sostenido en la armadura de clave. Las canciones más adelante tendrán distintas armaduras de clave. Debes cuidar que todas las cuerdas estén afinadas a los tonos correctos.

112H

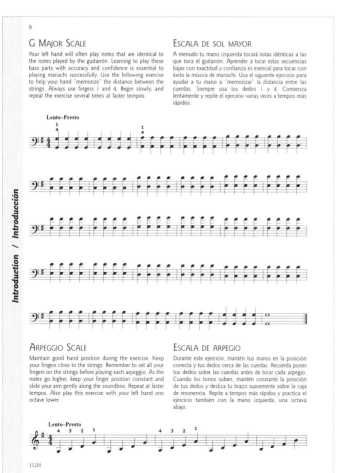

8

G MAJOR SCALE

Your left hand will often play notes that are identical to the notes played by the guitarrón. Learning to play these bass parts with accuracy and confidence is essential to playing mariachi successfully. Use the following exercise to help your hand "memorize" the distance between the strings. Always use fingers 1 and 4. Begin slowly, and repeat the exercise several times at faster tempos.

ESCALA DE SOL MAYOR

A menudo tu mano izquierda tocará notas idénticas a las que toca el guitarrón. Aprender a tocar estas secuencias bajas con exactitud y confianza es esencial para tocar con éxito la música de mariachi. Usa el siguiente ejercicio para ayudar a tu mano a "memorizar" la distancia entre las cuerdas. Siempre usa los dedos 1 y 4. Comienza lentamente y repite el ejercicio varias veces a tempos más rápidos.

Lento–Presto

ARPEGGIO SCALE

Maintain good hand position during the exercise. Keep your fingers close to the strings. Remember to set all your fingers on the strings before playing each arpeggio. As the notes go higher, keep your finger position constant and slide your arm gently along the soundbox. Repeat at faster tempos. Also play this exercise with your left hand one octave lower.

ESCALA DE ARPEGIO

Durante este ejercicio, mantén tus manos en la posición correcta y tus dedos cerca de las cuerdas. Recuerda poner tus dedos sobre las cuerdas antes de tocar cada arpegio. Cuando los tonos suben, mantén constante la posición de tus dedos y desliza tu brazo suavemente sobre la caja de resonancia. Repite a tempos más rápidos y practica el ejercicio también con la mano izquierda, una octava más baja.

Lento–Presto

112H

9

SURVIVAL GUIDE

❖ Handle your harp with care, it is made of thin wood and even small bumps can cause serious damage.
❖ Always keep extra strings in your case when rehearsing and in your pocket while performing—you never know when one will break.
❖ Keep a soft cloth in your case and wipe down your harp regularly to keep it clean.
❖ NEVER leave the tuning key on a tuning pin without your hand on it. It can fall off and break the sound board.
❖ Keep your electronic tuner and extra batteries with your harp.
❖ Always put your instrument in its case (if you have one) after playing. Always set it down gently and in a safe place. Never leave it lying around where it might be damaged.

GUÍA DE SUPERVIVENCIA

❖ Maneja tu arpa con cuidado. Está hecha de una madera delgada y hasta los golpes leves lo pueden maltratar.
❖ Siempre guarda cuerdas de repuesto en el estuche cuando ensayas y en tu bolsillo mientras tocas; nunca sabes cuando una se puede reventar.
❖ Lleva un trapo suave en el estuche para mantener limpia tu arpa.
❖ NUNCA dejes la llave para afinar sobre la clavija sin sujetarla con la mano, ya que podría caer y romper la tapa.
❖ Guarda tu afinador electrónico con el arpa, junto con pilas de repuesto.
❖ Siempre guarda tu instrumento en su estuche (si tienes uno) después de tocar. Deja el estuche con cuidado en un lugar seguro, no tirado donde se podría dañar.

112H

Introduction / Introducción

Armonía

ARMONÍA

The mariachi rhythm section consists of a plucked bass guitar called the guitarrón, and other strumming guitars collectively referred to as the armonia ("harmony"). The most common armonia instruments in mariachi are the guitar and vihuela. Together, these instruments provide the harmonic foundation and rhythmic feel for the entire mariachi.

❖ Continue on this page to learn how to play the guitar.
❖ Turn to page 4 to learn how to play the vihuela.

La sección rítmica del mariachi consiste del guitarrón (una guitarra de sonido bajo) y otras guitarras que se rasguean, conocidas en su conjunto como la 'armonia'. Los instrumentos de armonia más comunes en el mariachi son la guitarra y la vihuela. Juntos, estos instrumentos brindan a la música de mariachi su base armónica y su sabor rítmico.

❖ Sigue en esta página para aprender a tocar la guitarra.
❖ Pasa a la página 4 para aprender a tocar la vihuela.

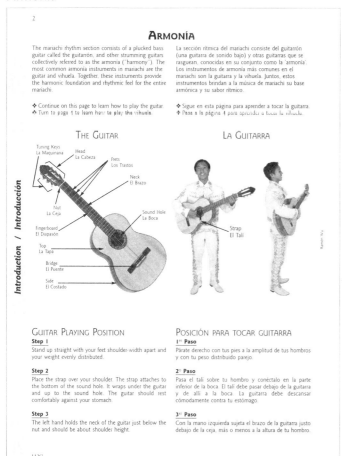

THE GUITAR
Tuning Keys / La Maquinana
Head / La Cabeza
Frets / Los Trastos
Neck / El Brazo
Nut / La Ceja
Sound Hole / La Boca
Fingerboard / El Diapasón
Top / La Tapa
Bridge / El Puente
Side / El Costado

LA GUITARRA
Strap / El Talí

GUITAR PLAYING POSITION

Step 1
Stand up straight with your feet shoulder-width apart and your weight evenly distributed.

Step 2
Place the strap over your shoulder. The strap attaches to the bottom of the sound hole. It wraps under the guitar and up to the sound hole. The guitar should rest comfortably against your stomach.

Step 3
The left hand holds the neck of the guitar just below the nut and should be about shoulder height.

POSICIÓN PARA TOCAR GUITARRA

1er Paso
Párate derecho con tus pies a la amplitud de tus hombros y con tu peso distribuido parejo.

2º Paso
Pasa el talí sobre tu hombro y conéctalo en la parte inferior de la boca. El talí debe pasar debajo de la guitarra y de allí a la boca. La guitarra debe descansar cómodamente contra tu estómago.

3er Paso
Con la mano izquierda sujeta el brazo de la guitarra justo debajo de la ceja, más o menos a la altura de tu hombro.

112G

Step 4
Hold a heavy-weight pick between the thumb and index finger of your right hand.

Step 5
Strum all the strings over the sound hole.

Step 6
Experiment with playing a little closer to the fingerboard or closer to the bridge to find the "sweet spot" where the instrument sounds the best.

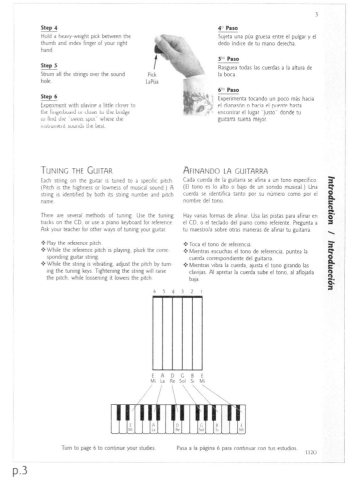
Pick / La Púa

4º Paso
Sujeta una púa gruesa entre el pulgar y el dedo índice de tu mano derecha.

5º Paso
Rasguea todas las cuerdas a la altura de la boca.

6º Paso
Experimenta tocando un poco más hacia el diapasón o hacia el puente hasta encontrar el lugar "justo" donde tu guitarra suena mejor.

TUNING THE GUITAR

Each string on the guitar is tuned to a specific pitch. (Pitch is the highness or lowness of musical sound.) A string is identified by both its string number and pitch name.

There are several methods of tuning. Use the tuning tracks on the CD, or use a piano keyboard for reference. Ask your teacher for other ways of tuning your guitar.

❖ Play the reference pitch.
❖ While the reference pitch is playing, pluck the corresponding guitar string.
❖ While the string is vibrating, adjust the pitch by turning the tuning keys. Tightening the string will raise the pitch, while loosening it lowers the pitch.

AFINANDO LA GUITARRA

Cada cuerda de la guitarra se afina a un tono específico. (El tono es lo alto o bajo de un sonido musical.) Una cuerda se identifica tanto por su número como por el nombre del tono.

Hay varias formas de afinar. Usa las pistas para afinar en el CD, o el teclado del piano como referente. Pregunta a tu maestro/a sobre otras maneras de afinar tu guitarra.

❖ Toca el tono de referencia.
❖ Mientras escuchas el tono de referencia, puntea la cuerda correspondiente del guitarra.
❖ Mientras vibra la cuerda, ajusta el tono girando las clavijas. Al apretar la cuerda sube el tono, al aflojarla baja.

6 5 4 3 2 1

E · A · D · G · B · E
Mi · La · Re · Sol · Si · Mi

E / Mi · A / La · D / Re · G / Sol · B / Si · E / Mi

Turn to page 6 to continue your studies. Pasa a la página 6 para continuar con tus estudios.

112G

THE VIHUELA
Tuning Keys / La Maquinana
Head / La Cabeza
Frets / Los Trastos
Neck / El Brazo
Nut / La Ceja
Sound Hole / La Boca
Fingerboard / El Diapasón
Top / La Tapa
Bridge / El Puente
Side / La Costado

LA VIHUELA
Strap / El Talí

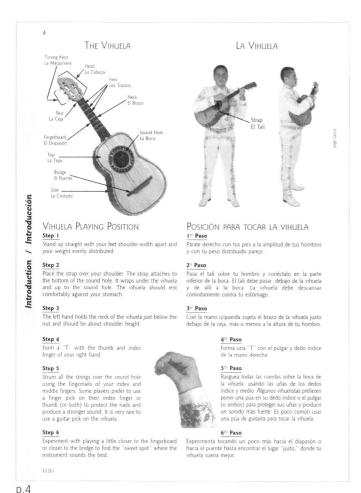

VIHUELA PLAYING POSITION

Step 1
Stand up straight with your feet shoulder-width apart and your weight evenly distributed.

Step 2
Place the strap over your shoulder. The strap attaches to the bottom of the sound hole. It wraps under the vihuela and up to the sound hole. The vihuela should rest comfortably against your stomach.

Step 3
The left hand holds the neck of the vihuela just below the nut and should be about shoulder height.

Step 4
Form a "T" with the thumb and index finger of your right hand.

Step 5
Strum all the strings over the sound hole using the fingernails of your index and middle fingers. Some players prefer to use a finger pick on their index finger or thumb (or both) to protect the nails and produce a stronger sound. It is very rare to use a guitar pick on the vihuela.

Step 6
Experiment with playing a little closer to the fingerboard or closer to the bridge to find the "sweet spot" where the instrument sounds the best.

POSICIÓN PARA TOCAR LA VIHUELA

1er Paso
Párate derecho con tus pies a la amplitud de tus hombros y con tu peso distribuido parejo.

2º Paso
Pasa el talí sobre tu hombro y conéctalo en la parte inferior de la boca. El talí debe pasar debajo de la vihuela y de allí a la boca. La vihuela debe descansar cómodamente contra tu estómago.

3er Paso
Con la mano izquierda sujeta el brazo de la vihuela justo debajo de la ceja, más o menos a la altura de tu hombro.

4º Paso
Forma una "T" con el pulgar y dedo índice de la mano derecha.

5º Paso
Rasguea todas las cuerdas sobre la boca de la vihuela, usando las uñas de los dedos índice y medio. Algunos vihuelistas prefieren poner una púa en su dedo índice o el pulgar (o ambos) para proteger sus uñas y producir un sonido más fuerte. Es poco común usar una púa de guitarra para tocar la vihuela.

6º Paso
Experimenta tocando un poco más hacia el diapasón o hacia el puente hasta encontrar el lugar "justo," donde la vihuela suena mejor.

112G

TUNING THE VIHUELA

Each string on the vihuela is tuned to a specific pitch. (Pitch is the highness or lowness of musical sound.) A string is identified by both its string number and pitch name.

There are several methods of tuning. Use the tuning tracks on the CD, or use a piano keyboard for reference. Ask your teacher for other ways of tuning your vihuela.

❖ Play the reference pitch.
❖ While the reference pitch is playing, pluck the corresponding vihuela string.
❖ While the string is vibrating, adjust the pitch by turning the tuning keys. Tightening the string will raise the pitch, while loosening it lowers the pitch.

AFINANDO LA VIHUELA

Cada cuerda de la vihuela se afina a un tono específico. (El tono es lo alto o bajo de un sonido musical.) Una cuerda se identifica tanto por su número como por el nombre del tono.

Hay varias formas de afinar. Usa las pistas para afinar en el CD, o el teclado del piano como referente. Pregunta a tu maestro/a sobre otras maneras de afinar tu vihuela.

❖ Toca el tono de referencia.
❖ Mientras escuchas el tono de referencia, puntea la cuerda correspondiente del guitarrón.
❖ Mientras vibra la cuerda, ajusta el tono girando las clavijas. Al apretar la cuerda sube el tono, al aflojarla baja.

5 4 3 2 1

A · D · G · B · E
La · Re · Sol · Si · Mi

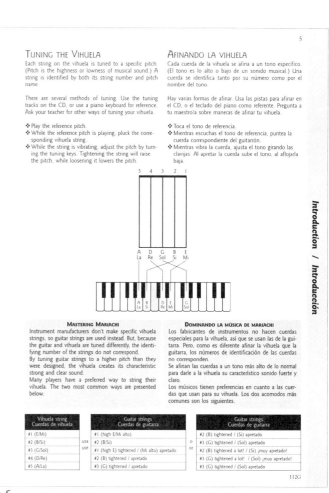

MASTERING MARIACHI

Instrument manufacturers don't make specific vihuela strings, so guitar strings are used instead. But, because the guitar and vihuela are tuned differently, the identifying number of the strings do not correspond.
By tuning guitar strings to a higher pitch than they were designed, the vihuela creates its characteristic strong and clear sound.
Many players have a preferred way to string their vihuela. The two most common ways are presented below.

DOMINANDO LA MÚSICA DE MARIACHI

Los fabricantes de instrumentos no hacen cuerdas especiales para la vihuela, así que se usan las de la guitarra. Pero, como es diferente afinar la vihuela que la guitarra, los números de identificación de las cuerdas no corresponden.
Se afinan las cuerdas a un tono más alto de lo normal para darle a la vihuela su característico sonido fuerte y claro.
Los músicos tienen preferencias en cuanto a las cuerdas que usan para la vihuela. Los dos acomodos más comunes son los siguientes.

Vihuela string / Cuerdas de vihuela		Guitar strings / Cuerdas de guitarra		Guitar strings / Cuerdas de guitarra
#1 (E/Mi)		#1 (high E/Mi alto)		#2 (B) tightened / (Si) apretado
#2 (B/Si)	use	#2 (B/Si)	or	#3 (G) tightened / (Sol) apretado
#3 (G/Sol)		#1 (high E) tightened / (Mi alto) apretado		#2 (B) tightened a lot! / (Si) ¡muy apretado!
#4 (D/Re)		#2 (B) tightened / apretado		#3 (G) tightened a lot! / (Sol) ¡muy apretado!
#5 (A/La)		#3 (G) tightened / apretado		#3 (G) tightened / (Sol) apretado

112G

Armonía (cont.)

---

p.6

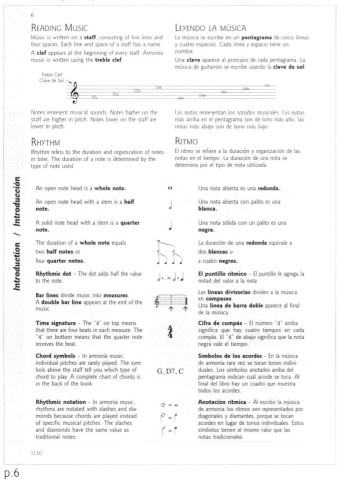

READING MUSIC

Music is written on a **staff**, consisting of five lines and four spaces. Each line and space of a staff has a name.
A **clef** appears at the beginning of every staff. Armonía music is written using the **treble clef**.

Treble Clef
Clave de Sol

Notes represent musical sounds. Notes higher on the staff are higher in pitch. Notes lower on the staff are lower in pitch.

RHYTHM

Rhythm refers to the duration and organization of notes in time. The duration of a note is determined by the type of note used.

An open note head is a **whole note**.

An open note head with a stem is a **half note**.

A solid note head with a stem is a **quarter note**.

The duration of a **whole note** equals two **half notes** or four **quarter notes**.

Rhythmic dot – The dot adds half the value to the note.

Bar lines divide music into measures. A **double bar line** appears at the end of the music.

Time signature – The "4" on top means that there are four beats in each measure. The "4" on bottom means that the quarter note receives the beat.

Chord symbols – In armonía music, individual pitches are rarely played. The symbols above the staff tell you which type of chord to play. A complete chart of chords is in the back of the book.

Rhythmic notation – In armonía music, rhythms are notated with slashes and diamonds because chords are played instead of specific musical pitches. The slashes and diamonds have the same value as traditional notes.

LEYENDO LA MÚSICA

La música se escribe en un **pentagrama** de cinco líneas y cuatro espacios. Cada línea y espacio tiene un nombre.
Una **clave** aparece al principio de cada pentagrama. La música de guitarrón se escribe usando la **clave de sol**.

Las notas representan los sonidos musicales. Las notas más arriba en el pentagrama son de tono más alto, las notas más abajo son de tono más bajo.

RITMO

El ritmo se refiere a la duración y organización de las notas en el tiempo. La duración de una nota se determina por el tipo de nota utilizada.

Una nota abierta es una **redonda**.

Una nota abierta con palito es una **blanca**.

Una nota sólida con un palito es una **negra**.

La duración de una **redonda** equivale a dos **blancas** o a cuatro **negras**.

El puntillo rítmico – El puntillo le agrega la mitad del valor a la nota.

Las **líneas divisorias** dividen a la música en **compases**. Una **línea de barra doble** aparece al final de la música.

Cifra de compás – El número "4" arriba significa que hay cuatro tiempos en cada compás. El "4" de abajo significa que la nota negra vale el tiempo.

Símbolos de los acordes – En la música de armonía rara vez se tocan tonos individuales. Los símbolos anotados arriba del pentagrama indican cuál acorde se toca. Al final del libro hay un cuadro que muestra todos los acordes.

G, D7, C

Anotación rítmica – Al escribir la música de armonía los ritmos son representados por diagonales y diamantes, porque se tocan acordes en lugar de tonos individuales. Estos símbolos tienen el mismo valor que las notas tradicionales.

112G

---

p.7

STRUMMING

Guitars and vihuelas produce sound by strumming the strings. The basic strum, also called a **golpe**, is a very fast downward motion that strikes all of the strings at once. Don't strum so slowly that you can hear each individual string.

Practice strumming by rotating the forearm as if turning a key in a lock, not by moving the forearm up and down from the elbow. This will help you to develop the technique needed to strum quickly.

RASGUEANDO

Las guitarras y vihuelas producen su sonido al rasguear las cuerdas. El rasgueo básico, también llamado un **golpe**, es un movimiento rápido hacia abajo que hace vibrar todas las cuerdas al mismo tiempo. No rasguees tan lento para que no se escuche cada cuerda por separado.

Al practicar el golpe, rota tu muñeca como cuando giras la llave en una chapa. No mueves el antebrazo arriba y abajo desde el codo. Así, aprenderás a desarrollar la técnica requerida para rasguear rápidamente.

before / antes   during / durante   after / después

FINGERBOARD DIAGRAM

The fingers of your left hand are used to shorten the length of the strings by pressing them against the fingerboard. This allows your instrument to produce different pitches on the same string.

The Fingerboard Diagram illustrates where to place the fingers of your left hand to play different pitches.

Step 1
Make sure your strings are tuned correctly.

Step 2
Place your left hand fingers on the strings as shown in the diagram. The ° above the string means that it is played open—without fingers.

Step 3
Strum the strings with your right hand to produce the sound.

DIAGRAMA DE DIAPASÓN

Los dedos de tu mano izquierda se usan para acortar el largor de las cuerdas, presionándolas contra el diapasón. Esto permite que tu instrumento produzca tonos diferentes con una misma cuerda.

El diagrama del diapasón te muestra dónde debes colocar los dedos de tu mano izquierda para tocar tonos diferentes.

1er Paso
Asegúrate de que las cuerdas estén afinadas correctamente.

2° Paso
Coloca los dedos de tu mano izquierda en las cuerdas, como muestra el diagrama. El ° arriba de la cuerda significa que se toca abierto—sin dedos.

3er Paso
Puntea las cuerdas con tu mano derecha para producir el sonido.

GUITAR — 6 5 4 3 2 1 — E A D G B E / Mi La Re Sol Si Mi
VIHUELA — 5 4 3 2 1 — A D G B E / La Re Sol Si Mi

Left Hand / Mano Izquierda
Index / Índice — Middle / Medio — Ring / Anular — Little / Meñique — Thumb / Pulgar

112G

---

p.8

Indicates a downward strum.   Indica un rasgueo hacia abajo.

THE FIRST CHORDS / LOS PRIMEROS ACORDES

1 G

Half rest – Remain silent for the duration of a half note.

Silencio de blanca – permanezca en silencio por la duración de una blanca.

2 D7

G D7 G D7 G

❖ Learn to play each chord. Practice moving from chord to chord. Learning the motion from one chord to another is as important as learning the chord!

❖ Aprende a tocar cada acorde y practica el cambio de un acorde a otro. ¡Aprender a cambiar entre los acordes es tan importante como tocar el acorde en sí!

MASTERING MARIACHI
Beginning guitar players with small hands can play just the top strings.

G D7

MASTERING MARIACHI
Los guitarristas principiantes que tienen manos pequeñas pueden tocar sólo las cuerdas superiores.

112G

---

p.9

Time Signature – The "3" means that there are three beats in each measure. The "4" means that the quarter note receives the beat.

Cifra de compás – El número "3" significa que hay tres tiempos en cada compás. El "4" significa que la negra vale el tiempo.

Whole rest – Remain silent for the duration of a measure in any time signature.

Silencio de redonda – permanezca silencio por el duro de un compás de cualquire cifra de compás.

3 C

C G C D7 G
1 2 3 1 2 3

Quarter rest – Remain silent for the duration of a quarter note.

Silencio de negra – permanezca en silencio por el duro de una negra.

4 G

C
1 2 3 1 2 3 1 2 3 1 2 3 1 2 3
D7 G

❖ Count out loud to help you learn the rhythm.
❖ Cuenta en voz alta para ayudarte a aprender el ritmo.

SURVIVAL GUIDE

❖ Handle your instrument with care, it is made of thin wood and even small bumps can seriously damage it.
❖ Always keep an extra, complete set of strings in your case when rehearsing and in your pocket while performing—you never know when one will break.
❖ Keep a soft cloth in your case and wipe down your instrument and strings regularly to keep it clean.
❖ Always return your instrument to its case after playing. Never leave it lying around where it might be damaged.
❖ Keep an extra strap and extra picks (guitar players) in your case.

GUÍA DE SUPERVIVENCIA

❖ Trata a tu instrumento con cuidado, está hecho de una madera delgada y hasta los golpes leves lo pueden maltratar.
❖ Siempre ten un juego completo de cuerdas en tu estuche cuando ensayas y en tu bolsillo cuando tocas—nunca sabes cuando se puede romper una.
❖ Guarda una tela suave en tu estuche y pule tu instrumento y sus cuerdas periódicamente para mantenerlo limpio.
❖ Después de tocar tu instrumento siempre ponlo en su estuche. Nunca lo dejes afuera donde se puede maltratar.
❖ Guarda un talí y varias púas (los guitarristas) de repuesto en tu estuche.

112G

Guitarrón

---

p.2

THE GUITARRÓN / EL GUITARRÓN

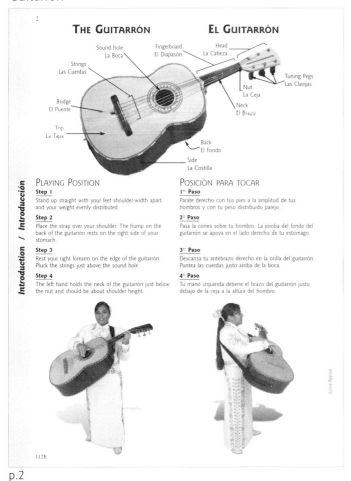

Sound hole — La Boca
Fingerboard — El Diapasón
Head — La Cabeza
Strings — Las Cuerdas
Tuning Pegs — Las Clavijas
Nut — La Ceja
Neck — El Brazo
Bridge — El Puente
Top — La Tapa
Back — El Fondo
Side — La Costilla

PLAYING POSITION

Step 1
Stand up straight with your feet shoulder-width apart and your weight evenly distributed.

Step 2
Place the strap over your shoulder. The hump on the back of the guitarrón rests on the right side of your stomach.

Step 3
Rest your right forearm on the edge of the guitarrón. Pluck the strings just above the sound hole.

Step 4
The left hand holds the neck of the guitarrón just below the nut and should be about shoulder height.

POSICIÓN PARA TOCAR

1er Paso
Párate derecho con tus pies a la amplitud de tus hombros y con tu peso distribuido parejo.

2º Paso
Pasa la correa sobre tu hombro. La joroba del fondo del guitarrón se apoya en el lado derecho de tu estómago.

3er Paso
Descansa tu antebrazo derecho en la orilla del guitarrón. Puntea las cuerdas justo arriba de la boca.

4º Paso
Tu mano izquierda detiene el brazo del guitarrón justo debajo de la ceja a la altura del hombro.

Introduction / Introducción

112B

---

p.3

READING MUSIC

Music is written on a **staff**, consisting of five lines and four spaces. Each line and space has a name.
A **clef** appears at the beginning of every staff. Guitarrón music is written using the **bass clef**.

Bass Clef
Clave de fa

Notes represent musical sounds. Notes higher on the staff are higher in pitch. Notes lower on the staff are lower in pitch.

A/La B/Si C/Do D/Re E/Mi F/Fa G/Sol

LEYENDO LA MÚSICA

La música se escribe en un **pentagrama** de cinco líneas y cuatro espacios. Cada línea y espacio tiene un nombre.
Una **clave** aparece al principio de cada pentagrama. La música de guitarrón se escribe usando la **clave de fa**.

Las notas representan los sonidos musicales. Las notas más arriba en el pentagrama son de tono más alto. Las notas más abajo son de tono más bajo.

RHYTHM

Rhythm refers to the duration and organization of notes in time. The duration of a note is determined by the type of note used.

RITMO

El ritmo se refiere a la duración, y organización de las notas en el tiempo. La duración de una nota se determina por el tipo de nota utilizada.

An open note head is a **whole note**.

An open note head with a stem is a **half note**.

A solid note head with a stem is a **quarter note**.

The duration of a **whole note** equals two **half notes** or four **quarter notes**.

Rhythmic dot – The dot adds half the value to the note.

Bar lines divide music into **measures**. A **double bar line** appears at the end of the music.

Time signature – The "4" on top means that there are four beats in each measure. The "4" on bottom means that the quarter note receives the beat.

Una nota abierta es una **redonda**.

Una nota abierta con palito es una **blanca**.

Una nota sólida con un palito es una **nota negra**.

La duración de una **redonda** equivale a dos **blancas** o a cuatro **negras**.

El puntillo rítmico – El puntillo le agrega la mitad del valor a la nota.

Las **líneas divisorias** dividen a la música en **compases**. Una **línea de barra doble** aparece al final de la música.

Cifra de compás – El número "4" arriba significa que hay cuatro tiempos en cada compás. El "4" de abajo significa que la nota negra vale el tiempo.

Introduction / Introducción

112B

---

p.4

TUNING THE GUITARRÓN

Each string on the guitarrón is tuned to a specific pitch. (Pitch is the highness or lowness of a musical sound.) A string is identified by both it's string number and pitch name.

There are several methods of tuning. One way is to use a piano keyboard for reference. Ask your teacher for other ways of tuning your guitarrón.

❖ Play the reference pitch.
❖ While the reference pitch is playing, pluck the corresponding guitarrón string.
❖ While the string is vibrating, adjust the pitch by turning the tuning pegs. Tightening the string will raise the pitch, while loosening it lowers the pitch.

AFINANDO EL GUITARRÓN

Cada cuerda del guitarrón se afina a un tono específico. (El tono es lo alto o bajo de un sonido musical.) Una cuerda se identifica tanto por su número como por el nombre del tono.

Hay varias formas de afinar. Una consiste en usar el teclado del piano como referencia. Pídele a tu maestro/a otras formas de afinar tu guitarrón.

❖ Toca el tono de referencia.
❖ Mientras escuchas el tono de referencia, puntea la cuerda correspondiente del guitarrón.
❖ Mientras vibra la cuerda, ajusta el tono girando las clavijas. Al apretar la cuerda sube el tono, al aflojarla baja.

6 5 4 3 2 1

A D G C E A
La Re Sol Do Mi La

FINGERBOARD DIAGRAM

The fingers of your left hand are used to shorten the length of the strings by pressing them against the fingerboard. This allows the guitarrón to produce different pitches on the same string. The thicker strings show which ones to pluck with the right hand.

DIAGRAMA DEL DIAPASÓN

Los dedos de tu mano izquierda se usan para acortar el largor de las cuerdas, presionándolas contra el diapasón. Esto permite que el guitarrón produzca tonos diferentes con una misma cuerda. Las cuerdas más gruesas indican las que debes puntear con la mano derecha.

6 5 4 3 2 1

2nd / 2da
3rd / 3ra

A D G C E A
La Re Sol Do Mi La

Left Hand / Mano Izquierda
Index / Índice
Middle / Medio
Ring / Anular
Little / Meñique
Thumb / Pulgar

Introduction / Introducción

112B

---

p.5

PLAYING THE GUITARRÓN

The guitarrón is played by plucking two notes that sound an octave apart. The top three strings are made of nylon, and the bottom three are made of metal.

Step 1
Make sure your guitarrón strings are tuned correctly.

Step 2
Place your left hand fingers on the strings as shown in the diagram. The "○" above the string means that it is played open—without fingers.

Step 3
Squeeze the strings together with your right hand, then release them at the same time as your wrist and forearm rebound upwards (the forearm should stay in contact with the edge of the guitarrón).

Step 4
Concentrate on making every note sound strong, with the upper and lower octaves ringing clearly.

TOCANDO EL GUITARRÓN

Se toca el guitarrón punteando dos notas que se escuchan a una octava de distancia. Las tres cuerdas superiores son de nylon, y las tres inferiores son de metal.

1er Paso
Asegúrate que las cuerdas del guitarrón estén afinadas correctamente.

2º Paso
Coloca los dedos de tu mano izquierda en las cuerdas, como muestra el diagrama. El "○" arriba de la cuerda significa que se toca abierto—sin dedos.

3er Paso
Aprieta las cuerdas con tu mano derecha, y luego suéltalas mientras tu muñeca y antebrazo rebotan hacia arriba (el antebrazo debe mantenerse en contacto con la orilla del guitarrón).

4º Paso
Asegura que cada nota suene fuerte, y que las octavas alta y baja se oigan claramente.

■ THE FIRST NOTE / LA PRIMERA NOTA

A/La

1 2 3 4   1 2 3 4   1 2 3 4   1 2 3 4   1 2 3 4   1 2 3 4   1 2 3 4   1 2 3 4

❖ Always use the thumb and middle finger of the right hand when playing the outer 2 strings (A strings). The thumb should lay flat, almost parallel to the strings, so that it points down the length of the string (not pointing across the strings towards the instrument).

❖ Siempre utiliza el pulgar y el dedo medio de la mano derecha para tocar las dos cuerdas exteriores (cuerdas A). El pulgar debe estar plano, casi paralelo a las cuerdas, para que apunta hacia a lo largo de la cuerda (y no a través de ella, hacia el instrumento).

Introduction / Introducción

112B

Guitarrón (cont.)

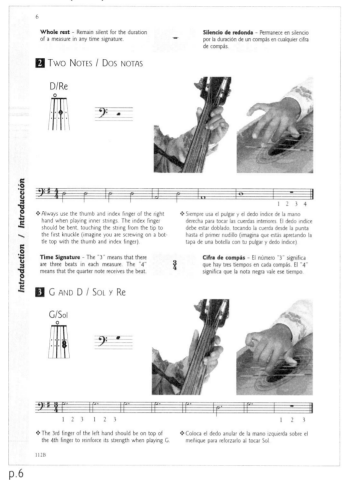

Whole rest – Remain silent for the duration of a measure in any time signature.

Silencio de redonda – Permanece en silencio por la duración de un compás en cualquier cifra de compás.

2 TWO NOTES / DOS NOTAS

D/Re

- Always use the thumb and index finger of the right hand when playing inner strings. The index finger should be bent, touching the string from the tip to the first knuckle (imagine you are screwing on a bottle top with the thumb and index finger).
- Siempre usa el pulgar y el dedo índice de la mano derecha para tocar las cuerdas interiores. El dedo índice debe estar doblado, tocando la cuerda desde la punta hasta el primer nudillo (imagina que estás apretando la tapa de una botella con tu pulgar y dedo índice).

Time Signature – The "3" means that there are three beats in each measure. The "4" means that the quarter note receives the beat.

Cifra de compás – El número "3" significa que hay tres tiempos en cada compás. El "4" significa que la nota negra vale ese tiempo.

3 G AND D / SOL Y RE

G/Sol

- The 3rd finger of the left hand should be on top of the 4th finger to reinforce its strength when playing G.
- Coloca el dedo anular de la mano izquierda sobre el meñique para reforzarlo al tocar Sol.

112B

4 THREE NOTES / TRES NOTAS

- Play at a slow and steady tempo throughout the exercise.
- Toca a un tempo lento y constante durante todo el ejercicio.

5 FOUR NOTES / CUATRO NOTAS

C

SURVIVAL GUIDE

- Handle your guitarrón with care, it is made of thin wood and even small bumps can cause serious damage.
- Always keep an extra, complete set of strings in your case when rehearsing and in your pocket while performing—you never know when one will break.
- Keep a soft cloth in your case and wipe down your guitarrón and strings regularly to keep it clean.
- Always put your guitarrón in its case after playing. Never leave it lying around where it might be damaged.
- Keep at least one hand on your guitarrón at all times. Do not let it hang by the strap alone because the strap may break, slip off your shoulder or detach from the guitarrón.

GUÍA DE SUPERVIVENCIA

- Trata a tu guitarrón con cuidado, está hecho de una madera delgada y hasta los golpes leves lo pueden maltratar.
- Siempre ten un juego completo de cuerdas en tu estuche cuando ensayas y en tu bolsillo cuando tocas—nunca sabes cuando se puede romper una.
- Guarda una tela suave en tu estuche y pule tu guitarrón y sus cuerdas periódicamente para mantenerlo limpio.
- Después de tocar tu guitarrón siempre ponlo en su estuche. Nunca lo dejes afuera donde se puede maltratar.
- En todo momento mantén al menos una mano en tu guitarrón. No dejes que cuelgue sólo por la correa porque ésta puede reventar, deslizarse de tu hombro o zafarse del instrumento.

112B

Introduction / Introducción

p.6   p.7

112F

DE COLORES
Ranchera Valseada

MASTERING MARIACHI

"Ranchera" refers to music from rural Mexico, from small towns and ranches. The lyrics appeal to common people. This is music that everybody participates in—everyone sings!
"Valseada" means "waltz-like" in Spanish.

DOMINANDO LA MÚSICA DE MARIACHI

"Ranchera" se refiere a música del México rural, de pueblos y ranchos pequeños. La letra le gusta a la gente común. Ésta es una música en que todos participan—¡todos cantan!

Vln, Vla, Arpa, Arm, Gtn

Key Signature – G Major has this key signature. Every F is played as F-sharp.

Armadura de clave – Sol Mayor tiene esta armadura de clave. Todo Fa se toca como Fa-sostenido.

Harp – Make sure your harp is tuned correctly.

Arpa – Asegúrate que tu arpa esté afinada correctamente.

G Major/Sol Mayor

Tpt

Key Signature – A Major has this key signature. Every F is played as F-sharp, every C as C-sharp, and every G as G-sharp.

A Major/La Mayor

Armadura de clave – La Mayor tiene esta armadura de clave. Todo Fa se toca como Fa-sostenido, todo Do como Do-sostenido, y todo Sol como Sol-sostenido.

Time Signature – The "3" means that there are three beats in each measure. The "4" means that the quarter note receives the beat.

$\frac{3}{4}$

Cifra de compás – El número "3" significa que hay tres tiempos en cada compás. El "4" significa que la nota negra vale ese tiempo.

Allegro is a tempo indication that means to play fast.

Allegro

Allegro es una indicación del tempo que significa tocar rápidamente.

Vln, Vla

Staccato – Play the note short and separated.

Staccato – Toca la nota corta y separada.

Martellato – Short and strong bow stroke.

Martellato – Golpe de arco corto y fuerte.

Tpt

Marcato – Short and strong accent.

Marcato – Un acento picado y fuerte.

Tenuto – Play the notes smooth and connected.

Tenuto – Toca las notas sauvemente y conectadas.

Arpa

Glissando – Slide your fingernail over the strings between the written notes.

Glissando – Desliza la uña de tu dedo sobre las cuerdas entre las notas escritas.

Forte – Loud.

f

Forte – Fuerte.

Arpa, Arm, Gtn

MASTERING MARIACHI

Primera, Segunda, Tercera – Learn to associate these names with the chords in the armonía and the bass notes they represent. The "tonos de acompañamiento" (accompaniment chords) are the primera (first), segunda (second), and tercera (third) chords. Circle and label these chords in your music.

DOMINANDO LA MÚSICA DE MARIACHI

Primera, Segunda, Tercera – Aprende asociar estos nombres a los acordes en la Armonía y los tonos bajos que representan. Los "tonos de acompañamiento" son la primera, segunda, y tercera acordes. Rodea con un círculo y etiqueta esos acordes en los ejercicios en tu música.

——De Colores——

❖ **Encourage every player to play strongly, but always have them listen to one another** so they can balance *within* their section (trumpets balance with trumpets, guitarrón balance with armonía, etc.) and *between* sections (trumpets balance with violins, guitarrón/armonía balance with trumpets/violins).

❖ **Listen to mariachi recordings** such as those included with *Mariachi Mastery* with the whole ensemble together, and have students concentrate on hearing and understanding the mariachi style. Even when playing simple exercises, students should be encouraged to play with the proper sound, style, and feeling that mariachi music requires.

❖ **Aliente a todos a tocar fuerte, pero insista en que se escuchen mutuamente** para así balancear el sonido *dentro* de su propia sección (trompeta con trompeta, guitarrón con armonía, etc.), y *entre* una sección y otra (trompetas con violines, guitarrón y armonía con trompetas y violines).

❖ **Escuchen discos de mariachi** como los que vienen con *La maestría del mariachi* con el grupo entero presente. Invítelos a concentrarse en escuchar y apreciar el estilo del mariachi. Incluso cuando ellos estén tocando ejercicios simples, Ud. debe insistir en que toquen con el sonido, el estilo y el "sabor" que son propios de la música de mariachi.

EXERCISES / EJERCICIOS

MAESTRO:

❖ **Exercise I can also be called the "G Major Scale in parallel thirds, two measures per note"** for the violin and trumpet, accompanied by the **"G Major tonos de acompañamiento in a *ranchera valseada* rhythm"** for the arpa, armonía and guitarrón. Use these terms so your students learn them, and later you can tell them to "play a C Major Scale in parallel thirds, *ranchera valseada* rhythm, two measures per note, accompanied by the tonos de acompañamiento" (or any other key they have learned) and they will do this by ear!

❖ **Trumpet voice crossing:** the first violin and first trumpet parts have the melody line (concert G Major scale from G to G), while the second violin and second trumpet parts have the harmony line (concert G Major scale from B to B). The violins stay this way (parallel 6ths) throughout, but because of range the first trumpet drops down one octave in measure nine. It is common for the second trumpet to play higher than the first trumpet in mariachi music—the important thing is for the first trumpet to continue with the melody line and the second trumpet to continue with the harmony line, regardless of octave.

❖ **Be sure the second trumpet player extends their 3rd slide to play the low written C♯ and D in tune.**

❖ **Tell the armonía players to focus on lifting their right hands when the guitarrón plays rather than on forcing their hands down on the notes that they play.** These instruments should always work together so it is important that armonía players feel the rhythm of the guitarrón and vice versa: armonía players lifting their right hands when the guitarrón plays will illustrate this connection and help them start to feel the guitarrón.

❖ **Practice the last 2 measures of Exercise I several times.** Violins should play the martellato accents with very fast and full bows, trumpet players should play the marcato accents very strong and as short as possible (clipping the back end of the notes off with the tongue), while the guitarrón, armonía and arpa should let their strings ring.

❖ **Make sure that the harp player is using fingers 1 and 4 of the Left Hand to play the octaves in this exercise.** Beginning students may try to use their 5th finger (the 5th finger is NEVER used in harp playing) or their 3rd finger, but it is important to use 1 and 4 in order to prepare for playing 4-note chords later on and to memorize the feel of the span of an octave.

The Left Hand of the harp in the lower register (such as this) should be played with the flesh of the fingers (not the fingernails).

❖ **The Easy and Advanced guitarrón parts can be played simultaneously** if you have both beginning and advanced players.

MAESTRO:

❖ **El ejercicio I también puede llamarse "escala Sol mayor en terceras paralelas, dos compases por nota"** para violín y trompeta, con **"tonos de acompañamiento de Sol mayor en el ritmo ranchera valseada"** para arpa, armonía y guitarrón. Use estos términos para que sus alumnos los aprendan. Después, Ud. podrá decirles: "Toquen una escala Do mayor en terceras paralelas, ritmo ranchera valseada, dos compases por nota, con tonos de acompañamiento" (o en alguna otro tono que hayan aprendido), y ellos lo podrán hacer de oído.

❖ **Cruzando las partas de trompeta:** las partes del primer violín y primera trompeta llevan la línea melodica (escala Sol mayor tono real, de Sol a Sol), y las del segundo violín y trompeta la línea armónica (escala Sol mayor tono real, de Si a Si). Los violines tocan así (6^{tos} paralelos) siempre, pero por razones de tesitura la primera trompeta baja una octava en el compás nueve. Es común en la música de mariachi que la segunda trompeta toque más alto que la primera; lo importante es que la primera siga la línea de la melodía y la segunda la de la armonía, no importa la octava.

❖ **Asegúrese que la segunda trompeta extienda la tercera bomba para tocar bien entonado Do♯ y Re bajos escritos.**

❖ **Enseñe a los de la armonía a enfocarse en levantar la mano derecha cuando el guitarrón toca, en lugar de forzarla hacia abajo al tocar sus notas.** Estos instrumentos siempre deben coordinarse, así que es importante que los de la armonía sientan el ritmo del guitarrón y viceversa: mover la mano derecha hacia arriba cuando esté tocando el guitarrón ilustra esta conexión y ayuda a que sientan mejor el guitarrón.

❖ **Ensayen varias veces los 2 últimos compases del ejercicio I.** Los violines deben tocar los acentos *martellato* con arcos completos y muy rápidos, y las trompetas los acentos *marcato* muy fuerte y tan cortos como puedan (cortando el final de las notas con la lengua), al tiempo que el guitarrón, la armonía y el arpa hagan que resuenen sus cuerdas.

❖ **Asegúrese que el arpista use los dedos 1 y 4 de la mano izquierda para tocar las octavas de este ejercicio.** Los alumnos principiantes suelen tratar de usar el 5to dedo (pero este dedo *nunca* se usa para tocar el arpa), o el 3°, pero deben usar el 1 y el 4 para prepararse a tocar los acordes de 4 notas más adelante y para acostumbrarse a "sentir" lo que es la distancia de una octava.

La parte de la mano izquierda del arpa en el registro inferior (como aquí) debe tocarse usando las yemas de los dedos (y no las uñas).

❖ **Las partes para el guitarrón Facilitada y Avanzada pueden tocarse simultáneamente** si en el grupo hay alumnos principiantes y avanzados.

Vln., Tpt: 4   Vla: 4   Arpa: 10
Arm: 10   Gtn: 8   Cello: 2

De Colores

1

Ranchera Valseada

De Colores

Ranchera Valseada

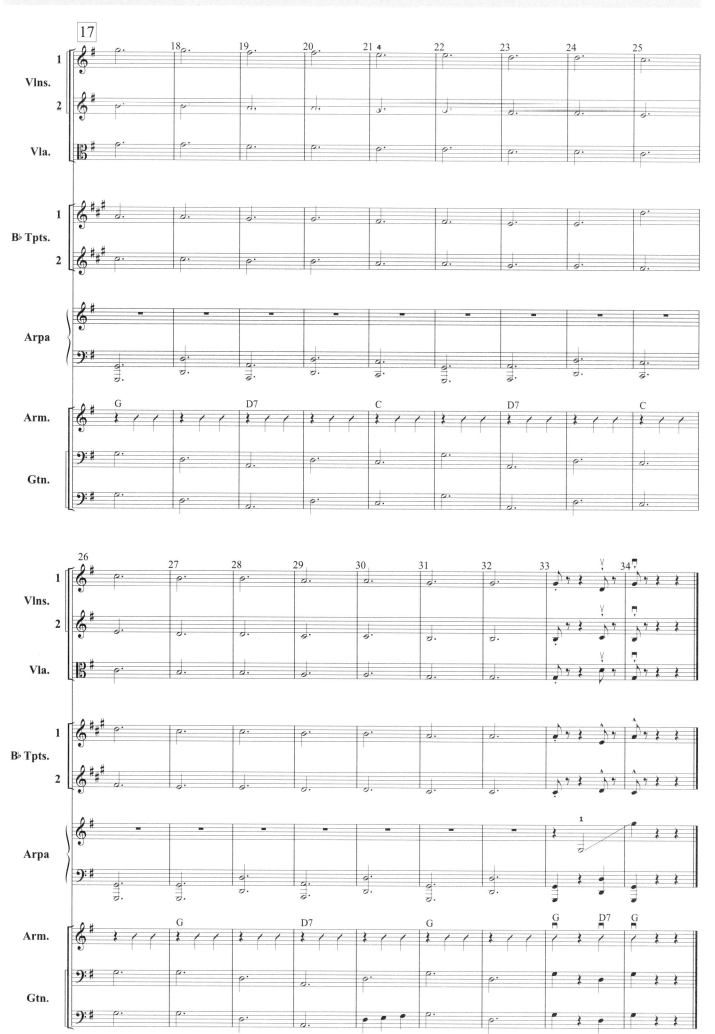

De Colores

Ranchera Valseada

Vln:
❖ Learn both parts-it wil make you a better player.

Tpt:
❖ Sometimes the Second Trumpet plays higher than the First Trumpet to preserve the melody. Learn both parts—it will make you a better player.

Arm, Gtn:
❖ Write in the counting for measures 31–34.

❖ Aprende ambas partes—así serás un mejor violinista.

❖ A veces la Segunda Trompeta toca más alto que la Primera Trompeta para mantener la melodía. Aprende ambas partes—así serás un mejor trompetista.

❖ Escribe los batimientos por los compases 31–34.

Anacrusis – Notes or rests before the first full measure of music.

Anacrusa – Notas o silencios que aparecen antes del primer compás completo.

MAESTRO:
❖ **Encourage the violins to use full bows and sustain every note,** so short notes (quarter notes) receive very fast bows and longer notes receive slower bows. Pay attention to how students move their wrists: make sure the bow stays perpendicular to the strings.
❖ **Teach everyone to recognize when their music begins with a pickup:** "the 2 quarter-note rests in the harp, armonía and guitarrón mean that the other instruments will be playing something during those first 2 beats."
❖ **The Right Hand of the harp playing in the upper register (such as in this exercise) should be played with the fingernails** to achieve a clear, bright sound.

MAESTRO:
❖ **Enseñe a los violinistas a usar todo el arco y a sostener cada nota:** deben tocar las notas cortas (negras) con arcos rápidos, pero las más largas con arcos más lentos. Fíjese en cómo los alumnos mueven sus muñecas y asegúrese que el arco sea perpendicular a las cuerdas.
❖ **Enseñe a todos a reconocer cuándo su música empieza con una anacrusa:** "los 2 silencios de negras para arpa, armonía y guitarrón indican que los otros instrumentos tocarán algo durante estos primeros 2 batimientos."
❖ **La parte de la mano derecha del arpa en el registro superior (como en este ejercicio) debe tocarse con las uñas** para lograr un sonido claro y brillante.

─De Colores ─

Ranchera Valseada

Vln, Vla:
* ❖ Always use full bows. Short notes get fast bows and long notes get slow bows.

Tpt:
* ❖ Fill the instrument with air to get a big, full sound on every note.

Arpa:
* ❖ Play strong so that you can hear all 4 notes of the chord equally well.

Gtn:
* ❖ Balance the upper and lower octaves so that both notes sound equally well.

* ❖ Siempre usa arcos completos. Notas cortas reciben arcos rápidos y notas largos reciben arcos lentos.

* ❖ Llena el instrumento de aire para obtener un sonido fuerte y redondo en cada nota.

* ❖ Toca fuerte de modo que puedas oír las 4 notas del acorde igualmente bien.

* ❖ Equilibra las octavas alta y baja para que ambas notas se escuchen igualmente.

De Colores

Ranchera Valseada

—De Colores—

Ranchera Valseada

Arpa, Arm, Gtn:

❖ Label the Primera de Sol, Segunda de Sol, and Tercera de Sol in this exercise.

❖ Identifica la Primera de Sol, la Segunda de Sol, y la Tercera de Sol en este ejercicio.

Repeat Signs – Repeat the music between the signs.

Signos de repetir – Repite la música entre los signos.

MAESTRO:

❖ **Have the whole class count together the first time then play the second time.** There are various methods of counting music. One method is to count every beat in a measure (in ¾ you could count "one, two, three, one, two…") and to count eighth-notes with their beat-number followed by "and" ("one and two and…"). If you use the abbreviation "+" for "and," each two measures of Exercise 4 would be counted "1 2 3 + 1 2 3" (don't forget to count the rests!). Use whatever method you prefer, but having your students "write the counting in your music and always count in your head while playing" will help them become better readers.

❖ **Armonía instruments should make every note a down-strum** (students may try to play back and forth, up and down).

❖ **Make sure the violins and trumpets play the final quarter-note of each phrase as full quarter-note**, releasing on beat 2 (they will try to play it short, like a staccato eighth-note).

MAESTRO:

❖ **Haga que todo el grupo cuente en conjunto la primera vez y toquen la segunda.** Existen varios métodos para contar la música. Uno consiste en contar cada batimiento del compás (en ¾ podrían contar "un, dos, tres, un, dos…"), contando las corcheas con su número de batimiento seguido por "y" ("un y dos y…"). Si se sustituye la abreviatura "+" por "y" se contarían cada dos compases del ejercicio 4 así: "1 2 3 + 1 2 3" (¡no olvide contar los silencios!). Use el método que prefiera, pero insista en que todos "escriban el conteo en su música y siempre cuenten en sus cabezas cuando tocan." Así mejorarán su habilidad de leer la música.

❖ **Los instrumentos de armonía deben tocar cada nota hacia abajo** (los alumnos quizá tratarán de tocar hacia arriba y abajo).

❖ **Asegúrese que los violines y trompetas toquen la última negra de cada frase en forma completa**, y que la suelten en el batimiento 2 (quizá traten de tocarla corta, como una corchea staccato).

4

13 🔘

Listen the first time. Play the second time.

Escucha la primera vez. Toca la segunda vez.

❖ Always count in your head when you are reading music.

❖ Siempre lleva la cuenta en la mente mientras lees la música.

5 VOCAL EXERCISE

Do the vocal exercises found on the inside back cover.
1. Inhale and exhale slowly.
2. Hum.
3. Yawn.
4. Siren yawn.
5. Scale study.
6. Solfège.

EJERCICIO VOCAL

Haz los ejercicios vocales encontrados en la contraportada interior.
1. Inhale y exhale lentamente.
2. Canturrea.
3. Bosteza.
4. Bosteza como sirena.
5. Estudio escala.
6. Solfeo.

First Ending and Second Ending – Play the first ending the first time. Repeat the music, skip the first ending and play the second.

Primera Casilla y Segunda Casilla – Toca la primera casilla la primera vez. Repite la música, sáltate la primera casilla y toca la segunda.

Spanish for "Sing"	**Canta**	
Spanish for "Play"	**Toca**	
Divided	**Divisi**	Dividido

MAESTRO:

❖ **Make sure everyone matches their vowel sounds.** In Spanish, vowels are very pure, without the common diphthongs we have in English. Tell native English-speakers to sing a "pure 'o' sound, not 'o...u'," and a "pure 'e' sound, not 'e...i'."

❖ **The range of your students' voices will determine in which octave they should sing.** In mariachi, women almost always stay in their chest voice and therefore very few women sing higher than C or D (3rd space, 4th line of the treble staff)—almost no women sing in a soprano voice ("head voice") in mariachi. Also, men will tend to sing towards the higher part of their range—almost no men sing in a bass voice in mariachi. Therefore, most women and children will sing this exercise at the written pitch, while most men will sing the upper part an octave lower. Many men—those with higher voices—will sing the lower part of this exercise at the written pitch.

❖ **NOTE:** the vocal parts in the guitarrón and viola books are written in the same clef as their music (bass and alto clef) and sometimes an octave lower than the vocal parts in the other instruments in order to avoid using an excessive amount of ledger lines.

❖ **Make sure the upper and lower vocal parts in the chorus are balanced.** You will find that many students will be able to sing either part quite well. As with all of the vocal exercises and songs in *Mariachi Mastery*, you should arrange your voices so that al of the parts balance with each other as much as possible. The specific distribution of these voices will therefore differ from group to group.

❖ **If armonía and guitarrón players have difficulty playing and singing this exercise at the same time, have one vihuela and one guitarrón play while the others sing.** Have students take turns playing so that everyone has a chance to sing and play these parts.

MAESTRO:

❖ **Asegúrese que todos pronuncien los sonidos vocales igual.** En el español, los sonidos vocales son agudos y no tienen los diptongos comunes del inglés. Enseñe a los alumnos de habla inglesa a cantar un sonido "'o' puro, y no 'o...u'," y un sonido "'e' puro, y no 'e...i'."

❖ **La tesitura de la voz de los alumnos determina la octava en que deben cantar.** Las mujeres de mariachi casi siempre cantan con su voz de pecho, y pocas cantan arriba de Do o Re (3er espacio, 4ta línea, clave de Sol). En la música de mariachi, casi ninguna mujer canta en soprano ("voz de cabeza"). Los hombres tienden a cantar hacia la parte superior de su tesitura; son pocos los mariachis que cantan en la voz baja. Así, la mayoría de las mujeres y niños cantará este ejercicio en el tono escrito, pero la mayoría de los hombres cantará la parte alta una octava abajo. Muchos hombres –los de voz aguda– cantarán la parte más baja del ejercicio en el tono escrito.

❖ **NOTA:** en los libros de guitarrón y viola se escriben las partes vocales en la misma clave que la música (clave de Fa y de Do), y a veces una octava abajo de las partes vocales de los otros instrumentos; esto con el fin de reducir el número de líneas adicionales.

❖ **Asegúrese que las partes vocales alta y baja del coro estén balanceadas.** Ud. se dará cuenta que muchos alumnos pueden cantar ambas partes bastante bien. Como en todos los ejercicios vocales y canciones en *La maestría del mariachi*, Ud. debe arreglar las voces de tal modo que logre el mejor balance posible entre las partes. Entonces, la distribución específica de las voces diferirá de un grupo a otro.

❖ **Si a los de la armonía y guitarrón les es difícil tocar y cantar este ejercicio al mismo tiempo, deje que toquen sólo un vihuelista y guitarronista mientras los demás cantan.** Los alumnos deben turnar hasta que todos hayan

—De Colores—

Ranchera Valseada

De Colores

Vln, Vla, Tpt, Arpa, Arm:

❖ Women and children sing as written. Men sing one octave lower. Sing with pure vowels and a consistent, resonant sound throughout the exercise.

Gtn:

❖ Women and children sing one octave higher. Men sing as written. Sing with pure vowels and a consistent, resonant sound throughout the exercise.

❖ Las mujeres y los niños cantan como está escrito. Los hombres cantan una octava más baja. Canta con vocales puras y con un sonido constante, y resonante a lo largo del ejercicio.

❖ Las mujeres y los niños cantan una octava más alta. Los hombres cantan como está escrito. Canta con vocales puras y con un sonido constante, y resonante a lo largo del ejercicio.

MAESTRO:

❖ **Review this pronunciation guide** (for people who are not native Spanish speakers)
"a" rhymes with "fox"
"e" rhymes with "hey"
"i" rhymes with "eat"
"o" rhymes with "toe"
"u" rhymes with "food"
Words that start with the letter "r" have a slight "rolling" of the initial "r." When speaking or singing Spanish with a Mexican accent, the letter "d" sounds more like the English "th" as in "though:" "todo" sounds like "totho."

❖ **Make sure everyone matches their vowel sounds**. In Spanish, vowels are very pure, without the common dipthongs we have in English. Tell native English-speakers to sing a "pure 'o' sound, not 'o...u'", and a "pure 'e' sound, not 'e...i'."

❖ **Listen to the CD recording of DE COLORES with the entire class together,** then have the students read the text aloud, in rhythm, *not singing*, rather simply speaking the text and concentrating on their pronunciation and rhythm. Make everybody do this together without playing their instruments: do not let the guitarrón and armonía players play along, as for this exercise their playing will actually be a distraction.

❖ **In Spanish singing, if one word ends in a vowel sound and the next word begins with a vowel sound, those vowels are usually elided**, or combined so that they fall on a single musical note. Measure 19, verse 2 is an example of this: "Can-ta el ga-llo" seems to have 5 syllables, but when sung it will actually sound like "Can-tael ga-llo", with only 4 syllables. The symbol " ‿ " denotes the elision.

MAESTRO:

❖ **Estudie esta guía de pronunciación** (para los alumnos que no son hablantes nativos del español):
"a" rima con "fox"
"e" rima con "hey"
"i" rima con "eat"
"o" rima con "toe"
"u" rima con "food"
Cuando la letra "r" está al principio de una palabra, hay que enfatizar la doble "rr" del español. Recuerde, al hablar o cantar en el español de México, la letra "d" suena como la "th" de inglés –como en "though"– "todo" suena como "totho."

❖ **Asegúrese que todos pronuncien las vocales igual.** Las vocales del español son sonidos agudos que no suenan como los diptongos de inglés. Enseñe a los que no son hablantes nativos de español a cantar una "'o' pura, y no 'o...u'", y una "'e' pura, y no 'e...i'."

❖ **Escuche la grabación de De Colores en el CD con todo el grupo**, y luego invite a los alumnos a leer el texto en voz alta y siguiendo el ritmo, pero sin cantar. Sólo deben leer el texto, concentrándose en la pronunciación y el ritmo. Todos deben hacerlo juntos, pero sin tocar sus instrumentos. No deje que los de la armonía y guitarrón toquen, porque en este ejercicio su música realmente sería una distracción.

❖ **Cuando uno está cantando en español y encuentra que una palabra termina con vocal y la siguiente empieza también con vocal, la norma es juntarlas** (elisión); es decir, combinarlas para que caigan en una sola nota musical. Un ejemplo de esto está en el compás 19, verso 2, donde "Can-ta el ga-llo" parece tener 5 sílabas, pero cuando se canta sólo se debe escuchar 4. El símbolo " ‿ " indica la elisión.

Speak the lyrics to **DE COLORES** in rhythm. Concentrate on pronunciation, rhythm, and phrasing. Pay attention to combining the last vowel of one word with the first vowel of the next when it occurs.

Lee la letra de **DE COLORES** en voz alta y en ritmo. Concéntrate en la pronunciación, el ritmo, y la expresión. Pon atención para combinar la última vocal de una palabra con la primera vocal de la siguiente palabra cuando esto ocurra.

A comprehensive mariachi education should include an understanding of mariachi history and music notation. Photocopy and distribute one of the Mariachi and Music Literacy Worksheets found on pages 244–263 and on the CD-ROM. Answers are provided on pages 264–267.

En un programa comprensivo sobre el mariachi los alumnos aprenderán la historia del mariachi y la notación musical. Copiar y repartir una de las *"Hojas de trabajo sobre el mariachi y la notación musical"* en las páginas 244–263 y en el CD-ROM. Las respuestas están en las páginas 264–267.

Ranchera Valseada

De Colores

Ranchera Valseada

CANCIÓN

- ❖ **Encourage everyone to sing strong**, stand up straight when performing, smile and make a connection with their audience.
- ❖ **Have the violinists and trumpet players hold their instruments in the same way** while they are singing so the mariachi looks more professional.
- ❖ **Practice transitioning from singing to playing with the violinists and trumpet players:** be careful that they don't let their voices fade or drop out entirely when they lift their instruments to play. Tell them to "continue singing the last note of the phrase while lifting your instrument, getting ready to play the next part."
- ❖ **Listen to the recording of the last 4 measures of De Colores several times with the entire class together and concentrate on the sound of the trumpets and violins.** Tell the violinists and trumpet players to "match this style as closely as possible". This is the traditional ending to the *ranchera valseada*, and it is almost always played with this style and articulation: getting the sound in your students' ears will cause them to learn the style better than reading the articulations on the page.
- ❖ **NOTE: this traditional *ranchera valseada* ending has one common variant:** many groups prefer to play the first violin's and first trumpet's "concert C♮" in measure 75 as a "concert C♯." This half-step version (C♯) is probably the more old-fashioned—it can be heard on many older recordings—but both versions are in wide use today. The ending of LA VALENTINA is written in the half-step version to illustrate the difference. The important thing is that every member of your mariachi plays it in the same way, whichever way you prefer.

CANCIÓN

- ❖ **Insista en que todos canten fuerte**, se paren derecho cuando toquen, que sonrían y establezcan conexión con el público.
- ❖ **Insista en que los violinistas y trompetistas sujeten sus instrumentos de la misma manera mientras cantan;** así, el conjunto lucirá mucho más profesional.
- ❖ **Ensaye con los violinistas y trompetistas la transición de cantar a tocar** para asegurar que sus voces no desvanezcan ni desaparezcan en el momento de levantar sus instrumentos para preparar a tocar. Dígales: "Deben seguir cantando la última nota de la frase mientras levantan sus instrumentos y se preparan para tocar la siguiente parte."
- ❖ **Escuchen varias veces la grabación de los últimos 4 compases de DE COLORES con todo el grupo, concentrándose en el sonido de los violines y trompetas.** Enseñe a los violinistas y trompetistas a "imitar este estilo lo mejor que puedan." Éste es el cierre tradicional de la *ranchera valseada*, y casi siempre se toca con este estilo y articulación. Al lograr que aprecien este sonido, Ud. les ayuda mucho más a aprender el estilo del mariachi que si sólo exige que lean las articulaciones en la música.
- ❖ **NOTA: este tradicional cierre de la *ranchera valseada* tiene una variante común:** muchos grupos prefieren tocar el "Do♮ tono real" del primer violín y trompeta en el compás 75 como "Do♯ tono real." Esta versión, de semitono (Do♯), quizá sea más antigua, pues se oye en muchos discos viejos, aunque ambas son usadas ampliamente hoy en día. El cierre de LA VALENTINA está escrito en la versión de semitono para mostrar la diferencia. Lo importante es que todos los integrantes toquen la misma versión, la que Ud. prefiera.

Read this to your students: DE COLORES is a folk song, the sort that most Mexican children learn in school, something like "My Country 'Tis of Thee" or "Old McDonald" in America. The words are simple, but they reveal some of the beauty in Mexican culture. "DE COLORES" ("with colors") sings of beautiful things: "the colors in the fields in springtime", "little birds that come from far away", "the rainbow that is so radiant". It is also interesting to learn how people in different countries describe animal calls (verse 2): "the rooster sings quiri quiri, the chicken says cara cara, the little chicks sing pío pío." And, owing to the passion that is so real in Mexico, the chorus of this song sings: "that's why I love the great loves, with many colors." Play and sing this song with a smile on your face, then notice how everyone who hears it smiles too.

Lea esto al grupo: DE COLORES es una canción folk, del tipo que muchos niños mexicanos aprenden en la escuela; como "My Country 'Tis of Thee" u "Old McDonald" en E.U. La letra es sencilla, pero refleja aspectos de la belleza de la cultura mexicana. DE COLORES habla de cosas hermosas: "*de colores se visten los campos en la primavera,*" "*los pajarillos que vienen de afuera,*" "*el arco iris que vemos lucir*". Es interesante ver, también, cómo la gente en otros países describe el trinar de los pájaros (verso 2): "*canta el gallo con el quiri quiri, la gallina con el cara cara, los polluelos con el pío pío.*" El coro de esta canción expresa la gran pasión que caracteriza a México. Dice: "*Por eso los grandes amores de muchos colores me gustan a mí.*" Canten y toquen DE COLORES con una gran sonrisa y verán que pronto el público también empezará a sonreír.

DISCUSSION QUESTIONS

1. What does it mean to say that DE COLORES is a "folk song"?
2. Why does the second verse refer to farm animals?
3. What other beautiful things can you think of that might be "de colores"?

PREGUNTAS PARA DISCUSIÓN

1. ¿Qué significa decir que DE COLORES es una "canción popular"?
2. ¿Por qué el segundo verso se refiere a animales de granja?
3. ¿Cuáles otras cosas hermosas puedes imaginar que podrían ser "de colores"?

DE COLORES

Mexican Folk Song
Canción popular mexicana

Ranchera Valseada

Ranchera Valseada

Ranchera Valseada

Ranchera Valseada

LA VALENTINA
Ranchera Valseada

Vln, Vla

MASTERING MARIACHI
Mariachis commonly play formal concerts in large concert halls, so you must be aware of how you present yourself on stage at all times. Stand up straight, smile, and make a connection with your audience. Stand with your left foot slightly forwards when playing. Hold your instrument the same as others when you're not playing.

DOMINANDO LA MÚSICA DE MARIACHI
Los mariachis comunmente tocan conciertos formales en salas de conciertos grandes, entonces debes estar consciente de cómo te presentas en el escenario en todo momento. Párate derecho, sonríe, y establece una relación con tu público. Pon el pie izquierdo un poco adelante al tocar. Cuando no estás tocando, sostén tu instrumento al igual que los demás.

Tpt

MASTERING MARIACHI
Mariachis commonly play formal concerts in large concert halls, so you must be aware of how you present yourself on stage at all times. Stand up straight, smile, and make a connection with your audience. Hold your instrument the same as others when you're not playing.

DOMINANDO LA MÚSICA DE MARIACHI
Los mariachis comunmente tocan conciertos formales en salas de conciertos grandes, entonces debes estar consciente de cómo te presentas en el escenario en todo momento. Párate derecho, sonríe, y establece una relación con tu público. Cuando no estás tocando, sostén tu instrumento al igual que los demás.

Arpa, Arm, Gtn

MASTERING MARIACHI
Mariachis commonly play formal concerts in large concert halls, so you must be aware of how you present yourself on stage at all times. Stand up straight, smile, and make a connection with your audience. Keep your weight evenly distributed on both feet. Don't lean or slouch.

DOMINANDO LA MÚSICA DE MARIACHI
Los mariachis comunmente tocan conciertos formales en salas de conciertos grandes, entonces debes estar consciente de cómo te presentas en el escenario en todo momento. Párate derecho, sonríe, y establece una relación con tu público. Distribuye tu peso parejo, sin inclinarte a un lado. Mantén una postura erguida.

Vln, Vla, Arpa, Arm, Gtn

Key Signature – D Major has this key signature. Every F is played as F-sharp, and every C as C-sharp.

Armadura de clave – Re Mayor tiene esta armadura de clave. Todo Fa se toca como Fa-sostenido, y todo Do como Do-sostenido.

Harp – Make sure your harp is tuned correctly.

Arpa – Asegúrate que tu arpa esté afinada correctamente.

D Major/Re Mayor

Tpt

Key Signature – E Major has this key signature. Every F is played as F-sharp, every C as C-sharp, every G as G-sharp, and every D as D-sharp.

E Major/Mi Mayor

Armadura de clave – Mi Mayor tiene esta armadura de clave. Todo Fa se toca como Fa-sostenido, todo Do como Do-sostenido, todo Sol como Sol-sostenido, y todo Re como Re-sostenido.

Vln, Vla, Arpa

Mezzo forte – Medium loud.

mf

Mezzo forte – Medianamente fuerte.

Tpt

Mezzo piano – Medium Soft.

mp

Mezzo piano – Medianamente Suave.

Piano – Soft.

p

Piano – Suave.

—La Valentina

Ranchera Valseada

❖ **Encourage every player to play strongly,** but always have them listen to one another so they can balance *within* their section (trumpets balance with trumpets, guitarrón balances with armonía, etc.) and *between* sections (trumpets balance with violins, guitarrón/armonía balance with trumpets/violins).

❖ **Listen to mariachi recordings** such as those included with *Mariachi Mastery* with the whole ensemble together, and have students concentrate on hearing and understanding the mariachi style. Even when playing simple exercises, students should be encouraged to play with the proper sound, style and feeling that mariachi music requires.

❖ **Aliente a todos a tocar fuerte, pero insista en que se escuchen mutuamente** para así balancear el sonido *dentro* de su propia sección (trompeta con trompeta, guitarrón con armonía, etc.), y *entre* una sección y otra (trompetas con violines, guitarrón y armonía con trompetas y violines).

❖ **Escuchen discos de mariachi** como los que vienen con *La maestriía del mariachi* con el grupo entero presente. Invítelos a concentrarse en escuchar y apreciar el estilo del mariachi. Incluso cuando ellos estén tocando ejercicios simples, Ud. debe insistir en que toquen con el sonido, el estilo y el "sabor" que son propios de la música de mariachi.

EXERCISES / EJERCICIOS

MAESTRO:

❖ **Exercise 1 can also be called the "D Major Scale in parallel thirds, two measures per note"** for the violins and trumpets, accompanied by the "D Major tonos de acompañamiento in a *ranchera valseada* rhythm" for the others. Use these terms so your students learn them, and later you can tell them to "play an X Major Scale in parallel thirds, *ranchera valseada* rhythm, two measures per note, accompanied by the tonos de acompañamiento" and they will do this by ear!

❖ **The first trumpet plays the melody line (concert D Major Scale from D to D), the second trumpet plays the harmony line (concert D Major Scale from F♯ to F♯)**, but because of range the second trumpet drops down an octave in measure 9. It is common for the second trumpet to play higher than the first trumpet in mariachi music—the important thing is for the first trumpet to continue with the melody line and the second trumpet to continue with the harmony line. However, unlike with the trumpets, **mariachi violin parts will sometimes switch lines** (first violin may play the harmony line, second violin may play the melody), **but the first violin will almost always play the higher note**. In this exercise, the second violin part has the melody line (D Major Scale from D to D) and the first violin has the harmony line (D Major Scale from F♯ to F♯).

❖ **Tell the armonía players to focus on lifting their right hands when the guitarrón plays, rather than on forcing their hands down on the notes that they play.** These instruments should always work together so it is important that armonía players feel the rhythm of the guitarrón and vice versa: armonía players lifting their right hands when the guitarrón plays will illustrate this connection and help them start to feel the guitarrón.

❖ **The Easy and Advanced guitarrón parts can be played simultaneously** if you have both beginning and advanced players.

❖ **For exercise 2, practice the last 2 measures of Exercise 1 together several times.** Violins should play the martellato accents with very fast and full bows, trumpet players should play the marcato accents very strong and as short as possible (clipping the back end of the notes off with the tongue), while the guitarrón, armonía and arpa should let their strings ring.

MAESTRO:

❖ **El ejercicio 1 también puede llamarse "Escala Re mayor en terceras paralelas, dos compases por nota"** para violín y trompeta, mientras que los demás tocarán los "tonos de acompañamiento en Re mayor en el ritmo *ranchera valseada*". Use estos términos para que sus alumnos los aprendan. Después, Ud. podrá decirles: "Toquen la escala 'X' mayor en terceras paralelas, ritmo *ranchera valseada*, dos compases por nota, con los 'tonos de acompañamiento'" ¡y lo harán de oído!

❖ **La primera trompeta toca la línea de la melodía (escala Re mayor tono real, de Re a Re), la segunda toca la línea de la armonía (escala Re mayor tono real, de Fa♯ a Fa♯)** pero, por razones de tesitura, la segunda baja una octava en el compás 9. En la música de mariachi, la segunda trompeta a menudo toca más alto que la primera; lo importante es que la primera siga tocando la línea de la melodía y la segunda la línea de la armonía. Ahora bien, a diferencia de las trompetas, **las partes de violín del mariachi a veces cambian de línea** (el primer violín puede tocar la línea de la armonía y el segundo la melodía), **pero el primer violín casi siempre toca la nota más alta**. En este ejercicio, la parte del segundo violín tiene la línea de la melodía (escala Re mayor, de Re a Re) y el primero la línea de armonía (escala Re Mayor, de F♯ a F♯).

❖ **Enseñe a los de la armonía a enfocarse en levantar la mano derecha cuando el guitarrón toca, en lugar de forzarla hacia abajo al tocar sus notas.** Estos instrumentos siempre deben coordinarse, así que es importante que los de la armonía sientan el ritmo del guitarrón y viceversa: mover la mano derecha hacia arriba cuando esté tocando el guitarrón ilustra esta conexión y ayuda a que sientan mejor el guitarrón.

❖ **Las partes Facilitada y Avanzada para el guitarrón pueden tocarse simultáneamente** si en el grupo hay alumnos principiantes y avanzados.

❖ **Por el ejercicio 2, ensayen los últimos 2 compases del ejercicio 1 varias veces en conjunto.** Los violines deben tocar los acentos *martellato* con arcos completos y muy rápidos, y las trompetas los acentos *marcato* muy fuerte y tan cortos como puedan (deben mochar el final de las notas con la lengua), al tiempo que el guitarrón, la armonía y el arpa dejen que resuenen sus cuerdas.

Arm, Gtn

MASTERING MARIACHI

Primera, Segunda, Tercera - Learn to associate these names with the chords in the Armonía and the bass notes they represent. The "tonos de acompañamiento" (accompaniment chords) are the *primera (first)*, *segunda (second)*, and *tercera (third)* chords. Circle and label these chords in your music.

DOMINANDO LA MÚSICA DE MARIACHI

Primera, Segunda, Tercera - Aprende a asociar estos nombres con los acordes que representan. Los "tonos de acompañamiento" son los acordes de la primera, la segunda y la tercera. Encierra estos acordes en tu música e identifícalos.

La Valentina

Ranchera Valseada

Primera de Re   Segunda de Re   Tercera de Re

La Valentina

Ranchera Valseada

Vln, Tpt: 11   Vla: 9   Arpa: 17
Arm: 17   Gtn: 17   Cello: 9

La Valentina

Ranchera Valseada

—La Valentina—

Ranchera Valseada

Arpa, Arm, Gtn:

❖ Label the Primera de Re, Segunda de Re, and Tercera de Re in this exercise.

❖ Identifica la Primera de Re, la Segunda de Re, y la Tercera de Re en este ejercicio.

Arpa, Gtn

MASTERING MARIACHI

Pasadas – a melodic figure that signals the motion from one chord to another. Feel the way the pasadas lead the armonía from chord to chord. Practice these pasadas, memorize them, and play them in as many other keys as you know.

DOMINANDO LA MÚSICA DE MARIACHI

Pasadas – una figura melódica que señala el movimiento de un acorde a otro. Siente cómo las pasadas guían la armonía de un acorde al siguiente. Practica estas pasadas, memorízalas, y tócalas en cuantos otros tonos que conozcas.

MAESTRO:

❖ **Make sure the violin players play their C♮ and C♯ (↓2,↑2) in tune.**

❖ Tell the violinists to play strong, with full bows on every note so that long notes receive slow bows and the short notes receive fast bows.

❖ **Instruct all students to feel the difference between the "concert C♮" and "concert C♯,"** and also the difference between the D7 and A7 chords: C♮ leads down to B, C♯ leads up to D, while D7 ("segunda de Sol") leads to G and A7 ("segunda de Re") leads to D.

MAESTRO:

❖ **Asegúrese que los violinistas toquen su Do♮ y Do♯ (↓2,↑2) en forma entonada.**

❖ Insista con los violinistas en que toquen fuerte, usando arcos completos en cada nota; las notas largas deben tocarse con arcos lentos, las cortas con arcos rápidos.

❖ **Enseñe a los alumnos a sentir la diferencia entre el "Do♮ tono real" y el "Do♯ tono real"**, así como la diferencia entre los acordes D7 y A7: Do♮ lleva hacia abajo a Si, Do♯ lleva hacia arriba a Re, pero D7 ("segunda de Sol") lleva a G y A7 ("segunda de Re") lleva a D.

La Valentina

Ranchera Valseada

Vln, Vla:
- Always use full bows. Short notes get fast bows and long notes get slow bows.

- Siempre usa arcos completos. Notas cortas reciben arcos rápidos y notas largos reciben arcos lentos.

Tpt:
- Fill the instrument with air to get a big, full sound on every note.

- Llena el instrumento de aire para obtener un sonido fuerte y redondo en cada nota.

Arm:
- Listen and feel how D7 (Segunda de Sol) leads to G, but A7 (Segunda de Re) leads to D.

- Escucha y siente como D7 (Segunda de Sol) te lleva a G, pero A7 (Segunda de Re) te lleva a D.

—La Valentina —

Ranchera Valseada

Contratiempo
("against the meter") –
Shifting the accents in the measure to go against the time signature. In this case, the articulation of three measures of $\frac{2}{4}$ in the course of two measures of $\frac{3}{4}$.

Contratiempo
("en contra del metro") –
Mover los acentos en el compás para ir en contra de la cifra de compás. En este caso, la articulación de tres compases de $\frac{2}{4}$ en el curso de dos compases de $\frac{3}{4}$.

MAESTRO:

❖ **Have all students write in the counting**, especially in measures 5-6, then have them count aloud together while clapping their rhythm. Measures 5-6 should sound like even quarter notes, alternating between the melody/guitarrón and arpa/armonía.

❖ **First play this exercise slowly—slower than normal**—to make certain that the students are actually reading the music, counting the rhythms, before playing it at the correct (faster) tempo. At the faster tempo, some students will hear the rhythm played once, memorize what it sounds like, then play it from memory without reading: use this exercise to teach sight-reading and counting rhythms.

MAESTRO:

❖ **Dígales a los alumnos que anoten el conteo**, especialmente de los compases 5-6, y que luego cuenten en conjunto y en voz alta mientras palmean el ritmo. Los compases 5-6 deben escucharse como negras parejas, que alternan entre la melodía/guitarrón y el arpa/armonía.

❖ **Primero, toquen este ejercicio despacio—más lento que lo normal** —para comprobar que los alumnos estén leyendo la música y contando los ritmos, antes de tocarlo en el tempo correcto (más rápido). En este tempo, algunos alumnos podrán oír el ritmo una vez, memorizar su sonido y luego tocarlo de memoria sin leer: use este ejercicio para enseñarles a leer la música y a contar los ritmos.

4

18

La Valentina

Ranchera Valseada

❖ Circle the contratiempo in this exercise.   ❖ Encierra el contratiempo en este ejercicio.

Tpt

Articulations – Pronounce these syllables while playing to create the correct style of articulation.

dut thu thu thu

Articulaciones – Pronuncia estas sílabas mientras tocas para crear el estilo de articulación correcto.

MAESTRO:

❖ **Review dynamics before playing this exercise**. Point out to the mariachi how much more expressive the music is when everyone plays their dynamics.

❖ **Review counting eighth-notes with the entire class before playing this exercise**. There are many methods of counting eighth-notes. One method is to count the eighth-notes with their beat-number followed by "and" ("1 and 2 and..."). Using the abbreviation "+" for "and", the violin and trumpet rhythms in measure 4 would be counted "1 2 + 3 +". Use whatever method you prefer, but encourage your students to "write the counting in your music and always count in your head while playing."

❖ **Tell the trumpet players to "blow through the eighth-notes (tonguing but without stopping the airflow)**, but make the staccato quarter-notes as short as possible (clipping the ends of the notes off with the tongue)."

❖ **Make sure the violinists play their G♮ and G♯ in measures 19 and 21 in tune** (switching from low 3 to high 3).

❖ **Listen to the recording of Example 5 with the whole mariachi together**, paying attention to the sound and style of the music. Pay special attention to the trumpet articulations in measures 23-25.

MAESTRO:

❖ **Repase las dinámicas antes de tocar este ejercicio**. Indique al mariachi cuán más expresiva resulta la música cuando todos tocan sus dinámicas.

❖ **Repase el conteo de las corcheas con el grupo antes de tocar este ejercicio**. Hay muchos métodos para contar las corcheas. Uno consiste en contarlas con su número de batimiento, seguido por "y" ("1 y 2 y..."). Si usan la abreviatura "+" en lugar de "y", contarán los ritmos de violín y trompeta del compás 4 así: "1 2 + 3 +". Use el método que prefiera, pero insista en que los alumnos "anoten el conteo en su música y siempre cuenten mentalmente mientras estén tocando."

❖ **Enseñe a los trompetistas a "soplar completo las corcheas" (usando la lengua pero sin interrumpir la columna de aire)**. Deben tocar las negras con staccato y lo más cortas que puedan (mochando el final de las notas con la lengua).

❖ **Asegúrese que los violinistas toquen su Sol♮ y Sol♯ en compases 19 y 21 en forma entonada** (cambiando de 3 bajo a 3 alto).

❖ **Escuche el ejemplo 5 con todo el grupo reunido**, poniendo atención al sonido y estilo de la música. Pongan especial atención a las articulaciones de la trompeta en los compases 23-25.

La Valentina

Ranchera Valseada

La Valentina

Ranchera Valseada

❖ Circle the contratiempo in this exercise.

Tpt:
❖ Play with a full sound on every note, even the fast and
short ones.

❖ Encierra el contratiempo en este ejercicio.

❖ Toca cada nota con un sondido redondo, incluso las más cortas
y rápidas.

La Valentina

Ranchera Valseada

CANCIÓN

❖ **Make sure that you always hear the melody prominently as it switches from the violins to the trumpets**, and make sure that both the melody and harmony parts (first and second violins, first and second trumpets) balance with each other as well.

❖ **Encourage all players to play the proper dynamics** (guitarrón and armonía players too!) so that the music is more expressive.

❖ **The melody instruments do need to play the correct rhythms, but they should also be encouraged to play expressively:** some quarter-notes can be stretched, others hurried. Some notes should be emphasized (gently accented), others deemphasized. Take care to have all of the violinists and trumpet players feeling these "inflections" in the same way so the music doesn't sound like individual players are "fighting with" one another. The whole mariachi can be expressive together.

CANCIÓN

❖ **Asegúrese que la melodía se siga oyendo claramente cuando cambia de los violines a las trompetas**. También asegúrese que ambas partes -melódica y armónica (primer y segundo violín, primera y segunda trompeta) estén balanceadas entre sí.

❖ **Invite a todos los estudiantes** (¡incluidos los del guitarrón y de la armonía!) **a tocar con las dinámicas apropiadas** para así darle mayor expresividad a la música.

❖ **Claro está que los instrumentos de la melodía deben tocar los ritmos correctos, pero Ud. también debe insistir en que toquen con gran expresión:** ciertas negras pueden alargarse, pero otras deben tocarse rápido. Hay que enfatizar algunas notas (acento ligero), pero desenfatizar otras. Asegúrese que todos los violinistas y trompetistas sientan las "inflexiones" del mismo modo para que el grupo no se escuche como músicos individuales que "pelean" entre sí. El grupo entero *puede* tocar con gran expresividad y en conjunto.

Read this to your students: LA VALENTINA dates to at least the 1800's and was popular during the Mexican Revolution of 1910. It was recorded in the 1940's by one of the first great singers of mariachi music, the legendary Jorge Negrete, but it is arranged in an instrumental version here. Jorge Negrete was a classically-trained singer whose biggest dream was to become a world-famous opera star, so it took Mexican producers quite a bit of time to convince him to give up his dream and to come home and sing in the new, unproven, un-prestigious venue that almost certainly had no future and would most certainly not make him a star: movies! He quickly became one of the most famous singers and actors in Mexico, a true national icon. The lyrics of LA VALENTINA express the passion of a man in love with a woman, but he needs to convince her of his love: "Una pasión me domina, y es la que me hizo venir, Valentina", or in English, "A passion has come over me, and that is what has driven me to you, Valentina." Play expressively, as if you were singing too!

Lea esto con el grupo: LA VALENTINA data al menos del siglo XIX y era popular durante la Revolución Mexicana de 1910. Fue grabada en los años de 1940 por uno de los primeros grandes cantantes de la música de mariachi: el legendario Jorge Negrete (aunque la versión que aquí presentamos es un arreglo instrumental). Como cantante, Jorge Negrete tuvo una formación clásica, y su sueño era llegar a ser una estrella mundial de ópera. A los productores en México les costó tiempo convencerlo a que dejara su sueño, que volviera a casa y que cantara en un nuevo género musical que no era probado, que carecía de prestigio, que probablemente no tenía futuro, y que ciertamente no lo convertiría en estrella: ¡el cine! Pero, en poco tiempo llegó a ser uno de los más famosos cantantes y actores en México, un verdadero ícono nacional. La letra de LA VALENTINA expresa la pasión que siente un hombre que está enamorado de una mujer, pero que debe convencerla de su amor: *"Una pasión me domina, y es la que me hizo venir, Valentina."* ¡Toquen con gran expresividad, como si estuvieran cantando!

DISCUSSION QUESTIONS

1. How is LA VALENTINA similar to DE COLORES? How is it different?

2. LA VALENTINA was originally sung by a male singer about a woman he called "Valentine." Based on the way the music sounds, what do you think the words might say? What in the music makes you think this?

3. How does each instrument in your mariachi contribute to the overall sound of the music?

4. Is one instrument more or less important than the others? Why?

PREGUNTAS PARA DISCUSIÓN

1. ¿En qué sentido es similar LA VALENTINA a DE COLORES? ¿En qué sentido es diferente?

2. Originalmente, LA VALENTINA era cantada por un varón quien hablaba de una mujer a quien llamaba "Valentina." Basada en el sonido de la música, ¿Qué piensas que dicen las palabras? ¿Qué hay en la música que te hace pensar así?

3. ¿Cómo contribuye cada instrumento en tu mariachi al sonido total de la música?

4. ¿Hay algún instrumento que es más, o menos, importante que los otros? ¿Por qué?

La Valentina

Mexican Folk Song
Canción popular Mexicana

Ranchera Valseada

Arpa:
❖ If it is too difficult to play both hands together, play either hand alone.

❖ Si es muy difícil tocar con las dos manos al mismo tiempo, toca con cualquier de las dos.

Ranchera Valseada

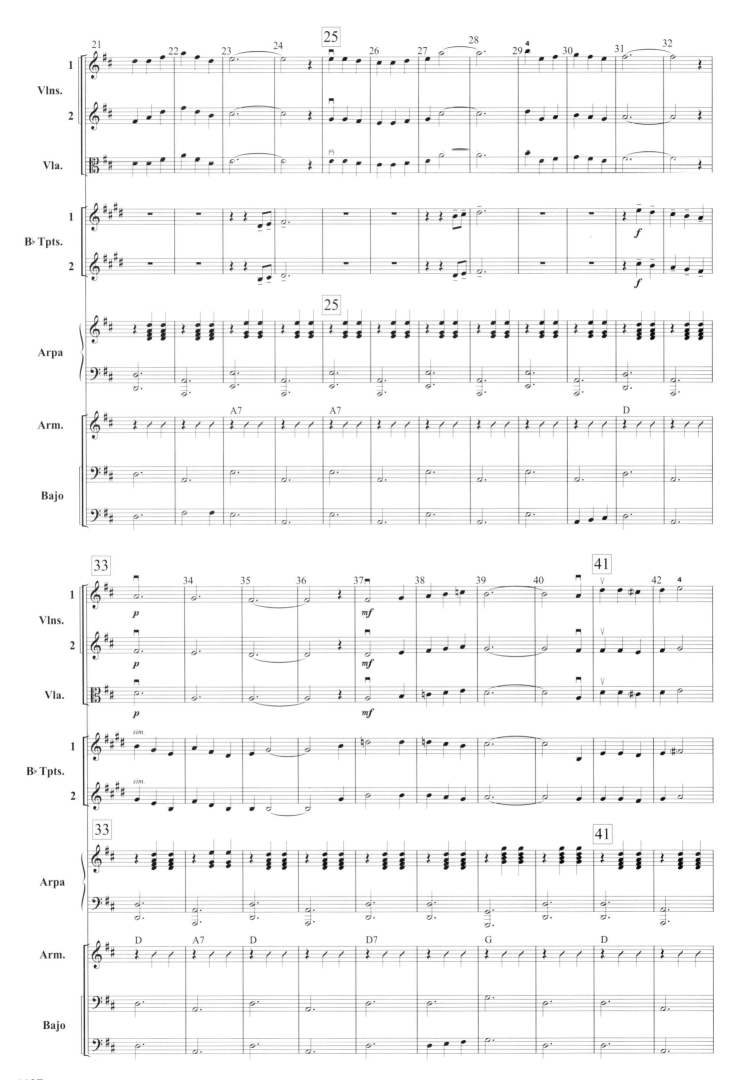

Ranchera Valseada

LAS GOLONDRINAS
Bolero Ranchero

MASTERING MARIACHI

Mariachis considered the bolero very controversial when it first came to Mexico from Cuba in the 1940s, but this dance form was accepted by the public and quickly became a favorite type of song for Mexican composers.

DOMINANDO LA MÚSICA DE MARIACHI

Los mariachis consideraban al bolero como muy polémico cuando primero llegó a México desde Cuba en los años de 1940, pero este baile fue aceptado por el público y rápidamente se convirtió en un tipo favorito de canción para los compositores mexicanos.

Vln, Vla, Arpa, Arm, Gtn

Key Signature – D Major has this key signature. Every F is played as F-sharp.

Armadura de clave – Re Mayor tiene esta armadura de clave. Todo Fa se toca como Fa-sostenido.

Harp – Make sure your harp is tuned correctly.

Arpa – Asegúrate que tu arpa esté afinada correctamente.

D Major/Re Mayor

Tpt

Key Signature – E Major has this key signature. Every F is played as F-sharp, every C as C-sharp, every G as G-sharp, and every D as D-sharp.

E Major/Mi Mayor

Armadura de clave – Mi Mayor tiene esta armadura de clave. Todo Fa se toca como Fa-sostenido, todo Do como Do-sostenido, todo Sol como Sol-sostenido, y todo Re como Re-sostenido.

Time Signature – The "4" on top means that there are four beats in each measure. The "4" on the bottom means that the quarter note receives the beat.

$\begin{smallmatrix}4\\4\end{smallmatrix}$

Cifra de compás – El número "4" arriba significa que hay cuatro tiempos en cada compás. El "4" abajo significa que la nota negra vale ese tiempo.

Andante is a tempo indication that means to play moderately slow, at a walking speed.

Andante

Andante es una indicación del tempo que significa tocar moderadamente lento, a la velocidad de una caminata.

Mezzo forte – Medium loud.

mf

Mezzo forte – Medianamente fuerte.

Vln, Vla

Accent – Play the note stronger.

\>

Acento – Toca la nota más fuerte.

Pizzicato – Pluck the string.

pizz.

Pizzicato – Puntea la cuerda.

⸺ Las Golondrinas ⸺

EXERCISES / EJERCICIOS

Bolero Ranchero

MAESTRO:

❖ Before beginning **Las Golondrinas**, review ⁴⁄₄ time signature, the key of concert D Major and counting eighth-notes

❖ **Exercise 1 can also be called the "D Major Scale in broken thirds, one half-note per note"** for the violins and trumpets, accompanied by the **"D Major tonos de acompañamiento in a *bolero ranchero* rhythm"** for the others. Use these terms so your students learn them, and later you can tell them to "play an X Major Scale in broken thirds, *bolero ranchero* rhythm, one half-note per note, accompanied by the tonos de acompañamiento" they will do this by ear!

❖ Make sure the second trumpet player extends the third valve slide on the low C♯ (written), then pulls the slide back in for the low D♯ (written).

❖ **Encourage the armonía players to feel the guitarrón's rhythm, and the guitarrón player to feel the armonía's rhythm.** As with all mariachi music, the entire rhythm section should feel their rhythms together, presenting one unified "texture" over which the melody instruments play expressively.

MAESTRO:

❖ Antes de ensayar **Las Golondrinas**, repase la cifra de compás ⁴⁄₄, el tono Re Mayor tono real y el conteo de las corcheas.

❖ **El ejercicio 1 también puede llamarse "escala Re Mayor en terceras quebradas, una blanca por nota"** para los violines y trompetas, mientras que los demás tocan **"tonos de acompañamiento Re Mayor en el ritmo *bolero ranchero*"**. Use estos términos para que sus alumnos los aprendan. Luego, podrá decir: "Toquen la escala 'X' Mayor en terceras quebradas, ritmo de *bolero ranchero*, una blanca por nota, con tonos de acompañamiento", ¡y lo harán por oído!

❖ Fíjese que la segunda trompeta extienda la tercera bomba en el Do♯ bajo (escrito), y que luego lo recoja para el Re♯ bajo (escrito).

❖ **Invite a los de la armonía a sentir el ritmo del guitarrón, y viceversa.** En la música de mariachi todos los instrumentos rítmicos deben sentir el ritmo en juntos y proveer un "fondo" uniforme sobre el cual los de la melodía tocarán con gran expresividad.

Eighth Notes
Write in the counting for exercises 2–7. There are many ways to count rhythms. Exercise 2 shows one of those ways.

Corcheas
Escribe los batimientos para los ejercicios del 2–7. Hay muchas maneras por contar ritmos. El ejercicio 2 muestra una de esas maneras.

1

20

Las Golondrinas

Bolero Ranchero

Eighth Notes

Write in the counting for exercises 2–7. There are many ways to count rhythms. Exercise 2 shows one of those ways.

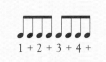

$1 + 2 + 3 + 4 +$

Corcheas

Escribe los batimientos para los ejercicios del 2–7. Hay muchas maneras por contar ritmos. El ejercicio 2 muestra una de esas maneras.

Listen – If you're using the CD, this symbol indicates when to listen to it.

Eschucha – Si estás usando el CD, este símbolo te indica cuándo escucharlo.

Play – If you're using the CD, this symbol indicates when to play your instrument.

Toca – Si estás usando el CD, este símbolo te indica cuándo tocar tu instrumento.

MAESTRO:

Exercises 2–7

❖ Tell students to write in the counting for these exercises.

❖ **Have students count the rhythms aloud together before playing the exercises, then** encourage them to "always count in your head while playing."

❖ **You can play the *Mariachi Mastery* accompaniment CD for the class and have students listen the first time and play the second time (as shown) or have the students count aloud the first time and play the second time.**

❖ **When counting rhythms, model the proper method with your own voice.** Do not count "casually" as if speaking the syllables in a normal voice, rather speak in a very stiff and articulate voice in order to demonstrate the rhythm clearly. Encourage students to do the same.

MAESTRO:

Ejercicios 2–7

❖ Dígales a los alumnos que anoten el conteo para estos ejercicios.

❖ **Haga que todos cuenten los ritmos en voz alta *antes de tocar los ejercicios, luego*** insista en que "siempre cuenten mentalmente al tocar."

❖ **Ud. puede tocar el CD de acompañamiento de *La maestría del mariachi* en clase. Todos deben escuchar primero, y tocar la segunda vez (como se muestra); o bien, pueden contar en voz alta la primera vez y tocar la segunda.**

❖ **Al contar los ritmos, enseñe el método correcto con su propia voz.** *No cuente* "casualmente," como si estuviera pronunciando las sílabas en voz normal, sino hable cortante y muy articulado para demostrar el ritmo con claridad. Invite a los alumnos a hacer lo mismo.

Las Golondrinas

Bolero Ranchero

Las Golondrinas

Bolero Ranchero

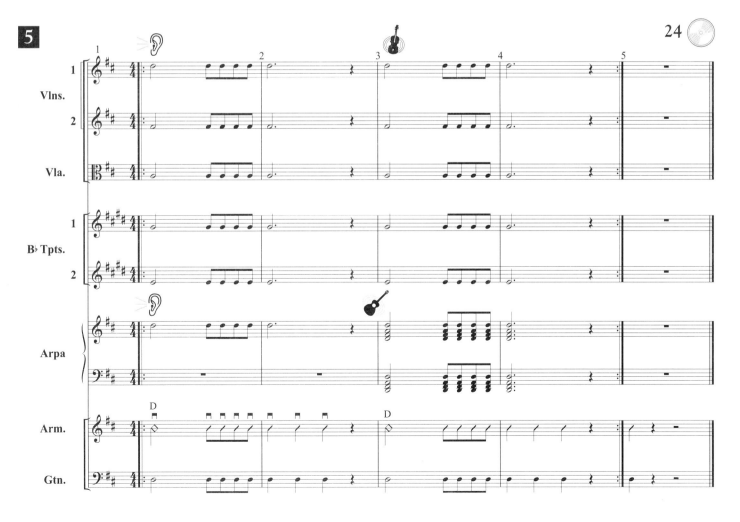

| Vln, Tpt: 18 | Vla: 13 | Arpa: 23 |
| Arm: 21 | Gtn: 23 | Cello: 13 |

Las Golondrinas

Bolero Ranchero

6

25

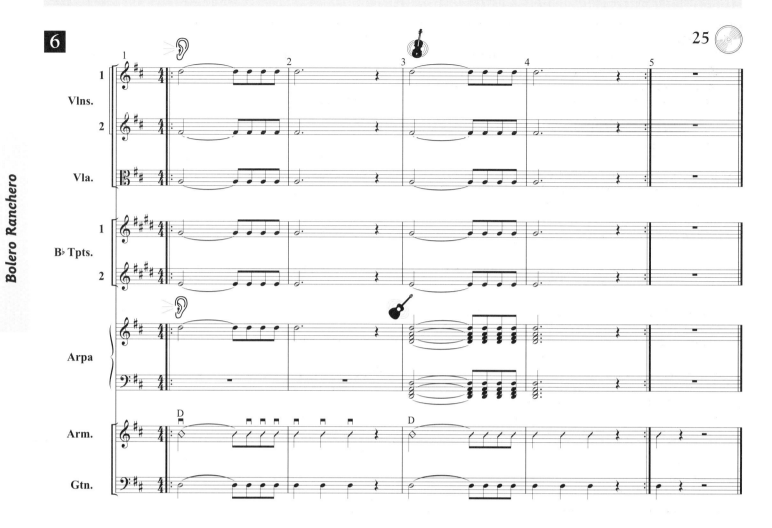

Vln **Slur** – Indicates the notes to play in one bow.	**Ligadura de expresión** – Te indica los tonos que se tocan con un arco.
Tpt **Slur** – Indicates the notes to play in one breath.	**Ligadura de expresión** – Te indica los tonos que se tocan con un respiro.

Las Golondrinas

Bolero Ranchero

MAESTRO:

- ❖ **Tell the second violin and second trumpet players to be careful of the difference between concert C♮ and C♯ in measures 6-7.** Make sure the second violinists' 3rd fingers move properly to play these notes in tune. And make sure that second trumpet players extend their 3rd valve slide on the low written D and C♯ but pull it back in for the written D♯ in order to play these notes in tune (especially difficult in measures 7–8).

- ❖ **If a harpist is having difficulty playing the Right Hand and Left Hand together, have them practice by playing one hand only,** and then the other hand only, until they are comfortable enough to play both hands together.

- ❖ Let the arpa, armonía and guitarrón strings ring in the last measure.

- ❖ **Most beginning guitarrón players will have some difficulty playing the F♯ in tune** since it requires stretching the fingers of the Left hand more than may be comfortable at first. Encourage them to practice this note on its own, first playing the higher octave then the lower octave in order to make sure they are in tune with themselves. This note will be a little difficult at first, but it is almost always played with two strings.

- ❖ **The C♯ in the guitarrón is extremely difficult for most guitarrón players to play with two strings,** but nevertheless the primary fingering presented is considered the "correct" one that everyone should strive for. If the stretch is too large for a student, consider playing this note with one string only (with the first finger on the C string) or using one of the alternate fingerings that are presented in the fingering chart in the back of the book.

MAESTRO:

- ❖ **Enseñe al segundo violín y segunda trompeta a cuidar la diferencia entre Do♮ y Do♯ tono real en los compases 6-7.** Asegúrese que los segundos violines mueven correctamente el 3er dedo para que toquen estas notas en forma entonada. Las segundas trompetas deben extender la 3era bomba en Re y Do♯ bajos escritos, pero regresarla para el Re♯ escrito, para que toque notas en forma entonada (especialmente difícil en compases 7-8).

- ❖ **Si el arpista encuentra difícil tocar la mano derecha e izquierda al mismo tiempo, dígale que ensaye con una mano primero** y luego con la otra, hasta que se sienta cómodo y pueda tocar con las dos juntas.

- ❖ Las cuerdas del arpa, armonía y guitarrón deben resonar en el último compás.

- ❖ **Casi todos los guitarronistas nuevos encontrarán difícil tocar el Fa♯ en forma entonada** porque al principio deben estirar los dedos de la mano izquierda incluso incómodamente. Invítelos a ensayar esta nota sóla, tocando primero la octava más alta y luego la más baja, para asegurar que estén entonadas. Aunque esta nota es algo difícil al inicio, casi siempre se toca con dos cuerdas.

- ❖ **La mayoría de los guitarronistas tiene dificultad para tocar el Do♯ con dos cuerdas.** Aun así, la posición primaria de los dedos mostrada aquí es considerada la "correcta" y la que todos deben tratar de lograr. Si este estiramiento es demasiado grande para algún estudiante, Ud. podría decirle que toque la nota con una sola cuerda (usando el primer dedo en la cuerda Do), o que pruebe alguna de las posiciones alternativas indicadas en los diagramas al final del libro.

Vln, Tpt: 18   Vla: 13   Arpa: 24
Arm: 21   Gtn: 23   Cello: 13

──Las Golondrinas──

Bolero Ranchero

27

Vln., Vla:

❖ Listen and feel how C♮ leads down to B, but C♯ leads up to D.

❖ Escucha y siente como Do♮ te lleva a Si, pero Do♯ te lleva a Re.

Tpt:

❖ Listen and feel how D♮ leads down to C♯, but D♯ leads up to E.

❖ Escucha y siente como Re♮ te lleva a Do♯, pero Re♯ te lleva a Mi.

Arm:

❖ Listen and feel how D7 (Segunda de Sol) leads to G, but A7 (Segunda de Re) leads to D.

❖ Escucha y siente cómo D7 (Segunda de Sol) te lleva a G, pero A7 (Segunda de Re) te lleva a D.

Arpa, Gtn:

❖ Locate one example each of Tercera de Re, Segunda de Re, and Primera de Re in exercise 8.

❖ Localiza un ejemplo cada uno de Tercera de Re, Segunda de Re, y Primera de Re en el ejercicio 8.

Las Golondrinas

Bolero Ranchero

A comprehensive mariachi education should include an understanding of mariachi history and music notation. Photocopy and distribute one of the Mariachi and Music Literacy Worksheets found on pages 244–263 and on the CD-ROM. Answers are provided on pages 264–267.

En un programa comprensivo sobre el mariachi los alumnos aprenderán la historia del mariachi y la notación musical. Copiar y repartir una de las *"Hojas de trabajo sobre el mariachi y la notación musical"* en las páginas 244–263 y en el CD-ROM. Las respuestas están en las páginas 264–267.

CANCIÓN

❖ **Remind students about pick-up notes** and tell the armonía and guitarrón players to be careful not to come in early.

❖ **Encourage the armonía and guitarrón players to play with feeling too**—some beginning armonía players may have a tendency to play their repeated eighth-notes too strong and dry, making the song sound awkward.

❖ **The rhythm section should play with a steady tempo (never speeding up or slowing down), but the melody instruments can be very expressive.** At times, the violins and/or trumpets may stretch and compress notes, or emphasize (gently accent) and deemphasize notes. The violins and/or trumpets should all do this together, even if it makes the melody become somewhat "out of sync" with the unwavering rhythm section, so long as they don't loose track of the rhythm section and they do "resynchronize" shortly afterwards. This "expressive falling out of sync", or *tempo rubato,* makes the *bolero ranchero* sound more expressive. This will be more apparent when the melody is sung by a solo voice, but it can be used in instrumental arrangements as well.

CANCIÓN

❖ **Recuerde a los alumnos lo de las notas de la anacrusa** y dígales a los de la armonía y guitarrón que se cuiden de no entrar antes de tiempo.

❖ **Invite a los de la armonía y guitarrón también a tocar con expresividad**; algunos principiantes de armonía podrían tender a tocar las corcheas repetidas muy fuertes y secas, alterando el sonido de la canción.

❖ **La sección rítmica debe tocar con tempo constante (sin acelerar ni disminuir el paso), pero los instrumentos de la melodía pueden ser muy expresivo.** Los violines y/o trompetas pueden, a veces, alargar o acortar las notas, o enfatizar (con acento ligero) o desenfatizar ciertas notas, pero sólo si todos lo hacen juntos. No importa si la melodía pierde su sincronización con el fondo constante de la sección rítmica; siempre y cuando no pierdan de vista a esta sección y vuelvan a "sincronizarse" poco después. Con esta "expresiva pérdida de sincronización" –tempo rubato– el *bolero ranchero* se escucha más expresivo. Esto será más evidente cuando se cante la melodía a una sola voz, aunque también puede ser usada en arreglos instrumentales.

Read this to your students: LAS GOLONDRINAS is a very beautiful song, but also a very sad one. It is arranged in an instrumental version here, but the original lyrics speak of a swallow ("golondrina") that flies away from here, up to heaven: a metaphor for someone close to us who has passed away. The song says, "también yo estoy en la región perdida, ¡oh cielo santo, y sin poder volar!," or in English, "I am lost too, oh God, but I can't fly away with you!" Mariachis play and sing all types of songs—happy songs, sad songs, love songs, "out-of-love" songs—and the key to making the music sound great is to portray the emotion of each song as genuinely as possible. Make LAS GOLONDRINAS sound like the most beautiful, sweet, calm, innocent song it can be, and watch as people in the audience who are familiar with its meaning begin to cry as they are touched by its beauty.

Lea esto al grupo: LAS GOLONDRINAS es una canción muy hermosa, pero también muy triste. El arreglo presentado aquí es instrumental, pero la letra original habla de una golondrina que vuela lejos, hacia el cielo: una metáfora de un ser querido que ha fallecido. La canción dice: *"También yo estoy en la región perdida, ¡oh cielo santo, y sin poder volar!"* Los mariachis tocan y cantan todo tipo de canciones —canciones felices, canciones tristes, canciones de amor, canciones de desamor— y la clave para lograr que la música suene grandiosa reside en expresar la emoción de cada canción lo más genuinamente que sea posible. LAS GOLONDRINAS es una pieza hermosa, dulce, tranquila e inocente, y es preciso que se escuche así. Entonces, Ud. verá que algunas personas en el público que conocen su mensaje empezarán a llorar al sentirse conmovido por su belleza.

DISCUSSION QUESTIONS

1. How does the *bolero ranchero* rhythm in LAS GOLONDRINAS feel compared to the *ranchera valseada* rhythm of DE COLORES and LA VALENTINA?
2. What is the function of each instrument in this music?
3. Which instruments *change* function at some point in the song? Why would they do this?
4. LAS GOLONDRINAS is a very beautiful song but also a very sad one. What in the sound of the music makes it sound sad (even without singing the words)?

PREGUNTAS PARA DISCUSIÓN

1. ¿Cómo sientes el ritmo *bolero ranchero* de LAS GOLONDRINAS en comparación con el de la *ranchera valseada* de DE COLORES y LA VALENTINA?
2. ¿Cuál es la función de cada instrumento en esta música?
3. ¿Cuáles instrumentos *cambian* su función en algún punto de esta canción? ¿Por qué hacen eso?
4. LAS GOLONDRINAS es una canción muy hermosa, pero también muy triste. ¿Qué hay en el sonido de la música que le da este tono triste (aunque no se cante la letra)?

LAS GOLONDRINAS

Bolero Ranchero

Mexican Folk Song
Canción popular mexicana

Bolero Ranchero

Ranchera Valseada

LA ADELITA
Ranchera Polkeada

MASTERING MARIACHI	DOMINANDO LA MÚSICA DE MARIACHI
Rancheras may have several different rhythmic styles, the most common being the *ranchera valseada* (**De Colores**), and the ranchera polkeada. The polka and waltz are both European dances, but the ranchera *es pura mexicana!*	Las rancheras pueden tener varios diferentes estilos rítmicos, los más comunes son la *ranchera valseada* (**De Colores**), y la *ranchera polkeada*. La polka y el vals son bailes europeos, pero la ranchera es ¡*pura mexicana*!

Key Signature – G Major has this key signature. Every F is played as F-sharp.

Armadura de clave – Sol Mayor tiene esta armadura de clave. Todo Fa se toca como Fa-sostenido.

HARP: Make sure your harp is tuned correctly.

ARPA: Asegúrate que tu arpa esté afinada correctamente.

G Major/Sol Mayor

AMajor/LaMayor

Key Signature – A Major has this key signature. Every F is played as F-sharp, and every C as C-sharp, and every G as G-sharp.

Armadura de clave – La Mayor tiene esta armadura de clave. Todo Fa se toca como Fa-sostenido, todo Do como Do-sostenido, y todo Sol como Sol-sostenido.

Time Signature – The "2" means that there are three beats in each measure. The "4" means that the quarter note receives the beat.

Allegro moderato is a tempo indication that means to play moderately fast.

Allegro moderato

Cifra de compás – El número "2" significa que hay dos tiempos en cada compás. El número "4" significa que la nota negra vale ese tiempo.

Allegro moderato es una indicación del tempo que significa tocar moderadamente.

EXERCISES / EJERCICIOS

MAESTRO:

❖ **The eighth-note off-beats of the polka rhythm in LA ADELITA will be very difficult for some beginning armonía players to grasp, but others will have no problem whatsoever.** The first exercises of this chapter are designed to acclimate these players to this rhythm: first alternating quarter-notes, then playing straight eighth-notes (similar to the *bolero ranchero* rhythm of LAS GOLONDRINAS and TRISTES RECUERDOS), then removing some of the eighth-notes to begin to feel this alternation at a faster speed, and finally playing the rhythm as it is supposed to be played. If students are having particular difficulty with this, encourage them to play these first exercises (especially Ex. 1-2) over and over again together with a guitarrón player until they begin to feel the rhythm comfortably. Players who have no difficulty feeling the off-beats should also play these exercises to practice reading rhythms.

MAESTRO:

❖ **Resultará muy difícil para algunos de los de la armonía captar las síncopas del ritmo de polka en LA ADELITA, aunque otros no tendrán problemas.** Los primeros ejercicios de este capítulo se diseñaron para acostumbrar a estos estudiantes a este ritmo: primero, negras alternadas, enseguida puras corcheas (similar al ritmo bolero ranchero de LAS GOLONDRINAS y TRISTES RECUERDOS), luego se quitan algunas de las corcheas para que empiecen a sentir esta alternación a una velocidad mayor. Finalmente, tocarán el ritmo tal y como debe tocarse. Si los alumnos tienen bastante dificultad con esto, invítelos a tocar los primeros ejercicios (especialmente los números 1 y 2) varias veces con el guitarrón hasta que empiecen a sentirse más cómodos con este ritmo. Los que no tienen dificultad para sentir las síncopas también deben tocar estos ejercicios para practicar la lectura de los ritmos.

—La Adelita

Ranchera Polkeada

MAESTRO:

❖ **Exercise 1 can also be called the "G Major Scale in parallel thirds, two quarter-notes per note"** for the violins and trumpets, accompanied by the "**G Major tonos de acompañamiento in a modified *ranchera polkeada* rhythm**" for the others. Use these terms so your students become familiar with them. Tell them to memorize this exercise and then ask them to play it in concert D Major (or any other key they all know) and they should be able to do it by ear. You may need to give them help finding their first notes. Make sure the second trumpet player extends the third valve slide on the low C♯ (written), then pulls it back in for the low D♯ (written).

❖ **Tell the violinists to use complete bows on every note: frog-to-tip, tip-to-frog.** Check to make sure that they are all standing (or sitting, during rehearsal) with the same posture and are moving their bows together. The entire violin section should look uniform in their stance and movements.

❖ **Make sure the first and second trumpet players extend their 3rd valve slides on the low written C♯'s and D's** in order to play these notes in tune.

❖ **Many guitarrón players play the note "G" with one string only (the open G string, plucked with the thumb of the right hand)** since the higher octave tends to not sound very clearly, and on some instruments the higher octave actually seems to deaden the over-all sound of this note. Students should know how to play the two-string version of this note since it will sometimes be necessary for them to play both octaves, but under normal circumstances it is common to omit the higher octave. Encourage your students to experiment with playing G both ways then ask them, "which sounds better to you?" "Which is more comfortable for you to play?"

❖ **Make sure that the harpist is playing only 3 notes in the Right Hand (using fingers 1, 3, 4) in measures 5-7 and 9-16.** Some beginning players may not notice this, and will mistakenly play an "E" with the 2nd finger. Playing an "incomplete" D7 like this allows the novice player to easily change chords without changing finger position (something that will be taught in later songs).

MAESTRO:

❖ **El ejercicio 1 también puede llamarse "escala Sol Mayor en terceras paralelas, dos negras por nota"** para violín y trompeta, con "**tonos de acompañamiento en Sol Mayor en un ritmo ranchera polkeada modificada**" para los demás. Use estos términos para que sus estudiantes se familiaricen con ellos. Dígales que memoricen el ejercicio y que luego lo toquen en Re Mayor tono real (u otro tono que todos conocen). Deben hacerlo por oído, aunque Ud. quizá tendrá que ayudarlos a hallar sus primeras notas. La segunda trompeta debe extender la 3ra bomba para Do♯ bajo (escrito), y luego regresarla para Re♯ bajo (escrito).

❖ **Insista con los violinistas para que usen arcos completos en cada nota: talón-a-punta, punta-a-talón.** Fíjese en el ensayo que todos se paren (o se sienten) en la misma postura y muevan sus arcos juntos. Toda la sección de violines debe lucir uniforme en postura y movimiento.

❖ **Asegúrese que la primera y segunda trompeta extiendan la bomba del 3er émbolo para los Do♯'s y Re's bajos escritos** para tocar estas notas en forma entonada.

❖ **Muchos guitarronistas tocan la nota "Sol" con una sola cuerda (punteando la Sol al aire con el pulgar de la mano derecha)** porque la octava más alta a veces no suena muy clara. En algunos instrumentos la octava más alta parece, en efecto, apagar el sonido de esta nota. Pero los estudiantes deben saber tocar la versión a dos cuerdas de esta nota porque a veces tendrán que tocar ambas octavas, aunque en circunstancias normales es común omitir la más alta. Invite a los alumnos a experimentar con ambas formas de tocar Sol y luego pregúnteles, "¿cuál te suena mejor?" "¿Cuál es más cómoda para tocar?"

❖ **Asegúrese que en los compases 5-7 y 9-16 el arpista toque solo 3 notas con la mano derecha (dedos 1, 3, 4).** Algunos principiantes quizá no se fijarán en este detalle y, por error, tocarán un "Mi" con el 2do dedo. Tocar un Re7 "incompleto" así permitirá al alumno novato cambiar acordes fácilmente sin alterar la posición de sus dedos (algo que se enseña en canciones más adelante).

Vln., Tpt: 20 Vla: 15 Arpa: 26
Arm: 23 Gtn: 25 Cello: 15

La Adelita

28

Ranchera Polkeada

—La Adelita

Ranchera Polkeada

Vln, Vla, Tpt, Arm, Gtn:

❖ Balance your part with the rest of the mariachi so you can hear all parts equally well.

Arpa:

❖ Balance both hands so that they sound equally strong.

❖ Equilibra tu parte con el resto del mariachi para poder oír todas las partes por igual.

❖ Toca parejo con las dos manos, sin que una domine a la otra.

MAESTRO:

❖ **This exercise teaches the melody instruments their concert G Major and D Major arpeggios, while it teaches the others to play the *ranchera polkeada* rhythm.**

❖ **When first learning this exercise, rehearse and repeat each 4-measure phrase several times (until your students play it correctly) before continuing with the next phrase.** After students have mastered all of these phrases you can have them play the exercise from start to finish, either alternating with the accompaniment CD (as written) or playing it with your mariachi alone (playing both the first and second times on every repeat).

MAESTRO:

❖ **Este ejercicio enseña a los instrumentos melódicos sus arpegios de Sol Mayor y Re Mayor tono real, mientras enseña a los demás a tocar el ritmo ranchera polkeada.**

❖ **Al introducir este ejercicio, ensaye y repita varias veces cada frase de 4-compases (hasta que los alumnos lo toquen correctamente) antes de pasar a la siguiente frase.** Una vez que los alumnos hayan dominado todas estas frases, Ud. debe pedir que toquen el ejercicio de principio a fin, o bien alternando con el CD de acompañamiento (como está escrito), o tocando sólo con el mariachi (tocando el primer y segundo tiempo cada vez).

Listen the first time. Play the second time.

Escucha la primera vez. Toca la segunda vez.

─── La Adelita ───

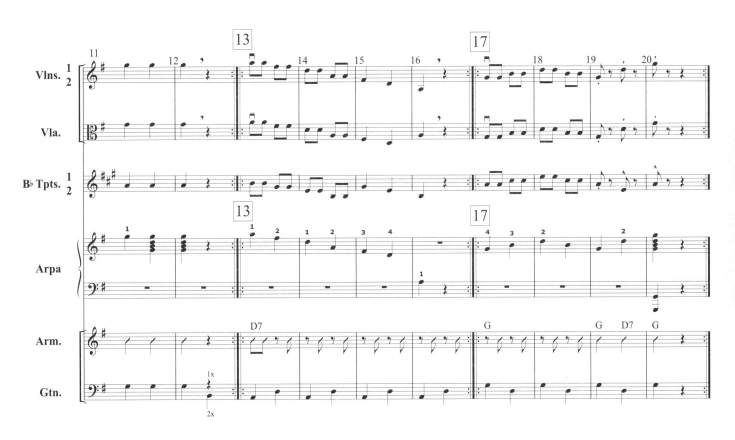

"Ritardando" or "rit." is a tempo indication that means to gradually play slower.

rit.

"Ritardando" o "rit." es una indicación del tempo que significa tocar gradualmente más lento.

Arpa

The bracket means that you should use your thumb for both notes.

El corchete indica que debes tocar ambas notas con tu pulgar.

Arm

MASTERING MARIACHI
To play this rhythm well, concentrate on raising your right hand silently on the eighth rests (as the guitarrón plays) more than forcing your hand down to play the chord.

DOMINANDO LA MÚSICA DE MARIACHI
Para tocar este ritmo mejor, concéntrate en levantar la mano derecha sin hacer ruido en los silencios de corcheas (mientras toca el guitarrón) en vez de forzarla hacia abajo para tocar el acorde.

MAESTRO:

❖ **If armonía players are having difficulty playing the off-beat eighth-notes,** encourage them to "focus on the guitarrón: snap your hand up silently on the beat, when the guitarrón plays, then let your hand fall naturally when you play your notes as opposed to trying to force your hand down for every note you play."

❖ **Exercise 3 can also be called the "Concert G Major Scale in broken thirds, one quarter-note per note"** for the violins, trumpets and arpa, accompanied by the **"tonos de acompañamiento in a *ranchera polkeada* rhythm"** in the armonía and guitarrón. Use these terms so your students learn them. Have them to memorize this exercise and then ask them to play this same exercise in concert D Major (or any other key they all know) and they should be able to do it by ear. You may need to help them find their first notes.

MAESTRO:

❖ **Si los de la armonía tienen dificultad a tocar las síncopas,** dígales, "Fíjense en el guitarrón: levanten la mano sin hacer ruido en el batimiento, mientras toca el guitarrón, luego déjenla caer naturalmente cuando toquen sus notas. No traten de forzar la mano hacia abajo en cada nota que toquen."

❖ **El ejercicio 3 también puede llamarse "Escala Sol Mayor tono real en terceras quebradas, una negra por nota"** para violín, trompeta y arpa, con **"tonos de acompañamiento en el ritmo ranchera polkeada"** para armonía y guitarrón. Use estos términos para que sus alumnos los aprendan. Pídales que memoricen el ejercicio y luego que lo toquen en Re Mayor tono real (u otro tono que todos conocen). Deben hacerlo por oído, aunque Ud. quizá tenga que ayudarlos a hallar las primeras notas.

Vln, Tpt: 21   Vla: 16   Arpa: 27
Arm: 24   Gtn: 26   Cello: 16

La Adelita

Ranchera Polkeada

La Adelita

Vln. Vla. Arpa	**MASTERING MARIACHI** Memorize exercises 1 and 3. Play the same patterns in the key of D Major (and in as many other keys as you know).	**DOMINANDO LA MÚSICA DE MARIACHI** Memoriza los ejercicios 1 y 3. Toca los mismos modelos en el tono de Re Mayor (y cuantos otros tonos que conozcas).
Tpt.	**MASTERING MARIACHI** Memorize exercises 1 and 3. Play the same patterns in the key of E Major (and in as many other keys as you know).	**DOMINANDO LA MÚSICA DE MARIACHI** Memoriza los ejercicios 1 y 3. Toca los mismos modelos en el tono de Mi Mayor (y cuantos otros tonos que conozcas).
Arm. Gtn	**MASTERING MARIACHI** Memorize exercises 1 and 3. Play the same Primera/Segunda/Tercera patterns in the key of D Major (and as many other keys you know).	**DOMINANDO LA MÚSICA DE MARIACHI** Memoriza los ejercicios 1 y 3. Toca los mismos modelos de Primera/Segunda/Tercera en el tono de Re Mayor (y cuantos otros tono que conozcas).
Tpt.	**Octava (optional)** – Play one octave higher (if desired). *8va* (op.)	**Octava (opcional)** – Toca una octava más alta (si quieres).

MAESTRO:

❖ **Play the accompaniment CD** of this exercise for the whole class together and have your students focus on listening to the style. Ask them to "describe how it sounds" then to "try to imitate that sound." The rhythm section should sound steady, secure and crisp. The violins should sound full and energetic. The trumpets should play full quarter-notes with strong articulations and short, bouncing eighth-notes. Pay special attention to the sound and length of the last 2 notes in the trumpets and violins.

MAESTRO:

❖ **Toque el CD de acompañamiento** de este ejercicio con todo el grupo. Insista en que se concentren en escuchar el estilo. Pídales que "describan cómo suena" y luego que "traten de imitar ese sonido." La sección rítmica debe sonar constante, segura y clara; los violines redondos y vigorosos. Las trompetas tocan negras completas con articulaciones fuertes y corcheas cortas y movidas. Ponga especial atención al sonido y a la extensión de las últimas 2 notas de los violines y trompetas.

La Adelita

Ranchera Polkeada

❖ Always look one or two beats ahead while reading so that you are not surprised by the music!

❖ ¡Siempre mira uno o dos batimientos adelante mientras lees para que no te sorprenda la música!

Vln, Vla, Tpt, Arpa

Eighth Note Triplet

Each triplet eighth note receives $1/3$ count in $\frac{2}{4}$, $\frac{3}{4}$, and $\frac{4}{4}$ time. Write in the counting for exercise 5.

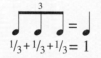

$$1/3 + 1/3 + 1/3 = 1$$

Tresilla de corcheas

Cada tresilla de corcheas recibe $1/3$ batimiento en $\frac{2}{4}$, $\frac{3}{4}$, y $\frac{4}{4}$ compases. Escribe los batimientos para el ejercicio 5.

Arpa, Arm, Gtn

Accent – Play the note stronger and separated.

>

Acento – Toca la nota más fuerte y separada.

La Adelita

MAESTRO:

❖ **Review pickup notes with** the students before playing this exercise.

❖ **Teach your students to count triplets.** There are many different ways to count triplets, you should teach your students the method you prefer. The following are ways of counting the first 3 measures that work in English and Spanish:

- 2 | 2-ti-ta |
- 2 | tri-po-le |
- 2 | ti-to-ta |

❖ Teach this to all of the students, even those whose music doesn't have triplets in this exercise (harp, armonía, guitarrón).

❖ **Make sure the violins and trumpets hold the quarter-notes for their full value** (many students will play them short like staccato eighth-notes).

❖ **Encourage the armonía players to play each golpe strong and clear**, make them "ring like bell". Remind them to pay attention to which notes are accented and which are not: the unaccented notes should still sound clear, but the accented notes should sound even stronger.

❖ **Make sure the harpists keep their hands in position** after playing each note so they are always ready to play the next note/chord: don't let them pull their hands away from the strings.

MAESTRO:

❖ **Repase las notas de la anacrusa** con los alumnos *antes de* tocar este ejercicio.

❖ **Enseñe a los alumnos a contar tresillas.** Hay varias maneras para contar las tresillas, así que debe enseñar a sus estudiantes el método que Ud. prefiera. Estas 3 maneras de contar los primeros compases funcionan en inglés y español:

- 2 | 2-ti-ta |
- 2 | tri-po-le |
- 2 | ti-to-ta |

❖ Enseñe esto a todos los alumnos, aunque su música para este ejercicio no tenga tresillas (arpa, armonía, guitarrón).

❖ **Asegúrese que los violines y trompetas sostengan las negras** (muchos alumnos las tocarán cortas, como corcheas staccato).

❖ **Invite a los de la armonía a tocar cada golpe fuerte y claro para** que "suenen como campanas". Recuérdeles que deben poner atención para captar las notas que son acentuadas y las que no: las notas no acentuadas aún deben ser claras, pero las acentuadas deben tener un sonido más fuerte.

❖ **Asegúrese que los arpistas mantengan sus manos en posición** después de tocar cada nota para que siempre estén listos para tocar el siguiente acorde/nota. No deje que despeguen las manos de las cuerdas.

Vln, Tpt: 22　　Vla: 16　　Arpa: 28
Arm: 24　　Gtn: 26　　Cello: 16

La Adelita

Ranchera Polkeada

La Adelita

Ranchera Polkeada

<table>
<tr><td>

MAESTRO:

❖ **The slides in the violins should be very fast (about the length of a sixteenth-note),** beginning before the written note and landing on that note exactly on the beat.

❖ **If your trumpet players are already using vibrato, tell them that when mariachis play in octaves (such as in measures 4 and 8) they usually do NOT use vibrato:** hold those notes without vibrato. When trumpets play in thirds (as in measure 12) they usually DO use vibrato. Vibrato is introduced to trumpet players in TRISTES RECUERDOS, student book page 31 (score page 116), and in Warm-up Exercise #4, student page 3 (score page 30).

</td><td>

MAESTRO:

❖ **Los glissandos de los violines deben ser muy rápidos (como de la extensión de una semi-corchea),** empezando antes de la nota escrita y terminando en esa nota, exactamente en el batimiento.

❖ **Si los trompetistas ya usan el vibrato, dígales que cuando el mariachi toca en octavas (como en los compases 4 y 8) normalmente NO lo usan:** sostener estas notas *sin* vibrato. Cuando las trompetas tocan en tresillas (el compás 12) *sí* lo usan. Se introduce al vibrato a los trompetistas en TRISTES RECUERDOS (libro del estudiante, p.31; página de partitura 116), y en los Ejercicios preliminares #4 (Libro del Estudiante, p.3; página de partitura #30).

</td></tr>
</table>

—La Adelita—

Ranchera Polkeada

6

33

Vln, Vla:

❖ Slide up to the printed note.

❖ Deslízate hasta la nota impresa.

La Adelita

Vln. Vla. Tpt

Sixteenth Notes

There are two 16th notes in each eight note. There are four 16th notes in each quarter note. Each 16th note receives $1/4$ count in $\frac{2}{4}$, $\frac{3}{4}$, and $\frac{4}{4}$ time.

Semi-corcheas

Hay dos semi-corcheas en cada corchea. Hay cuatro semi-corcheas en cada nota negra. Cada semi-corchea recibe $1/4$ batimiento en $\frac{2}{4}$, $\frac{3}{4}$, y $\frac{4}{4}$ compases.

Ranchera Polkeada

MAESTRO:

❖ **Pay attention to the violinists' bows:** they should use their full bows on the quarter-notes, slurred and tied notes (longer notes including slurs and ties receive slower bows, shorter notes receive faster bows), but they should use less bow for the sixteenth-notes (moving more from the wrist than from the elbow).

❖ **Listen to the trumpet players and make sure their "ku" syllables sound just as strong as their "tu" syllables.** Tell them to accent the "ku" syllables very strongly in order to make them sound the same as their "tu" syllables. It is very important that they not break their airflow when double-tonguing: tell them to "blow through the notes."

❖ If harpists are struggling to play with both hands at the same time, they should master playing each hand individually before playing them together.

MAESTRO:

❖ **Ponga atención a los arcos de los violinistas:** deben usar arcos completos en las negras y ligaduras (las más largas, incluidas las ligaduras reciben arcos más lentos, las más cortas arcos más rápidos), pero deben usar menos arco en las semicorcheas (mover más bien la muñeca que el codo).

❖ **Escuche a los trompetistas y asegúrese que sus sílabas "ku" suenen igual a las sílabas "tu".** Dígales que acentúen las sílabas "ku" muy fuerte para que suenen como las sílabas "tu". Es muy importante que no interrumpan la columna de aire al usar la lengua: invítelos a "seguir soplando de una nota a otra."

❖ Si los arpistas tienen problemas para tocar con ambas manos al mismo tiempo, deben ensayar cada mano individualmente *antes* de tocar con las dos juntas.

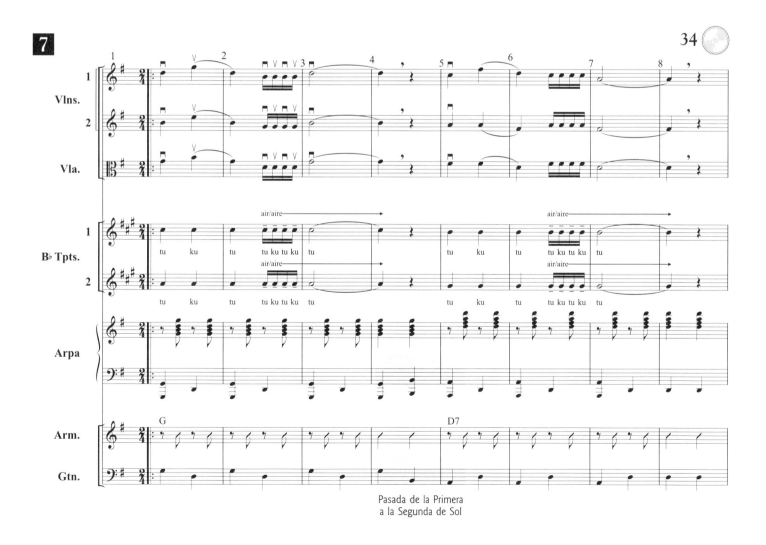

Pasada de la Primera
a la Segunda de Sol

La Adelita

Ranchera Polkeada

Vln, Vla:
- ❖ Songs like this should sound energetic and happy. Use your bow!

Tpt:
- ❖ Songs like this should sound energetic and happy. Use your air!

Arpa, Arm, Gtn:
- ❖ Songs like this should sound energetic and happy. Feel the rhythm!

- ❖ Canciones como ésta deben sonar llenas de energía y alegría. ¡Usa tu arco!

- ❖ Canciones como ésta deben sonar llenas de energía y alegría. ¡Usa tu aire!

- ❖ Canciones como ésta deben sonar llenas de energía y alegría. ¡Siente el ritmo!

La Adelita

Piano - Soft.

p

Piano - Suave.

Lento is a tempo indication that means to play slowly.

Lento

Lento es una indicación del tempo que significa tocar lentamente.

Fermata - Sustain a note or rest longer than its normal value.

Fermata o **Calderón** - Sostén una nota o un silencio por más tiempo que su valor normal.

Vln, Vla

Tremolo - Move the bow rapidly at the tip.

trem.

Trémolo - Mueve la punta del arco rápidamente.

MAESTRO:

❖ **Tell students to notice the difference between the concert G Major sound in measure 3 and concert G minor sound in measure 8.** Ask them, "how does each chord make you feel?" "What mood do they each convey?" "What can you do when playing to strengthen or highlight the feelings that these chords convey?"

❖ **Make sure students play this exercise at a piano dynamic level.** Point out that the best mariachis use dynamics!

❖ **When the armonía and guitarrón players play piano, their notes should be more gentle but they should still sound clearly, with everyone playing together.** You will find that some students may have difficulty playing precisely together with one another when playing softly and slowly. Encourage them to "listen to one another and try to feel the music together."

MAESTRO:

❖ **Invite a los alumnos a fijarse en la diferencia entre el sonido de Sol Mayor tono real –compás 3– y Sol Menor tono real en el compás 8.** Pregúnteles: "¿Cómo les hace sentir cada acorde?" "¿Qué humor transmite?" "¿Al tocar, qué podrán hacer para marcar o enfatizar los sentimientos que los acordes transmiten?"

❖ **Asegúrese que toquen este ejercicio al nivel dinámico de piano.** ¡Enseñe que los mejores mariachis usan los dinámicos!

❖ **Cuando los de la armonía y guitarrón toquen piano, sus notas deben ser más suaves pero conservar un sonido claro, mientras todos tocan en conjunto.** Habrá estudiantes que encuentran difícil tocar con precisión en conjunto y deben tocar en forma suave y despacio. Invítelos a "escucharse los unos a los otros y a tratar de sentir la música juntos."

Ranchera Polkeada

—La Adelita—

9 ## VOCAL EXERCISE

Do the vocal exercises found on the inside back cover.

1. Inhale and exhale Slowly.
2. Hum.
3. Yawn.
4. Siren Yawn.
5. Scale Study.
6. Solfège.

EJERCICIO VOCAL

Haz los ejercicios vocales encontrados en la contraportada interior.

1. Inhale y exhale lentamente.
2. Canturrea.
3. Bosteza.
4. Bosteza como sirena.
5. Estudio escala.
6. Solfeo.

MAESTRO:

Exercise 10-13

❖ **The range of your students' voices will determine in which octave they should sing.** In mariachi, women almost always stay in their chest voice and therefore very few women sing higher than C or D (3rd space, 4th line of the treble staff). Almost no women sing in a true soprano voice ("head voice") in mariachi. Also, men will tend to sing towards the higher part of their range. Almost no men sing in a bass voice in mariachi. Therefore, most women and children will sing **Exercises 10-12** at the written pitch, while most men will sing an octave lower.

❖ **NOTE:** the vocal parts in the guitarrón and viola books are written in the same clef as their music (bass and alto clef) and sometimes an octave lower than the vocal parts in the other instruments in order to avoid using an excessive amount of ledger lines.

❖ **Review this pronunciation guide** (for people who are not native Spanish speakers)
"a" rhymes with "*fox*"
"e" rhymes with "*hey*"
"i" rhymes with "*eat*"
"o" rhymes with "*toe*"
"u" rhymes with "*food*"
Words that start with the letter "r" have a slight "rolling" of the initial "r." When speaking or singing Spanish with a Mexican accent, the letter "d" sounds more like the English "th" as in "though:" "todo" sounds like "totho."

❖ **Make sure everyone matches their vowel sounds.** In Spanish, vowels are very pure, without the common diphthongs we have in English. Tell native English-speakers to sing a "pure 'o' sound, not 'o...u'", and a "pure 'e' sound, not 'e...i'."

❖ **If armonía and guitarrón players have difficulty playing and singing this exercise at the same time**, have one vihuela and one guitarrón play while the others sing. Have students take turns playing so that everyone has a chance to sing and play these parts.

MAESTRO:

Ejercicios 10-13

❖ **La tesitura de voz de sus alumnos determina la octava en que deben cantar.** En el mariachi, las mujeres casi siempre cantan en su voz de pecho, y pocas cantan arriba de Do o Re (3er espacio, 4ta línea, clave de sol). En el mariachi, muy pocas mujeres cantan con una verdadera voz soprano ("voz de cabeza"). Los hombres tienden a cantar hacia la parte superior de su rango, y casi ninguno canta en la voz bajo en el mariachi. Así, la mayoría de las mujeres y niños cantarán los **Ejercicios 10-12** en el tono en que están escritos, aunque los hombres los cantarán una octava abajo.

❖ **NOTA:** las partes vocales en los libros de guitarrón y viola están escritas en la misma clave que su música (clave de Fa y de Do) y a veces una octava abajo de las partes vocales de los otros instrumentos. Así, se evita usar tantas líneas adicionales.

❖ **Repase esta guía de pronunciación** (para personas que no son hablantes nativas del español)
"a" rima con "*fox*"
"e" rima con "*hey*"
"i" rima con "*eat*"
"o" rima con "*toe*"
"u" rima con "*food*"
Cuando la letra "r" está al principio de una palabra, hay que enfatizar la doble "rr" del español. Recuerde, al hablar o cantar en el español de México, la letra "d" suena como la "*th*" de inglés –como en "*though*"– "todo" suena como: "totho."

❖ **Asegúrese que todos pronuncien las vocales igual**. Las vocales del español de México son sonidos agudos que no suenan como los diptongos de inglés. Enseñe a los que no son hablantes nativos de español a cantar una "'o' pura, y no 'o...u'", y una "'e' pura, y no 'e...i'."

❖ **Si los de la armonía y guitarrón tienen dificultad para tocar y cantar este ejercicio al mismo tiempo**, haga que una vihuela y un guitarrón toquen mientras los otros canten. Invite a los alumnos a turnar tocando y cantando hasta que todos hayan ensayado ambas partes.

MASTERING MARIACHI
Music shaded blue is for singing only.

DOMINANDO LA MÚSICA DE MARIACHI
La música sombreada con azul es solamente para cantar.

Vln., Tpt: 24   Vla: 18   Arpa: 30
Arm: 26   Gtn: 28   Cello: 18

La Adelita

Ranchera Polkeada

——La Adelita ——

Ranchera Polkeada

Vln, Vla, Tpt, Arm, Gtn:
- ❖ Women and children sing as written. Men sing one octave lower. Sing with pure vowels and a consistent, resonant sound throughout the exercise.

Gtn:
- ❖ Women and children sing one octave higher. Men sing one as written. Sing with pure vowels and a consistent, resonant sound throughout the exercise.

- ❖ Las mujeres y los niños cantan como está escrito. Los hombres cantan una octava más baja. Canta con vocales puras y con un sonido constante, y resonante a lo largo del ejercicio.

- ❖ Las mujeres y los niños cantan una octava más alta. Los hombres cantan como está escrito. Canta con vocales puras y con un sonido constante, y resonante a lo largo del ejercicio.

MAESTRO:
- ❖ **Pay close attention to vocal intonation** in this exercise. Point out and discuss the different "feel" of the C♯ and C♮.

MAESTRO:
- ❖ **Ponga mucha atención a la entonación vocal** en este ejercicio. Señale y hable del distinto "sentir" de Do♯ y Do♮.

11

37

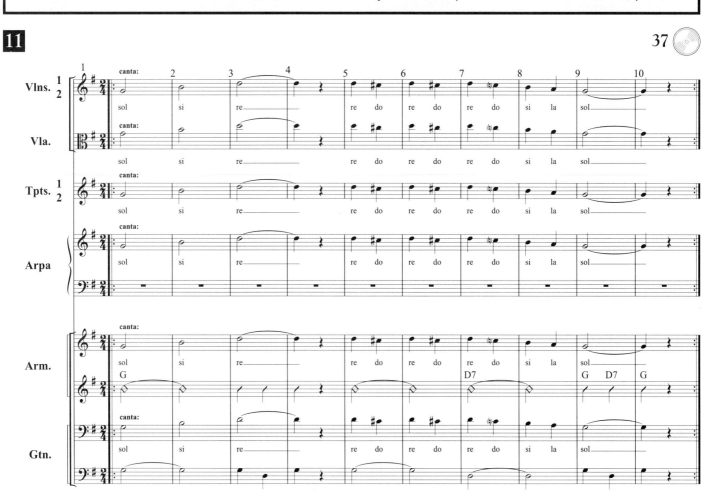

La Adelita

Ranchera Polkeada

MAESTRO:

❖ **Pay close attention to vocal intonation** in this exercise. Point out and discuss the different "feel" of the B♮ and B♭.

MAESTRO:

❖ **Ponga mucha atención a la entonación vocal** en este ejercicio. Señale y hable del distinto "sentir" de Si♮ y Si♭.

---

12   38

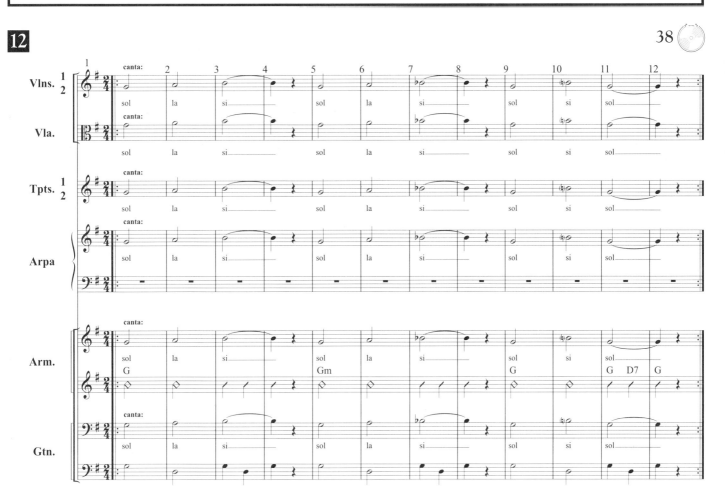

MAESTRO:

❖ **Have students turn to the vocal part of LA ADELITA in the back of their books.** Play the CD recording of LA ADELITA for the entire class together, then have them read the text aloud, in rhythm, *not singing,* rather simply speaking the text and concentrating on their pronunciation and rhythm. Make everybody do this together without playing their instruments: do not let the guitarrón and armonía players play along, as for this exercise their playing will actually be a distraction.

❖ **In Spanish singing, if one word ends in a vowel sound and the next word begins with a vowel sound, those vowels are usually elided,** or combined so that they fall on a single musical note. One example is printed in the student book. Another example occurs in measure 19, verse 1: "de la a-brup-ta" seems to have 5 syllables, but when sung it will actually sound like "de laa-brup-ta", with only 4 syllables. The symbol "‿" denotes the elision.

MAESTRO:

❖ **Invite a los alumnos a pasar a la parte vocal de LA ADELITA al final del libro.** Toque la grabación de LA ADELITA en el CD para todo el grupo, y luego indíqueles que lean el texto en voz alta y siguiendo el ritmo, pero *sin cantar;* simplemente deben leer el texto, concentrándose en la pronunciación y el ritmo. Todos deben hacerlo juntos y sin tocar sus instrumentos: no permita que los del guitarrón y la armonía toquen, porque en este ejercicio su música será una distracción.

❖ **Al cantar en español, cuando una palabra termina con vocal y la siguiente inicia también con vocal, se juntan las dos,** para que caigan en una sola nota de la música. Se presenta un ejemplo de esto en el Libro del Estudiante. Otro ejemplo ocurre en el compás 19, verso 1, donde "*de la a-brup-ta*" parece tener 5 sílabas, pero cuando se canta sólo se escuchan 4, así: "de laa-brup-ta". El símbolo "‿" indica la elisión.

—La Adelita—

Ranchera Polkeada

Speak the lyrics to **LA ADELITA** in rhythm. Concentrate on pronunciation, rhythm, and phrasing. Pay attention to combining the last vowel of one word with the first vowel of the next when it occurs.

Lee la letra de **LA ADELITA** en voz alta y en ritmo. Concéntrate en la pronunciación, el ritmo, y la expresión. Pon atención para combinar la última vocal de una palabra con la primera vocal de la siguiente palabra cuando esto ocurra.

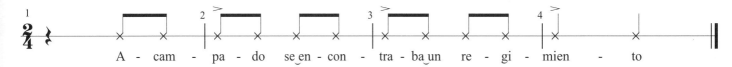

A - cam - pa - do se en - con - tra - ba un re - gi - mien - to

---

A comprehensive mariachi education should include an understanding of mariachi history and music notation. Photocopy and distribute one of the Mariachi and Music Literacy Worksheets found on pages 244–263 and on the CD-ROM. Answers are provided on pages 264–267.

En un programa comprensivo sobre el mariachi los alumnos aprenderán la historia del mariachi y la notación musical. Copiar y repartir una de las *"Hojas de trabajo sobre el mariachi y la notación musical"* en las páginas 244–263 y en el CD-ROM. Las respuestas están en las páginas 264–267.

CANCIÓN

❖ **Emphasize the importance of playing in the proper style to the entire mariachi.**
  • Violinists: use strong and active bows to get a lively, energetic sound!
  • Trumpet players: play with strong sound and active articulations, but always be sensitive to the music: never overpower the rest of the mariachi!
  • Armonía, harp and guitarrón players: play strong and with a solid, steady rhythm to drive the energy of the whole mariachi!
  • Everyone: sing strong, stand up straight, smile and make a connection with your audience, have fun while playing!

❖ **Have the violinists and trumpet players hold their instruments in the same way** while they are singing so the mariachi looks more professional.

❖ **Have everyone listen to and follow the solo voice for their entrances in the slow section and the fermatas near the end.** One of the players could give a cue with a nod of their instrument so that the instrumentalists stay together, but ideally the mariachi would be able to play this entire song without a formal conductor needing to give them these entrances.

❖ **Have the trumpet players each practice cuing the beginning of LA ADELITA** by 1) making eye contact with everyone to be certain they are ready, 2) breathing in one time in the tempo of the song at the same time as raising the trumpet slightly (like a conductor's up-beat), 3) playing the beginning of the song. This will help develop confidence in the trumpet players while it fosters unity and autonomy in the mariachi ensemble.

❖ **Make sure the upper and lower vocal parts in the chorus are balanced.** You will find that many students will be able to sing either part quite well. As with all of the vocal exercises and songs in **Mariachi Mastery**, you should arrange your voices so that all of the parts balance with each other as much as possible. The specific distribution of these voices will therefore differ from group to group.

CANCIÓN

❖ **Enfatice a todos la importancia de tocar en el estilo propio del mariachi.**
  • Violinistas: ¡usen arcos fuertes y activos para lograr un sonido vivo y movido!
  • Trompetistas: ¡toquen con sonido fuerte y articulaciones activas, pero estar sensible siempre a la música: nunca deben dominar al resto del mariachi!
  • Armonía, arpa, guitarrón: ¡toquen fuerte y con un ritmo sólido y constante para inyectar energía a todo el mariachi!
  • Todos: ¡canten fuerte, párense derecho, sonrían y logren una conexión con el público; gocen mientras tocan!

❖ **Asegúrese que los violinistas y trompetistas sujeten sus instrumentos en la misma manera** mientras cantan, para que el mariachi luzca más profesional.

❖ **Todos deben escuchar y seguir el solista para sus entradas en la sección lenta y las *fermatas* cerca del final.** Uno de los músicos puede dar una señal con un movimiento de su instrumento para que todos toquen en coordinación, pero lo ideal es que el mariachi logre tocar esta pieza entera *sin* la necesidad de que un conductor formal les marque sus entradas.

❖ **Invite a los trompetistas a turnar señalando el inicio de LA ADELITA** al: 1) hacer contacto visual con todos los integrantes para estar seguro que estén listos; 2) inhalar una vez en el tempo de la canción al mismo tiempo que levanta la trompeta ligeramente (como un conductor que levanta su batuta); y, 3) tocar la introducción de la canción. Así, todos los miembros desarrollan más confianza en los trompetistas y se impulsa la unidad y autonomía del conjunto de mariachi.

❖ **Asegúrese un balance entre las partes vocales alta y baja.** Encontrará que muchos estudiantes podrán cantar ambas partes muy bien. Como con todos los ejercicios vocales y canciones en **La maestría del mariachi**, Ud. debe arreglar las voces de tal manera que todas las partes se balanceen entre sí lo más que sea posible. Entonces, la distribución exacta de las voces diferirá de un grupo a otro.

La Adelita

Ranchera Polkeada

Read this to your students: LA ADELITA sings of a love-story between a sergeant and a woman who traveled with his regiment that was loved, adored and respected by everyone who knew her. This song became very popular during the Mexican Revolution of 1910, as every soldier would have wanted the attention of such a beautiful and brave woman as La Adelita, and every woman would have wanted to be able to support and fight alongside the soldiers as Adelita did. In fact, "Adelita" is what all of these women who fought alongside the soldiers in the revolution became known as. Legend holds that this was Pancho Villa's favorite song, and that he "drafted" (or kidnapped, depending on your point of view) a 10-year-old cornet player from Jiquilpan named Rafael Méndez to play LA ADELITA for him every night. Once, the beeswax that held together Rafael's cornet melted in the sun and Pancho Villa smashed its remains in anger—but he later replaced the instrument with the finest available. Another time, young Rafael asked Pancho Villa politely if he could go home, to which Villa responded by calling the child a traitor and placing him in front of a firing squad! But, Pancho Villa was just joking, as he was very fond of this young boy who serenaded him with his favorite song every night—apparently Villa had a good sense of humor(!). When the revolution ended, young Méndez was given the honor of being escorted safely back to his village by armed guards, and he later moved to the United States where he became widely regarded as "The World's Greatest Trumpeter."

Lea esto al grupo: LA ADELITA cuenta una historia de amor entre un sargento y la mujer que viajaba con su regimiento y que era amada, adorada y respetada por todo aquel que la conociera. Esta canción se hizo muy popular durante la Revolución Mexicana de 1910, pues cada soldado hubiera querido contar con las atenciones de una hermosa y valiente mujer como "La Adelita"; y cada mujer hubiera querido apoyar a los soldados y pelear a su lado como lo hizo "La Adelita." De hecho, todas las mujeres que pelearon junto a los soldados en la revolución ahora son llamadas "Adelitas." La leyenda dice que ésta fue la canción favorita de Pancho Villa, y que él "reclutó" (o secuestró, según tu punto de vista) a un cornetista del pueblo de Jiquilpan de sólo 10 años de edad, cuyo nombre era Rafael Méndez, para que le tocara LA ADELITA todas las noches. En una ocasión, la cera de abeja con que estaba pegada la corneta de Rafael se derritió bajo los rayos del sol y Villa hizo pedazos al instrumento en un ataque de cólera, pero después la reemplazó con el mejor instrumento que pudo encontrar. En otra ocasión, el joven Rafael preguntó cortésmente a Villa si pudiera ir a casa, pero en respuesta éste lo llamó "traidor" ¡y lo puso frente a un pelotón! Pero solo estaba bromeando, porque quería mucho al muchacho quien todas las noches le tocaba su canción favorita. ¡Al parecer, Villa tenía un muy buen sentido de humor! Al terminar la revolución, el joven Méndez recibió el honor de ser escoltado de regreso a su pueblo por guardias armadas. Más tarde, se fue a Estados Unidos, donde fue reconocido como "El mejor trompetista del mundo."

DISCUSSION QUESTIONS

1. How does the *ranchera polkeada* rhythm in most of LA ADELITA feel compared to the *ranchera valseada* rhythm of DE COLORES and LA VALENTINA, and compared to the *bolero ranchero* rhythm of LAS GOLONDRINAS?

2. Why do you think LA ADELITA gets slow in the middle of the song? What do you think the slow section means? Why?

3. LA ADELITA became popular during the Mexican revolution and the words sing about a woman who was adored by the soldiers she fought with. What do you hear in the music that makes it sound martial?

4. What about LA ADELITA does *not* sound martial? What do you think these non-martial parts of the music mean?

5. Is any part of the music to LA ADELITA—instrumental part or voice part—more or less important than the others? Why?

PREGUNTAS PARA DISCUSIÓN

1. ¿Cómo se siente el ritmo ranchera polkeada en casi toda LA ADELITA, comparado con el ritmo ranchera valseada de DE COLORES y LA VALENTINA, y con el ritmo bolero ranchero de LAS GOLONDRINAS?

2. ¿Por qué piensas que LA ADELITA se vuelve más despacio en la parte media? ¿Qué crees que significa esta parte lenta? ¿Por qué?

3. LA ADELITA se hizo popular durante la Revolución Mexicana y su letra habla de una mujer que era adorada por los soldados al lado de quienes peleaba. ¿Qué escuchas en la música que le da un tono marcial?

4. ¿Qué hay en LA ADELITA que *no* la hace sonar marcial? ¿Qué crees que significan estas partes no-marciales de la música?

5. ¿Alguna parte de la música de LA ADELITA —instrumental o de voz— es más, o menos, importante que las otras? ¿Por qué?

LA ADELITA
Ranchera Polkeada

Mexican Folk Song
Canción popular mexicana

Ranchera Polkeada

Ranchera Polkeada

"Tempo I" or "Tempo Primo" means to play the first tempo of the composition.

Tempo I

"Tempo I" o "Tempo Primo" significa tocar el primer tempo de la composición.

Ranchera Polkeada

MAESTRO:
- ❖ The F♮ (concert E♭) in measure 60 is correct in the trumpets. The chord is E♭MA7, and is simplified for the armonía.

MAESTRO:
- ❖ El Fa♮ (Mi♭ tono real) del compás 60 está correcto en las trompetas. El acorde es E♭MA7, y está simplificado para la armonía.

TRISTES RECUERDOS
Bolero Ranchero

MASTERING MARIACHI

The bolero traditionally has more sophisticated harmonies than many other types of mariachi songs. These harmonies add to its beauty. The steady eighth note rhythm in the armonía instruments serves as a back-drop for the expressive "tempo rubato" in the melody. Be flexible with rhythm when singing or playing the melody but never lose track of the meter.

DOMINANDO LA MÚSICA DE MARIACHI

Tradicionalmente, el bolero tiene acordes más sofisticados que muchos otros tipos de canción de mariachi. Estos acordes aumentan su belleza. El ritmo constante de las corcheas en los instrumentos de la armonía sirve como fondo para el "tempo rubato" expresivo en la melodía. Sé flexible con el ritmo cuando cantas o tocas la melodía, pero nunca pierdas el compás.

Key Signature – A Major has this key signature. Every F is played as F-sharp, every C as C-sharp, and every G as G-sharp.

Armadura de clave – Sol Mayor tiene esta armadura de clave. Todo Fa se toca como Fa-sostenido, todo D como Do-sostenido, y todo Sol como Sol-sostenido.

Harp – Make sure your harp is tuned correctly.

Arpa – Asegúrate que tu arpa esté afinada correctamente.

A Major/La Mayor

Key Signature – B Major has this key signature. Every F is played as F-sharp, every C as C-sharp, every G as G-sharp, every D as D-sharp, and every A as A-sharp.

B Major/Si Mayor

Armadura de Clave – Si Mayor tiene este armadura de clave. Todo Fa se toca como Fa-sostenido, todo D como Do-sostenido, todo Sol como Sol-sostenido, todo Re como Re-sostenido, y todo La como La-sostenido.

Mezzo piano – Medium soft.

mp

Mezzo piano – Medianamente suave.

Crescendo – Gradually play louder.

Crescendo – Tocar gradualmente más fuerte.

Decrescendo – Gradually play softer.

Decrescendo – Tocar gradualmente más suave.

Quarter Note Triplet

There are three quarter note triplets in each half note. Write in the counting for exercise 5.

$$\frac{2}{3} + \frac{2}{3} + \frac{2}{3} = 2$$

Tresilla de negras

Hay tres tresillas de nota negra en cada nota blanca. Escribe los batimientos para el ejercicio 5.

—Tristes Recuerdos

Bolero Ranchero

EXERCISES / EJERCICIOS

MAESTRO:

❖ **Exercise I can also be called the "A Major Scale in parallel thirds, two half-notes per note"** for the violins and trumpets, accompanied by the "A Major tonos de acompañamiento in a *bolero ranchero* rhythm" for the others. Use these terms so your students become familiar with them. Have students memorize this exercise and then ask them to play this same exercise in concert D Major (or any other key they all know) and they should be able to do it by ear. You may need to give them help finding their first notes.

❖ **Tell the violinists to use complete bows on every note: frog-to-tip, tip-to-frog.** Check to make sure that they are all standing (or sitting, during rehearsal) with the same posture and are moving their bows together. The entire violin section should look uniform in their stance and movements.

❖ **Make sure the first trumpet player extends his/her 3rd valve slide** on the low written C#'s but brings the slide back in for the low D# in order to play these notes in tune.

❖ **Tell the armonía players to "feel the guitarrón accents,"** and the guitarrón players to **"feel the armonía eighth-notes."**

MAESTRO:

❖ **El ejercicio I también puede llamarse "Escala La Mayor en terceras paralelas, dos blancas por nota"** para los violines y trompetas, con "tonos de acompañamiento de La Mayor en el ritmo bolero ranchero" para los demás. Use estos términos para que sus estudiantes se familiaricen con ellos. Los alumnos deben memorizar este ejercicio y luego tocarlo en Re mayor tono real (u otro tono que conocen). Deben poder tocarlo por oído, aunque Ud. tal vez tendrá que ayudarlos a encontrar sus primeras notas.

❖ **Indique a los violinistas que usen arcos completos en cada nota: talón-a-punta, punta-a-talón.** Asegúrese que todos estén parados (o sentados, durante el ensayo) en la misma postura, y que muevan sus arcos en forma sincronizada. Toda la sección de violines debe lucir uniforme en su postura y sus movimientos.

❖ **Asegúrese que el primer trompetista extienda la bomba del 3er émbolo** para los Do#'s bajos escritos, pero que la regrese en el Re# bajo para tocar estas notas en forma entonada.

❖ **Invite a los de la armonía a "sentir los acentos del guitarrón,"** y a estos últimos a **"sentir las corcheas de la armonía."**

Tristes Recuerdos

Bolero Ranchero

Arpa, Arm, Gtn:

❖ Label the other Primera, Segunda, and Tercera Chords.

❖ Etiqueta otros acordes de Primera, Segunda, y Tercera.

Dal Segno al Coda – Go back to the Sign (𝄋) and play the same music. When you see the instruction "al Coda," jump to the coda (⊕).

D.S. al Coda

Dal Segno al Coda – Regresa al Signo (𝄋) y toca la misma música. Cuando veas la instrucción "al Coda," salta a la Coda (⊕).

Arpa

Rounded Arpeggio – Each note of the chord is played up and down in rhythm.

Arpeggio Redondo – Cada tono del acorde está tocado por arriba y por abajo en rítmo.

—Tristes Recuerdos—

MAESTRO:

❖ **Teach your students to count triplets.** There are many different ways to count triplets, you should teach your students the method you prefer. The following are ways of counting the second measure that work in English and Spanish:

- 1-ti-ta 3 4
- tri-po-le 3 4
- ti-to-ta 3 4

Teach this to all of the students, even those whose music doesn't have triplets in this exercise (harp, armonía, guitarrón).

❖ **Teach Dal Segno al Coda:** tell students that "Dal Segno" is the same as the Spanish "del signo," both meaning to play "from the sign." Also, "Coda" is similar to the Spanish "cola," meaning "tail," referring to the "little part attached to the end [of the song!]".

❖ **Make sure the violinists' bows are all moving the same distance and speed.** Some players will use considerably less bow on the triplets but they should be encouraged to go frog-to-tip, tip-to-frog on every note. Be mindful of the motion of your players' right wrists so their bows move perpendicular to the strings.

❖ **This exercise may fatigue the trumpet players** because it is somewhat long and has no rests. If this is the case, tell them to rest for two beats or even a whole measure somewhere in the middle—but only if necessary.

❖ **Make sure the violins, viola and trumpet players play a full quarter-note on the last note**—many will play it like a staccato eighth-note out of habit. Tell them to "pay attention to details!"

❖ **The armonía chords in this exercise will be difficult at first for some players.** Allow these students extra time, perhaps on their own, to practice these chords. Encourage them to curve their fingers so they can press down on the strings with their finger tips firmly and accurately (so each finger only touches the string it should). When playing the bar chords, the thumb should press against the back of the neck to help all fingers press down more firmly.

❖ **Tell the guitarrón player that the bass pattern in this exercise is also called the "A Major scale."** Up until this exercise, the guitarrón has only played notes related to the tonos de acompañamiento. This is the first complete scale in the guitarrón book.

❖ **The note C♯ can be too large a stretch for some guitarrón players to play with two strings,** so many players use one string only (their first finger on the C string). Alternate fingerings are given in the fingering chart in the back of the guitarrón book. Guitarrón players will often use different fingerings depending on the musical context, so encourage your students to learn these fingerings and use the one that is easiest and/or sounds best based on each musical context.

❖ **The note G♯ on the guitarrón is extremely difficult to play on two strings,** so it is almost always played with the first finger on the G string.

❖ **Make sure the harp player keeps the right hand in contact with the body of the harp** so that only the fingers are moving during the rounded arpeggios. Every 2 measures, when the arpeggio moves up or down one step, they will simply slide their wrist up or down the side of the instrument—keeping their fingers in exactly the same position.

MAESTRO:

❖ **Enseñe a los alumnos a contar las tresillas.** Hay varias maneras para contar las tresillas, así que Ud. debe enseñar la que prefiera. Los siguientes métodos para contar el segundo compás funcionan bien en inglés y en español:

- 1-ti-ta 3 4
- tri-po-le 3 4
- ti-to-ta 3 4

Enseñe esto a todos los alumnos, aunque su música en este ejercicio no tenga tresillas (arpa, armonía, guitarrón).

❖ **Enseñe *Dal Segno al Coda*:** dígales a los alumnos que "*Dal Segno*" es igual a "del signo" en español, y que ambos significan tocar "desde el signo." "*Coda*" es similar a "cola" en español, y se refiere a "la parte pequeña agregada al final [¡de la canción!]".

❖ **Asegúrese que los violinistas muevan sus arcos la misma distancia y a la misma velocidad.** Algunos músicos usan menos arco en las tresillas, pero Ud. debe insistir en que *todos* muevan sus arcos de talón-a-punta y punta-a-talón en cada nota. Observe el movimiento de las muñecas derechas: el arco debe ser perpendicular a las cuerdas.

❖ **Los trompetistas podrían cansarse en este ejercicio** porque es algo largo y no tiene silencios. Si esto ocurre, déjelos descansar dos batimientos, o un compás completo en medio, pero *sólo* si es necesario.

❖ **Asegúrese que los violinistas, violistas y trompetistas toquen la última nota como una negra completa**. Por hábito, muchos la tocarán como una corchea *staccato*. Dígales: "¡Fíjense en los detalles!"

❖ **Al inicio, los acordes de armonía de este ejercicio serán difíciles para algunos,** así que déles más tiempo, tal vez a solas, para que los practiquen. Enséñeles a encorvar sus dedos para que puedan usar las yemas para presionar las cuerdas con firmeza y exactitud (cada dedo debe tocar sólo la cuerda que le corresponde). Al tocar los acordes con cejilla (el primer dedo cruzando todas las cuerdas), presiona la parte posterior del diapasón con el pulgar, así los dedos puedan ejercer más presión.

❖ **Dígale al guitarronista que el patrón del bajo en este ejercicio también se llama "escala La Mayor."** Hasta ahora, el guitarrón sólo ha tocado notas asociadas con los tonos de acompañamiento. Ésta es la primera escala completa en su libro.

❖ **La nota Do♯ podría exigir a algunos guitarronistas a estirar mucho la mano para tocarla a dos cuerdas,** así que muchos usan una sola (el dedo uno en la cuerda Do). Se ve dos patrones opcionales en el cuadro al final del libro del guitarrón. Los del guitarrón suelen usar distintos patrones según el contexto musical, entonces aliente a sus alumnos a aprender estos patrones y a usar el que les resulte más fácil y/o que suene mejor, según el contexto musical.

❖ **Es muy difícil tocar la nota Sol♯ a dos cuerdas en el guitarrón,** así que casi siempre se toca con el primer dedo en la cuerda Sol.

❖ **Asegúrese que el arpista mantenga su mano derecha en contacto con la caja del arpa** para que sólo se muevan sus dedos en los arpegios redondos. Cada 2 compases, cuando el arpegio sube o baja un paso, sólo deben deslizar su muñeca para arriba o abajo sobre el costado del arpa, pero con sus dedos en la misma posición.

Tristes Recuerdos

Bolero Ranchero

Tristes Recuerdos

Bolero Ranchero

MAESTRO:

- ❖ **Make sure that students playing melody instruments count in their heads** and release the dotted-half-notes exactly on beat 4 (they will instinctively release on beat 3).
- ❖ **Make sure the armonía players count in their heads (or out loud) so they practice reading their rhythms correctly.** This pattern is repetitive so students will memorize it quickly, however they should be encouraged to read and count it—especially when sight-reading (reading and playing the exercise for the first time).
- ❖ **Trumpet voice crossing:** the first violin and first trumpet parts have the melody line, while the second violin and second trumpet parts have the harmony line. The violins stay this way (parallel 6ths) almost throughout, but because of range the first trumpet drops down one octave in measure 5. It is common for the second trumpet to play higher than the first trumpet in mariachi music: the important thing is for the first trumpet to continue with the melody line and the second trumpet to continue with the harmony line, regardless of octave.

MAESTRO:

- ❖ **Fíjese que los de los instrumentos de melodía cuenten mentalmente** y suelten las blancas punteadas exactamente en el batimiento 4 (por instinto lo harán en el batimiento 3).
- ❖ **Asegúrese que los de la armonía cuenten mentalmente (o en voz alta) para que practiquen leyendo correctamente sus ritmos.** Este patrón es repetitivo y los alumnos lo memorizarán rápido, pero hay que insistir en que lean y cuenten, especialmente si están leyendo y tocando el ejercicio por primera vez.
- ❖ **Cruzando partes de trompeta:** las partes de primer violín y primera trompeta llevan la línea de la melodía, mientras que las del segundo violín y segunda trompeta tocan la línea armónica. Los violines siguen así (6tos paralelos) por casi todo el ejercicio pero, debido a la tesitura, la primera trompeta baja una octava en el compás 5. Es común en la música de mariachi que la segunda trompeta toque más alto que la primera. Lo importante es que la primera siga tocando la línea melódica, y la segunda la línea armónica, no importa la octava.

Tristes Recuerdos

Bolero Ranchero

Bolero Ranchero

—Tristes Recuerdos—

Vln, Vla, Tpt, Arpa:
- ❖ Read two notes at a time so that you are always looking ahead in the music.

Arm:
- ❖ Feel how your rhythm works with the guitarrón.

Gtn:
- ❖ Feel how your rhythm works with the armonía.

- ❖ Lee dos notas al mismo tiempo para que siempre estés anticipando la música.

- ❖ Siente cómo tu ritmo encaja con el guitarrón.

- ❖ Siente cómo tu ritmo encaja con la armonía.

Arpa, Gtn	**Chord Symbols** – Indicates the name and type of chord the armonía plays.

G, D7, C

Símbolos de los acordes – Indican el nombre y tipo de acorde que se toca la armonía.

Arpa, Arm, Gtn	This chord progression is called **Círculo de Bolero Descendente**. It is usually referred to as simply "Círculo." For more **círculo** exercises turn to page 67 (page 231 in this score).

A - F♯m7 - Bm7 - E7 - A

Esta sucesión de acordes se llama **Círculo de Bolero Descendente**. Por lo general, se dice simplemente,"Círculo." Para más ejercicios de **círculo**, pasa a la página 67 (página 231 en esta partitura).

MAESTRO:

Exercises 4-5
- ❖ **Encourage everyone to play very "expressively", and ask what each player can do with their part to be more expressive:**
  - violinists should use less bow pressure, and *not* use full bows on every note.
  - trumpet players should play more gently and use a softer, legato tonguing style as if saying "du" (or with a Mexican accent "thu"). Encourage them to "use a sweet sound", playing vibrato where appropriate.
  - armonía players can also play more gently, though still perfectly together and feeling the pulse of the guitarrón.
  - everyone should use dynamics.

MAESTRO:

Ejercicios 4-5
- ❖ **Aliente a todos a tocar con gran expresividad, y pregúnteles qué pueden hacer en sus respectivas partes para ser más emotivos:**
  - los violinistas deben usar menos presión con sus arcos, y *no* usar arcos completos en cada nota.
  - los trompetistas deben tocar más suave y usar la lengua en un estilo también más suave –*legato*- como si dijeran "*du*" (o, con acento mexicano "*thu*"). Invítelos a "buscar un sonido dulce" y a usar el vibrato donde es apropiado;
  - los de la armonía también pueden tocar más suave, pero al unísono y sintiendo el pulso del guitarrón.
  - todos deben usar dinámicas.

- ❖ Use dynamics to make phrases more expressive.

- ❖ Usa dinámicas para hacer las frases más expresivas.

Tristes Recuerdos

Bolero Ranchero

MASTERING MARIACHI

Accidentals – Play B♯ by pushing the B string below the tuning peg with your right thumb

DOMINANDO LA MÚSICA DE MARIACHI

Alteraciones – Toca Si♯ empujando la cuerda Si debajo la clavija con tu pulgar derecho.

This chord progression is called **Círculo de Bolero Ascendente**. It is usually referred to as simply "Ascendente" to avoid confusion with the **Círculo de Bolero Descendente**. For more **ascendente** exercises turn to page 67 (page 231 in this score).

**A - Bm7 -
C♯m7 - C°7 -
Bm7 - E7 - A**

Esta sucesión de acordes se llama **Círculo de Bolero Ascendente**. Por lo general se dice simplemente "Ascendente" para evita la confusion con el **Círculo de Bolero Descendente**. Para más ejercicios **ascendente**, pasa a la página 67 (página 231 en esta parttura).

MAESTRO:

❖ **In Exercise 5, the harp has a B♯ where the chord C°7 is indicated.** We use the chord name C°7 because this is a chord progression based on the bass motion A-B-C♯-C♮-B-E-A. But, a standard mariachi harp that is tuned to A Major is only capable of playing C♮ by pressing the B string (and therefore raising it a half-step). Therefore, this note is written as B♯ in the harp part.

MAESTRO:

❖ **En el ejercicio 5, el arpa tiene Si♯ donde se indica el acorde C°7.** Usamos el nombre de acorde C°7 porque es la progresión basada en la secuencia del bajo: La-Si-Do♯-Do♮-Si-Mi-La. Pero, el arpa estándar de mariachi que está afinado a La Mayor sólo puede tocar Do♮ si se presiona la cuerda Si (subiéndola un semitono). Por eso, esta nota se escribe como Si♯ en la parte del arpa.

5

43

—Tristes Recuerdos—

Bolero Ranchero

Vln, Vla, Arpa

MASTERING MARIACHI

Memorize exercises 4 and 5. Play the same patterns in the keys of G Major and D Major (and in as many other keys as you know).

DOMINANDO LA MÚSICA DE MARIACHI

Memoriza los ejercicios 4 y 5. Toca los mismos modelos en los tonos de Sol Mayor y Re Mayor (y cuantos otros tonos que conozcas).

Tpt

MASTERING MARIACHI

Memorize exercises 4 and 5. Play the same patterns in the keys of A Major and E Major (and in as many other keys as you know).

DOMINANDO LA MÚSICA DE MARIACHI

Memoriza los ejercicios 4 y 5. Toca los mismos modelos en los tonos de La Mayor y Mi Mayor (y cuantos otros tonos que conozcas).

Maestro

MASTERING MARIACHI

Once students have memorized these exercises (and the others in the book) you should encourage them to play them from memory. Then have them play these exercises in different keys *also from memory*. To help them find their first notes you will need to explain the relationship of their first note to the key they are in: for exercises 4 and 5, the first violin begins on C♯ which is the 3rd scale degree of A Major. If you play this exercise in G Major the first violin part will still begin on the 3rd scale degree, but it's the 3rd scale degree of G Major, which is B. Armonia players will need to know their key signatures as well in order to follow the same chord progression in a different key.

DOMINANDO LA MÚSICA DE MARIACHI

Una vez que los alumnos memoricen estos ejercicios, Ud. debe alentarlos a tocarlos de memoria. Luego, pida que los toquen en diferentes tonos, *también de memoria*. Para ayudarles a encontrar sus primeras notas, Ud. debe explicar la relación entre su primera nota y el tono en que tocan: para los ejercicios 4 y 5, el primer violín inicia en Do♯, es decir, el 3er grado de la escala La Mayor. Si tocan este ejercicio en Sol Mayor, la parte del primer violín aún iniciará en el 3er grado de la escala, pero será de Sol Mayor, que es Si. Los de la armonía también deben conocer sus armaduras de clave para poder seguir la misma progresión de acordes en otro tono.

Tpt

MASTERING MARIACHI

Enhance your tone by using **vibrato**. Move your jaw up and down to create vibrato. Do not use vibrato when two trumpets are playing in octaves or in unison. Vibrato should be even, controlled, and very pronounced. For more information on vibrato, refer to Warm-up Exercise 4 at the beginning of the book.

DOMINANDO LA MÚSICA DE MARIACHI

Realza tu tono usando el **vibrato**. Mueve tu mandíbula hacia arriba y abajo para crear el vibrato. No uses el vibrato cuando las dos trompetas están tocando en octavas o al unísono. El vibrato debe de ser liso, controlado, y muy pronunciado. Para más información sobre el vibrato, consulta el Ejercicio Preparatorio 4 al principio del libro.

Vln, Vla:
❖ Listen and feel how G♮ leads down to F♯, but G♯ leads up to A.　　❖ Escucha y siente cómo Sol♮ te lleva a Fa♯, pero Sol♯ te lleva a La.

Tristes Recuerdos

7 VOCAL EXERCISE

Do the vocal exercises found on the inside back cover.

1. Inhale and exhale slowly.
2. Hum.
3. Yawn.
4. Siren yawn.
5. Scale study.
6. Solfège.

EJERCICIO VOCAL

Haz los ejercicios vocales encontrados en la contraportada interior.

1. Inhala y exhala lentamente.
2. Canturrea.
3. Bosteza.
4. Bosteza como sirena.
5. Estudio de escala.
6. Solfeo.

Bolero Ranchero

MAESTRO:

❖ **Set the vocal ranges:** women, children and high-voice men should sing the upper line of this exercise one octave lower than written. Most men should sing the lower line one octave lower. While this may still be too high for some men to sing comfortably (reaching a high F♯), men should be encouraged to stretch their upper range for mariachi singing. However, some students simply can't reach this note so these students may sing the upper line 2 octaves below where it is written (though the lowest notes will clearly not sound in a mariachi style). NOTE: the vocal parts in the guitarrón and viola books are written in the same clef as their music (bass and alto clef) and sometimes an octave lower than the vocal parts in the other instruments in order to avoid using an excessive amount of ledger lines.

❖ **The F♯'s in measures 3-4 are not in the A Major chord that the armonía instruments play here, however this is correct.** It is common (though perhaps considered "old-fashioned" and "unrefined") to harmonize a melody that sings the root of the tonic chord with the note a third below, as is done here. While this is very uncommon at the end of a phrase where it will usually sound like a mistake, this is most common in the middle of a phrase where it adds a beautiful "color" to the sound of the melody.

❖ **If armonía and guitarrón players have difficulty playing and singing this exercise at the same time**, have one vihuela and one guitarrón play while the others sing. Have students take turns playing so that everyone has a chance to sing and play these parts.

MAESTRO:

❖ **Determine las tesituras vocales:** mujeres, niños y varones de voz aguda deben cantar la línea superior del ejercicio una octava abajo de lo escrito. La mayoría de los varones debe cantar la línea inferior una octava abajo. Alcanzar Fa♯ alto podría resultar muy alto para los varones, pero Ud. debe alentarlos a estirar la tesitura alta de su voz para cantar mariachi. Pero algunos alumnos simplemente son incapaces de alcanzar esta nota; ellos deben cantar la línea superior 2 octavas abajo de lo escrito (aunque las notas más bajas no van con el estilo mariachi). NOTA: las partes vocales en los libros de guitarrón y viola están escritas en la misma clave que su música (claves de Fa y Do) y a veces una octava abajo de las de los otros instrumentos; esto para no tener que usar tantas líneas adicionales.

❖ **Los Fa♯s en los compases 3–4 no están en el acorde La Mayor que los instrumentos de armonía tocan aquí, pero es correcto.** Es común (aunque algunos lo consideran "anticuado" o "no refinado") armonizar una melodía que canta la raíz del acorde tónico con la nota una tercera abajo, como se indica aquí. Si bien esto es poco común al final de una frase donde normalmente suena como un error, es muy común en medio de una frase porque agrega un hermoso "color" al sonido de la melodía.

❖ **Si es difícil para los de la armonía y guitarrón tocar y cantar este ejercicio al mismo tiempo**, deje que una vihuela y un guitarrón toquen mientras los otros cantan. Los estudiantes pueden tornar así hasta que todos hayan podido cantar y tocar estas partes.

—Tristes Recuerdos—

8

45

Bolero Ranchero

❖ Sing with pure vowels and a consistent, resonant sound throughout the exercise.

❖ Canta con vocales puras y un sonido constante y resonante a lo largo del ejercicio.

MAESTRO:

❖ **If armonía and guitarrón players have difficulty playing and singing this exercise at the same time**, have one vihuela and one guitarrón play while the others sing. Have students take turns playing so that everyone has a chance to sing and play these parts.

❖ **Review this pronunciation guide** (for people who are not native Spanish speakers)
"a" rhymes with "fox"
"e" rhymes with "hey"
"i" rhymes with "eat"
"o" rhymes with "toe"
"u" rhymes with "food"
Words that start with the letter "r" have a slight "rolling" of the initial "r." When speaking or singing Spanish with a Mexican accent, the letter "d" sounds more like the English "th" as in "though:" "todo" sounds like "totho."

❖ **Make sure everyone matches their vowel sounds**. In Spanish, vowels are very pure, without the common diphthongs we have in English. Tell native English-speakers to sing a "pure 'o' sound, not 'o...u'", and a "pure 'e' sound, not 'e...i'."

❖ **In Spanish singing, if one word ends in a vowel sound and the next word begins with a vowel sound, those vowels are usually elided,** or combined so that they fall on a single musical note. Measure 10, verse 1 is an example of this: "no te pue-do ol-vi-dar" seems to have 7 syllables, but when sung, it will actually sound like "no te pue-dol-vi-dar", with only 6 syllables. The symbol "‿" denotes the elision.

MAESTRO:

❖ **Si es difícil para los de la armonía y guitarrón tocar y cantar este ejercicio al mismo tiempo**, deje que una vihuela y un guitarrón toquen mientras los otros cantan. Los estudiantes pueden tornar así hasta que todos hayan podido cantar y tocar estas partes.

❖ **Repase esta guía de pronunciación** (para los que no son hispano parlantes)
"a" rima con *fox*
"e" rima con *hey*
"i" rima con *eat*
"o" rima con *toe*
"u" rima con *food*
Cuando la letra "r" está al principio de una palabra, hay que enfatizar la doble "rr" del español. Recuerde, al hablar o cantar en el español de México, la letra "d" suena como la "th" de inglés –como en *though*"– "todo" suena como "totho."

❖ **Asegúrese que todos pronuncien las vocales igual.** Las vocales del español Mexicano son sonidos agudos que no suenan como los diptongos de inglés. Enseñe a los que no son hablantes nativos de español a cantar una "'o' pura, y no 'o...u'", y una "'e' pura, y no 'e...i'."

❖ **Cuando uno está cantando en español y encuentra que una palabra termina con vocal y la siguiente empieza también con vocal, la norma es juntarlas** (elisión); es decir, combinarlas para que caigan en una sola nota musical. Un ejemplo de esto es el compás 10, verso 1: "no te pue-do ol-vi-dar" parece tener 7 sílabas, pero cuando se canta se escucha como si fueran sólo 6: "no te pue-dol-vi-dar". El símbolo "‿" indica elisión.

── **Tristes Recuerdos** ──

Bolero Ranchero

9 Speak the lyrics to **Tristes Recuerdos** in rhythm. Concentrate on pronunciation, rhythm, and phrasing. Pay attention to combining the last vowel of one word with the first vowel of the next when it occurs.

Lee la letra de **Tristes Recuerdos** en voz alta y en ritmo. Concéntrate en la pronunciación, el ritmo, y la expresión. Pon atención para combinar la última vocal de una palabra con la primera vocal de la siguiente palabra cuando esto ocurra.

10 In the song **Tristes Recuerdos**, what is the last measure you play before returning to the Sign (𝄋)? ____ What is the last measure you play before jumping to the Coda (⊕)? ____ Draw a "map" in the space below to help you by writing in the measure numbers. Don't forget to include the first and second endings.

En la canción **Tristes Recuerdos**, ¿cuál es el último compás que tocas antes de regresar al Signo (𝄋)? ____ ¿Cuál es el último compás que tocas antes de saltar a la Coda (⊕)? ____ Para ayudarte, en el espacio de abajo dibuja un "mapa" en donde escribas los números de los compases. No olvides incluir la primera y la segunda casilla.

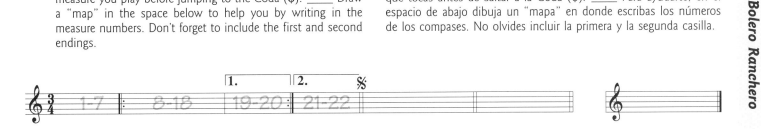

A comprehensive mariachi education should include an understanding of mariachi history and music notation. Photocopy and distribute one of the Mariachi and Music Literacy Worksheets found on pages 244–263 and on the CD-ROM. Answers are provided on pages 264–267.

En un programa comprensivo sobre el mariachi los alumnos aprenderán la historia del mariachi y la notación musical. Copiar y repartir una de las "*Hojas de trabajo sobre el mariachi y la notación musical*" en las páginas 244–263 y en el CD-ROM. Las respuestas están en las páginas 264–267.

CANCIÓN

❖ **This song should be sung an octave lower than written as a solo or duet** (it will usually *not* be sung in chorus). It can be sung by two women (though the bottom part might be a little low), two men (though the top part might be a little high), or by one woman and one man.

❖ **Singers should be encouraged to sing expressively, to convey the meaning of the text, and also to "blend" with one another as much as possible.** The two voices, in parallel harmony, should sound almost like one voice: pronouncing the words the same, phrasing the same, breathing the same. To sound more expressive, singers can "rush" some notes/words, or they can "prolong" other notes/words, but the two singers should always stay together when they do this. NOTE: when singers use *tempo rubato* in this way, the rest of the mariachi keeps a stead tempo (the armonía do *not* speed up and slow down with them).

❖ **Emphasize the importance of playing in the proper style to the entire mariachi:** the proper style for TRISTES RECUERDOS is *different* than the proper style for most other songs in *Mariachi Mastery!*

❖ **Read the translation of the text to TRISTES RECUERDOS** (found in pdf files on the student CD) and talk about how the music relates to the text. Ask students: "what can you do in your playing to make your part best reflect the words and mood of the text?"

  • **Violins:** use dynamics, vary bow pressure and speed, play the passages under the voice softer and the melody parts stronger, etc.

  • **Trumpets:** use dynamics, play with a sweet sound, use vibrato when appropriate and don't use vibrato when it's not, never cover up the voice or violins

  • **Harp:** experiment with different speeds of glissandi to find what sounds best, make every note or chord you play ring with the most clear sound possible

CANCIÓN

❖ **Esta pieza debe cantarse una octava abajo de lo escrito y como solo o dueto** (*rara vez en coro*). La pueden cantar dos mujeres (aunque la parte baja quizá resulte muy baja), dos varones (aunque la parte alta quizá resulte muy alta), o por una mujer y un hombre.

❖ **Hay que alentar a los alumnos a cantar expresivamente, a transmitir el sentir del texto y a "mezclarse" entre sí lo más que puedan.** Las dos voces, en armonía paralela, deben escucharse casi como una sola: con la misma pronunciación, la misma expresión y la misma respiración. Para ser más expresivos, los cantantes pueden "apurar" algunas notas/palabras, y "estirar" otras, pero los dos tienen que quedar juntos cuando lo hacen. NOTA: cuando los cantantes usan el *tempo rubato* así, el resto del mariachi debe mantener un tempo constante (la armonía *no* debe tocar más rápido o más despacio, siguiendo a ellos).

❖ **Enfatice a todos la importancia de tocar con el estilo propio del mariachi:** ¡El estilo correcto de TRISTES RECUERDOS es *diferente* al de la mayoría de las canciones en *La maestría del mariachi!*

❖ **Lea la traducción de la letra de TRISTES RECUERDOS** (en los archivos .pdf del CD del estudiante) y comenten la relación entre la música y el texto. Pregúnteles a los estudiantes: "¿Al estar tocando, qué podrás hacer para que tu parte refleje mejor las palabras y el humor del texto?"

  • **Violines:** usan dinámicas, varían la presión y velocidad del arco, toquen más suave las partes acompañadas de voz y más fuerte las de la melodía, etc.

  • **Trompetas:** usan dinámicas, toquen con sonido dulce, usan *vibrato* donde es apropiado, pero *no* usarlo donde no va, nunca ahoguen a la voz o a los violines

  • **Arpa:** experimenta con la velocidad de *glissandi* para ver cómo suena mejor, asegura que cada nota/acorde que toca tenga el sonido más claro posible.

──Tristes Recuerdos ──

Bolero Ranchero

- **Armonía:** make each chord ring clearly (watch your left hand finger position so every string vibrates freely). Feel the guitarrón rhythm, make your sound a beautiful "foundation" for the entire mariachi sound. Feel the way your chords flow from one to another, and how this "harmonic motion" is reflected in the other instruments and voice.
- **Guitarrón:** make every note ring, with both octaves sounding clearly. Feel the armonía rhythm and how your notes blend with the armonía's chords, flowing from one to another. Feel how this "harmonic motion" is reflected in the other instruments and voice.
❖ **Tell students to follow the voice for the entrance in measure 34** after the fermata in measure 33.

- **Armonía:** hagan que cada acorde resuene (cuida la posición de los dedos de la mano izquierda; cada cuerda debe vibrar libremente). Sientan el ritmo del guitarrón y esfuércense para que su sonido sea un hermoso "fondo" para el mariachi entero. Sientan cómo un acorde fluye a otro, y cómo se refleja este "movimiento armónico" en los otros instrumentos y la voz.
- **Guitarrón:** cada nota debe resonar y ambas octavas escucharse con claridad. Sientan el ritmo de la armonía y cómo sus notas se mezclan con sus acordes, fluyendo de una a otra. Sientan cómo se refleja este "movimiento armónico" en los otros instrumentos y la voz.
❖ **Indique a los estudiantes a seguir la voz para la entrada en el compás 34** después de la *fermata* del compás 33.

Read this to your students: TRISTES RECUERDOS is a love song, but like so many mariachi songs it is more profound than it might seem on the surface. The person/people singing have "sad memories" because the one they love has left, and they are singing this song as a sort of love letter, or "love letter in a bottle sent to sea" and will hopefully be read by their lost love. The song says: "The time passes and I cannot forget you. I carry you in my thoughts constantly, my love, and although I try to forget you, I miss you more and more each day... I hope you hear this song, wherever you may be, and I hope that when you hear it you will remember me as I remember you." As we live our lives we will all experience a wide range of emotion: joy, sadness, elation, depression, love, heartbreak, satisfaction, disappointment. People love to listen to mariachi music not only because it sounds so beautiful on the surface, but also because listening to the lyrics of songs such as this allows them to relive experiences from their lives.

Lea esto al grupo: TRISTES RECUERDOS es un canto de amor, pero como muchas canciones de mariachi, es más profunda de lo que parece. La/s persona/s que la cantan tienen "tristes recuerdos" porque su amor se ha ido, y cantan esta canción como una especie de "carta de amor", o como una "carta amorosa puesta en una botella y arrojada al mar" para que, se espera, sea leída por su amor perdido. La canción dice: "El tiempo pasa y no te puedo olvidar. Te traigo en el pensamiento constante, mi amor. Y aunque trato de olvidarte cada día te extraño más... Espero que tú escuches ésta canción. Donde quiera que te encuentres espero que tú, al escucharla te acuerdes de mí como me acuerdo de ti." Mientras vivimos nuestras vidas experimentamos un sinfín de emociones: alegría, tristeza, júbilo, depresión, amor, decepción, satisfacción, desilusión. A la gente le encanta escuchar la música de mariachi no sólo por su sonido tan hermoso, sino también porque al escuchar la letra de canciones como ésta vuelven a vivir experiencias de sus propias vidas.

DISCUSSION QUESTIONS

1. The chords that the armonía plays in TRISTES RECUERDOS are more complicated than in other mariachi songs, and likewise, there are more accidentals in the violins and trumpets. How does this affect the way the music sounds?
2. What do you hear in TRISTES RECUERDOS that makes it sound beautiful, like a traditional "love" song?
3. What do you hear in TRISTES RECUERDOS that makes it sound sad?
4. How can a beautiful love song also be a little bit sad?
5. What can you do in your playing to make TRISTES RECUERDOS sound more beautiful and sad, to better reflect the meaning of the text?

PREGUNTAS PARA DISCUSIÓN

1. Los acordes que toca la armonía en TRISTES RECUERDOS son más complicados que los de otras canciones de mariachi y, aparte, hay más alteraciones para los violines y trompetas. ¿Cómo afecta esto la forma en que suena la música?
2. ¿Qué escuchas en la canción TRISTES RECUERDOS que la hace sonar hermosa, como una tradicional canción "de amor"?
3. ¿Qué escuchas en TRISTES RECUERDOS que le da un sonido tan triste?
4. ¿Cómo es posible que una hermosa canción de amor también suene un poco triste?
5. ¿Qué puedes hacer, mientras tocas, para que TRISTES RECUERDOS suene más hermosa y triste, para que mejor refleje el significado de la letra?

Tristes Recuerdos

Bolero Ranchero

Mexican Folk Song
Canción popular mexicana

Bolero Ranchero

*The melody is in the lower part.

* La melodía está en la parte inferior.

Bolero Ranchero

Bolero Ranchero

Bolero Ranchero

LA RASPA
Jarabe

MASTERING MARIACHI	DOMINANDO LA MÚSICA DE MARIACHI
Mariachi music and ballet folklórico have always been closely related. When dancers tap their heals on a wooden platform, the rhythmic sounds they make become a part of the music. As musicians, we should always try to feel those rhythms as if we were dancing too.	La música del mariachi y de ballet folklórico siempre han estado estrechamente relacionadas. Cuando los bailarines taconean en una plataforma de madera, los sonidos rítmicos que producen se convierten en parte de la música. Como músicos, siempre debemos de tratar sentir esos ritmos como si nosotros también estuviéramos bailando.

Vln, Vla, Arpa, Arm, Gtn

Key Signature – G Major has this key signature. Every F is played as F-sharp.

Armadura de clave – Sol Mayor tiene esta armadura de clave. Todo Fa se toca como Fa-sostenido.

Harp – Make sure your harp is tuned correctly.

Arpa – Asegúrate que tu arpa esté afinada correctamente.

G Major/Sol Mayor

Tpt

Key Signature – A Major has this key signature. Every F is played as F-sharp, every C as C-sharp, and every G as G-sharp.

A Major/La Mayor

Armadura de clave – La Mayor tiene esta armadura de clave. Todo Fa se toca como Fa-sostenido, todo Do como Do-sostenido, y todo Sol como Sol-sostenido.

Time Signature – The "6" means that there are six beats in each measure. The "8" means that the eighth note receives the beat.
In fast songs like **LA RASPA**, the eighth notes feel like triplets and the dotted quarter note gets the beat.

Cifra de compás – El número "6" significa que hay seis tiempos en cada compás. El "8" significa que la corchea vale ese tiempo.
En canciones rápidas como **LA RASPA**, las corcheas parecen tresillas y la nota negra con puntillo vale el tiempo.

EXERCISES / EJERCICIOS

Jarabe

MAESTRO:

❖ **Explain § meter to your students.** This exercise teaches everyone to read the dotted-quarter-note as one beat.

❖ **Explain to the violin, viola, trumpet and harp players that the melodic pattern in this exercise is called playing "triads on each ascending scale degree."** Explain this pattern, then tell your students to "visualize the notes" they play—this will help them to memorize the exercise. Once they have memorized it, visualizing the notes, have your students play the same pattern in other keys (visualizing in the same manner).

MAESTRO:

❖ **Explique a sus alumnos el compás §.** Este ejercicio enseñará a todos a leer la negra punteada como un batimiento.

❖ **Explique a los de violín, viola, trompeta y arpa que el patrón melódico de este ejercicio se llama tocar "triadas en cada grado de escala ascendente."** Explique el patrón, y luego pida a sus alumnos que "visualicen las notas" que tocan, lo que les ayudará a memorizar el ejercicio. Una vez que lo memoricen, visualizando las notas, indíqueles que toquen el mismo patrón en otros tonos (visualizando en la misma manera).

La Raspa

Primera de Sol   Tercera de Sol

Segunda de Sol

Gtn:
❖ Label the other Primera, Segunda, and Tercera Chords.   ❖ Etiqueta a los otros acordes de Primera, Segunda, y Tercera.

Jarabe

——La Raspa——

Vln, Vla, Arpa

MASTERING MARIACHI	DOMINANDO LA MÚSICA DE MARIACHI
Memorize exercise one. Play the same patterns in the keys of D Major and A Major (and as many other keys you know).	Memoriza el ejercicio uno. Toca los mismos modelos en los tonos de Re Mayor y La Mayor (y cuantos otros tonos que conozcas).

Tpt

MASTERING MARIACHI	DOMINANDO LA MÚSICA DE MARIACHI
Memorize exercise one. Play the same patterns in the keys of E Major and B Major (and as many other keys you know).	Memoriza el ejercicio uno. Toca los mismos modelos en los tonos de Mi Mayor y Si Mayor (y cuantos otros tonos que conozcas).

Arm, Gtn

MASTERING MARIACHI	DOMINANDO LA MÚSICA DE MARIACHI
Memorize exercise one. Play the same Primera/Segunda/Tercera patterns in the keys of D Major and A Major (and as many other keys as you know).	Memoriza el ejercicio uno. Toca los mismos modelos en los tonos de Re Mayor y La Mayor (y cuantos otros tonos que conozcas).

Jarabe

MAESTRO:

Exercises 2-8

❖ **Encourage everyone to "listen to one another to get used to feeling the rhythm of the mariachi together."** All of these exercises are designed for the armonía players to learn to strum up and down fluidly, for the violin, viola and trumpet players to learn to feel the armonía rhythm and align their eighth-notes with it, and for the guitarrón and harp players to learn to feel those eighth-notes while reinforcing the accents. The rhythmic feel for all *sones* is based on armonía strumming patterns called *mánicos*—all other instruments should emulate the feel of these mánicos. Have your students stand and play in a circle so they can see how the armonía mánicos and violin bows move together: sometimes "seeing the rhythm" in this way makes it easier for everyone to play the rhythm together, especially inexperienced players.

❖ **Make sure all of the parts of the mariachi are balanced.** All parts are equally important in *sones*, so make sure you hear the first and second violin just as well as you hear the first and second trumpet, and that you hear these parts just as well as you hear the armonía and guitarrón. Teach your students to be sensitive to this, and to try balance and blend with the mariachi in this way from the beginning: teach aspects of mariachi style during these short, relatively easy exercises so when they get to the longer, more complex songs the style is already second nature.

❖ **Make sure the violins, violas and trumpets hold the dotted-quarter-notes full value.**

❖ **Make sure the trumpet players extend their third valve slide on the low C♯ and D to play these notes in tune.** Don't forget that they need to pull the slide back in to play the G♯ in tune!

❖ **Make sure that when the harp has eighth-notes (exercises 2, 6, 7) they are played evenly, matching the of the rest of the mariachi.** The tendency will be for them to "crush" the eighth-notes, playing them too fast. Matching the rhythm of the rest of the mariachi will help students develop control. You may have to listen to the harp player alone, since this can be difficult to hear with the whole the mariachi playing together.

❖ **Tell the armonía players to exaggerate their accents, especially on the up-strums.** These accents are what give the *jarabe* rhythm the right feel, and it helps the armonía players play more together.

MAESTRO:

Exercises 2-8

❖ **Invite a todos a "escucharse mutuamente para así acostumbrarse a sentir el ritmo del mariachi en conjunto."** Todos estos ejercicios están diseñados para enseñar a los de la armonía a rasguear hacia arriba y abajo fluidamente, a los de violín, viola y trompeta a sentir el ritmo de la armonía y a combinar sus corcheas con él, y a los del guitarrón y arpa a sentir las corcheas mientras enfatizan los acentos. Se basa el sentir rítmico de todos los sones en patrones de rasgueo de la armonía llamados mánicos. Los otros instrumentos deben emular este "sentir" de los mánicos. Acomode a sus alumnos parados en un círculo para tocar; así verán cómo se coordinan los mánicos de la armonía y los arcos de los violines: a veces "ver el ritmo" así ayuda a todos a tocar el ritmo en conjunto, especialmente los principiantes.

❖ **Asegúrese que todas las partes del mariachi estén en equilibrio.** En los sones, todas las partes tienen la misma importancia. Ud. debe asegurar que se escuche el primer y segundo violín tan bien como la primera y segunda trompeta, y que se escuchen estas partes igual que la armonía y el guitarrón. Enseñe a sus alumnos a estar sensibles a esto y a tratar de balancear y combinarse con el resto del mariachi desde el inicio. Use estos ejercicios cortos y algo fáciles para enseñarles aspectos del estilo mariachi. Así, cuando toquen las piezas más largas y complejas reproducirán este estilo en forma natural.

❖ **Asegúrese que los violines, violas y trompetas sostengan las negras punteadas por todo su valor.**

❖ **Indique a los trompetistas que extiendan la bomba del tercer émbolo en el Do♯ y Re bajos para tocar estas notas en forma entonada.** ¡No olvide que tendrán que regresar la bomba para tocar el Sol♯ en forma entonada!

❖ **Asegúrese que al tocar el arpa corcheas (ejercicios 2, 6, 7) lo haga parejo y en coordinación con el conjunto.** Hay una tendencia entre los arpistas de tocar muy rápido las corcheas ("compactar"). Emparejar su ritmo con el del resto del mariachi ayudará a los estudiantes a desarrollar su control. Ud. quizá tenga que escuchar al arpista aparte porque es difícil oírlo si están tocando todos.

❖ **Invite a los de la armonía a exagerar sus acentos, especialmente en el rasgueo para arriba.** Estos acentos le dan al ritmo jarabe su sentir propio, y ayudan a los de la armonía a coordinarse mejor.

La Raspa

❖ **This is the first exercise where the armonía players are strumming up and down: make sure that their hand-motion is primarily from the wrist, as if turning a key in a lock (not moving up and down from the elbow).** This will help develop speed, but it also allows the vihuela players to switch from finger-to-thumb (down-to-up), and makes sure the guitar players don't get their pick stuck in the strings. **If a student has difficulty with this:**

- tell them to play with a "loose wrist", or to "relax your hand so it moves freely".
- tell the guitar players not to squeeze the pick too strongly, since this will cause the muscles in the hand and forearm to flex—becoming tense (hard), so they can't move freely.
- if a student is moving from the elbow, *gently* hold their right forearm to prevent it from moving up and down—gently so it can still twist freely, and also so your grip doesn't cause the student to become tense. Armonía players should be able to play all of these exercises without "fighting against" you holding their forearm.

❖ **Éste es el primer ejercicio en que los de la armonía rasgan hacia arriba y abajo: fíjese que muevan sus manos desde la muñeca, como si giraran una llave en una chapa (*no deben mover arriba y abajo desde el codo*).** Así se desarrolla la velocidad, pero también ayuda a los vihuelistas a cambiar de dedo-a-pulgar (abajo-a-arriba), y asegura que las púas de los guitarristas no se atoren en las cuerdas. **Si alguien tiene dificultad con esto:**

- dígale que "afloje la muñeca", o que "relaje la mano para que se mueva libremente."
- Dígales a los guitarristas que *no* aprieten mucho la púa, porque los músculos de su mano y antebrazo se flexionarán y se tensarán, y no podrán moverse libremente.
- Si alguien sigue moviendo su brazo desde el codo, tome suavemente su antebrazo derecho para que no pueda mover hacia arriba y abajo. Hágalo con suavidad porque tiene que girar libremente y para que el alumno no se tense. Los de la armonía deben poder tocar estos ejercicios sin "luchar contra" la mano de Ud. en su brazo.

Arm

MASTERING MARIACHI

Play the up-strum by twisting your forearm without bending your elbow, similar to turning a key in a lock. Vihuela players: Strum down with your fingers (like normal), but strum up with the thumb.

Indicates an up-strum.

DOMINANDO LA MÚSICA DE MARIACHI

Toca las semi-corcheas girando tu muñeca sin doblar el codo, como cuando das vuelta a la llave en una chapa. Vihuelistas: golpean hacia abajo con los dedos (forma normal), pero usan el pulgar para el golpe hacia arriba.

V   Indica un golpe hacia arriba.

Jarabe

La Raspa

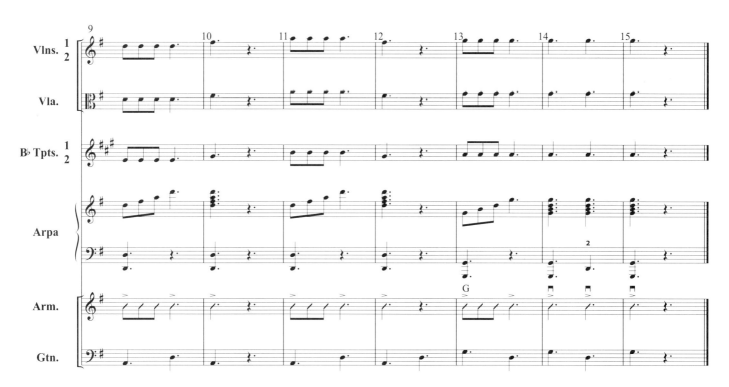

❖ Feel the rhythm together with the whole mariachi!

❖ ¡Siente el ritmo junto con el mariachi entero!

3   48

Jarabe

❖ Balance your part with the rest of the mariachi so you can hear all parts equally well.

❖ Equilibra tu parte con el resto del mariachi para poder oír todas las partes por igual.

La Raspa

Jarabe

—La Raspa—

Vln, Vla, Tpt, Arpa:

❖ Look one beat ahead while reading so that you are not surprised by the music!

Arm, Gtn:

❖ Look one measure ahead while reading so that you are not surprised by the music!

❖ ¡Mira uno o dos batimientos adelante mientras lees para que no te sorprenda la música!

❖ ¡Mira un compás adelante mientras lees para que no te sorprenda la música!

A comprehensive mariachi education should include an understanding of mariachi history and music notation. Photocopy and distribute one of the Mariachi and Music Literacy Worksheets found on pages 244–263 and on the CD-ROM. Answers are provided on pages 264–267.

En un programa comprensivo sobre el mariachi los alumnos aprenderán la historia del mariachi y la notación musical. Copiar y repartir una de las *"Hojas de trabajo sobre el mariachi y la notación musical"* en las páginas 244–263 y en el CD-ROM. Las respuestas están en las páginas 264–267.

---

6   **51**

Jarabe

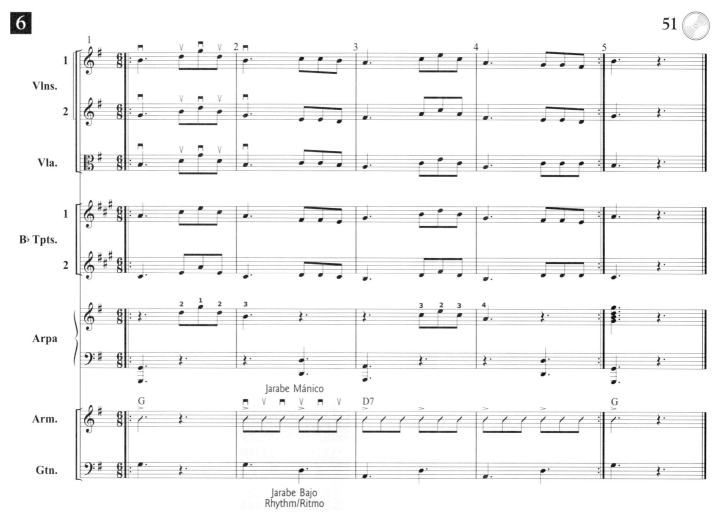

Arm:

❖ An accent almost always indicates a down strum. The Jarabe mánico is an exception.

❖ Un acento casi siempre indica un rasgueo hacia abajo. El mánico del Jarabe es una anomalía.

La Raspa

7   52

Vln, Vla:

❖ Play with strong, full bows to sound *mariachi*.

Tpt:

❖ Use strong, powerful attacks but play with a full, clear tone to sound *mariachi*.

Arpa:

❖ Play strong and with a clear, full sound.

Arm:

❖ Play the rhythms with strength and energy like a dance to sound *mariachi*.

Gtn:

❖ Play strong and with a clear, full sound to lead the *mariachi*.

❖ Toca con arcos fuertes y completos para que suenes como *mariachi*.

❖ Usa ataques fuertes y poderosos pero toca con un tono redondo y claro para que suenes como *mariachi*.

❖ Toca fuerte y con un tono completo y claro.

❖ Toca los ritmos con fuerza y energía como si fuera un baile, para que suene a *mariachi*.

❖ Toca fuerte y con un tono completo y claro para dirigir al *mariachi*.

Jarabe

MAESTRO:

❖ **Tell students to "hear all 6 eighth-notes in your head while playing this exercise to feel the rhythm correctly."** Students will tend to "rush" through the rests, not giving them full value (playing a note that follows a rest too soon), if they are not "subdividing" each beat in this way (hearing the underlying eighth-notes in their head).

❖ **Tell students that "measures 5-8 are exactly the same rhythm as measures 1-4, except the notes are shorter."** Make sure they play all of these notes strong, clear, short, exactly together and well balanced.

❖ **Play the recording of this exercise for your students and tell them to "focus on the articulation and length of notes, then play it *just like it sounds*."**

MAESTRO:

❖ **Dígales a los alumnos que "escuchen las 6 corcheas en la cabeza mientras tocan este ejercicio para sentir el ritmo correctamente,"** pues tenderán a "apurar" los silencios sin darles su valor real (tocan la nota que sigue *antes* de tiempo) si no "sub-dividan" cada batimiento así (escuchando cada corchea subyacente en la cabeza).

❖ **Dígales asimismo que "los compases 5-8 tienen exactamente el mismo ritmo que los compases 1-4, salvo que las notas son más cortas."** Asegúrese que toquen todas estas notas fuerte, claro, corto, al mismo tiempo y con un buen balance.

❖ **Toque la grabación de este ejercicio para el grupo y dígales que "se enfoquen en la articulación y la extensión de las notas, para luego tocarlo *como suena*."**

Vln, Tpt: 36   Vla: 25   Arpa: 42
Arm: 37   Gtn: 37   Cello: 27

—La Raspa—

8

53

Jarabe

❖ Feel the rhythm together with the whole mariachi!   ❖ ¡Siente el ritmo junto con el mariachi entero!

BALLET FOLKLÓRICO

Many cultures of the world make no distinction between music, dance, and celebration. One can't exist without the others. Mexico is a very large country, and each region has its own type of music, instruments, dances, and traditional dress. The photos on this page show the traditional *traje de charro* (charro suit) and two examples of traditional dresses from the area around the state of Jalisco.

BALLET FOLKLÓRICO

Muchas de las culturas del mundo no distinguen entre la música, la danza, y la celebración, pues ninguna puede existir sin las otras. México es un país muy grande donde cada región tiene su propio tipo de música y sus típicos instrumentos, danzas, e indumentaria tradicional. Las fotografías de esta página muestran el tradicional traje de charro y dos ejemplares de vestidos típicos de la zona del estado de Jalisco.

I. 3. 6: Araceli Avila; 2. 4. 5: Stephanie Lopez; Juan Carlos Balderas

(1) (2) (3)

(4) (5) (6)

Jarabe

The most common choreography (dance steps) of the *son* and *jarabe* tells the story of love and courtship. The charro (elite Mexican cowboy) rides his horse up to the girl he likes and they flirt as shown in several of the poses. She grabs his hat and he carries her away to live happily ever after.

La coreografía más común del jarabe y del son cuenta historias de amor y de cortejo. Montado en su caballo, el charro se acerca a la muchacha que pretende y los dos coquetean, como se aprecia en las fotos. Luego, ella toma el sombrero de él y los dos se alejan a vivir felices para siempre.

—La Raspa—

Jarabe

CANCIÓN

❖ **Point out and rehearse the violins beginning down-bow in the pick-up to measure 10; every other pick-up in La Raspa begins up-bow.**

❖ **Play this song slowly at first since it has some tricky passages for the violins, and starting and stopping the jarabe rhythm can be difficult for some armonía players.**

❖ **Make sure that when you move from section to section, the tempo stays the same.** Don't let your students play the "easy" sections fast and the "hard" sections slow, which is always their tendency. To master this song, the mariachi must move from section to section, changing rhythm, changing the feel of the music, but keeping the tempo consistent.

❖ **It is the maestro's job to point out, rehearse and fix the problems in the music, and not to let the players "simply gloss over" their mistakes.** Students will want to play songs from start to finish, ignoring their mistakes, but you need to stop them when they make mistakes and have them play the most difficult passages over and over again until they can do those sections consistently correctly.

❖ **Once the students can play the song well, do not let them play it at too fast a tempo!** Remind your students that this is a dance, and every note that they play corresponds to the dancers pounding the floor with their feet: if you play too fast the dancers won't be able to keep up, and therefore—perhaps more importantly—the music will lose its mariachi "flavor."

CANCIÓN

❖ **Señale y ensaye el inicial arco abajo de los violines en la anacrusa al compás 10; todos los demás anacrusas de LA RASPA inician con arco arriba.**

❖ **Toquen esta pieza despacio primero porque tiene partes difíciles para los violines. Además, para algunos de la armonía será difícil iniciar y parar el ritmo jarabe.**

❖ **Al pasar de una sección a otra, asegúrese que el tempo siga igual.** No dejes que los alumnos toquen las partes "fáciles" rápido y las más "difíciles" despacio, algo que tienen la tendencia de hacer. Para dominar esta canción, el mariachi debe mover de una sección a otra cambiando el ritmo y el sentir de la música, pero *sin* variar el tempo.

❖ **Es tarea del maestro señalar, ensayar y remediar los problemas en la música. *No* debe permitir que los estudiantes simplemente "dejen pasar" sus errores.** Los alumnos quieren tocar las canciones de principio al final, ignorando sus errores, pero Ud. necesita pararlos cuando se equivocan y hacerles repetir las partes más difíciles una y otra vez, hasta que las puedan tocar correctamente cada vez.

❖ **Una vez que todos puedan tocar la canción bien, ¡no deje que la toquen a un tempo muy rápido!** Recuérdeles que esta canción es un baile y que cada nota que tocan corresponde al sonido que los bailarines producen al golpear sus pies contra el suelo: si ellos tocan muy rápido, los bailarines no podrán mantener el paso. Además, y quizá más importante, la música perderá su "sabor" de mariachi.

Read this to your students: LA RASPA is one of the first dances that young ballet folklórico students learn, and it has been popularized in the United States by cartoons and TV commercials. Sometimes it is called "the Mexican jumping bean song" because in the first section of La Raspa (the section that repeats throughout the song) the dancers jump up and down in a way that resembles little beans you can buy in Mexico that actually do jump up and down in your hand (the beans have tiny worms inside that, when they move, cause the bean to jump—seemingly by magic). Because of these associations, some people in Mexico and the US feel this song is a Mexican cliché, as if it is "poking fun of" Mexico, but in fact it is a very traditional song that, when presented with respect and in its true form, is also very beautiful (more so than when presented with cartoon bunnies jumping up and down!). It's sort of like when a piece of classical music is used to sell hot dogs: don't let this silly presentation cloud your impression of the true nature of the music.

Lea esto al grupo: LA RASPA es una de las primeras danzas que aprenden los jóvenes estudiantes del ballet folklórico, y ha cobrado popularidad en Estados Unidos en caricaturas y anuncios en la tele. Se conoce a veces como la "canción de los frijoles saltarines mexicanos" porque en su primera sección (la que se repite a lo largo de la canción) los bailarines saltan como unos frijolitos que puedes comprar en México que, en efecto, brincan en la mano (hay pequeños gusanos adentro, y cuando ellos se mueven los frijolitos se mueven como por arte de magia). Debido a estas asociaciones, algunas personas en México y E.U. sienten que la canción es un estereotipo de México que hace burla del país. Pero, en realidad, es una pieza muy tradicional que, cuando se toca con respeto y en su forma verdadera, es muy hermosa también (¡más cuando se incluyen caricaturas de conejitos que brincan!). Es algo así como aquella persona que toca música clásica en su puesto de *hot dogs*: no debes dejar que esta no muy seria presentación altere tu impresión de la verdadera naturaleza de la música.

DISCUSSION QUESTIONS

1. Describe the way you think people would dance to LA RASPA.

2. How does each instrument in your mariachi contribute to the overall sound of the music in LA RASPA?

3. Is one instrument any more or less important than the others? Why?

4. Describe the different sections of LA RASPA: how are they the same? How are they different? How do the different sections affect the way dancers might dance?

PREGUNTAS PARA DISCUSIÓN

1. Describe cómo te imaginas que la gente baila LA RASPA.

2. ¿Cómo contribuye cada instrumento del mariachi al sonido total de la música de LA RASPA?

3. ¿Algún instrumento es más –o menos– importante que los demás? ¿Por qué?

4. Describe las diferentes secciones de LA RASPA: ¿En qué se parecen? ¿En qué se diferencian? ¿Cómo afectan las distintas secciones la forma en que los bailarines ejecutan esta danza?

La Raspa

Jarabe

Mexican Folk Dance
Baile popular mexicano

Jarabe

Jarabe

EL CABALLITO
Son Jalisciense

MASTERING MARIACHI

Mariachi music grew out of small towns in and around the state of Jalisco. The *son jalisciense (son from Jalisco)* is one of the most important types of songs that mariachis play. The key to making the *son jalisciense* sound well is to have the armonía instruments play "galloping" eighth notes precisely together, with the guitarrón reinforcing their accents. The melodic instruments should fit perfectly into this rhythmic "groove."
Locate Jalisco on the map at the back of the book.

DOMINANDO LA MÚSICA DE MARIACHI

La música de mariachi surgió en pueblos pequeños en, y alrededor de, el estado de Jalisco. El *son jalisciense* es uno de los tipos de canción más importantes que tocan los mariachis. Para lograr que el son jalisciense se oiga bien, la clave consiste en que los instrumentos de la armonía toquen las corcheas "galopantes" precisamente juntas con el guitarrón reforzando sus acentos. Los instrumentos melódicos deben caber perfectamente dentro de esta "abertura" rítmica.
Localiza al estado de Jalisco en el mapa al final del libro.

Vln, Vla, Arpa, Arm, Gtn

Key Signature – C Major has no sharps or flats in the key signature.

Armadura de clave – Do Mayor no tiene sostenidos ni bemoles en la armadura de clave.

Harp – Make sure your harp is tuned correctly.

Arpa – Asegúrate que tu arpa esté afinada correctamente.

C Major/Do Mayor

Tpt

Key Signature – D Major has this key signature. Every F is played as F-sharp, and every C as C-sharp.

Armadura de clave – Re Mayor tiene esta armadura de clave. Todo Fa se toca como Fa-sostenido, y todo Do como Do-sostenido.

D Major/Re Mayor

Key Signature – Identify the other key signature used in **El Caballito**. Write your answer in the space to the right.

Armadura de clave – Identifica la otra armadura de clave utilizada en **El Caballito**. Escribe tu respuesta en el espacio de la izquierda.

___Major/___Mayor

Vivace is a tempo indication that means to play lively.

Vivace

Vivace es una indicación del tempo que significa tocar vivamente.

Listen – If you're using the CD, this symbol indicates when to listen to it.

Eschucha – Si estás usando el CD, este símbolo te indica cuándo escucharlo.

Play – If you're using the CD, this symbol indicates when to play your instrument.

Toca – Si estás usando el CD, este símbolo te indica cuándo tocar tu instrumento.

Maestro

The *son jalisciense* is perhaps the most important type of song to a mariachi: the musical style and "performance concept" that come from playing the son jalisciense permeate all mariachi music. It is from the son jalisciense that we learn to balance all of the instruments: every instrument is equally important here. The lively, energetic approach to playing that is characteristic of all mariachi music comes from everyone feeling and matching the armonía *mánicos* (strumming patterns). The characteristic "galloping" rhythm that is emblematic of mariachis comes directly from the feel of these mánicos: the violin and trumpet players need to spend time listening to the rhythm of the armonía, learning to feel it, and then matching that feel with their own rhythm. And the closeness that mariachi musicians feel towards their music, not to mention the brotherhood they feel towards one another, is directly related to this time spent "fusing" their individual sounds with that of the whole mariachi: everyone should pull together to create one musical gesture.

El son jalisciense es quizá el tipo de canción más importante para el mariachi: el estilo musical y el "concepto de presentación" que surgen al tocar este son caracterizan a toda la música de mariachi. El son jalisciense nos enseña a balancear todos los instrumentos, porque aquí todos tienen la misma importancia. El animado y expresivo estilo de tocar característico de la música de mariachi emerge cuando todos sienten los mánicos (patrones de rasgueo) de la armonía y coordinan su música con ellos. El ritmo "galopante" que es emblemático del mariachi proviene directamente del "sabor" de estos mánicos: los violinistas y trompetistas tienen que dedicar tiempo a escuchar el ritmo de la armonía para aprender a sentir y reproducir este "sabor" cuando tocan su propio ritmo. La cercanía que sienten los mariachis con su música, y la fraternidad que se desarrolla entre los músicos están directamente relacionados con el tiempo que dedican a "unir" sus sonidos individuales con los del mariachi entero: todos deben jalar parejo para crear un solo producto musical.

Son Jalisciense

—El Caballito

EXERCISES / EJERCICIOS

MAESTRO:

Exercises 1–6

❖ **It is very *important* that you play the CD recording of these examples for your students so they can listen to the melodic figures and then imitate their sound.** Mariachi style can only come from imitating it, it does not come from reading notes on paper.

❖ **These exercises are intentionally simple so that students can focus their attention on style, not notes.** Do not skip over these exercises because they seem easy. It might seem as if students have played them correctly the first time through, but developing mariachi style requires careful attention: time spent listening to and imitating the style.

❖ **Make sure vihuela players play down with their fingers (as normal) and up with their thumb—this requires rotating their wrist (like turning a key in a lock).** The guitar players use essentially the same technique, rotating their wrists in order to not get the pick stuck in the strings.

❖ **Let the armonía and guitarrón guide the rhythmic feel of the whole mariachi.** Tell the violins, viola and trumpet to "match the uneven 'galloping' feel of the armonía eighth-notes and the accents of the guitarrón."

❖ Tell your students "The way it looks on paper is not the way it should sound. *Play the way it should sound by matching the style on the CD.*"

❖ **Encourage everyone to "listen to one another to get used to feeling the rhythm of the mariachi together."** Note how everyone's rhythms interlock perfectly throughout these exercises and all other sones: when the violins and trumpets play eighth-notes, they line up with the armonía eighth-notes, etc. Mariachi's style comes from everyone feeling and playing their rhythm the same way, and these exercises are designed to help students do this. It also helps to have everyone look at one another (have the mariachi stand and play in a circle) so they can see how the armonía hands move the same as the violin/viola bows. Sometimes "seeing the rhythm" in this way makes it easier for everyone to play the rhythm together, especially inexperienced players.

❖ **Make sure the sound of all of the instruments is balanced:** you should hear the first and second violins equally well, first and second trumpets equally well, and you should hear the trumpet section and violin section equally well (tell the violins to "play strong", tell the trumpets to "balance with the violins"). You should hear the guitar and vihuela equally well, and just as strongly as the guitarrón. Finally, the melody instruments (violins, trumpets, viola) should sound just as strong as the rhythm instruments (armonía, guitarrón, harp). Do not let the melody instruments cover up the rhythm instruments, or vice versa.

MAESTRO:

Ejercicios 1–6

❖ **Es muy importante que toque la grabación de estas muestras en el CD para el grupo, para que todos escuchen las figuras melódicas y luego imiten el sonido.** Lograr el estilo propio del mariachi sólo es posible por la vía de la imitación; no al leer las notas escritas en el papel.

❖ **Estos ejercicios son, a propósito, sencillos, para que los alumnos enfoquen su atención en el estilo, no en las notas.** *No* salte estos ejercicios porque parecen fáciles. Aunque sus alumnos quizá los toquen correctamente a la primera, es preciso poner mucha atención para que cultiven el estilo del mariachi: deben dedicarse a escuchar e imitar el estilo.

❖ **Fíjese que los vihuelistas rasgueen hacia abajo con los dedos (normal) pero que usen el pulgar y giren su muñeca para el golpe hacia arriba, (como al girar una llave).** Los guitarristas usan la misma técnica básicamente: giran la muñeca para que la púa no se atore en las cuerdas.

❖ **Deje que la armonía y el guitarrón guíen el sentir rítmico de todo el mariachi.** Invite a los violines, la viola y la trompeta a "imitar el sentir 'galopante' de las corcheas de la armonía y los acentos del guitarrón."

❖ Dígales a los alumnos que "Lo que se ve en el papel no refleja cóómo debe sonar. *Toquen como se debe escuchar, imitando el estilo del CD.*"

❖ **Aliente a todos a "escucharse mutuamente para acostumbrarse a sentir el ritmo del mariachi juntos."** Nótese cómo los ritmos individuales se entrelazan perfectamente en estos ejercicios y los otros sones: cuando los violines y trompetas tocan corcheas, éstas deben alinearse con las de la armonía, etc. El estilo mariachi surge cuando todos sienten y tocan sus ritmos de la misma manera, y estos ejercicios están diseñados para ayudar al grupo a hacerlo. Lo que también ayuda es cuando todos miran a los demás (parados y tocando en un círculo) para que vean cómo las manos de la armonía se mueven igual a los arcos de los violines y viola. A veces el hecho de "ver el ritmo" permite que todos toquen el ritmo en conjunto, especialmente los menos experimentados.

❖ **Asegúrese que haya un balance entre el sonido de todos los instrumentos:** se debe escuchar el primer y segundo violín igual de bien, como también la primera y segunda trompeta. Las secciones de trompeta y violín también deben estar en equilibrio (a los violinistas: "toquen fuerte"; a los trompetistas: "balancéense con los violinistas"). Se debe escuchar la guitarra y la vihuela igual de bien y tan fuerte como el guitarrón. Por último, los instrumentos melódicos (violines, trompetas, viola) deben sonar tan fuerte como los rítmicos (armonía, guitarrón, arpa). No deje que los de la melodía ahoguen a los instrumentos del ritmo o viceversa.

Vln, Tpt: 40   Vla: 28   Arpa: 46
Arm: 40   Gtn: 40   Cello: 30

El Caballito

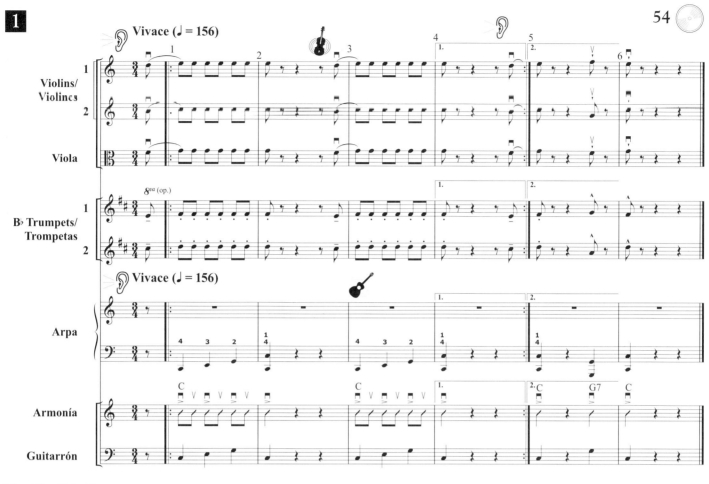

Vln, Vla, Tpt, Gtn:

❖ Listen to and match the rhythmic feel of the armonía's eighth notes. This rhythm gives the *son jalisciense* it's unique style.

❖ Escucha y corresponde a la sensación rítmica de las corcheas de la armonía. Este ritmo le da al *son jalisciense* su estilo único.

Son Jalisciense

—El Caballito—

Arpa, Gtn

Triad – The three notes of the chord. Learn to recognize them in your music.

Tríada – Las tres notas del acorde. Aprende a reconocerlas en tu música.

3

56

Vln, Vla, Tpt, Arpa, Gtn:

❖ Hear the armonía *manicos* in your head and reinforce their accents with your rhythm.

Vln, Vla:

❖ Keep the bow on the string between measures 1-2 and 4-5.

Arm:

❖ An accent almost always indicates a down strum. The Jarabe mánico is an exception.

❖ Escucha a los mánicos de la armonía en tu mente y refuerza sus acentos con tu propio ritmo.

❖ Manten el arco sobre la cuerda durante los compases 1-2 y 4-5.

❖ Un acento casi siempre indica un rasgueo hacia abajo. El mánico del Jarabe es una anomalía.

Son Jalisciense

El Caballito

4   57

Tpt:

❖ Move your jaw up and down to play with vibrato on the half notes.

❖ Mueve tu mandíbula arriba y abajo para tocar las notas blancas con vibrato.

Tpt	### MASTERING MARIACHI Vibrato should be even, controlled, and very pronounced. For more information on vibrato, refer to Warm-up Exercise 4 at the beginning of the book.	### DOMINANDO LA MÚSICA DE MARIACHI El vibrato debe de ser liso, controlado, y muy pronunciado. Para más información sobre el vibrato, consulta el Ejercicio Preparatorio 4 al principio del libro.
Arpa	### MASTERING MARIACHI **El Caballito** changes key from C Major to G Major in the middle of the song. There is not enough time to re-tune the harp, so leave it tuned to C Major (with F♮) and avoid playing the F string.	### DOMINANDO LA MÚSICA DE MARIACHI El Caballito cambia el tono de Do Mayor hasta Sol Mayor en la parte media de la canción. No hay tiempo para re-afinar el arpa, así que déjalo afinado a Do Mayor (con Fa♮) y evita tocar la cuerda de Fa.
Arpa. Gtn	### MASTERING MARIACHI Learn to recognize these rhythmic patterns in the music.	### DOMINANDO LA MÚSICA DE MARIACHI Aprende a reconocer estos modelos rítmicos en la música.
Arm	### MASTERING MARIACHI Learn to recognize these rhythmic patterns in music.	### AMAESTRANDO EL MARIACHI Aprende a reconocer estos modelos rítmicos en la música.

Son Jalisciense

──El Caballito────────────────────────

5   58

Vln, Vla, Tpt, Arpa:
❖ Match the rhythmic style of the armonía and guitarrón.

Arm:
❖ Match the rhythmic style of the guitarrón.

Gtn:
❖ Match the rhythmic style of the armonía.

❖ Sigue el estilo rítmico de la armonía y del guitarrón.

❖ Sigue el estilo rítmico del guitarrón.

❖ Sigue el estilo rítmico de la armonía.

Son Jalisciense

El Caballito

59

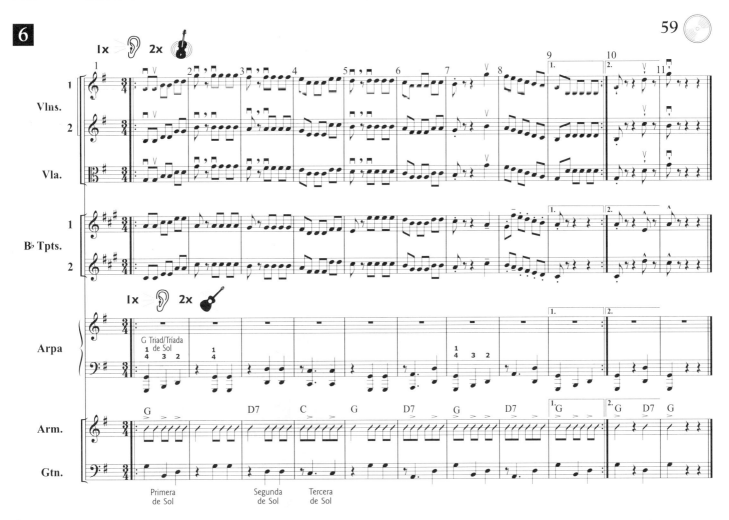

Arm:

❖ An accent almost always indicates a down strum. The Jarabe mánico is an exception.

❖ Un acento casi siempre indica un rasgueo hacia abajo. El mánico del Jarabe es una anomalía.

Dal Segno al Coda – Go back to the Sign (𝄋) and play the same music. When you see the instruction "al Coda," jump to the coda (⊕).

D.S. al Coda

Dal Segno al Coda – Regresa al Signo (𝄋) y toca la misma música. Cuando veas la instrucción "al Coda," salta a la Coda (⊕).

7 In the song **El Caballito**, what is the last measure you play before returning to the Sign (𝄋)? _____ What is the last measure you play before jumping to the Coda (⊕)? _____ Draw a "map" in the space below to help you by writing in the measure numbers. Don't forget to include the change of key signature.

En la canción **El Caballito**, ¿cuál es el último compás que tocas antes de regresar al Signo (𝄋)? _____ ¿Cuál es el último compás que tocas antes de saltar a la Coda (⊕)? _____ Para ayudarte, en el espacio de abajo dibuja un "mapa" en donde escribirás los números de los compases. No olvides incluir el cambio de la armadura de clave.

Son Jalisciense

A comprehensive mariachi education should include an understanding of mariachi history and music notation. Photocopy and distribute one of the Mariachi and Music Literacy Worksheets found on pages 244–263 and on the CD-ROM. Answers are provided on pages 264–267.

En un programa comprensivo sobre el mariachi los alumnos aprenderán la historia del mariachi y la notación musical. Copiar y repartir una de las *"Hojas de trabajo sobre el mariachi y la notación musical"* en las páginas 244–263 y en el CD-ROM. Las respuestas están en las páginas 264–267.

—El Caballito—

CANCIÓN

❖ **Emphasize style, playing together, balance, and playing with a "mariachi sound."** Everyone should play strong, with energy, as if the whole mariachi is dancing. Play the recording on the enclosed CD and other recordings of sones for your students. The more the students have this mariachi sound in their heads the more natural it will sound when they play.

❖ Violins use open strings when playing sones to make a stronger, more rustic and energetic sound.

❖ **Tell the trumpets to match the sound of the trumpets on the recording.** This means using vibrato (matching the speed and depth of vibrato too!), and matching articulations and note lengths.

❖ **Practice the violin entrance in measure 17.** Students may enter incorrectly here if they are not counting in their heads and, just as important, listening to the armonía manicos. Tell them to "listen to the armonía mánicos and come in together with the accent on the second eighth-note of measure 17."

CANCIÓN

❖ **Enfatice el estilo, el tocar en conjunto, el balance, y el tocar con el "sonido mariachi."** Todos deben tocar fuerte y con energía, como si estuvieran bailando. Toque la grabación en el CD incluido y otros discos de sones para el grupo. Entre más mantienen el sonido de mariachi en sus cabezas, más natural sonarán cuando tocan.

❖ Los violines usan cuerdas descubiertas al tocar los sones para lograr un sonido más fuerte, más rústico y más vivaz.

❖ **Invite a los trompetistas a imitar el sonido que escuchan en el CD.** Esto implica usar vibrato (¡con la misma velocidad y profundidad!) y reproducir las articulaciones y la extensión de las notas.

❖ **Ensaye la entrada del violín en el compás 17.** Los alumnos pueden equivocarse en esta entrada si no cuentan en sus cabezas e –igualmente importante– si no escuchan los mánicos de la armonía. Dígales: "Escuchen los mánicos de la armonía y entren juntos con el acento en la segunda corchea del compás 17."

Read this to your students: EL CABALLITO ("little horse") is a very traditional song where ballet folklórico dancers use a long sash to imitate riding horses. The rhythmic feel of this song, like that of all *sones jaliscienses*, is often compared to the rhythm of a horse's hooves—in fact the pattern of strumming six eighth-notes "down-down-up down-down-up" (an integral part of the son jalisciense) is called the "caballito" manico because it sounds so much like a galloping horse. Horses were introduced to Mexico by the Spanish conquistadors, but they quickly became an important part of Mexican rural culture. Mexico became world renowned for its expert horsemen shortly after their arrival, and you can still find many symbols of the importance of horses throughout Mexico: horse shoes hang over doors as good-luck charms, statues of horsemen in public places, songs about famous horses, etc. The most skilled horsemen and highest-class Mexican ranch-owners are known as *charros*, and mariachis have adopted the *traje charro* ("charro suit") as their traditional dress in order to portray the image of refinement and elegance that mariachi music has attained. Imagine a charro or charra riding his or her horse through a Mexican meadow while playing this song: can you feel the horse's hooves in your rhythm?

Lea esto al grupo: EL CABALLITO es una canción muy tradicional en que las bailarinas del ballet folklórico usan una cinta para simular que van cabalgando. La sensación rítmica de esta pieza, como la de todos los sones jaliscienses, suele compararse con el ritmo de las patas del caballo; de hecho, el patrón de rasguear seis corcheas "abajo-abajo-arriba, abajo-abajo–arriba" (parte integral del son jalisciense) se conoce como mánico "caballito," por su sonido parecido al de un caballo que va cabalgando. Los conquistadores españoles trajeron el caballo a México, pero este animal pronto llegó a ser parte clave de la cultura rural del país. Al poco tiempo, de hecho, México era reconocido en todo el mundo por sus expertos jinetes, y uno ve allí muchos símbolos que reflejan la importancia del caballo: herraduras colgadas sobre las puertas como amuletos de la buena suerte, estatuas de jinetes en sitios públicos, canciones sobre caballos famosos, etc. Los jinetes más diestros y los dueños de clase alta de ranchos en México son conocidos como charros. El mariachi ha adoptado el "traje charro" como su atuendo tradicional para transmitir la imagen de refinación y elegancia que su música ha alcanzado. Cuando tocas esta canción, imagina un charro o charra que va cabalgando por una pradera en México: ¿puedes sentir las patas del caballo en tu ritmo?

Son Jalisciense

DISCUSSION QUESTIONS

1. Caballito means "little horse." What do you hear in the music that makes you think of a horse?
2. How does each instrument in your mariachi contribute to the overall sound of the music in EL CABALLITO?
3. Is one instrument any more or less important than the others in EL CABALLITO? Why?
4. What should you do to make you part in EL CABALLITO have more authentic mariachi style?

PREGUNTAS PARA DISCUSIÓN

1. ¿Qué escuchas en la música de esta canción que te hace pensar en un "caballito"?
2. ¿Cómo contribuye cada instrumento del mariachi a crear el sonido global de la música de EL CABALLITO?
3. ¿Algún instrumento es más –o menos– importante en EL CABALLITO? ¿Por qué?
4. ¿Qué debes hacer para que en tu parte de EL CABALLITO logres un estilo mariachi más auténtico?

El Caballito
Son Jalisciense

Mexican Folk Song
Canción popular mexicana

Son Jalisciense

LA BAMBA
Son Jarocho

MASTERING MARIACHI

Every region of Mexico has its own type of music. The *son jarocho* comes from the state of Veracruz on the eastern coast of Mexico. It was originally played by a trio with harp, requinto, and jarana (different types of guitars–no violins or trumpets). Locate Veracruz on the map at the back of the book.

Key Signature – Identify the key signature used in **La Bamba**. Write your answer in the space to the right.

___Major/___Mayor

Listen – If you're using the CD, this symbol indicates when to listen to it.

Play – If you're using the CD, this symbol indicates when to play your instrument.

Sixteenth Notes

There are two 16th notes in each eighth note. There are four 16th notes in each quarter note. Each 16th note receives $^1/_4$ count in $^2_4$, $^3_4$, and $^4_4$ time.

DOMINANDO LA MÚSICA DE MARIACHI

Cada region de México tiene su propio tipo de música. El *son jarocho* viene del estado de Veracruz en la costa del este de México. Originalmente, era tocado por un trio con arpa, requinto y jarana (diferentes tipos de guitarras–no violins ni trompetas). Encuentra el estado de Veracruz en el mapa al final del libro.

Armadura de clave – Identifica la armadura de clave utilizada en **La Bamba**. Escribe tu respuesta en el espacio de la izquierda.

Eschucha – Si estás usando el CD, este símbolo te indica cuándo escucharlo.

Toca – Si estás usando el CD, este símbolo te indica cuándo tocar tu instrumento.

Semi-corcheas

Hay dos semi-corcheas en cada corchea. Hay cuatro semi-corcheas en cada nota negra. Cada semi-corchea recibe $^1/_4$ batimiento en los compases $^2_4$, $^3_4$, y $^4_4$.

(sidebar: Vln, Vla, Tpt, Arpa, Arm)

EXERCISES / EJERCICIOS

(sidebar: Son Jarocho)

(sidebar: Vln, Vla)

MASTERING MARIACHI

Play sixteenth notes by bending your wrist. Keep the bow on the string and play about 1/3rd the distance between the frog and the tip of the bow. Use full bows on the quarter notes!

DOMINANDO LA MÚSICA DE MARIACHI

Toca las semi-corcheas doblando tu muñeca. Manten el arco sobre la cuerda y toca un tercio de la distancia entre el talon y la punta del arco. ¡Usa arcos completos durante las notas negras!

(sidebar: Tpt)

MASTERING MARIACHI

Double-tonguing is created by alternating "tu" and "ku" syllables to play fast notes. You must accent the "ku" syllable and use extra air throughout to make each note sound even and clear.

DOMINANDO LA MÚSICA DE MARIACHI

La doble lengua se produce alternando las sílabas "tu" y "ku" para tocar notas rápidas. Debes acentuar la sílaba "ku" y utilizar el aire sobrante para hacer que cada nota suene uniforme y clara.

(sidebar: Arpa)

MASTERING MARIACHI

The son jarocho originally featured the harp as the only melodic instrument. Practice playing ascending, descending, and rounded arpeggios in every position. For more exercises, turn to page 78. Play slowly at first, then play faster. Play clearly and evenly, so that every note sounds clear and strong.

DOMINANDO LA MÚSICA DE MARIACHI

Originalmente, el *son jarocho* tenía al arpa como el único instrumento melódico. Practica tocando arpegios ascendentes, descendentes y redondeados en cada posición. Para más ejercicios, pasa a la página 78. Toca lentamente al principio, después más rápido. Toca con claridad y de manera uniforme, de modo que cada nota suene clara y fuerte.

(sidebar: Arm)

MASTERING MARIACHI

Play sixteenth notes by twisting your forearm without bending your elbow, similar to turning a key in a lock.
Vihuela players: Strum down with your fingers (like normal), but strum up with the thumb.

DOMINANDO LA MÚSICA DE MARIACHI

Toca las semi-corcheas girando tu muñeca sin doblar el codo, como cuando das vuelta a la llave en una chapa.
Vihuelistas: Golpea hacia abajo con los dedos (forma normal), pero usa el pulgar para el golpe hacia arriba.

MAESTRO:

Exercises 1–5

❖ **Teach your students to count sixteenth-notes.** There are many different ways to count rhythms, so you should use the method you prefer. One method that works more or less the same in English and Spanish is to count each beat with its beat number, then use "i + a" to count the other sixteenth-notes, for example "1 i + a." In English, this is pronounced "one ee and uh", while in Spanish it is pronounced "un i e a." The first measure of Exercise 1 is counted: 1 i + a 2 i + a 3 4 .

❖ **Have your students write the counting into their music, practice with everyone counting aloud together, then tell them to "always count in your head while playing."** When you demonstrate the proper way of counting to your students, speak in a clear, articulate, unnatural voice with perfect rhythm and encourage your students to do the same.

❖ **Make sure that the armonía players' hand-motion is primarily from the wrist, as if turning a key in a lock (not moving up and down from the elbow).** This will help develop speed, but it also allows the vihuela players to switch from finger-to-thumb (down-to-up), and makes sure the guitar players don't get their pick stuck in the strings. **If a student has difficulty with this:**

  • tell them to play with a "loose wrist," or to "relax your hand so it moves freely"

  • tell the guitar players not to squeeze the pick too strongly, since this will cause the muscles in the hand and forearm to flex—becoming tense (hard), so they can't move freely.

  • if a student is moving from the elbow, *gently* hold their right forearm to prevent it from moving up and down, so it can still twist freely, and also so your grip doesn't cause the student to become tense. Armonía players should be able to play all of these exercises without "fighting against" you holding their forearm.

❖ **Pay attention to the violinists' bows, make sure they are all moving together:** not only moving the same direction, but the same distance (longer bows on the quarter-notes, shorter bows moving more from the wrist on the sixteenth-notes), the same speed, and with the same intensity.

❖ **Pay attention to the trumpet players learning to double-tongue.** The 2 biggest problems that players have when learning to double-tongue is stopping their air-stream between notes and not playing the "ku" syllable as strongly as the "tu" syllable. The sixteenth-notes in Exercise 1 are marked tenuto to encourage players to blow with a steady, unbroken air-stream while double-tonguing (the air should move exactly as if they were playing a whole-note in that measure). Some quarter-notes are marked to be played with a "ku" syllable in order to isolate that activity, making it more apparent when a student plays the "ku" too weakly. Tell your trumpet players to strongly accent the "ku" syllable in order to make it sound the same as their "tu" syllable, and to "blow through the sixteenth-notes" to keep their air-stream unbroken.

❖ **Tell the guitarrón player that Exercise 1 is called "playing the triads of the tonos de acompañamiento in Do:"** measure 1 is the "C Major triad (primera de Do)," measure 2 is the "G Major triad (segunda de Do)," measure 4 is the "F Major triad (tercera De do)."

MAESTRO:

Ejercicios 1–5

❖ **Enseñe a los alumnos a contar las semi-corcheas.** Hay varias maneras para contar los ritmos, así que Ud. debe usar la que prefiera. Un método que funciona más o menos igual en ingles y español consiste en contar cada batimiento con su número y luego usar "i + a" para contar las otras semicorcheas; por ejemplo, "1 i + a." En ingles, esto se pronuncia "one ee and uh", pero en español sería "un i e a." El primer compás del Ejercicio 1 debe contarse así: 1 i + a 2 i + a 3 4.

❖ **Dígales a todos que anoten el conteo en su música y que practiquen el conteo en conjunto y en voz alta. Insista en que "siempre cuenten mentalmente al tocar."** Al demostrar al grupo la manera correcta de contar, Ud. debe hablar con voz clara, articulada y no natural, marcando un ritmo perfecto, e invitar a sus alumnos a hacer lo mismo.

❖ **Asegúrese que los de la armonía muevan sus manos desde la muñeca, como si giraran una llave (y que *no* muevan la mano arriba y abajo desde el codo).** Así desarrollarán más velocidad, los vihuelistas podrán alternar entre dedo-y-pulgar (abajo-a-arriba), y las púas de los guitarristas no se atorarán entre las cuerdas. **Si alguien tiene dificultad con esto:**

  • dígale que "afloje la muñeca," o que "relaje su mano para que se mueva libremente"

  • a los guitarristas, dígales que *no* aprieten mucho la púa, porque así los músculos de su mano y antebrazo se flexionarán, se pondrán tensos, y no podrán moverse libremente.

  • Si algún estudiante insiste en mover su brazo desde el codo, tome su antebrazo derecho *suavemente* para evitar que se mueve hacia arriba y abajo. Su brazo debe poder girar libremente y la presión de su mano no debe poner al alumno tenso. Los de la armonía deben poder tocar todos estos ejercicios sin "luchar contra" la mano que sujeta su antebrazo.

❖ **Fíjese en los arcos de los violinistas y asegúrese que se muevan juntos:** no solo en la misma dirección, sino también con la misma distancia –arcos más largos para las negras pero más cortos para las semicorcheas, con movimientos más bien de la muñeca– velocidad e intensidad.

❖ **Fíjese que los trompetistas aprendan a echar la doble-lengua correctamente.** Hay 2 grandes problemas que los trompetistas encuentran cuando quieren aprender a usar la doble-lengua: parar la columna de aire entre las notas, y tocar la sílaba "ku" menos fuerte que la "tu". Las semicorcheas de Ejercicio 1 llevan la marca tenuto para indicar que la columna de aire debe ser constante y no interrumpida mientras se usa la lengua (el aire debe moverse como cuando se toca una redonda en ese compás). Algunas negras están marcadas para tocarse con la sílaba "ku", a fin de aislar esa actividad y poder detectar más fácilmente cuando alguien toca la "ku" muy débilmente. Los trompetistas deben acentuar fuertemente la sílaba "ku" para que suene igual que la "tu", y "soplar las semicorcheas" sin cortar el aire.

❖ **Dígale al guitarronista que el Ejercicio 1 se llama "tocar las tríadas de los tonos de acompañamiento en Do":** el compás 1 es la "tríada Do Mayor (primera de Do)," el 2 es la "tríada Sol Mayor (segunda de Do)," y el 4 es la "tríada Fa Mayor (tercera de Do)."

Son Jarocho

La Bamba

❖ **The harp part to LA BAMBA is very difficult, so this will require more individual practice for the harp player than for the rest of the mariachi.** The *son jarocho* is dominated by virtuoso harp playing such as that in LA BAMBA. Exercises 1–5 are designed to teach harpists to break down difficult passages and isolate problems in order to learn difficult music.

❖ **La parte del arpa de LA BAMBA es muy difícil y esto requiere más práctica individual de parte del arpista que del resto del mariachi.** Sobresale en el son jarocho –como LA BAMBA– la gran técnica del arpista. Se diseñaron los ejercicios 1–5 para enseñar a los arpistas a desglosar las partes difíciles e identificar los problemas para que puedan aprender mejor esta difícil música.

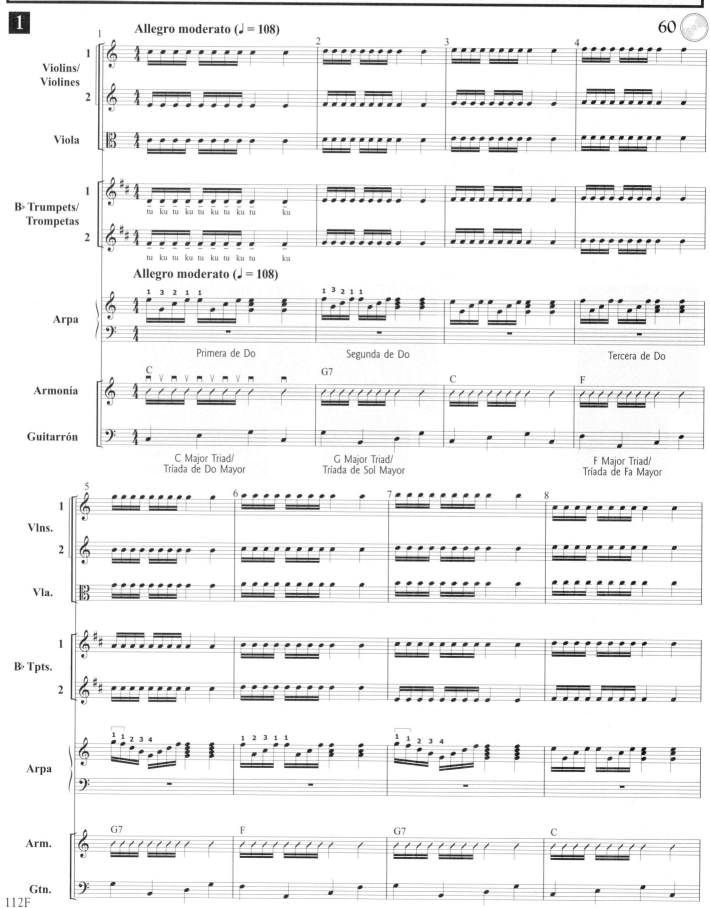

Son Jarocho

112F

Vln, Tpt: 44   Vla: 31   Arpa: 50
Arm: 43   Gtn: 43   Cello: 33

La Bamba

Son Jarocho

Vln, Vla, Tpt, Arpa, Arm:

❖ Write in the counting.

Arpa, Arm:

❖ Label the other Primera, Segunda, and Tercera Chords.

Gtn:

❖ Label the other Primera, Segunda, and Tercera Chords. Use your knowledge of triads to help you.

❖ Anota el conteo.

❖ Identifica a los otros acordes de Primera, Segunda, y Tercera.

❖ Identifica a los otros acordes de Primera, Segunda, y Tercera. Usa tu conocimiento de las tríadas para ayudarte.

112F

| Vln, Tpt: 45 | Vla: 32 | Arpa: 51 |
| Arm: 44 | Gtn: 43 | Cello: 33 |

— La Bamba —

Son Jarocho

Vln, Vla:
- ❖ Play open strings to give the son jarocho the rustic quality it requires.

Tpt:
- ❖ Use strong, powerful attacks but play with a full, clear tone.

Arpa:
- ❖ Play strong and with a clear, full sound.

Arm:
- ❖ Play the rhythms with strength and energy like a dance to sound *mariachi*.

Gtn:
- ❖ Play strong and with a clear, full sound to lead the *mariachi*.

- ❖ Toca las cuerdas descubiertas para darle al son jarocho la calidad rústica que requiere.

- ❖ Usa ataques fuertes y poderosos pero toca con un tono redondo y claro.

- ❖ Toca fuerte y con un tono completo y claro.

- ❖ Toca los ritmos con fuerza y energía como si fuera un baile, para que suene a *mariachi*.

- ❖ Toca fuerte y con un tono completo y claro para dirigir al *mariachi*.

A comprehensive mariachi education should include an understanding of mariachi history and music notation. Photocopy and distribute one of the Mariachi and Music Literacy Worksheets found on pages 244–263 and on the CD-ROM. Answers are provided on pages 264–267.

En un programa comprensivo sobre el mariachi los alumnos aprenderán la historia del mariachi y la notación musical. Copiar y repartir una de las *"Hojas de trabajo sobre el mariachi y la notación musical"* en las páginas 244–263 y en el CD-ROM. Las respuestas están en las páginas 264–267.

La Bamba

MASTERING MARIACHI

Both octaves of each note should sound equally strong. Practice playing "F" until it sounds just as clear, loud, and in tune as "E."

DOMINANDO LA MÚSICA DE MARIACHI

Las dos octavas que corresponden a cada nota deben sonar igual de fuerte. Practica tocando "Fa" hasta que se oiga tan claro, tan fuerte, y tan afinado como "Mi."

Son Jarocho

| Vln, Tpt: 46 | Vla: 32 | Arpa: 52 |
| Arm: 44 | Gtn: 44 | Cello: 34 |

La Bamba

5

64

Son Jarocho

❖ Look one beat ahead while reading so that you are not surprised by the music!

❖ ¡Mira un batimiento adelante mientras lees para que no te sorprenda la música!

— La Bamba —

6 VOCAL EXERCISE

Do the vocal exercises found on the inside back cover.

1. Inhale and exhale slowly.
2. Hum.
3. Yawn.
4. Siren yawn.
5. Scale study.
6. Solfège.

7 Speak the lyrics to **LA BAMBA** in rhythm. Concentrate on pronunciation, rhythm, and phrasing. Pay attention to combining the last vowel of one word with the first vowel of the next when it occurs.

8

MASTERING MARIACHI

Write your own verses to **La Bamba** by following the same pattern as the verses printed in your music.

CANCIÓN

❖ **If you have a good harpist, consider starting LA BAMBA with a harp solo before the rest of the mariachi enters in measure 1.** The harpist can play the repeated pattern they have throughout the song as a solo, or improvise other melodic patterns based on the same chord progression.

❖ **If your harpist is struggling to play LA BAMBA at the proper tempo, have them play just the right hand, then just the left hand, until they can play both hands together.** Encourage them to practice on their own with a metronome at a very slow tempo, then gradually play at faster and faster tempos until they can match the rest of the mariachi. When the mariachi is playing together, it is obviously more important for everyone to play at the same tempo than it is for the harpist to play both the right and left hands together.

❖ **If you have an exceptionally good trumpet player or one with experience playing jazz, try letting him or her improvise a solo on one of the times through measure 9 (instead of singing a verse).** It is common for mariachis to improvise when playing LA BAMBA, and it is usually done on the last time through the repeat at measure 9 before going to the middle, instrumental section (before playing measure 23) or it is done after this section before singing the final verse (inserted after measure 34, before singing the final verse "Ay te pido te pido...").

❖ **Encourage many members of the mariachi to sing their own verse.** There are many verses to LA BAMBA, the ones included here are some of the most common. Look for more verses on the internet, or ask a mariachi musician to tell you his/her favorite verse, or have your students write their own based on the same pattern as those included here. Many verses are funny but as a teacher you must be careful, as some can be quite risqué: make sure your students sing verses that are appropriate for their age as well as the performance venue.

❖ **It is permissible for the same verse to be repeated and sung by different people, except for the last verse.** It is nice to have as many members of the mariachi as possible sing solos, and LA BAMBA offers a good opportunity for this. Feel free to have two or more people sing the same verse if you have more singers than verses, and the verses can be sung in different orders. However, "Para bailar La Bamba..." is traditionally the first verse of the song, and "Ay te pido te

---

EJERCICIO VOCAL

Haz los ejercicios vocales encontrados en la contraportada interior.

1. Inhala y exhala lentamente.
2. Canturrea.
3. Bosteza.
4. Bosteza como sirena.
5. Estudio de escala.
6. Solfeo.

Lee la letra de **LA BAMBA** en en voz alta y en ritmo. Concéntrate en la pronunciación, el ritmo, y la expresión. Pon atención para combinar la última vocal de una palabra con la primera vocal de la siguiente palabra cuando esto ocurra.

DOMINANDO LA MÚSICA DE MARIACHI

Escribe tus propios versos de **La Bamba** siguiendo el mismo modelo de los versos impresos en tu música.

CANCIÓN

❖ **Si tiene un buen arpista, podría iniciar LA BAMBA con un solo de arpa antes de que entre el resto del mariachi en el compás 1.** El arpista podría tocar el patrón que se repite a lo largo de la canción como un solo, o improvisar otros patrones melódicos basados en la misma progresión de acordes.

❖ **Si le cuesta trabajo a su arpista tocar LA BAMBA al tempo correcto, deje que toque solo con la mano derecha, y luego con la izquierda, hasta que pueda tocar con las dos.** Aliéntelo a practicar solo con un metrónomo y a un tempo muy lento, para luego aumentar el tempo gradualmente hasta que se empareje con el resto del mariachi. Obviamente, cuando está tocando el mariachi en conjunto importa mucho más que todos marquen el mismo tempo, y no tanto que el arpista toque con ambas manos.

❖ **Si Ud. cuenta con un trompetista excepcionalmente bueno o con experiencia en el jazz, déjelo improvisar un solo en una de las veces en que se toca el compás 9 (en lugar de cantar un verso).** Es común que el mariachi improvise cuando toca LA BAMBA, usualmente la última vez que toca la repetición en el compás 9, antes de pasar a la sección instrumental en medio (antes de tocar el compás 23), o después de esta sección, pero antes de cantar el último verso (insertado después del compás 34, antes de cantar el último verso: "Ay te pido te pido...").

❖ **Invite a todos los miembros del mariachi a cantar su propio verso.** LA BAMBA tiene muchos versos; los que se incluyen aquí son de los más comunes. Busque más versos en el Internet, pídale a algún mariachi que le cante su verso favorito, o invite a sus estudiantes a escribir sus propios versos, basados en el patrón de los que vienen aquí. Muchos versos son graciosos, pero como maestro Ud. debe tener cuidado, pues algunos también son algo atrevidos: asegúrese que sus estudiantes canten versos que son apropiados para su edad y para el foro en que se presentan.

❖ **Se permite repetir el mismo verso y que lo canten diferentes miembros, excepto el último.** Es bonito cuando varios miembros del mariachi cantan solos, y LA BAMBA ofrece una buena oportunidad para hacerlo. Si Ud. tiene más cantantes que versos, entonces que canten dos o tres personas el mismo verso, o que los canten en diferente orden. Pero, "Para bailar La Bamba..." es por tradición el primer verso de la canción, y "Ay te pido te pido..." siempre

Son Jarocho

—La Bamba—

pido..." is *always* the last verse (measure 34) and is only sung once. This is always the last verse because the text says "I beg you, have compassion, end La Bamba and start another song!"

❖ **Since the number of repeats at measure 9 can vary (depending on how many verses you want to have sung), you or a member of the mariachi will need to signal when the last verse is being sung, telling everyone when to proceed to measure 23.** The cue to continue to measure 23 can be a hand signal, eye contact, or simply deciding ahead of time that after a specific person sings a specific verse then everyone will move on to the instrumental section.

❖ **Encourage the solo singer(s) to sing the melody in a way that is comfortable for them vocally, but always keeping the rhythmic feel of the words.** The vocal solos in LA BAMBA are sung one octave lower than written but they can be a little high for some male singers, and a little low for some female singers. Everybody sings this song a little differently, so it is fine for singers to switch back and forth between the upper and lower parts, or to change some other notes in order to make it more comfortable to sing. But don't ever let the rhythm of the words lose connection with the rhythm of the song (the armonía and guitarrón should never have to speed up or slow down to match the voice), and don't let anyone change the melody so much that it is no longer recognizable.

❖ **Balance the voices in the chorus so you can hear the upper and lower parts equally well.** Most everybody (men, women, children) will sing one octave lower than written, but some children and/or high voice women may sing the *lower* part at the written pitch. *Nobody should sing the higher voice at the written pitch, as this would be very much outside of the voice range traditionally heard in mariachi music.*

❖ **Encourage armonía, guitarrón and harp players to sing the chorus and play their instruments at the same time.** It is customary for these players to stop playing while singing *solos*, especially in a formal concert setting, but while singing in chorus they should continue to play while singing. Regardless, there should always be at least one guitarrón and one armonía player playing: if you only have one guitarrón player, for example, that person must sing and play at the same time or not sing at all.

el último (compás 34), y se canta una sola vez. *Siempre* es el ultimo verso porque la letra dice: "¡Ay te pido, te pido... de compasión que se acabe La Bamba y venga otro son!"

❖ **Ya que el número de repeticiones del compás 9 puede variar (segun el numero de versos que se desea cantar), Ud., o un miembro del mariachi, tendrá que señalar cuándo se va a cantar el último verso, e indicar a todos cuándo deben pasar al compás 23.** La señal para continuar con el compás 23 podría consistir en un gesto de la mano, haciendo contacto con los ojos, o simplemente en la decisión previa de que después de que cante cierta persona un verso específico, todos pasarán a la sección instrumental.

❖ **Aliente al solista (o solistas) a cantar la melodía en una manera que le/s sea cómoda vocalmente, pero siempre manteniendo la sensación rítmica de la letra.** Los solos vocales de LA BAMBA deben cantarse una octava abajo de lo escrito, pero pueden resultar altos para algunos cantantes varones, y un poco bajo para algunas mujeres. Cada quien canta esta canción un poco diferente, así que está bien si los cantantes cambian entre las partes altas y bajas, o si cambian unas notas por otras con tal de cantar más cómodamente. *Pero*, jamás se debe permitir que el ritmo de la letra pierda su conexión con el ritmo de la canción (la armonía y el guitarrón nunca deben tener que acelerar o frenarse para emparejarse con la voz). Además, *nunca* deje que nadie cambie la melodía a tal grado que deje de ser reconocible.

❖ **Balancee las voces del coro para que se escuchen las partes altas y bajas igual de bien.** Casi todos (varones, mujeres, niños) cantarán una octava abajo de lo escrito, pero algunos niños y/o mujeres de voz aguda quizá canten la parte *baja* en el tono escrito. *Nadie debe cantar la voz más alta en el tono escrito porque sería totalmente fuera de la tesitura de voz que se escucha tradicionalmente en la música de mariachi.*

❖ **Invite a los de la armonía, guitarrón y arpa a cantar el coro y a tocar sus instrumentos al mismo tiempo.** Es costumbre que estos elementos dejen de tocar mientras cantan sus solos, especialmente en un concierto formal, pero cuando están cantando con el coro deben seguir tocando. Como sea, al menos un guitarrón y un instrumento de la armonía siempre debe estar tocando: si hay un solo guitarronista, por ejemplo, esa persona tiene que cantar y tocar al mismo tiempo o, alternativamente, dejar de cantar.

Son Jarocho

Read this to your students: LA BAMBA is a popular dance from Veracruz that was popularized in the USA in the 1950s by Ritchie Valens. In the traditional ballet folklórico choreography, the couple that is dancing uses just their feet to tie a large bow in a ribbon on the floor. At the end of the dance they lift up the bow and show it to the audience, symbolizing the union they have formed through dance. Ritchie Valens slowed down the beat in his version of LA BAMBA and wrote a new bass line, making it sound like a typical 1950s rock & roll song, but the basic melody and lyrics remained much like the original. There have been many hit songs in the USA that originated in Mexico but most were translated into English, causing a lot of Americans to think these songs were American. LA BAMBA is one of the first songs with Spanish lyrics to become a hit in the USA, but this has become more and more common lately, proving that music is a universal language.

Lea esto al grupo: LA BAMBA es un baile popular de Veracruz que tuvo éxito en E.U. en los años 50 con la versión de Ritchie Valens. ¡En la tradicional coreografía del ballet folklórico, la pareja que baila hace un moño con un listón en el suelo, usando sólo sus pies! Al final del baile, levantan el moño y lo enseñan al público como símbolo de la unión que formaron con su baile. En su versión, Valens frenó el ritmo y escribió una nueva línea del bajo para que su sonido fuera más parecido a las típicas canciones de *rock and roll* de los 50, pero la melodía básica y la letra se parecían mucho al original. Ha habido en E.U. muchas canciones exitosas que vienen de México, pero la mayoría se tradujo al inglés. Por eso, muchos norteamericanos piensan que son de su país. LA BAMBA fue una de las primeras canciones con letra en español que tuvo éxito en E.U., pero esto ha ocurrido con más frecuencia en años recientes, comprobando que, en efecto, la música es el lenguaje universal.

La Bamba

BALLET FOLKLÓRICO

The city of Veracruz is a major port of entry into Mexico. Lace dresses like the one shown here are related to the style popular in southern Spain of the early 1800s. The male dressed in a simple *guayabera* shirt, pants, *sombrero* (hat), and *paliacate* (bandanna). They danced to a *son jarocho*, like **La Bamba**, whose rhythms descended from the music of Caribbean and African countries. People arriving by ship in Veracruz from all over the world brought their customs and combined them with the current styles to make something uniquely Mexican.

BALLET FOLKLÓRICO

La ciudad de Veracruz es un importante puerto de entrada a México. Los vestidos de encaje (como el que se muestra aquí) recuerdan un estilo que era popular en el sur de España a principios del siglo XIX. El hombre viste una guayabera común, pantalón y sombrero, con su paliacate. Bailan al ritmo de un son jarocho, como **La Bamba**, música cuyas raíces están en el Caribe y países africanos. La gente que llegaba de todas partes del mundo a Veracruz llevaba sus costumbres, las combinaba con los estilos que estaban de moda y producía algo único mexicano.

(1)

(2)

(3)

The clothing and dance of the Huasteca region north of Veracruz is shown below. These dancers would perform a *huapango* like **La Llorona** (later in the book).
Compare the photos on this page to those on page 135.
How are the musical and clothing styles similar from region to region? How are they different? What kind of story do you think the choreography (dance steps) is telling in the pictures on this page?

Abajo, se muestran los atuendos y danzas de la Huasteca, región al norte de Veracruz. Los danzantes bailan un huapango, similar a **La Llorona** (más adelante).
Compara estas fotos con las de la página 135. ¿En qué se parecen los estilos musicales y de ropa de una región y otra? ¿En qué difieren? ¿Qué tipo de historia crees que cuentan los pasos de la danza en las fotos de esta página?

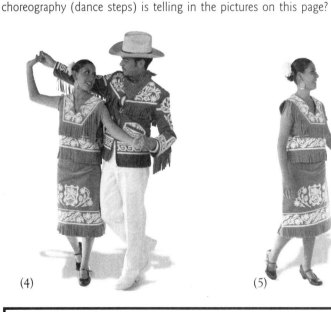

(4)

(5)

(6)

Son Jarocho

DISCUSSION QUESTIONS

1. Describe the way you think people would dance to LA BAMBA.
2. How is LA BAMBA like LA RASPA and EL CABALLITO? How are they different?
3. Why might LA BAMBA lend itself to improvisation more than most mariachi songs?
4. Why do you think all of the verses to LA BAMBA have lyrics that repeat phrases in every line?

PREGUNTAS PARA DISCUSIÓN

1. Describe cómo imaginas que la gente baila LA BAMBA.
2. ¿En qué se parece LA BAMBA a LA RASPA y EL CABALLITO? ¿En qué difiere?
3. ¿Por qué LA BAMBA podría prestarse más a la improvisación que la mayoría de las canciones de mariachi?
4. ¿Por qué piensas que todos los versos de LA BAMBA contienen palabras que se repiten en cada línea?

La Bamba

Son Jarocho

Mexican Folk Song
Canción popular mexicana

Arpa, Arm, Gtn

One measure repeat – Repeat the music in the previous measure.

Repetición de un compás – Repite la música del compás anterior.

Additional Verses/*Versos Adicionales*

3. Que bonita es La Bamba en la madrugada
Cuando todos la bailan en la enramada.
Ay, arriba y arriba y arriba iré.
Yo no soy marinero, so capitán.

4. Para subir al cielo…
se necesita
una escalera grande…
y otra chiquita…

5. Una vez que te dije…
que eras bonita,
se te puso la cara…
coloradita

Son Jarocho

Son Jarocho

EL SÚCHIL
Son Jalisciense

MASTERING MARIACHI	DOMINANDO LA MÚSICA DE MARIACHI
Mariachis have songs about anything you can think of: love songs, patriotic songs, songs about animals, and songs about places. Many songs are about simple, everyday items because those are the things that concern the average person. "Súchil" means flower in the Náhuatl language.	Los mariachis tienen canciones sobre casi cualquier tema que puedas imaginar: canciones de amor, canciones patrióticas, canciones sobre animals, y canciones sobre lugares. Muchas canciones tartan de cosas sencillas y cotidianas, porque ésas son las cosas que le interesan a la gente común. "Súchil" significa flor en el idioma Náhuatl.

Vln, Vla, Arpa, Arm, Gtn

Key Signature – Identify the key signature used in **El Súchil**. Write your answer in the space to the right.

Armadura de clave – Identifica la armadura de clave utilizada en **El Súchil**. Escribe tu respuesta en el espacio de la izquierda.

Harp – Make sure your harp is tuned correctly.

___Major/___Mayor

Arpa – Asegúrate que tu arpa esté afinada correctamente.

Tpt

Octava (optional) – Play one octave higher (if desired).

8va (op.)

Octava (opcional) – Toca una octava más alta (si quieres).

Loco – Cancels the Octava sign. Play as written.

loco

Loco – Cancela a la Octava. Toca lo que está escrito.

Listen – If you're using the CD, this symbol indicates when to listen to it.

Escucha – Si estás usando el CD, este símbolo te indica cuándo escucharlo.

Play – If you're using the CD, this symbol indicates when to play your instrument.

Toca – Si estás usando el CD, este símbolo te indica cuándo tocar tu instrumento.

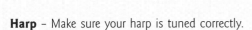

MAESTRO:
- ❖ The *son jalisciense* is perhaps the most important type of song to a mariachi: the musical style and "performance concept" that come from playing the son jalisciense permeate all mariachi music. It is from the son jalisciense that we learn to balance all of the instruments: every instrument is equally important here. The lively, energetic approach to playing that is characteristic of all mariachi music comes from everyone feeling and matching the armonía *mánicos* (strumming patterns). The characteristic "galloping" rhythm that is emblematic of mariachis comes directly from the feel of these mánicos: the violin and trumpet players need to spend time listening to the rhythm of the armonía, learning to feel it, and then matching that feel with their own rhythm. And the closeness that mariachi musicians feel towards their music, not to mention the brotherhood they feel towards one another, is directly related to this time spent "fusing" their individual sounds with that of the whole mariachi: everyone should pull together to create one musical gesture.
- ❖ It is *very important* that you play the CD recording of these examples for your students so they can listen to the melodic figures and then imitate their sound.

MAESTRO:
- ❖ El son jalisciense es tal vez el tipo de canción más importante para el mariachi: el estilo musical y el "concepto de actuación" propios de la manera en que se debe tocar el son jalisciense se encuentran en toda la música de mariachi. Éste es el son que nos enseña a balancear todos los instrumentos: aquí, cada instrumento es tan importante como los otros. El estilo de tocar tan vivaz y animado que caracteriza a toda la música de mariachi emerge cuando todos sienten los *mánicos* (patrones de rasgueo) de la armonía y coordinan sus partes con ellos. El ritmo "galopante" emblemático del mariachi surge directamente del "sentir" de estos mánicos: los violinistas y trompetistas deben dedicarse a escuchar el ritmo de la armonía para que aprendan a sentirlo y luego a reproducir este mismo "sentir" cuando tocan su ritmo. La cercanía que tienen los mariachis con su música y la fraternidad que sienten entre sí están relacionadas directamente con el tiempo que dedican a "fusionar" sus sonidos individuales con los del mariachi entero: todos deben jalar parejo para crear un solo producto musical.
- ❖ Es *muy importante* que toque la grabación de estas muestras que viene en el CD para sus estudiantes para

Son Jalisciense

—El Súchil—

Mariachi style can only come from imitating it, it does not come from reading notes on paper.

❖ **Pay attention to the trumpet articulations in this and all sones.** Part of what gives the trumpet its characteristic sound in sones is big, full, explosive notes that ring clearly like a bell but that are also clipped off by the tongue: don't let the "shortness" of the notes sacrifice the "fullness" of the sound. Also, many arrangers write slurs in the trumpet parts to match the slurs in the violins parts, but if the trumpet plays "true" slurs in these cases (pressing or lifting a valve without using the tongue) then it loses some of the mariachi flavor. Tenuto articulations are used here so the trumpet will play "du thit" when the violin has two slurred notes—this adds clarity and life to the music.

❖ **Let the armonía and guitarrón guide the rhythmic feel of the whole mariachi.** Tell the violins, viola and trumpet to "match the uneven 'galloping' feel of the armonía eighth-notes and the accents of the guitarrón."

❖ Tell your students "The way it looks on paper is not the way it should sound. *Play the way it should sound by matching the style on the CD.*"

❖ **Make sure the sound of all of the instruments is balanced:** you should hear the first and second violins equally well, first and second trumpets equally well, and you should hear the trumpet *section* and violin *section* equally well (tell the violins to "play strong", tell the trumpets to "balance with the violins"). You should hear the guitar and vihuela equally well, and just as strongly as the guitarrón. Finally, the melody instruments (violins, trumpets, viola) should sound just as strong as the rhythm instruments (armonía, guitarrón, harp). Do not let the melody instruments cover up the rhythm instruments, or vice versa.

que ellos escuchen las figuras melódicas y luego imiten su sonido. El estilo mariachi sólo se logra por vía de la imitación; *no* de leer las notas escritas en papel.

❖ **Preste atención especial a las articulaciones de la trompeta en éste, y todos, los sones.** Parte de lo que le da a la trompeta su sonido característico en los sones son las notas redondas, plenas y explosivas que repican con claridad como una campana, pero que son, a la vez, cortadas con la lengua: *no deje* que lo "corto" de las notas sacrifique la "plenitud" del sonido. Muchos arreglistas escriben ligaduras para las partes de trompeta para acompañar a las de los violines, pero si la trompeta toca "verdaderas" ligaduras en estos casos (presionando o levantando un émbolo sin usar la lengua), entonces se pierde parte del "sabor" del mariachi. Aquí, se usan articulaciones *tenuto* para que la trompeta toque *"du thit"* cuando el violín tiene dos notas con ligadura; así se agrega claridad y vida a la música.

❖ **Deje que la armonía y guitarrón guíen la sensación rítmica de todo el mariachi.** Invite a los violines, viola y trompeta a "reproducir el ritmo galopante de las corcheas de la armonía y los acentos del guitarrón al unísono."

❖ Dígales a sus alumnos: "La música *no* debe escucharse como está escrita en el papel. *Tóquenla como debe escucharse al imitar el estilo del CD.*"

❖ **Asegúrese que el sonido de todos los instrumentos esté balanceado:** Ud. debe escuchar igualmente bien el primer y segundo violín, y la primera y segunda trompeta, así como las *secciones* de trompetas y violines (invite a los violines a "tocar fuerte", y a las trompetas a "balancear su sonido con el de los violines"). Ud. debe escuchar igualmente bien la guitarra y la vihuela, y el guitarrón igual de fuerte. Finalmente, los instrumentos melódicos (violines, trompetas, viola) deben escucharse tan fuerte como los rítmicos (armonía, guitarrón, arpa). *No* deje que los instrumentos melódicos dominen a los del ritmo, ni viceversa.

EXERCISES / EJERCICIOS

MAESTRO:

❖ **The violins should use strong, explosive, full bows and play open strings when possible to give this and all sones the sound they require.** The pick-up down-bow slurs should be very heavy (with the accent on the pick-up), the up-bow slurs should be dramatic (with the accent on the down-beat).

❖ **Encourage the armonía, harp and guitarrón players to hear the melody in their heads while playing, and encourage the violin and trumpet players to hear the armonía and guitarrón in their heads while playing.** This is especially important for the melody instruments during their rests: they need to keep hearing the armonía and guitarrón parts during their rests so they enter properly after the rests. Everyone's rhythm should line up perfectly to give mariachi the proper style.

MAESTRO:

❖ **Los violines deben usar arcos fuertes, explosivos y completos y tocar cuerdas descubiertas cuando sea posible, para que éste –y todos los sones– tengan el sonido correcto.** Las ligaduras anacrusa, arco abajo deben ser muy pesadas (con acento en la anacrusa); las ligaduras arco arriba deben ser dramáticas (con acento en el primer tiempo).

❖ **Insista en que los de la armonía, arpa y guitarrón escuchen la melodía en sus cabezas al tocar, y en que los de violín y trompeta escuchen la armonía y el guitarrón en sus cabezas al tocar.** Esto es especialmente importante para los instrumentos melódicos durante sus silencios: deben escuchar las partes de la armonía y guitarrón en sus silencios para entrar correctamente después. Todos tienen que tocar al mismo ritmo para lograr el estilo propio del mariachi.

El Súchil

Vln, Vla:

❖ Use a strong, explosive up-bow on the slurred notes in this type of *son jalisciense* phrase.

❖ Usa un arco arriba fuerte y explosivo para las notas con ligadura en este tipo de frase de *son jalisciense*.

| Vln, Tpt: 50 | Vla: 35 | Arpa: 56 |
| Arm: 48 | Gtn: 48 | Cello: 38 |

El Súchil

MAESTRO:

❖ **Encourage everyone to hear the armonía/guitarrón rhythm from Exercise 1 in their heads while playing Exercise 2.** The rhythm of Exercise 2 is essentially the same as that of Exercise 1, except some notes have been removed from the armonía part. This should be played with the same feel as the previous exercise.

MAESTRO:

❖ **Invite a todos a escuchar el ritmo de la armonía/guitarrón del Ejercicio 1 en sus cabezas mientras tocan el Ejercicio 2.** El ritmo del Ejercicio 2 es casi igual al del Ejercicio 1, salvo que algunas notas fueron eliminadas de la parte de la armonía. Hay que tocarlo con el mismo "sentir" que el ejercicio anterior.

Son Jalisciense

El Súchil

Vln, Vla:

❖ Play open strings to give the *son jalisciense* the rustic quality it requires.

Tpt:

❖ Play strong, clear notes that ring like a bell in the *son jalisciense*.

Arpa, Arm, Gtn:

❖ Play with a strong, steady beat to give the *son jalisciense* the correct style.

❖ Toca las cuerdas descubiertas para darle al *son jalisciense* la calidad rústica que requiere.

❖ En el *son jalisciense*, toca notas fuertes y claras que suenan como una campana.

❖ Toca con un batimiento fuerte y constante para dar al *son jalisciense* el estilo correcto.

MAESTRO:

❖ **Encourage everyone to remember and hear the armonía/guitarrón rhythm from the previous two exercises in their heads while playing Exercise 3.** Again, notes have been removed from the armonía (and now from the guitarrón too), but the overall rhythmic feel should remain the same. The rhythmic patterns in Exercise 3 (how the violins/trumpets begin with eighth-notes and the armonía/guitarrón begin a measure later on beat 2 with their rhythmic pattern) are *very* common in the beginnings of sones, so rehearing Exercises 1-3 with your students will prepare them to instinctively feel the beginning to dozens of sones.

MAESTRO:

❖ **Insiste en que todos recuerden y escuchen en sus cabezas el ritmo de la armonía y guitarrón de los 2 ejercicios anteriores mientras tocan el número 3.** De nuevo, se quitaron algunas notas de la armonía (y también del guitarrón), pero el "sabor" rítmico general debe ser igual. Los patrones rítmicos del Ejercicio 3 (en que los violines y trompetas inician con corcheas, pero la armonía y guitarrón empiezan su patrón rítmico un compás después en el batimiento 2), son *muy* comunes al inicio de los sones. Escuche los Ejercicios 1-3 otra vez con todos para que sientan instintivamente el inicio de docenas de sones.

Son Jalisciense

——El Súchil——

Vln, Vla:

❖ Pay attention to the accents in the harp, armonía, and guitarrón.　❖ Pon atención a los acentos en el arpa, la armonía, y el guitarrón.

MASTERING MARIACHI

Play sixteenth notes by twisting your forearm without bending your elbow, similar to turning a key in a lock.
Vihuela players: Strum down with your fingers (like normal), but strum up with the thumb.

DOMINANDO LA MÚSICA DE MARIACHI

Toca las semi-corcheas girando tu muñeca sin doblar el codo, como cuando das vuelta a la llave en una chapa.
Vihuelistas: Golpea hacia abajo con los dedos (forma normal), pero usa el pulgar para el golpe hacia arriba.

MAESTRO:

❖ **Make sure you can hear all 4 sixteenth-notes in the armonía very clearly.** When playing this exercise, many armonía players play too timidly, not rotating their wrist enough, so the sixteenth-notes sound unclear. If necessary, play this exercise more slowly (with the whole mariachi) until these notes sound clearly and everyone learns to feel the rhythm together, then play at gradually faster and faster tempos so the music keeps the same feel and clarity.

MAESTRO:

❖ **Fíjese que escuche con claridad las 4 semi-corcheas de la armonía.** Al tocar este ejercicio, muchos alumnos de la armonía tocan muy tímidamente, sin girar bastante la muñeca, y las semicorcheas no suenan claro. Si es necesario, toquen este ejercicio despacio (con todo el grupo) hasta que estas notas suenen claro y todos aprendan a sentir el ritmo en conjunto. Luego, toquen en tempos cada vez más acelerados, pero sin perder la claridad y sentir de la música.

Son Jalisciense

Arm

El Súchil

Son Jalisciense

❖ Balance your part with the rest of the mariachi so you can hear all parts equally well.

❖ Equilibra tu parte con el resto del mariachi para poder oír todas las partes por igual.

——El Súchil——

Tpt

Grace Note – A small note played just before the note it is attached to in no precise rhythm. Grace notes are often played longer in mariachi music than in other genres.

Nota Pequeña – Una nota que se toca antes de la nota con la cual está asociada sin ningún ritmo exacto. Las notas pequeñas frecuentemente se tocan por más tiempo en la música de mariachi que en otros generos.

MAESTRO:
❖ **The armonía rhythm in Exercise 5 is essentially identical to that in Exercise 4, except they do not touch the strings on their 4th sixteenth-note.** This pattern (2 sixteenth-notes followed by 1 eighth-note) is called a *redoble*. Make sure that the *redobles* sound just as clearly as the 4 sixteenth-notes in Exercise 4.

MAESTRO:
❖ **El ritmo de la armonía en el Ejercicio 5 es casi idéntico al del número 4, salvo que no se tocan las cuerdas en la 4ta semicorchea.** Este patrón (2 semi-corcheas seguidas de 1 corchea) se llama un *redoble*. Asegúrese que los *redobles* suenen tan claros como las 4 semi-corcheas del Ejercicio 4.

Son Jalisciense

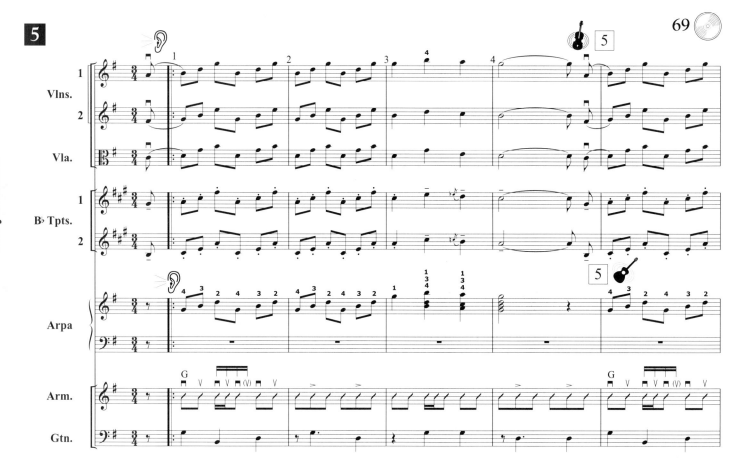

El Súchil

Vln, Vla:

❖ Always use full bows. Short notes get fast bows, and long notes get slow bows.

Arpa:

❖ Match your eighth notes with the Armonía.

Arm:

❖ Play exactly as in Exercise 4, but don't hit the strings on the fourth sixteenth note.

❖ Siempre usa arcos completos. Las notas cortas reciben arcos rápidos, y las notas largas reciben arcos lentos.

❖ Corresponda tus corcheas con la Armonía.

❖ Toca exactamente como muestra el Ejercicio 4, peroo sin tocar las cuerdas en la cuarta semi-corchea.

Son Jalisciense

MAESTRO:

❖ **Make sure the armonía instruments don't play their *redoble* too soon or too quickly.** The tendency for inexperienced players is always to get tense anticipating the *redoble*, then to come off of the quarter-note too soon and play sixteenth-notes too fast. Encourage them to "play exactly as in Exercise 4, but don't touch the strings on the 2nd eighth-note and 4th sixteenth-note." To the rest of the mariachi there should be almost no difference in the rhythmic feel of Exercises 4 and 6, except for the feeling of an exciting "lift" on beat 1 of the first measure (and every other measure with this pattern).

MAESTRO:

❖ **Asegúrese que los instrumentos de la armonía *no* toquen su *redoble* antes de tiempo o muy rápido.** Los músicos menos experimentados tienden a tensarse en anticipación al *redoble*, a dejar la negra antes de tiempo y luego a tocar las semi-corcheas muy rápido. Invítelos a "tocar exactamente como en el Ejercicio 4, pero *sin* tocar las cuerdas en la 2da corchea y la 4ta semi-corchea." Para el resto del mariachi casi *no* debe haber diferencia en el sentir rítmico de los Ejercicios 4 y 6, salvo por la sensación de un emocionante "alzón" en el batimiento 1 del primer compás (y de los demás compases de este patrón).

| Vln, Tpt: 52 | Vla: 37 | Arpa: 58 |
| Arm: 50 | Gtn: 49 | Cello: 39 |

El Súchil

Son Jalisciense

─── **El Súchil** ───

Arm

This is called the "Caballito" ("Little Horse") rhythm.

Éste se llama el ritmo "Caballito."

Arpa, Gtn

This is called the "Caballito" ("Little Horse") rhythm.

Éste se llama el ritmo "Caballito."

MAESTRO:

❖ **Do not play this exercise or any sones jaliscienses too quickly.** Once mariachis begin to play the son jalisciense with confidence they usually begin to rush. Playing too fast makes it very difficult to feel the armonía and guitarrón accents, and even more difficult for everyone to play exactly together—both of which cause the son to lose its style. The style is perhaps the most important aspect of the son jalisciense.

❖ **Make sure the violins and trumpets don't rush their eighth-notes in measures 3–4 and 9–10.** The nature of the armonía/guitarrón accents falling in the violin/trumpet rests causes this problem. Tell the violins and trumpets to "stretch the first eighth-note in each pair and feel the armonía/guitarrón accents that fall on each of your rests."

MAESTRO:

❖ *No toquen este ejercicio, ni ningún son jalisciense demasiado rápido.* Cuando el mariachi empieza a tocar con confianza el son jalisciense, suelen comenzar a tocar rápido. Pero, al tocar rápido es difícil sentir los acentos de la armonía y guitarrón, y aun más difícil que todos toquen exactamente al unísono. Así, el son pierde su estilo que es, quizá, el aspecto más importante del son jalisciense.

❖ **Asegúrese que los violines y trompetas *no* apuren sus corcheas en los compases 3–4 y 9–10.** Lo que causa este problema es la naturaleza de los acentos de la armonía y guitarrón, que caen en los silencios del violín y trompeta. Dígales a los violines y trompetas que "alarguen la primera corchea de cada par y sientan los acentos de la armonía y guitarrón que caen en sus silencios."

Son Jalisciense

Vln, Tpt: 53	Vla: 37	Arpa: 59
Arm: 50	Gtn: 50	Cello: 40

El Súchil

Son Jalisciense

―― **El Súchil**――

Vln, Vla:
❖ Listen for the armonía and guitarrón's notes that occur during the rests.

❖ Escucha los tonos de la armonía y del guitarrón que ocurren en los silencios.

Arpa:
❖ Feel the rhythm and the accents together with the whole mariachi as if you are dancing.

❖ Sienta el ritmo y los acentos con el mariachi entero así como estás bailando.

Arm:
❖ The accents distinguish this jarabe mánico from the caballito mánico.

❖ Los acentos distinguen este mánico jarabe del mánico caballito.

8 VOCAL EXERCISE

Do the vocal exercises found on the inside back cover.
1. Inhale and exhale slowly.
2. Hum.
3. Yawn.
4. Siren yawn.
5. Scale study.
6. Solfège.

EJERCICIO VOCAL

Haz los ejercicios vocales encontrados en la contraportada interior.
1. Inhala y exhala lentamente.
2. Canturrea.
3. Bosteza.
4. Bosteza como sirena.
5. Estudio de escala.
6. Solfeo.

MAESTRO:

❖ **Make sure everyone matches their vowel sounds**. In Spanish, vowels are very pure, without the common diphthongs we have in English. Tell native English-speakers to sing a "pure 'o' sound, not 'o...u'", and a "pure 'e' sound, not 'e...i'."

❖ **Review this pronunciation guide** (for people who are not native Spanish speakers)
"a" rhymes with "fox"
"e" rhymes with "hey"
"i" rhymes with "eat"
"o" rhymes with "toe"
"u" rhymes with "food"
Words that start with the letter "r" have a slight "rolling" of the initial "r." When speaking or singing Spanish with a Mexican accent, the letter "d" sounds more like the English "th" as in "though:" "todo" sounds like "totho."

❖ **Listen to the CD recording of El Súchil with the entire class together,** then have the students read the text aloud, in rhythm, *not singing*, rather simply speaking the text and concentrating on their pronunciation and rhythm. Make everybody do this together without playing their instruments: do not let the guitarrón and armonía players play along, as for this exercise their playing will actually be a distraction.

❖ **If armonía and guitarrón players have difficulty playing and singing this exercise at the same time**, have one vihuela and one guitarrón play while the others sing. Have students take turns playing so that everyone has a chance to sing and play these parts.

MAESTRO:

❖ **Asegúrese que todos pronuncien las vocales igual**. En el español, las vocales son muy puras, sin los diptongos comunes del inglés. Indique a los anglo-parlantes a cantar un "sonido 'o', y no 'o...u'", y un "sonido 'e' puro, y no 'e...i'."

❖ **Repase esta guía de pronunciación** (para los *no* hispano-parlantes)
"a" rima con *"fox"*
"e" rima con *"hey"*
"i" rima con *"eat"*
"o" rima con *"toe"*
"u" rima con *"food"*
Cuando la letra "r" está al principio de una palabra, hay que enfatizar la doble "rr" del español. Recuerde, al hablar o cantar en el español de México, la letra "d" suena como la "th" de inglés –como en "though"– "todo" suena como "totho."

❖ **Escuche la grabación de El Súchil en el CD con todo el grupo,** y luego haga que los alumnos lean el texto en voz alta y siguiendo el ritmo, pero *sin cantar*. Sólo deben leer el texto, concentrándose en su pronunciación y el ritmo. Todos deben hacerlo juntos pero *sin tocar: no* dejes que toquen los del guitarrón y armonía, porque en este ejercicio su música sería una distracción.

❖ **Si los de la armonía y guitarrón tienen dificultad para tocar y cantar este ejercicio al mismo tiempo**, indique que toquen una vihuela y un guitarrón mientras los otros cantan. Los alumnos deben turnarse hasta que todos hayan tenido la oportunidad de cantar y tocar estas partes.

Son Jalisciense

---

9 Speak the lyrics to **El Súchil** in rhythm. Concentrate on pronunciation, rhythm, and phrasing. Pay attention to combining the last vowel of one word with the first vowel of the next when it occurs.

Lee la letra de **El Súchil** en voz alta y en ritmo. Concéntrate en la pronunciación, el ritmo, y la expresión. Pon atención para combinar la última vocal de una palabra con la primera vocal de la siguiente palabra cuando esto ocurra.

—El Súchil—

DUET

Play this exercise with a guitar or vihuela player to improve your technique.

DÚO

Toca este ejercicio con un guitarrista o un vihuelista para mejorar tu técnica.

Son Jalisciense

❖ Identify, circle, and label:

❑ Primera, Segunda, Tercera de Sol
❑ G, D, C triads
❑ **Caballito** Rhythm
❑ Pasada de la Primera a la Tercera de Sol
❑ Pasada de la Segunda a la Primera de Sol

❖ Identifica, encierra y marca:

❑ La Primera, Segunda y Tercera de Sol
❑ Las triadas Sol, Re y Do
❑ El ritmo **Caballito**
❑ Pasada de la Primera a la Tercera de Sol
❑ Pasada de la Segunda a la Primera de Sol

A comprehensive mariachi education should include an understanding of mariachi history and music notation. Photocopy and distribute one of the Mariachi and Music Literacy Worksheets found on pages 244–263 and on the CD-ROM. Answers are provided on pages 264–267

En un programa comprensivo sobre el mariachi los alumnos aprenderán la historia del mariachi y la notación musical. Copiar y repartir una de las *"Hojas de trabajo sobre el mariachi y la notación musical"* en las páginas 244–263 y en el CD-ROM. Las respuestas están en las páginas 264–267

CANCIÓN

❖ **Most everybody will sing this song in the same register: an octave lower than written.** In mariachi, women almost always stay in their chest voice and therefore very few women sing higher than C or D (3rd space, 4th line of the treble staff)—almost no women sing in a soprano voice ("head voice") in mariachi. Also, men will tend to sing towards the higher part of their range—almost no men sing in a bass voice in mariachi.

❖ **NOTE:** the vocal parts in the guitarrón and viola books are written in the same clef as their music (bass and alto clef) and sometimes an octave lower than the vocal parts in the other instruments in order to avoid using an excessive amount of ledger lines.

❖ **Make sure the upper and lower vocal parts in the chorus are balanced.** You will find that many students will be able to sing either part quite well. As with all of the vocal exercises and songs in **Mariachi Mastery**, you should arrange your voices so that al of the parts balance with each other as much as possible. The specific distribution of these voices will therefore differ from group to group.

❖ **Everyone in the mariachi should sing!** If you have a lot of strong singers, consider having each verse or even each repetition of each verse sung by a different vocal duet—in this way you could have 3 or 6 different pairs of singers. Or you could have a duet sing each verse the first time (measures 12-24) and have the entire mariachi sing the repetition of that verse (measures 24-36). If you do not have singers who are comfortable singing this as duets, the entire song can be sung as written as a chorus.

❖ **If armonía and guitarrón players have difficulty playing and singing at the same time, have one vihuela and one guitarrón play while the others sing.** Have students take turns playing so that everyone has a chance to sing and play all of the music.

❖ **Practice switching from playing to singing and from singing to playing.** Don't let the players drop their instruments before finishing the last notes they play before singing, and don't let their singing fade while they lift their instruments to play. Tell them to "keep singing while lifting your instruments getting ready to play, and finish the phrase you are playing before you take a breath to sing. Trumpet players, that means you may have to take a very fast breath before singing!"

❖ **Have one of the students (usually the first trumpet or first violin player) cue the beginning of EL SÚCHIL by taking a breath and raising their instrument in tempo before starting to play.** It is important for the mariachi to develop a sense of independence so they can play together and feel the music together, *not* taking all of their cues from a conductor. Have students take turns starting this and other songs, but in performance usually one person is designated to start all of the songs.

❖ **Be careful of the armonía, harp, and guitarrón rhythm in measure 54.** As these players become more comfortable with the son jalisciense rhythm they will begin to feel the alternation between the two rhythmic patterns and play by ear. In measure 54 there is an extra *caballito* rhythm followed

CANCIÓN

❖ **Casi todos cantarán esta canción en el mismo registro: una octava abajo de lo escrito.** En la música del mariachi, las mujeres casi siempre cantan en su voz de pecho. Entonces, muy pocas cantan arriba de Do o Re (3er espacio, 4ta línea de la clave de Sol). Casi ninguna mujer canta soprano ("voz de cabeza") en el mariachi. Los varones tienden a cantar hacia la parte más alta de su tesitura; casi nadie canta bajo en el mariachi.

❖ **NOTA:** las partes vocales de los libros para guitarrón y viola están escritas en la misma clave que su música (claves de Fa y Do) y, a veces, una octava abajo de las partes vocales de los otros instrumentos; esto para no usar tantas líneas adicionales.

❖ **Asegúrese que las partes vocales alta y baja del coro estén balanceadas.** Ud. verá que muchos alumnos podrán cantar ambas partes bastante bien. Como en todos los ejercicios vocales y canciones en **La maestría del mariachi**, Ud. debe arreglar las voces de tal modo que todas las partes se balanceen entre sí lo más que sea posible. La distribución de las voces, entonces, diferirá de un grupo a otro.

❖ **¡Todos los miembros del mariachi deben cantar!** Si Ud. tiene muchos cantantes fuertes, podría hacer que cada verso o, incluso, cada repetición de verso sea cantado por un distinto dueto vocal. Así, podría tener 3 o 6 diferentes parejas de cantantes; o hacer que un dueto cante cada verso la primera vez (compases 12-24) y que el mariachi entero cante la repetición de ese verso (compases 24-36). Si no tiene cantantes que estén cómodos para cantar esta pieza como dueto, podrán cantarla como está escrita: toda en coro.

❖ **Si los de la armonía y guitarrón tienen dificultad para tocar y cantar al mismo tiempo, deje que una vihuela y un guitarrón toquen mientras los otros cantan.** Los alumnos pueden tornar hasta que todos hayan tenido la oportunidad de cantar y tocar toda la música.

❖ **Practica el cambio de tocar a cantar y de cantar a tocar.** *No* deje que los músicos bajen sus instrumentos antes de terminar sus últimas notas antes de cantar; y *no* permita que su canto desvanezca cuando levantan sus instrumentos para tocar. Dígales: "sigan cantando mientras levantan sus instrumentos y se alistan a tocar, y terminen la frase que están tocando antes de respirar para cantar. Trompetistas, esto podría significar que tengan que respirar muy rápido ¡antes de empezar a cantar!"

❖ **Indique a uno de sus alumnos (usualmente el primer trompeta o primer violín) que señale el inicio de EL SÚCHIL al inhalar y levantar su instrumento en tempo antes de empezar a tocar.** Es importante para el mariachi desarrollar un sentido de independencia para poder tocar y sentir la música como conjunto, *sin* depender de un conductor. Los estudiantes pueden turnarse para señalar el inicio de esta canción y otras, pero en los conciertos se suele designar a una persona quien indicará el inicio de todas las piezas.

❖ **Cuide el ritmo de la armonía, arpa y guitarrón en el compás 54.** Conforme estos músicos lleguen a sentirse más cómodos con el ritmo del son jalisciense suelen empezar a sentir la alternación entre los dos patrones rítmicos y a tocar por el oído. En el compás 54 hay un ritmo caballito extra,

Son Jalisciense

El Súchil

by straight eighth-notes in measure 55: this "unusual" set of mánicos is a common way for mariachis to signal the ending of a song. Practice playing measure 51 to the end, and tell your armonía, guitarrón and harp players to remember that they will play this "double caballito" at the end of many sones jaliscienses.

❖ **Be mindful of the armonía players' mánicos to avoid problems when starting and stopping rehearsal.** For example, inexperienced armonía players will feel most comfortable beginning in measure 52 and will find it almost impossible to begin in measure 51. However, the violins and trumpets will prefer to start at the pick-up to measure 51: at the beginning of their phrase. When rehearsing this ending, for example, tell your students "Start at the pick-up to measure 51, armonía join in a measure later." The armonía players will have no trouble feeling this entrance correctly since it is similar to how the song begins.

seguido de una serie de corcheas en el compás 55: esta "inusual" serie de mánicos es una manera común en que los mariachis señalan el final de una canción. Practique tocando el compás 51 hasta el final, y dígales a los de la armonía, guitarrón y arpa que recuerden que tocarán este "doble caballito" al final de muchos sones jaliscienses.

❖ **Ponga atención a los mánicos de los de la armonía para evitar problemas al iniciar y parar durante el ensayo.** Por ejemplo, los músicos de armonía con poca experiencia encontrarán más cómodo comenzar en el compás 52, pero casi imposible empezar en el compás 51. Pero los violinistas y trompetistas preferirán iniciar en la anacrusa del compás 51: al inicio de su frase. Cuando ensayen este final, por ejemplo, dígales a sus alumnos "Inicien en la anacrusa del compás 51; los de la armonía, entren un compás después." Los de la armonía no tendrán problemas para sentir esta entrada correctamente, ya que es similar al inicio de la canción.

Read this to your students: "Súchil" comes from the word "Xóchitl" which means "flower" in Náhuatl, a language spoken by many of Mexico's indigenous people. The Spanish language in Mexico still contains many words and especially names of places that originated in Náhuatl. Many of these contain sounds that do not exist in standard Spanish nor in English, for example the sound "tl" as in "Tecalitlán," "Tlaquepaque" or "Xóchitl." The words to EL SÚCHIL may seem strange at first, but folk songs from all parts of the world commonly use short, rhyming verses to present simple images as metaphors for curious, albeit seemingly random ideas. The first verse compares the flower and leaves of the súchil to the singer's loved one: "Oh how much I enjoy the flower and the laurel leaves... will that one be my love?" The second verse compares the moon and a shining star to a man and women, then says that "a man whose woman betrays him is very sad." The third verse says that "the moon, surrounded by flowers, becomes crown for mothers who have beautiful daughters." Each of these verses ends with a playful (sort of "teasing") refrain that is found in other sones as well: "tell them I will go with them... wait! Tell them I won't go with them... do they want to go with me? If they do want to go with me, I don't want to go with them!" Try to look for the logic in the lyrics, or just enjoy the beauty of the images and sounds!

Lea esto al grupo: "Súchil" viene de la palabra "Xóchitl," que significa "flor" en Náhuatl, el lenguaje nativo de muchos pueblos indígenas de México. El español que se habla en México contiene muchas palabras y, especialmente, nombres de lugares, que vienen del Náhuatl. Muchas de ellas contienen sonidos que no existen en el español estándar, ni en inglés; por ejemplo, el sonido "tl" de "Tecalitlán," "Tlaquepaque" o "Xóchitl." Al principio, la letra de EL SÚCHIL quizá parezca extraña pero en todo el mundo las canciones folk suelen usar versos cortos y con rimas para presentar imágenes simples como metáforas de ideas curiosas y, aparentemente, aleatorias. El primer verso compara la flor y las hojas del súchil con el/la amante del cantante: "Ay cuanto me gusta el Suchil y las hojas de laurel...¿Será mi amorcito aquel?" El segundo verso compara la luna y una brillante estrella con un hombre y una mujer, y luego dice que "Que triste se queda el hombre cuando la mujer lo engaña." El tercer verso dice que "La luna viene saliendo rodeada de florecitas, para coronar a las madres que tengan hijas bonitas." Cada verso termina con un refrán juguetón que se encuentra también en otros sones: "Diles que sí, diles que no, cuando ellas quieren no quiero yo". Trata de encontrar la lógica de la letra... ¡o sólo gocen de la belleza de las imágenes y los sonidos!

Son Jalisciense

DISCUSSION QUESTIONS

1. EL SÚCHIL is a *son jalisciense*, just like EL CABALLITO. How are these two songs the same? How are they different?
2. EL SÚCHIL and LA ADELITA both feature singing. How is the voice used differently in each of these two songs?
3. Comparing EL SÚCHIL to LA ADELITA, which do you think is more of a "folk" song and which is more of a "professional" song? Why?
4. What can you do with your part to make the overall sound of EL SÚCHIL have a more authentic mariachi style?
5. Describe the way you think people would dance to EL SÚCHIL.

PREGUNTAS PARA DISCUSIÓN

1. EL SÚCHIL es un son jalisciense, como EL CABALLITO. ¿En qué se parecen estas dos canciones? ¿En qué se diferencian?
2. EL SÚCHIL y LA ADELITA enfatizan el canto. ¿En qué consiste el uso diferencial de la voz en estas dos canciones?
3. Compara EL SÚCHIL con LA ADELITA; ¿cuál piensas es más "folk", y cuál más "profesional"? ¿Por qué?
4. ¿Qué podrías hacer con tu parte para que el sonido general de EL SÚCHIL tuviera un estilo mariachi más auténtico?
5. Describe la manera en que tú imaginas que la gente baila EL SÚCHIL.

EL SÚCHIL
Son Jalisciense

Mexican Folk Song
Canción popular mexicana

Son Jalisciense

Son Jalisciense

Son Jalisciense

Vln, Tpt: 56	Vla: 39	Arpa: 62
Arm: 54	Gtn: 54	Cello: 44

La Llorona
Huapango

Huapango

MASTERING MARIACHI

The *huapango*, also called the *son huasteco*, is like the *son jarocho* in that it comes from a region of Mexico far from the one that produced mariachi music. The huapango was originally played by a trio of one violin, one jarana, and one huapanguera (different types of guitars). It is still played in its original form in Mexico's Huasteca region.

Locate the Huasteca region on the map at the back of the book. What states are included in this area?

DOMINANDO LA MÚSICA DE MARIACHI

El *huapango*, también llamado el *son huasteco*, se parece al *son jarocho* en que proviene de una región de México lejos de la que produjo la música de mariachi. El huapango fue tocado originalmente por un trío con violín, jarana y huapanguera (diferentes tipos de guitarra). Todavía se toca en su forma original en la región Huasteca de México.

Localiza la región Huasteca en el mapa al final del libro. ¿Cuáles estados están incluidos en está región?

Vln, Vla, Arpa, Arm, Gtn

Key Signature – E Minor and G Major share the same key signature. E Minor is the **relative minor** key of G Major.

E Minor/Mi Menor

Harp – Make sure your harp is tuned correctly.

Armadura de clave – Mi Menor y Sol Mayor comparten la misma armadura de clave. Mi Menor es el tono **relativo menor** de Sol Mayor.

Arpa – Asegúrate que tu arpa esté afinada correctamente.

Tpt

Key Signature – F♯ Minor and A Major share the same key signature. F♯ Minor is the **relative minor** key of A Major.

F♯ Minor/Fa♯ Menor

Armadura de clave – Fa♯ Menor y La Mayor comparten la misma armadura de clave. Fa♯ Menor es el tono **relativo menor** de La Mayor.

Arpa

Rolled Chord – Quickly play each note one after the other from low to high.

Acorde rodado – Toca rápidamente cada nota una tras otra de bajo a alto.

Arm

Rasgueo – A prolonged, "scratched" golpe.

Rasgueo – Un golpe prolongado para abajo.

Apagón – A variation of the golpe in which the strings are not allowed to vibrate, creating a loud, percussive, "slapped" sound.

Apagón – Variante del golpe en que no se deja vibrar las cuerdas, acción que crea un sonido tipo percusión.

Moderato is a tempo indication that means to play at a moderate speed.

Moderato

Moderato es una indicación del tempo que significa tocar a una velocidad moderada.

Vln, Tpt

Play very expressively and with a warm sound by using soft and gentle articulations.

suavemente

Toca muy expresivamente y con un sonido cálido, utilizando articulaciones suaves y ligeras.

Listen – If you're using the CD, this symbol indicates when to listen to it.

Escucha – Si estás usando el CD, este símbolo te indica cuándo escucharlo.

Play – If you're using the CD, this symbol indicates when to play your instrument.

Toca – Si estás usando el CD, este símbolo te indica cuándo tocar tu instrumento.

La Llorona

EXERCISES / EJERCICIOS

MASTERING MARIACHI

Begin the **rasgueo** before the beat with the fourth finger of the right hand. Continue using each finger, and end the stroke on the beat with your thumb (vihuela) or pick (guitar).

DOMINANDO LA MÚSICA DE MARIACHI

Comienza el **rasgueo** antes del batimiento con el dedo cuarto de la mano derecho. Continúa con cada dedo, y termina el golpe en el batimiento usando el pulgar (vihuela) o la púa (guitarra).

MASTERING MARIACHI

To create the **apagón**, strum all of the strings very quickly. Immediately use your right thumb to prevent the strings from vibrating and create the "slapping" sound.

DOMINANDO LA MÚSICA DE MARIACHI

Para ejecutar el **apagón,** rasguea todas las cuerdas muy rápido. Inmediatamente después, detenlas con el pulgar derecho para que no vibran; así se crea un sonido tipo percusión.

Arm

MAESTRO:

❖ **Exercise 1 can also be called the "Concert E natural minor scale" for the violins and trumpets, and the "E minor arpeggios" for the harp and guitarrón.** Explain to your students that "playing the E natural minor scale is the same as playing the Concert G Major scale, except you start on the 6th scale degree." Use these terms so your students learn and understand them. Tell your students to "figure out the relative minor of other keys you know, and learn to play those scales by memory." (D Major=B minor, A Major=F♯ minor, C Major=A minor, etc.)

❖ **This exercise lets the armonía players practice playing the 3 types of strum that are used in the huapango: normal strum (golpe), rasgueo, apagón.** Make sure all 3 of these strums sound as they should: the golpe ringing clearly, the rasgueo starting before the beat and ending on the beat, the apagón sounding like a short, loud slap (with no strings ringing freely). Pay special attention to the rasgueo: the vihuela players need to end with their thumb (most inexperienced players use their fingers only). If your students are having difficulty here, direct them to the "Extra Exercises" in the back of their book to practice this more on their own.

❖ **The rolled chords in the harp should start before the beat on the lowest note and roll upwards, ending on the beat.** Make sure the notes sound even and clear, with the Left Hand rolling before the right hand—many inexperienced students will roll their two hands together, ending with their 2 thumbs playing at the same time. The arpeggios in the first 4 measures are designed to help with this.

MAESTRO:

❖ **El ejercicio 1 también puede llamarse "escala Mi menor natural tono real" para violín y trompeta, y "arpegios Mi menor" para arpa y guitarrón.** Explique a sus alumnos que "tocar la escala Mi menor natural es igual a tocar la escala Sol Mayor tono real, salvo que se inicia en el 6to grado de la escala." Use estos términos para que todos los aprendan y entiendan. Dígales: "busquen el menor relativo de otros tonos que conocen y aprendan a tocarlas de memoria" (Re Mayor=Si menor, La Mayor=Fa♯ menor, Do Mayor=La menor, etc.)

❖ **Este ejercicio permite que los de la armonía practiquen los 3 tipos de rasgueo usados en el huapango: normal (golpe), rasgueo y apagón.** Asegúrese que los 3 tipos suenen como deben: el golpe debe resonar claramente; el rasgueo debe empezar *antes* del batimiento y terminar con él; el apagón suena como un golpe seco y fuerte (las cuerdas no vibran libremente). Ponga especial atención al rasgueo: los vihuelistas deben terminar con el pulgar (los de menos experiencia usan sólo sus dedos). Si les resulta difícil, enséñeles los "Ejercicios Adicionales" al final del libro para que practiquen solos.

❖ **Los acordes rodados del arpa inician *antes* del batimiento en la nota más baja y "rolan" hacia arriba, terminando en el batimiento.** Asegúrese que las notas suenen parejo y claro. La mano izquierda debe rolar antes de la derecha, aunque los arpistas principiantes suelen rolar las dos al mismo tiempo y terminar con ambos pulgares tocando al mismo tiempo. Los *arpegios* de los primeros 4 compases fueron diseñados para ayudar con esto.

Huapango

—La Llorona—

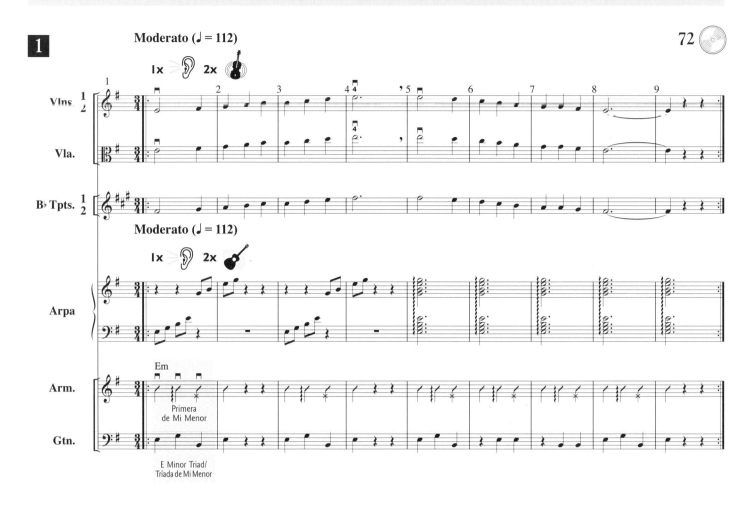

Tremolo – Play rolled chords rapidly for the duration of the rhythm. Turn to page 87 for another exercise. (Page 230 in this score.)

trem.

Trémolo – Toca rápidamente los acordes rodados por la duración del ritmo. Pasa a la página 87 para un ejercicio adicional. (Página 230 en ésta partitura.)

MAESTRO:

❖ **Exercise 2 can also be called the "Concert E melodic minor scale" for the violins and trumpets, and the "E minor tonos de acompañamiento triads" for the guitarrón.** Explain to your students that "playing the E melodic minor scale is the same as playing the E natural minor scale except on the way up you raise the 6th and 7th scale degrees. On the way down these notes are not raised: play them exactly like the E natural minor scale." Use these terms so your students learn and understand them. Tell your students to "figure out and learn to play other melodic minor scales from memory."

❖ **This exercise teaches the armonía players to play the first half of the typical huapango mánico.** If your students are having difficulty here, direct them to the "Extra Exercises" in the back of their book to practice this more on their own.

❖ **The D♯ in the guitarrón is very difficult to play with 2 strings, so most guitarrón players play it with their first finger on the D string only.** Nevertheless, you should encourage your students to learn the two string version to stretch and strengthen their hands.

MAESTRO:

❖ **El ejercicio 2 también puede llamarse "escala Mi menor melódico tono real" para violín y trompeta, y "triadas de tonos de acompañamiento en Mi menor" para guitarrón.** Explique a sus alumnos que "tocar la escala Mi menor melódico es igual a tocar la escala Mi natural menor, salvo que, al ascender, se debe subir los grados 6to y 7to de la escala. Al descender, estas notas no se suben: tóquelas exactamente como la escala Mi menor natural." Use estos términos para que todos los aprendan y entiendan. Dígales: "busquen y aprendan a tocar otras escalas menores melódicas de memoria."

❖ **Este ejercicio enseña a los de la armonía a tocar la primera mitad del típico mánico huapango.** Si les resulta difícil, enséñeles los "Ejercicios Adicionales" al final del libro para que practiquen esto a solas.

❖ **El Re♯ para guitarrón es muy difícil de tocar a 2 cuerdas, así que muchos guitarronistas lo tocan sólo con su dedo índice en la cuerda Re.** Pero Ud. debe alentar a sus alumnos a aprender la versión de dos cuerdas para que estiren y fortalezcan sus manos.

La Llorona

2   73

MAESTRO:

- ❖ **Exercise 3 can also be called the "Concert E harmonic minor scale" for the violins and trumpets.** Explain to your students that "playing the E harmonic minor scale is the same as playing the E natural minor scale except on the way up and down you raise the 7th scale degree." Use these terms so your students learn and understand them. Tell your students to "figure out and learn to play other harmonic minor scales from memory."

- ❖ **This exercise teaches the armonía players to play the second half of the typical huapango mánico.** If your students are having difficulty with this, direct them to the "Extra Exercises" in the back of their book to practice this more on their own.

- ❖ **Pay attention to the intonation in the violins, especially the augmented second between the C♮ and D♯ in measure 3 and from measures 6–7.**

MAESTRO:

- ❖ **El ejercicio 3 también puede llamarse "escala Mi menor harmónico tono real" para violín y trompeta.** Explique a sus alumnos que "tocar la escala Mi menor harmónico es igual a tocar la escala Mi natural menor, salvo que al ascender y descender deben subir el 7to grado de la escala." Use estos términos para que todos los aprendan y entiendan. Dígales: "busquen y aprendan a tocar otras escalas harmónicas menores de memoria."

- ❖ **Este ejercicio enseña a los de la armonía a tocar la segunda mitad del típico mánico huapango.** Si les resulta difícil, enséñeles los "Ejercicios Adicionales" al final del libro para que practiquen esto a solas.

- ❖ **Ponga atención a la entonación de los violines, especialmente en el segundo aumentado entre Do♮ y Re♯ en el compás 3, y entre los compases 6–7.**

Huapango

—La Llorona—

3 74

Huapango

MASTERING MARIACHI
Accidentals – Play D♯ by pushing the D string below the tuning peg with your right thumb.

DOMINANDO LA MÚSICA DE MARIACHI
Alteraciones – Toca Re♯ empujando la cuerda Re debajo la clavija con tu pulgar derecho.

MAESTRO:
❖ **In exercise 4, the armonía instruments play the entire, basic huapango mánico.** This exercise will be more difficult for inexperienced armonía players than for the rest of the mariachi. If your students are having difficulty here, direct them to the "Extra Exercises" in the back of their book to practice this more on their own. You may wish to have the armonía players rehearse separately from the rest of the mariachi.

MAESTRO:
❖ **En el ejercicio 4, los instrumentos de la armonía tocan todo el mánico huapango básico.** Este ejercicio será más difícil para los principiantes de la armonía que para el resto del mariachi. Si resulta difícil para sus alumnos, enséñeles los "Ejercicios Adicionales" al final del libro para que lo practiquen a solas. Ud. tal vez prefiera que los de la armonía ensayen aparte del resto del mariachi.

La Llorona

4   75

Gtn:

❖ Label the Primera, Segunda, and Tercera chords in exercise 4.

❖ Identifica los acordes de la Primera, Segunda, y Tercera en el ejercicio 4.

Vln, Vla, Tpt	**Forte-Piano** – Loud, then immediately soft.	fp	**Forte-Piano** – Fuerte, luego inmediatamente suave.
Vln, Vla	**Tremolo** – Move the bow rapidly at the tip.	*trem.*	**Trémolo** – Mueve la punta del arco rápidamente.
Arpa, Arm	This chord progression in a minor key is called **Círculo de Huapango en Tono Menor**. For more **círculo de huapango** exercises (Armonía only), turn to page 68. (Page 231 in this score.)	**Em-D-C-B7-Em**	Esta sucesión de acordes en un tono menor se llama **Círculo de Huapango en tono menor**. Para más ejercicios de **círculo de huapango** (solamente armonía), pasa a la página 68. (Página 231 en esta partitura.)

turn to page 68. (Page 231 in this score.)

Huapango

—La Llorona—

6 In the song **La Llorona**, what is the last measure you play before returning to the Sign (𝄋)? _____ What is the last measure you play before jumping to the Coda (⊕)? _____ Draw a "map" in the space below to help you by writing in the measure numbers. Don't forget to include the first and second endings.

En la canción **La Llorona**, ¿cuál es el último compás que tocas antes de regresar al Signo (𝄋)? _____ ¿Cuál es el último compás que tocas antes de saltar a la Coda (⊕)? _____ Para ayudarte, en el espacio de abajo dibuja un "mapa" donde escribas los números de los compases. No olvides incluir la primera y la segunda casilla.

A comprehensive mariachi education should include an understanding of mariachi history and music notation. Photocopy and distribute one of the Mariachi and Music Literacy Worksheets found on pages 244–263 and on the CD-ROM. Answers are provided on pages 264–267.

En un programa comprensivo sobre el mariachi los alumnos aprenderán la historia del mariachi y la notación musical. Copiar y repartir una de las "*Hojas de trabajo sobre el mariachi y la notación musical*" en las páginas 244–263 y en el CD-ROM. Las respuestas están en las páginas 264–267.

La Llorona

CANCIÓN

❖ **The vocal solo should be sung an octave lower than written, and it can be sung by a male or female singer.** The first section (measures 14–30) may be somewhat low for female singers, but if they sing this softly, almost as if speaking the text, and using a microphone so the audience can hear, it should be no problem.

❖ **If you have several singers who can sing this song, consider having a different person sing each verse so as many people as possible have the chance to sing solos.**

❖ **The range of your students' voices will determine in which octave they will sing the chorus (measures 31–45/51).** Women, children and most men will sing at the written pitch, while some men may want to sing an octave lower. You may want some men to sing an octave lower to give the chorus a "warmer" sound, even though this will sound lower than normal mariachi singing. Regardless of what octave they sing in, make sure that the top and bottom parts are balanced so you can hear both notes equally well.

❖ **Make sure the trumpets don't play measures 31–45 too loudly.** This is a fun, exciting part for them and they may try to play it like a solo. Remind them to be sensitive of the musical context, and not cover up the voice.

CANCIÓN

❖ **El solo vocal debe cantarse una octava abajo de lo escrito, pero lo puede cantar un hombre o una mujer.** La primera sección (compases 14–30) podría ser algo bajo para las mujeres, pero si cantan en voz suave –casi como si estuvieran hablando– y usan un micrófono para que el público pueda escuchar, no debe haber problemas.

❖ **Si hay varios cantantes que puedan cantar esta pieza, cada uno podría cantar un verso. Así, todos tendrían la oportunidad de cantar los solos.**

❖ **La tesitura de las voces de sus estudiantes determinará la octava en que cantan el coro (compases 31–45/51).** Las mujeres, los niños y la mayoría de los varones cantarán en el tono escrito, pero algunos hombres quizá prefieran cantar una octava abajo. Ud. quizá querrá que algunos varones canten una octava abajo para que el coro tenga un sonido más "cálido", aunque suene más bajo que el canto normal del mariachi. Sin importar la octava en que se cante, asegúrese que las partes alta y baja estén balanceadas y que se escuchen ambas notas igual de bien.

❖ **Asegúrese que las trompetas no toquen los compases 31–45 muy fuerte.** Ésta es una parte divertida y emocionante para ellos y podrían tratar de tocarla como un solo. Recuérdeles que deben ser sensibles al contexto musical, y no ahogar a la voz.

Read this to your students: LA LLORONA ("the woman who weeps") is a legend that almost every Mexican child knows, but people from different parts of Mexico all swear that the "real" Llorona is from their home town—because that's what their parents told them! The story has many versions, but the essential elements are that a woman became distressed and threw her children into the river, then she immediately felt regret and ran after the children trying to save them—but she couldn't, they drowned. In her grief she then killed herself, and now her spirit can forever be seen and heard, down by the river, crying, looking for her children. Parents use this story to scare their children into doing what they tell them to do: "don't play down by the river, come home when I tell you to, or La Llorona will get you!" But don't be frightened, most of the stories are false: the *real* Llorona haunts a river near where I grew up!

The melody and lyrics sung here are perhaps the most well-known version of the story, but there are many other versions sung and told all over Mexico.

Lea esto a todos: LA LLORONA ("la mujer que llora") es una leyenda que casi todo niño mexicano conoce, aunque personas de todos lados de México juran que "la llorona real" era de su pueblo; ¡porque así les contaron sus papás! Hay muchas versiones de esta historia pero los elementos básicos son los siguientes: una mujer desesperada arrojó a sus hijos en un río, pero enseguida se arrepintió de su acto y corrió tras ellos tratando de salvarlos, pero no pudo y se ahogaron. Consumada por el dolor, se suicidó. Ahora, uno puede ver y oír su espíritu –para siempre– cerca del río, llorando y buscando a sus hijos. Los papás usan esta historia para asustar a sus hijos de modo que hagan lo que ellos quieren que hagan: "*¡No juegues allá por el río, ven a casa en cuanto te llamo, o la Llorona te va a agarrar!*" Pero no se asusten, casi todas estas historias son falsas: ¡la Llorona *real* merodea cerca de un río donde yo nací!

La melodía y letra cantadas aquí reflejan la versión quizá más conocida de esta historia, pero hay muchas otras versiones que se cantan y cuentan en México.

DISCUSSION QUESTIONS

1. How does the fact that LA LLORONA is in a minor key affect the way the music sounds?
2. What in the music of LA LLORONA makes it sound sad or scary?
3. What can you do with your part to make the overall sound of LA LLORONA better reflect the text?
4. Describe the way you think people would dance to LA LLORONA. How do you think this dance would be different from the dancing to a *son jalisciense* such as EL SÚCHIL?
5. What do you think the story of LA LLORONA tells us about Mexican culture? What similar stories were you told when you were a child?

PREGUNTAS PARA DISCUSIÓN

1. ¿Cómo afecta el sonido de la música el hecho de que se toca LA LLORONA en un tono menor?
2. ¿Qué hay en la música de LA LLORONA que le hace sonar triste o pavorosa?
3. ¿Qué puedes hacer con tu parte para que el sonido general de LA LLORONA refleje mejor la letra?
4. Describe cómo piensas que la gente bailaría LA LLORONA. ¿En qué piensas que este baile diferiría del baile de un son jalisciense como EL SÚCHIL?
5. ¿Qué piensas que la historia de LA LLORONA nos enseña sobre la cultura mexicana? ¿Cuáles historias similares te contaron a ti cuando eras niño?

Huapango

Vln, Tpt: 58–59 Vla: 41 Arpa: 64–65
Arm: 56–57 Gtn: 56–57 Cello: 46–47

La Llorona

Huapango

Mexican Folk Song
Canción popular mexicana

p.237

Huapango

Huapango

——La Llorona——

Huapango

THE HUIPIL

In the second verse at measure 30 of **La Llorona**, the vocal soloist sings "Hermoso huipil llevabas *[You wore a beautiful huipil]*." The huipil is a Mayan woman's traditional blouse. (The modern Mayan people live in the Yucatán region of Mexico.) Because huipils are hand-embroidered, a Mayan woman will own very few of them throughout her lifetime. A well-made huipil will last as long as 30 years. The colors and patterns of the weaving reveal many things about the wearer, including marital status, home village, wealth, and authority. The picture is one example of a huipil. What kind of huipil do you think the woman in **La Llorona** wore? What did it reveal about her cultural status?

EL HUIPIL

En la segunda estrofa, compás 30 de **La Llorona**, el solista canta "Hermoso huipil llevabas." El huipil es la indumentaria tradicional de la mujer maya (actualmente el pueblo maya vive en Yucatán en el sur de México). Dado que el huipil es bordado a mano, una mujer maya llega a tener pocos durante su vida. Un huipil de buena calidad puede durar unos 30 años. Los colores y el diseño del bordado revelan varias características de la mujer que lo usa, incluidos su estado civil, su pueblo natal, su posición económica y su autoridad. La foto muestra un huipil. ¿Qué tipo de huipil piensas que usaba la mujer de **La Llorona**? ¿Qué revelaba sobre su status cultural?

EL SON DE MI TIERRA
Son Jalisciense

<table>
<tr><td>

MASTERING MARIACHI

Most *sones jaliscienses* alternate vocal sections with instrumental sections of a similar length. For contrast, these sections often have different key signatures. What other key signatures are used in this song?

</td><td>

DOMINANDO LA MÚSICA DE MARIACHI

La mayoría de los sones jaliscienses alternan secciones vocals con secciones instrumentals de una duración similar. Para contrastar, estas secciones frecuentemente usan diferentes armaduras de clave. ¿Cuáles otras armaduras de clave se utilizan en esta canción?

</td></tr>
</table>

Vln, Vla, Arpa, Arm, Gtn

Key Signature – G Major has this key signature. Every F is played as F-sharps.

Armadura de clave – Sol Mayor tiene esta armadura de clave. Todo Fa se toca como Fa-sostenido.

Harp – Make sure your harp is tuned correctly.

G Major/Sol Mayor

Arpa – Asegúrate que tu arpa esté afinada correctamente.

Tpt

Key Signature – A Major has this key signature. Every F is played as F-sharp, every C as C-sharp, and every G as G-sharp.

A Major/La Mayor

Armadura de clave – La Mayor tiene esta armadura de clave. Todo Fa se toca como Fa-sostenido, todo Do como Do-sostenido, y todo Sol como Sol-sostenido.

Key Signature – Identify the other key signature used in **El Son de Mi Tierra**. Write your answer in the space to the right.

__Major/__ Mayor

Armadura de clave – Identifica la otra armadura de clave que se utiliza en **El Son de Mi Tierra**. Escribe tu respuesta en el espacio de la izquierda.

Arm

Manico para abajo ("pa' bajo") – The down strum is on the beat and accents are with the guitarrón.

Mánico para abajo ("pa' bajo") – El rasgueo hacia abajo está en el batimiento con acentos iguales a los del guitarrón.

Manico para arriba ("pa' arriba") – The up strum is on the beat and accents are opposite the guitarrón.

Mánico para arriba ("pa' arriba") – El rasgueo hacia arriba está en el batimiento con acentos opuestos a los del guitarrón.

Listen – If you're using the CD, this symbol indicates when to listen to it.

Escucha – Si estás usando el CD, este símbolo te indica cuándo escucharlo.

Play – If you're using the CD, this symbol indicates when to play your instrument.

Toca – Si estás usando el CD, este símbolo te indica cuándo tocar tu instrumento.

MAESTRO:
- ❖ The *son jalisciense* is perhaps the most important type of song to a mariachi: the musical style and "performance concept" that come from playing the son jalisciense permeate all mariachi music. It is from the son jalisciense that we learn to balance all of the instruments: every instrument is equally important here. The lively, energetic approach to playing that is characteristic of all mariachi music comes from everyone feeling and matching the armonía *mánicos* (strumming patterns).

MAESTRO:
- ❖ El son jalisciense es quizá el tipo de canción más importante para el mariachi: el estilo musical y el "concepto de actuación" que emergen al tocar este son caracterizan a todo este género musical. Este son nos enseña a balancear todos los instrumentos, pues todos son de la misma importancia. El estilo de tocar tan animado y vivaz que caracteriza a la música de mariachi emerge cuando todos sienten los mánicos (patrones de rasgueo) de la armonía y coordinan su música con ellos.

—El Son de Mi Tierra—

Son Jalisciense

The characteristic "galloping" rhythm that is emblematic of mariachis comes directly from the feel of these mánicos: the violin and trumpet players need to spend time listening to the rhythm of the armonía, learning to feel it, and then matching that feel with their own rhythm. And the closeness that mariachi musicians feel towards their music, not to mention the brotherhood they feel towards one another, is directly related to this time spent "fusing" their individual sounds with that of the whole mariachi—everyone should pull together to create one musical gesture.

❖ **Review the exercises preceding EL SÚCHIL (pages 167–180) before playing the EL SON DE MI TIERRA exercises for the first time.** The exercises in this section build upon the rhythmic and melodic patterns presented in EL SÚCHIL, so if your students are not playing those rhythms and melodic figures securely they will have difficulty with these.

❖ **It is *very important* that you play the CD recording of these examples for your students so they can listen to the melodic figures and then imitate their sound.** Mariachi style can only come from imitating mariachi style, it does not come from reading notes on paper.

❖ **The violins should use strong, explosive, full bows and play open strings when possible to give this and all sones the sound they require.**

❖ **Pay attention to the trumpet articulations in this and all sones.** Part of what gives the trumpet its characteristic sound in sones is big, full, explosive notes that ring clearly like a bell but that are also clipped off by the tongue: don't let the "shortness" of the notes sacrifice the "fullness" of the sound. Also, many arrangers write slurs in the trumpet parts to match the slurs in the violins parts, but if the trumpet plays "true" slurs in these cases (pressing or lifting a valve without using the tongue) then it loses some of the mariachi flavor. Tenuto articulations are used here so the trumpet will play "du thit" when the violin has two slurred notes—this adds clarity and life to the music.

❖ **Make sure vihuela players play down with their fingers (as normal) and up with their thumb—this requires rotating their wrist (like turning a key in a lock).** The guitar players use essentially the same technique, rotating their wrists in order to not get the pick stuck in the strings.

❖ **Let the armonía and guitarrón guide the rhythmic feel of the whole mariachi.** Tell the violins, viola and trumpet to "match the uneven 'galloping' feel of the armonía eighth-notes and the accents of the guitarrón."

❖ Tell your students "The way it looks on paper is not the way it should sound. *Play the way it should sound by matching the style on the CD.*"

❖ **Make sure the sound of all of the instruments is balanced:** you should hear the first and second violins equally well, first and second trumpets equally well, and you should hear the trumpet *section* and violin *section* equally well (tell the violins to "play strong", tell the trumpets to "balance with the violins"). You should hear the guitar and vihuela equally well, and just as strongly as the guitarrón. Finally, the melody instruments (violins, trumpets, viola) should sound just as strong as the rhythm instruments (armonía, guitarrón, harp). Do not let the melody instruments cover up the rhythm instruments, or vice versa.

El ritmo "galopante" emblemático del mariachi surge directamente del "sabor" de estos mánicos: los de violín y trompeta deben escuchar el ritmo de la armonía, aprender a sentirlo, y luego reproducirlo al tocar su ritmo. La intimidad que sienten los mariachis con su música y la fraternidad que se forma entre los músicos están directamente relacionadas con el tiempo que dedican a "fusionar" sus sonidos individuales con los del grupo entero: todos tienen que jalar parejo para crear un solo producto musical.

❖ **Repase los ejercicios que vienen con EL SÚCHIL (páginas 167–180) antes de tocar los de EL SON DE MI TIERRA por primera vez.** Los ejercicios de esta sección extienden los patrones rítmicos y melódicos que EL SÚCHIL introdujo. Si sus alumnos aún no tocan esas figures rítmicas y melódicas con mucha seguridad, entonces van a tener dificultad con éstas también.

❖ **Es *muy importante* que Ud. toque para el grupo la grabación de las muestras en el CD, para que todos escuchen las figuras melódicas y luego imiten su sonido.** Se logra producir el estilo del mariachi solo mediante la imitación, *no* al leer las notas en el papel.

❖ **Los violines deben usar arcos fuertes, completos y explosivos, y tocar cuerdas descubiertas cuando puedan, para que los sones tengan el sonido correcto.**

❖ **Fíjese bien en las articulaciones de trompeta en los sones.** La trompeta deriva su característico sonido en los sones en parte de tocar notas grandes, redondas y explosivas que resuenan como campanas, pero que se acortan con la lengua: *no* deje que "lo corto" de estas notas afecte la "plenitud" del sonido. Muchos arreglistas escriben ligaduras en las partes de trompeta para reflejar las del violín, pero si la trompeta toca ligaduras "genuinas" aquí (presionando o levantando un émbolo sin usar la lengua) pierden parte del sabor del mariachi. Aquí usamos articulaciones *tenuto* para que la trompeta toque "*du thit*" cuando el violín toca dos notas ligadas. Así se da más claridad y vida a la música.

❖ **Asegúrese que los vihuelistas rasgueen para abajo con los dedos (normal) pero para arriba con el pulgar, girando su muñeca (como al dar vuelta a una llave).** Los guitarristas usan esencialmente la misma técnica: giran la muñeca para que la púa no se atore en las cuerdas.

❖ **Deje que la armonía y el guitarrón guíen el sabor rítmico de todo el mariachi.** Dígales a los violines, viola y trompeta que traten de "imitar el ritmo 'galopante' de las corcheas de la armonía y los acentos del guitarrón."

❖ Enseñe a sus alumnos que "Lo que se ve en el papel *no* indica lo que se debe escuchar. *Toquen como se debe escuchar, imitando el estilo en el CD.*"

❖ **Asegúrese un balance entre el sonido de todos los instrumentos:** Ud. debe escuchar el primer y segundo violín igual de bien, así como la primera y segunda trompeta. Debe oír un equilibrio entre las secciones de trompeta y de violín (los de violín deben "tocar fuerte"; los de trompeta deben "balancear con los violines"). La guitarra y vihuela deben escucharse igual de bien y tan fuerte como el guitarrón. Finalmente, los instrumentos melódicos (violines, trompetas, viola) deben escucharse tan fuerte como los rítmicos (armonía, guitarrón, arpa). *No* deje que los de la melodía ahoguen a los del ritmo, o viceversa.

El Son de Mi Tierra

EXERCISES / EJERCICIOS

MAESTRO:
- ❖ **Continually reinforce that all instruments listen to and fit their rhythm with the other instruments.** All of the accents either line up exactly or interlock with each other, creating one rhythmic feel.

MAESTRO:
- ❖ **Insista constantemente en que todos los integrantes escuchen a los demás y emparejen sus ritmos.** Todos los acentos deben coincidir –entrelazarse– con exactitud para crear un sol sabor rítmico.

77

Son Jalisciense

❖ Balance your part with the rest of the mariachi so you can hear all parts equally well.

❖ Equilibra tu parte con el resto del mariachi para poder oir todas las partes por igual.

——El Son de Mi Tierra——

MAESTRO:

Exercises 2-4

❖ **These exercises are designed to teach the armonía players to play the "mánico pa' arriba," and to teach the rest of the mariachi to feel this mánico.** Because of the syncopation, this mánico can be very tricky at first. Armonía players especially may have difficulty getting into and out of this pattern. Rehearse these exercises carefully so everyone learns this well. You may want to rehearse just the melody instruments and guitarrón, telling the armonía players to listen to the melody and to hear that melody in their head when they play: the melodies in these exercises are designed to illustrate what this mánico sounds like, making it easier to learn.

MAESTRO:

Ejercicios 2-4

❖ **Estos ejercicios están diseñados para enseñar a la armonía a tocar el "mánico pa' arriba," y al resto del mariachi a sentir este mánico.** Por la síncopa, este mánico podría ser muy difícil al inicio. Los de la armonía podrían tener bastante dificultad al entrar en, y salir de, este patrón. Ensaye estos ejercicios con atención para que todos aprendan la lección bien. Si Ud. lo prefiere, puede ensayar solo con los instrumentos melódicos y el guitarrón, mientras los de la armonía escuchen la melodía y luego la repitan mentalmente al tocarla: se diseñaron las melodías de estos ejercicios para mostrar el sonido de este mánico y agilizar su aprendizaje.

2

78

Vln, Vla

Grace Note - A small note played just before the note it is attached to in no precise rhythm. Grace notes are often played longer in mariachi music than in other genres.

Nota Pequeña - Una nota que se toca antes de la nota con la cual está asociada sin ningún ritmo exacto. Las notas pequeñas frecuentemente se tocan por más tiempo en la música de mariachi que en otros géneros.

El Son de Mi Tierra

Son Jalisciense

El Son de Mi Tierra

MASTERING MARIACHI

El Son de Mi Tierra changes key from G Major to C Major in the middle of the song. There in not enough time to re-tune the harp, so leave it tuned to G Major (with F♯) and avoid playing the F string. Instead of F♮, play E♯ by pushing the E string below the tuning peg with your right thumb.

DOMINANDO LA MÚSICA DE MARIACHI

El Son de Mi Tierra cambia el tono de Sol Mayor hasta Do Mayor en la parte media de la canción. No hay tiempo para re-afinar el arpa, así que déjalo afinado a Sol Mayor (con Fa♯) y evita tocar la cuerda de Fa. En vez de Fa♮, toca Mi♯ empujando la cuerda Mi debajo de la clavija con tu pulgar derecho.

MAESTRO:

❖ **Make sure the armonía players don't rush the redobles in the first measure.** All of these notes should sound clear. Have students play 4 sixteenth-notes on each beat in this measure (as in the EL SÚCHIL exercises) if they can't resist playing the redobles so fast that they sound unclear.

MAESTRO:

❖ **Fíjese que los de la armonía no toquen los redobles del primer compás muy rápido.** Todas las notas deben tener un sonido claro. Si no desisten de tocarlos tan rápido que pierdan claridad, dígales que toquen 4 semi-corcheas en cada batimiento de este compás (como en los ejercicios de EL SÚCHIL).

Son Jalisciense

5

81

Tpt:

❖ Play with a big, full sound. Play with vibrato where it feels right. Use lots of air!

❖ Toca con un sonido grande y completo. Toca con vibrato donde lo sientas adecuado. ¡Usa bastante aire!

---

6 VOCAL EXERCISE

Do the vocal exercises found on the inside back cover.
1. Inhale and exhale slowly.
2. Hum.
3. Yawn.
4. Siren yawn.
5. Scale study.
6. Solfège.

EJERCICIO VOCAL

Haz los ejercicios vocales encontrados en la contraportada interior.
1. Inhala y exhala lentamente.
2. Canturrea.
3. Bosteza.
4. Bosteza como sirena.
5. Estudio de escala.
6. Solfeo.

El Son de Mi Tierra

MAESTRO:

- ❖ **Make sure everyone matches their vowel sounds**. In Spanish, vowels are very pure, without the common diphthongs we have in English. Tell native English-speakers to sing a "pure 'o' sound, not 'o...u'", and a "pure 'e' sound, not 'e...i'."

- ❖ **Review this pronunciation guide** (for people who are not native Spanish speakers)
  "a" rhymes with "fox"
  "e" rhymes with "hey"
  "i" rhymes with "eat"
  "o" rhymes with "toe"
  "u" rhymes with "food"

  Words that start with the letter "r" have a slight "rolling" of the initial "r." When speaking or singing Spanish with a Mexican accent, the letter "d" sounds more like the English "th" as in "though:" "todo" sounds like "totho."

- ❖ **Children and most women will sing at the written pitch, some women and all men will sing an octave lower.**

- ❖ **If armonía and guitarrón players have difficulty playing and singing this exercise at the same time**, have one vihuela and one guitarrón play while the others sing. Have students take turns playing so that everyone has a chance to sing and play these parts.

- ❖ **This exercise is designed to help students learn to hear and then sing all of the notes in a chord, starting with the "root" then the "third" and "fifth."** You can also play other chords and have students (together or individually) sing the notes they hear. When singing other chords, have them sing on a single syllable ("la," for example) since they may not be able to tell which notes they are singing (most people do not have "perfect pitch").

MAESTRO:

- ❖ **Asegúrese que todos pronuncien las vocales igual**. Las vocales del español son muy puras, sin los diptongos comunes del inglés. Dígales a los anglo-parlantes que canten un sonido "'o' puro, y no 'o...u'", y un sonido "'e' puro, y no 'e...i'."

- ❖ **Repase esta guía de pronunciación** (para los no hispano-parlantes):
  "a" rima con *"fox"*
  "e" rima con *"hey"*
  "i" rima con *"eat"*
  "o" rima con *"toe"*
  "u" rima con *"food"*

  Cuando la letra "r" está al principio de una palabra, hay que enfatizar la doble "rr" del español. Recuerde, al hablar o cantar en el español de México, la letra "d" suena como la *"th"* de inglés –como en *"though"*– "todo" suena como *"totho."*

- ❖ **Los niños y la mayoría de las mujeres cantan en el tono escrito; algunas mujeres y los varones cantan una octava abajo.**

- ❖ **Si resulta difícil para los de la armonía y guitarrón tocar y cantar este ejercicio al mismo tiempo**, indique que toquen sólo una vihuela y un guitarrón mientras los otros cantan. Los alumnos pueden turnarse hasta que todos hayan tenido la oportunidad de cantar y tocar estas partes.

- ❖ **Se diseñó este ejercicio para ayudar a los alumnos a aprender a oír y luego cantar todas las notas de un acorde; primero el "fundamental" y luego la "tercera" y la "quinta."** Se pueden tocar otros acordes mientras los alumnos –juntos o por separado– cantan las notas que oyen. Cuando cantan otros acordes, deben cantar en una sola sílaba ("la," por ejem.) porque quizá no podrán distinguir las notas que están cantando (poca gente tiene un "oído perfecto").

7   82

Son Jalisciense

—El Son de Mi Tierra—

❖ Hear, then sing each note in the chord. Sing in a strong, clear voice throughout the exercise.

❖ Escucha, después canta cada nota en el acorde. Canta en voz alta y clara durante el ejercicio.

MAESTRO:

❖ **The vocal ranges of exercise 8 are similar to the 3 vocal parts in the chorus of El Son de Mi Tierra, so use this exercise to determine which part each person will sing in the chorus.** High-voiced men, most women and children will sing the top part an octave lower than written. Average-voiced men will sing the middle part an octave lower than written. Very low-voice men may sing the bottom part an octave lower than written, while high-voice women and children will sing this bottom part at the written pitch.

MAESTRO:

❖ **Las tesituras vocales del ejercicio ocho son similares a las 3 partes vocales del coro de El Son de Mi Tierra. Use este ejercicio para determinar cuál parte cantará cada persona del coro.** Los varones de voz aguda, la mayoría de las mujeres y los niños cantan la parte superior una octava abajo de lo escrito. Los hombres de voz normal cantan la parte media una octava abajo de lo escrito. Los hombres de voz muy grave pueden cantar la parte inferior una octava abajo de lo escrito, pero las mujeres y niños de voz aguda cantan la parte inferior en el tono escrito.

Son Jalisciense

El Son de Mi Tierra

8   83

MAESTRO:

❖ **Listen to the CD recording of EL SON DE MI TIERRA
with the entire class together,** then have the students
read the text aloud, in rhythm, *not singing,* rather simply
speaking the text and concentrating on their pronunciation
and rhythm. Make everybody do this together without playing
their instruments: do not let the guitarrón and armonía players
play along, as for this exercise their playing will actually be a
distraction.

❖ **In Spanish singing, if one word ends in a vowel sound
and the next word begins with a vowel sound, those
vowels are usually elided,** or combined so that they fall on
a single musical note.

MAESTRO:

❖ **Escuche la grabación de EL SON DE MI TIERRA en el CD
con todo el grupo.** Dígales a todos que lean el texto en voz
alta y siguiendo el ritmo, pero *sin cantar.* Sólo deben "hablar"
el texto, concentrándose en el ritmo y la pronunciación.
Todos deben hacer esto juntos y sin tocar sus instrumentos:
*no deje que los del guitarrón y la armonía toquen porque en
este ejercicio su música sería una distracción.*

❖ **Al cantar en español, cuando una palabra termina con
vocal y la siguiente empieza también con vocal, hay
que juntar o combinar las dos ("elisión"),** para que
caigan en una sola nota musical escrita.

---

9 Speak the lyrics to **El Son de Mi Tierra** in rhythm.
Concentrate on pronunciation, rhythm, and phrasing. Pay
attention to combining the last vowel of one word with the first
vowel of the next when it occurs.

Lee la letra de **El Son de Mi Tierra** en voz alta y en ritmo.
Concéntrate en la pronunciación, el ritmo, y la expresión. Pon
atención para combinar la última vocal de una palabra con la primera
vocal de la siguiente palabra cuando esto ocurra.

A comprehensive mariachi education should include an
understanding of mariachi history and music notation.
Photocopy and distribute one of the Mariachi and Music Literacy
Worksheets found on pages 244–263 and on the CD-ROM.
Answers are provided on pages 264–267.

En un programa comprensivo sobre el mariachi los alumnos
aprenderán la historia del mariachi y la notación musical. Copiar
y repartir una de las *"Hojas de trabajo sobre el mariachi y la
notación musical"* en las páginas 244–263 y en el CD-ROM. Las
respuestas están en las páginas 264–267.

Son Jalisciense

—El Son de Mi Tierra—

CANCIÓN

❖ **Decide how you want to divide the verses between singers.** There are many ways that could work, but usually a duet (2 singers) will sing each verse (measures 17–32) and the entire mariachi will sing the choruses (measures 33–48). If you have several strong singers, try using a different duet for each verse. Or if you don't have any singers who can confidently sing the duet, the entire song can be sung in chorus (with the violins and trumpets omitting what they play between measures 17–32 if necessary: the singing is the most important part).

Have your students memorize this (and all of the songs they can play) so they can spend more of their energy on matching and blending with the rest of the mariachi! (See the article on memorization on page 287.)

❖ **Rehearse the choreography necessary to perform this song.** Each vocal duet must start to walk to the front of the mariachi several measures before they start singing so they will arrive at the microphones in plenty of time. Then these singers should move back to their places within the group if another duet will sing the next verse, or they can stay up front if they will sing the next verse themselves. It is important to rehearse all of the movements before performing so that the performance seems polished and professional.

❖ **Make sure the violin and trumpet players keep singing while they lift their instruments in measure 48 to get ready to play in measure 49.** Inexperienced players will stop singing too early (or let their voices fade out) in order to prepare to play. You may want to have the students practice singing while holding their instruments in the playing position so they become comfortable doing this.

CANCIÓN

❖ **Decida cómo quiere repartir los versos entre los cantantes.** Hay varias formas que funcionan bien pero lo usual es que un dueto (2 cantantes) canta cada verso (compases 17–32) y todo el mariachi canta los coros (compases 33–48). Si Ud. tiene varios cantantes fuertes, pruebe un dueto diferente para cada verso. Si no tiene cantantes capaces de cantar el dueto con confianza, se puede cantar la canción entera en coro (de ser necesario, los violines y trompetas pueden omitir la parte que deben tocar entre los compases 17–32, porque aquí el canto es lo más importante).

¡Indique a sus alumnos que memoricen esta canción (y todas las que aprenden a tocar) para poder dedicar más energía a mezclar su sonido con el resto del mariachi! (Véase el artículo sobre la memorización en la página 287.)

❖ **Ensaye la coreografía necesaria para tocar esta canción.** Cada pareja de cantantes empezará a caminar al frente del mariachi algunos compases antes de comenzar a cantar. Así, llegan a los micrófonos con anticipación. Si otro dueto va a cantar el siguiente verso, deben retroceder a sus lugares entre el grupo, pero si ellos mismos van a seguir cantando, pueden mantenerse al frente. Es preciso ensayar todos estos movimientos *antes* de la presentación para que la actuación luzca refinada y profesional.

❖ **Fíjese que los violinistas y trompetistas sigan cantando mientras levantan sus instrumentos en el compás 48 y se alistan para tocar el compás 49.** Los músicos poco experimentados suelen dejar de cantar antes de tiempo (o dejan que la voz se mengüe) para alistarse a tocar. Ud. puede hacer que practiquen cantando con sus instrumentos en la posición de tocar hasta que se acostumbren a hacerlo.

Read this to your students: EL SON DE MI TIERRA ("the son of my homeland") is a song that truly reflects the love and passion that Mexican people feel for their country and way of life. The singer tells of how he/she has been away from their homeland for so long, though they hope to be able to return soon. But despite not being there, he/she is still able to sing about how beautiful the countryside is: its waterfalls, rivers, ravines, flowers, breezes... "I salute you from here." This is a common feeling for many people—have you ever had to move away from someplace you considered home? Do you still miss it? Do you want to go back? Many people move from small towns to large cities in search of better jobs but still identify themselves as "country people," and many Mexicans have moved to the United States for the same reason but they never let go of their Mexican identity. The realities of life may force them to move away from home sometimes, but the heart of a true Mexican will always belong to the land where they were born. Play and sing with energy and pride to convey the meaning of this song to your audience.

Lea esto a todo el grupo: EL SON DE MI TIERRA es una canción que refleja el amor y la pasión verdaderos que los mexicanos sienten por su país y estilo de vida. El cantante cuenta cómo él/ella ha estado lejos de su tierra por mucho tiempo, pero sin perder la esperanza de volver pronto. A pesar de no estar allí, él/ella puede cantar sobre lo bello del campo: sus cascadas, ríos, barrancas, flores, brisas... *Te saludo desde aquí.* Éste es un sentimiento que mucha gente comparte. ¿Alguna vez has tenido que dejar un lugar que considerabas tu hogar? ¿Aún lo extrañas? ¿Quisieras volver? Mucha gente deja un pueblo pequeño para irse a la gran ciudad en busca de mejores empleos, pero siguen identificándose como "gente del campo." Además, muchos mexicanos han ido a vivir en Estados Unidos por la misma razón, pero ellos nunca abandonan su identidad mexicana. La realidad de su vida quizá les obligue a dejar su hogar, pero el corazón del verdadero mexicano siempre pertenecerá a la tierra donde nació. Toca y canta con energía y orgullo para transmitir el sentido de esta canción al público.

DISCUSSION QUESTIONS

1. What aspects of EL SON DE MI TIERRA make you think of it as "folk music?" What aspects make you think of it as "professional" music?
2. Why do you feel that the *son jalisciense* is the most important type of song to mariachi music?
3. What do the lyrics to El Son de Mi Tierra tell you about Mexican culture?
4. What can you do with your part to make the overall sound of El Son de Mi Tierra better reflect the meaning behind the music?

PREGUNTAS PARA DISCUSIÓN

1. ¿Cuáles aspectos de EL SON DE MI TIERRA te hacen pensar en la "música folk"? ¿Cuáles te hacen pensar en ella como "música profesional"?
2. ¿Qué es lo que te hace sentir que el son jalisciense es el tipo de canción más importante en la música de mariachi?
3. ¿Qué te enseña la letra de EL SON DE MI TIERRA sobre la cultura de México?
4. ¿Qué puedes hacer con tu parte para que el sonido total de EL SON DE MI TIERRA refleje mejor el significado que subyace a la música?

Son Jalisciense

El Son de Mi Tierra
Son Jalisciense

Mexican Folk Song
Canción popular mexicana

p.239

Son Jalisciense

Son Jalisciense

*Measure 49: The G7 chord in the armonía is correct.
*Compás 49: El acorde de G7 está correcto en la armonía.

Son Jalisciense

Vln, Tpt: 66   Vla: 45   Arpa: 72
Arm: 62   Gtn: 62   Cello: 52

María Chuchena
Son Jarocho

Son Jarocho

Arpa

Mastering Mariachi

Becoming a master mariachi means not only playing and singing your part correctly, but also understanding, hearing, and contributing to the whole musical idea. The son jarocho, like the son jalisciense, has an exciting rhythm that propels the music and identifies it as uniquely Mexican. This rhythm is felt by all mariachi musicians in their souls.

Dominando la música de mariachi

Lograr una maestría en la musica de mariachi significa no sólo tocar y cantar tu parte correctamente, sino también entender, oír y contribuír a la idea musical. El son jarocho, al igual que el jalisciense, tiene un ritmo emocionante que impulsa a la música y la identifica como exclusivamente mexicana. Este ritmo se encuentra en el alma de todo músico de mariachi.

Key Signature – Identify the key signature of **María Chuchena**. Write your answer in the space to the right.

Armadura de clave – Identifica la armadura de clave de **María Chuchena**. Escribe tu respuesta en el espacio de la izquierda.

Harp – Make sure your harp is tuned correctly.

__Major/__Mayor

Arpa – Asegúrate que tu arpa esté afinada correctamente.

Presto is a tempo indication that means to play very fast.

Presto

Presto es una indicación del tempo que significa tocar muy rápidamente.

Listen – If you're using the CD, this symbol indicates when to listen to it.

Escucha – Si estás usando el CD, este símbolo te indica cuándo escucharlo.

Play – If you're using the CD, this symbol indicates when to play your instrument.

Toca – Si estás usando el CD, este símbolo te indica cuándo tocar tu instrumento.

Posiciones – Indicates that your fingers are located in a different position on the strings to play the chord. Turn to page 80 to learn more. (Page 229 in this score.)

1ra, 2da, 3ra

Posiciones – Indica que tus dedos están colocados en una posición diferente sobre las cuerdas para tocar el acorde. Pasa a la página 80 para aprender más. (Página 229 en esta partitura.)

MAESTRO:

❖ **Many sones jarochos can sound similar to sones jalisciences when mariachis play them, but there are subtle differences.** The original son jarocho features virtuosic harp playing, and the harp here has a much more active part than in most sones jaliscienses. Also, the *abanico mánico* is common in the son jarocho but rare in the son jalisciense, and the rhythmic feel of the son jarocho will sometimes shift from ¾ (son jalisciense) to ⁶⁄₈ (jarabe) and even to ³⁄₂ or ⁶⁄₄ with the eighth-note remaining constant. In **María Chuchena** there is a clear shift in the armonía to a ⁶⁄₈ (jarabe) feel in measures 29–31 and 38–42, so the exercises prepare students to feel this "shifted accent." Many sones jarochos (including **María Chuchena**) are played a little faster than most sones jaliscienses, and sones jarochos tend to feature a solo singer (often alternating with a chorus) whereas it is rare for sones jaliscienses to feature solo singing (usually duet or chorus singing throughout).

MAESTRO:

❖ **Muchos sones jarochos pueden parecerse al son jalisciense cuando los toca un mariachi, pero hay diferencias sutiles.** En el son jarocho original sobresale la virtuosidad del arpista, porque aquí el arpa tiene un papel mucho más activo que en la mayoría de los sones jaliscienses. Además, el mánico *abanico* es común en el son jarocho pero raro en el jalisciense, y la sensación rítmica del son jarocho cambia a veces de ¾ (son jalisciense) a ⁶⁄₈ (jarabe) e, incluso, a ³⁄₂ o ⁶⁄₄ con corcheas que permanecen constantes. En **María Chuchena** hay un claro cambio en la armonía al ritmo ⁶⁄₈ (jarabe) en los compases 29–31 y 38–42, así que los ejercicios preparan a los alumnos a sentir este "acento cambiado." Se tocan muchos sones jarochos (como **María Chuchena**) un poco más rápido que la mayoría de los sones jaliscienses. Además, sobresale un solista (que a menudo alterna con el coro), cuando es poco frecuente que el son jalisciense tenga solistas (más bien se caracteriza por duetos o coro).

Exercises / Ejercicios

—— **María Chuchena** ——

> **MAESTRO:**
>
> ❖ **Have your students exaggerate their accents so they can feel the shifting from ¾ (son jalisciense) to ⁶⁄₈ (jarabe).** As always, rehearsing music *slower* than the real tempo will help inexperienced players to feel complex rhythms better. Pay special attention to measure 9, shifting back to ¾ (son jalisciense). Tell the armonía and melody instruments to "feel the guitarrón accents" and tell the guitarrón and harp to "feel the eighth-notes in the rest of the mariachi."

> **MAESTRO:**
>
> ❖ **Indique a los alumnos que exageren sus acentos para sentir mejor el cambio de 3/4 (son jalisciense) a ⁶⁄₈ (jarabe).** Ensayar la música *más lento* que el tempo real siempre ayuda a los músicos novatos a sentir mejor los ritmos más complejos. Fíjese muy bien en el compás 9 donde se vuelve a ¾ (son jalisciense). Insista en que los instrumentos melódicos y de la armonía "sientan los acentos del guitarrón", y que el guitarronista y el arpista "sientan las corcheas del resto del mariachi."

— María Chuchena —

❖ The dotted quarter notes and the two groups of three eighth notes imply the *jarabe* rhythm in § (as in **La Raspa**). Exaggerate the accents.

❖ Las notas negras con puntillos y los dos grupos de tres corcheas indican el ritmo del *jarabe* en § (como **La Raspa**). Exagera los acentos.

MAESTRO:

❖ **Play exercise 2 until all of the students feel comfortable with it to the point that they can sing the melody in their heads and feel the underlying rhythm naturally.** This exercise prepares them to play the following exercises.

MAESTRO:

❖ **Toque el ejercicio 2 hasta que todos los estudiantes se sientan cómodos a tal grado que puedan cantar la melodía en la cabeza y sentir el ritmo subyacente naturalmente.** Este ejercicio los prepara para tocar los ejercicios que siguen.

Arm:

❖ The accents distinguish this jarabe mánico from the caballito mánico.

❖ Los acentos distinguen este mánico jarabe del mánico caballito.

MAESTRO:

❖ **Don't let your students rush the tempo in measures 2, 4, or 6.** Tell them to hear the melody from Exercise 2 in their head while playing Exercise 3, so their notes line up with the underlying rhythm. If they are still having problems rushing these measures, have your strongest melody player (violin or trumpet) play Exercise 2 while everyone else plays Exercise 3, and tell them to "line up your notes with the melody." If you don't have a melody player strong enough to do this confidently, you can sing the melody from Exercise 2, or you can have sections alternate playing Exercise 2 while everyone else plays Exercise 3: all the violins playing Ex. 2, then all the trumpets playing Ex. 2, then all of the armonía playing Ex. 2.

MAESTRO:

❖ *No deje* que los alumnos apresuren el tempo en los compases 2, 4 o 6. Dígales que escuchen la melodía del Ejercicio 2 en la cabeza mientras tocan el Ejercicio 3, para que sus notas se alineen con el ritmo subyacente. Si persisten en apurar estos compases, pida que su más fuerte músico de melodía (violín o trompeta) toque el Ejercicio 2 mientras los demás tocan el #3, e insista en que "alineen sus notas con la melodía." Si no hay un músico de melodía lo bastante fuerte para hacerlo con confianza, Ud. puede cantar la melodía del Ejercicio 2 o pedir que las secciones alternen tocando este ejercicio mientras los demás tocan el #3: todos los violines tocan el Ej. 2, seguido por todas las trompetas, y luego los de la armonía.

Son Jarocho

María Chuchena

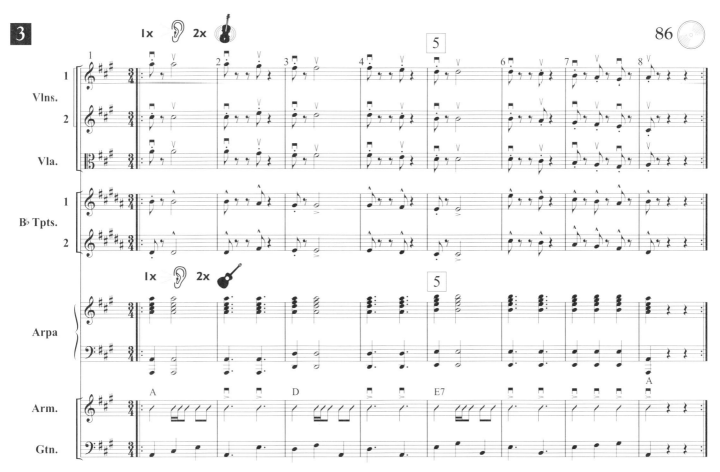

❖ Think of Exercise #2 to help you play the rhythms correctly. Remember to count!

❖ Piensa en el Ejercicio #2 para ayudarte a tocar los ritmos correctamente. ¡Recuerda contar!

Abanico ("fan") – Similar to the **rasgueo**, but it begins on the beat and lasts longer.

Abanico – Similar al **rasgueo**, pero comienza en el batimiento, y es más alargado.

MASTERING MARIACHI

Begin the **abanico** on the beat with the fourth finger of the right hand and continue it throughout the beat, using each finger and ending with the thumb (vihuela) or pick (guitar). Connect this "long rasgueo" to the up-strum that immediately follows.

DOMINANDO LA MÚSICA DE MARIACHI

Comienza el **abanico** con el cuarto dedo de la mano derecha en el batimiento y sostenlo por la duración de éste, usando cada dedo y terminando con el pulgar (vihuela) o con la púa (guitarra). Hila este "rasgueo alargado" con el golpe para arriba que le sigue inmediatamente después.

MAESTRO:

❖ **Don't let your students rush the tempo in measures 2–4.** As with the previous exercise, there is an underlying rhythm that must remain constant: players must hear that rhythm in their heads while playing this in order for everyone play together. The tendency is always to anticipate the next note and come in too early after each rest.

❖ If measure 3 is especially difficult for your students, tell them to "hear the rhythm of exercise 1 in your head during this measure."

MAESTRO:

❖ *No deje* **que los alumnos apresuren el tempo en los compases 2–4.** Como en el ejercicio anterior, el ritmo subyacente debe ser constante: todos deben oír ese ritmo en sus cabezas mientras tocan para así tocar en conjunto. Siempre hay una tendencia de anticipar la siguiente nota y entrar *antes* de tiempo después de cada silencio.

❖ Si el compás 3 es especialmente difícil para los alumnos, dígales: "escuchen el ritmo del ejercicio 1 en la cabeza durante este compás."

Son Jarocho

— María Chuchena —

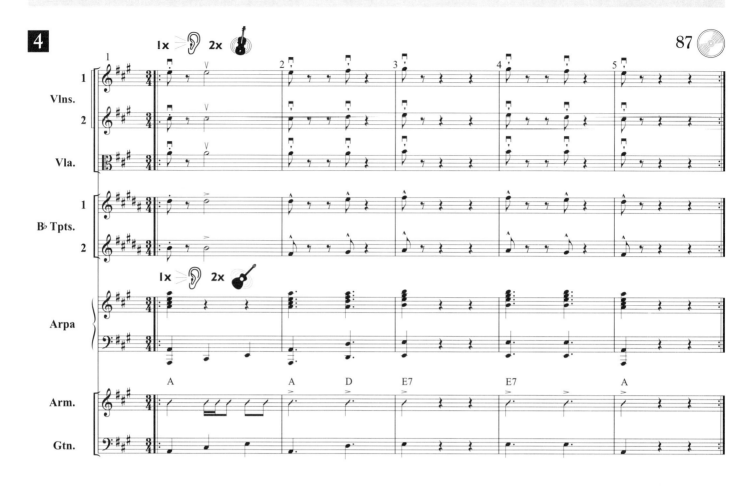

87

Son Jarocho

MAESTRO:

Exercises 5–6

❖ **Be careful that the violins, trumpets and armonía do not "stretch" the rhythm in measures 2 and 4 by playing it too slowly.** Unlike in the previous exercises, when shifting from a ¾ to a ⁶⁄₈ feel and the ⁶⁄₈ has a quarter-note followed by and eighth-note, the tendency is always to slow down the ⁶⁄₈. The tempo should stay the same throughout. You should play the CD example to demonstrate this, or if rehearsing more slowly than the recorded example you can clap quarter-notes throughout this exercise, letting the students shift their rhythmic feel on top of your steady beat.

❖ **Be careful that the guitarrón does not play their notes in measures 2 and 4 an eighth-note earlier, like in the previous examples.** Since the rest of the mariachi has their long notes (which feel like accents) before the guitarrón notes, the guitarrón player will often try to match what they hear, but if they play their notes with the long notes in the other parts then this syncopation—which gives this mánico much of its flare—is lost. Tell the guitarrón player to "play this like the caballito mánico of a son jalisciense, even though the armonía are playing a different rhythm." If they are still having problems with this, clap straight quarter-notes and have the guitarrón player play alone, then clap the same and add the rest of the mariachi.

❖ **If the harp player cannot play the left and right hands together in this exercise, have them practice each hand alone.** Then, have the harpist play both hands together at a slow and steady tempo before playing it at gradually faster speeds. It is important when learning fast music to practice *very* slowly and *very* evenly, so when the tempo is sped up the notes still sounds clear.

MAESTRO:

Ejercicios 5–6

❖ **Cuide que los violines, trompetas y armonía *no* "alarguen" el ritmo en los compases 2 y 4 al tocar muy despacio.** A diferencia de los ejercicios anteriores, al cambiar del ritmo ¾ al ⁶⁄₈ cuando el ⁶⁄₈ tiene una negra seguida por una corchea, hay una tendencia de frenar el ⁶⁄₈. Pero el tempo debe ser constante de principio a fin. Toque la muestra en el CD para demostrar esto, o si están ensayando más lento que la muestra grabada, Ud. puede palmear las negras del ejercicio y permitir que los alumnos cambien su sentir rítmico encima del batimiento constante que Ud. está marcando.

❖ **Tenga cuidado en los compases 2 y 4 para que el guitarrón *no* toque sus notas una corchea antes de tiempo, como en los ejemplos anteriores.** Ya que el resto del mariachi toca sus notas largas (que se sienten como acentos) *antes* de las del guitarrón, éste suele tratar de imitar lo que oye. Pero, si él toca sus notas largas junto con las otras se perderá la síncopa, que es lo que le da brío a este mánico. Dígale al guitarronista: "toque como el mánico caballito del son jalisciense, *aunque* la armonía toque un ritmo distinto." Si sigue el problema, palmee puras negras y haga que el guitarronista toque solo; luego palmee igual, pero introduzca el resto del mariachi.

❖ **Si el arpista no puede tocar este ejercicio con las dos manos juntas, deje que ensaye con una mano a la vez.** Luego, dígale que toque con ambas manos a un tempo lento y constante *antes* de subir paulatinamente la velocidad. Al aprender a tocar música rápida es importante ensayar *muy* lento y con consistencia. Así, aunque se aumente el tempo las notas seguirán sonando claras.

María Chuchena

❖ Always look one or two beats ahead while reading so that you are not surprised by the music!

❖ ¡Siempre mira uno o dos batimientos adelante mientras lees para que no te sorprenda la música!

Son Jarocho

— María Chuchena —

7 VOCAL EXERCISE
Do the vocal exercises found on the inside back cover.
1. Inhale and exhale slowly.
2. Hum.
3. Yawn.
4. Siren yawn.
5. Scale study.
6. Solfège.

7 EJERCICIO VOCAL
Haz los ejercicios vocales encontrados en la contraportada interior.
1. Inhala y exhala lentamente.
2. Canturrea.
3. Bosteza.
4. Bosteza como sirena.
5. Estudio de escala.
6. Solfeo.

MAESTRO:

❖ **Make sure everyone matches their vowel sounds**. In Spanish, vowels are very pure, without the common diphthongs we have in English. Tell native English-speakers to sing a "pure 'o' sound, not 'o...u'", and a "pure 'e' sound, not 'e...i'."

❖ **Review this pronunciation guide** (for people who are not native Spanish speakers)
"a" rhymes with "fox"
"e" rhymes with "hey"
"i" rhymes with "eat"
"o" rhymes with "toe"
"u" rhymes with "food"
Words that start with the letter "r" have a slight "rolling" of the initial "r." When speaking or singing Spanish with a Mexican accent, the letter "d" sounds more like the English "th" as in "though:" "todo" sounds like "totho."

❖ **The words to María Chuchena are a real "tongue twister!" Listen to the CD recording of María Chuchena with the entire class together,** then have the students read the text aloud, in rhythm, *not singing,* rather simply speaking the text and concentrating on their pronunciation and rhythm. Make everybody do this together without playing their instruments: do not let the guitarrón and armonía players play along, as for this exercise their playing will actually be a distraction.

❖ **In Spanish singing, if one word ends in a vowel sound and the next word begins with a vowel sound, those vowels are usually elided,** or combined so that they fall on a single musical note.

MAESTRO:

❖ **Asegúrese que todos pronuncien las vocales igual**. Las vocales del español son muy puras, y no tienen los diptongos que tenemos en el inglés. Dígales a los anglo-parlantes que canten un sonido "'o' puro, y no 'o...u'", y un sonido "'e' puro, y no 'e...i'."

❖ **Repase esta guía de pronunciación** (para los no hispano-parlantes)
"a" rima con *"fox"*
"e" rima con *"hey"*
"i" rima con *"eat"*
"o" rima con *"toe"*
"u" rima con *"food"*
Cuando la letra "r" está al principio de una palabra, hay que enfatizar la doble "rr" del español. Recuerde, al hablar o cantar en el español de México, la letra "d" suena como la "*th*" de inglés –como en "*though*"– "todo" suena como "*totho*."

❖ **¡La letra de MARÍA CHUCHENA es un verdadero "trabalenguas!" Escuche la versión de MARÍA CHUCHENA en el CD con todos,** y luego pídales que lean la letra en voz alta, siguiendo el ritmo, pero *sin cantar*. Sólo deben leer el texto, concentrándose en el ritmo y la pronunciación. Todos deben hacerlo juntos y *sin tocar sus instrumentos: no deje* que los del guitarrón y armonía toquen aquí, porque en este ejercicio su música podría distraer a los demás.

❖ **Al cantar en español, cuando una palabra termina y la siguiente inicia con una vocal, se debe ligarlas (elisión)**; es decir, combinarlas para que caigan en una sola nota musical.

8 Speak the lyrics to **María Chuchena** in rhythm. Concentrate on pronunciation, rhythm, and phrasing. Pay attention to combining the last vowel of one word with the first vowel of the next when it occurs.

8 Lee la letra de **María Chuchena** en voz alta y en ritmo. Concéntrate en la pronunciación, el ritmo, y la expresión. Pon atención para combinar la última vocal de una palabra con la primera vocal de la siguiente palabra cuando esto ocurra.

9 In the song **María Chuchena**, what is the last measure you play before returning to the Sign (𝄋)? _____ What is the last measure you play before jumping to the Coda (⊕)? _____ Draw a "map" in the space below to help you by writing in the measure numbers. Don't forget to include the first and second endings.

9 En la canción **María Chuchena**, ¿cuál es el último compás que tocas antes de regresar al Signo (𝄋)? _____ ¿Cuál es el último compás que tocas antes de saltar a la Coda (⊕)? _____ Para ayudarte, en el espacio abajo dibuja un "mapa" en donde escribirás los números de los compases. No olvides incluir la primera y la segunda casilla.

A comprehensive mariachi education should include an understanding of mariachi history and music notation. Photocopy and distribute one of the Mariachi and Music Literacy Worksheets found on pages 244–263 and on the CD-ROM. Answers are provided on pages 264–267.

En un programa comprensivo sobre el mariachi los alumnos aprenderán la historia del mariachi y la notación musical. Copiar y repartir una de las *"Hojas de trabajo sobre el mariachi y la notación musical"* en las páginas 244–263 y en el CD-ROM. Las respuestas están en las páginas 264–267.

Son Jarocho

CANCIÓN

❖ **The solo voice should be sung an octave lower than written, so it will most likely be sung by a male singer though some female singers may be able to sing it as well.** It should not be sung at the written pitch since this would not at all sound like mariachi singing.

❖ **Most people, men and women, will sing the chorus an octave lower than written, but some high-voice women and children can sing the lower part at the written pitch.** Do not sing the upper part at the written pitch, since this would not sound like mariachi singing. Regardless of the octave, make sure that the upper and lower parts are balanced so they can be heard equally well. The same is true for measures 47–52: most of the time all 3 parts will be sung an octave lower than written, but some people may sing the lowest part at the written pitch (do not sing the middle part nor the high part at the written pitch).

❖ **Make the ending exciting by having all of the violinists point their bows up to the sky in front of them when they sing "ay, ay!"** This simple yet effective and commonly-used showmanship technique can add a lot to the performance. Rehearse this so that everyone raises their bows at the same time and so that they hold them at the same angle.

❖ **If you do not have very strong voices, you may want to have them stop singing their final note one measure early.** In this sort of ending, many groups prefer to cut the voices one measure earlier than written so that they stop with the instruments at the beginning of measure 51. If you have a strong chorus, however, it sounds more exciting for the voices to keep singing strongly after the other instruments stop, holding until the final note.

CANCIÓN

❖ **La voz del solo debe cantar una octava abajo de lo escrito; probablemente lo cantará un hombre, aunque algunas mujeres quizá puedan cantarla también.** No debe cantarse al tono escrito, pues este sonido sería muy distinto al del típico estilo mariachi.

❖ **Casi todos, hombres y mujeres, cantarán el coro una octava abajo de lo escrito, aunque algunas mujeres y niños de voz aguda podrían cantar la parte baja en el tono indicado.** No se debe cantar la parte alta en el tono escrito, porque el sonido sería distinto al típico sonido mariachi. Sin importar la octava, fíjese que las partes alta y baja estén balanceadas y se escuchen igual de bien. Lo mismo va por los compases 47–52: casi siempre, se cantan las 3 partes una octava abajo de lo escrito, aunque algunas personas podrían cantar la parte más baja en el tono escrito (no se canta la parte media ni la parte alta en el tono escrito).

❖ **¡Terminen con brío! Enseñe a todos los violinistas a apuntar sus arcos hacia enfrente y al cielo al cantar "¡ay, ay!"** Esta técnica de teatralidad simple pero efectiva y, además, muy común, embellece la actuación. Ensáyenlo para que todos levanten sus arcos al mismo tiempo y los sostengan en el mismo ángulo.

❖ **Si los cantantes no tienen voces fuertes, Ud. podría indicarles que dejen de cantar su última nota un compás antes.** En este tipo de final, muchos grupos optan por cortar las voces un compás antes de lo anotado, de tal manera que se detengan junto con los instrumentos en el inicio del compás 51. Empero, si su coro es fuerte, suena más emocionante cuando las voces siguen cantando con expresividad después de que los instrumentos se detienen, sosteniéndose hasta la nota final.

Read this to your students: Like so many mariachi songs, the lyric to MARÍA CHUCHENA tells a story that depicts a part of life in Mexico. In this case, it is the story of a beautiful girl (María Chuchena) and a boy who is trying to get her attention. And like so many sones, the lyrics may sometimes seem a little strange to you, as if they are moving from one idea to another, seemingly unconnected idea, but the continuity is in the beauty of the images: "a yellow lark flew by, carrying a Castilian rose in its beak and the wind blew away its leaves..." "María Chuchena was sitting in the ravine with her skirt around her legs picking up white flowers..." "María Chuchena went down by the river at the edge of the sea to bathe, and a roofer called out to her 'Maria, Maria! I won't work on my house or yours or María Garcia's." Is the singer saying Maria is a beautiful bird? They are both passing by, picking up white flowers. What does the roofer mean by "I won't work on my house or yours..."? Is he saying that he loves her so much that he will leave all of his work behind if she will allow him go along with her?

MARÍA CHUCHENA is a fun, flashy, energetic song that will really impress your audience! Sing and play with the passion and joy of someone in love.

Lea esto al grupo: Como tantas otras canciones de mariachi, la letra de MARÍA CHUCHENA cuenta una historia que refleja un aspecto de la vida en México. Aquí, la trama habla de una hermosa muchacha (María Chuchena) y el muchacho que la pretende. Como en muchos otros sones, a veces la letra parece extraña, parece brincar de una idea a otra sin ninguna relación; pero la continuidad consiste en la belleza de las imágenes: "Por aquí pasó volando una calándria amarilla, en su piquito llevaba una rosa de Castilla que el viento la deshojaba..." "Estaba María Chuchena sentadita en la barranca con su vestido en las piernas recogiendo flores blancas..." "María Chuchena se fué a bañar a orillas del río juntito al mar, y el techador por su casa pasando y le decía ni techo tu casa ni techo la mía, ni techo la casa de María García." ¿Dice el cantante que María es un hermoso pájaro? Ambos pasan por allí, recogiendo flores blancas. ¿Que quiere decir el techador al gritar "Ni techo tu casa ni techo la mía..."? ¿Quiere decir que la ama tanto que abandonará su trabajo si ella permite que la acompañe?

¡MARÍA CHUCHENA es una canción divertida, llamativa y vivaz que impresionará al público! Canten y toquen con la alegría y pasión de un enamorado.

DISCUSSION QUESTIONS

1. MARÍA CHUCHENA and LA BAMBA are both sones jarochos. How are they the same? How are they different?

2. How is MARÍA CHUCHENA similar to EL SON DE MI TIERRA? How are they different?

3. What do the lyrics and music to MARÍA CHUCHENA tell you about Mexican culture? Have you ever felt so passionately about something that you wanted to sing about it like this?

4. Now that you have played many different types of mariachi song, what is your favorite type? Why?

5. What have you learned about Mexican culture after playing mariachi music? What is it in the music that has made you feel this way?

PREGUNTAS PARA DISCUSIÓN

1. MARÍA CHUCHENA y LA BAMBA son dos sones jarochos. ¿En qué se parecen? ¿En qué se contrastan?

2. ¿En qué se parece MARÍA CHUCHENA a EL SON DE MI TIERRA? ¿En qué sentido son diferentes?

3. ¿Qué te dice la letra y música de MARÍA CHUCHENA sobre la cultura mexicana? ¿Alguna vez te has apasionado tanto por algo que querías cantar así?

4. Ahora que has tocado varios diferentes tipos de canción de mariachi, ¿cuál es tu favorito? ¿Por qué?

5. ¿Qué has aprendido acerca de la cultura mexicana ahora que has tocado la música de mariachi? ¿Qué hay en la música que te ha hecho sentir así?

Son Jarocho

María Chuchena

Son Jarocho

Mexican Folk Song
Canción popular mexicana

p.239

Son Jarocho

EXTRA EXERCISES

Play these exercises during each practice session. These musical patterns are very common in mariachi music; you should strive to memorize them. Doing this will help you play almost any mariachi song!

EJERCICIOS ADICIONALES

Toca estos ejercicios durante cada sesión de ensayo. Estos modelos musicales son muy comunes en la música de mariachi; debes tratar de memorizarlos. ¡Esto te ayudará a tocar casi cualquier canción de mariachi!

Harp/Arpa

80

THE CHORD

You can make a basic chord by playing the first, third, and fifth notes of a scale. These notes are called the **root**, the **third**, and the **fifth** of the chord.

The mariachi harpist usually doubles (repeats) the root of the chord one octave higher in the right hand. The left hand plays either the entire chord, or one of the notes in the chord.

EL ACORDE

Puedes formar un acorde básico al tocar la primera, tercera, y quinta nota de una escala. Estas notas se conocen como el **fundamental**, **tercera**, y **quinta** del acorde.

El arpista de mariachi suele repetir el fundamental del acorde una octava más arriba con la mano derecha. La mano izquierda toca el acorde completo, o una de sus notas.

CHORD INVERSIONS

If you play the notes of a chord with a note other than the root on the bottom, then you have **inverted** the chord. When the third of the chord is on the bottom, it is in **first inversion**. When the fifth of the chord is on the bottom, it is in **second inversion**. (When the root of the chord is on the bottom, it is in **root position**.) Harpists usually double the bottom note one octave higher. The arpeggios on the previous pages are in the root position.

INVERSIONES DEL ACORDE

Si tocas las notas del acorde con una nota que no sea la del fundamental en el fondo, se dice que **invertiste** el acorde. Cuando la tercera del acorde está en el fondo, es la **primera inversión**. Cuando la quinta del acorde está en el fondo, es la **segunda inversión**. (Cuando el fundamental del acorde está en el fondo, está en la **posición fundamental**). Los arpistas normalmente repiten la nota más baja una octava arriba. Los arpegios en las páginas anteriores están en la posición fundamental.

112H

p.80

81

HAND POSITIONS

Each chord inversion corresponds to a specific hand position on the harp.

❖ **Primera Posición ("First Position")** is a root position chord with the root doubled one octave higher. (Two strings between fingers 1 and 2.) The arpeggios on the previous pages are in the first position.

❖ **Segunda Posición ("Second Position")** is a first inversion chord with the third doubled one octave higher. (Two strings between fingers 2 and 3.)

❖ **Tercera Posición ("Third Position")** is a second inversion chord with the fifth doubled one octave higher. (Two strings in between fingers 3 and 4.)

POSICIONES DE LAS MANOS

Cada inversión de acorde corresponde a una posición específica de la mano sobre el arpa.

❖ **Primera Posición** es la posición del acorde fundamental, repitiendo el fundamental una octava arriba. (Dos cuerdas entre los dedos 1 y 2.) Los arpegios en las páginas anteriores están en la primera posición.

❖ **Segunda Posición** es un acorde de primera inversión, repitiendo la tercera una octava más arriba. (Dos cuerdas entre los dedos 2 y 3.)

❖ **Tercera Posición** es un acorde de segunda inversión, repitiendo la quinta una octava arriba. (Dos cuerdas entre los dedos 3 y 4.)

By using different hand positions, you can easily move from chord to chord without having to shift your entire hand up or down.

Al cambiar las posiciones de las manos puedes mover fácilmente de un acorde a otro sin tener que deslizar toda la mano hacia arriba o abajo.

❖ Use Spanish terms to refer to hand positions and English terms to refer to chord inversions to avoid confusion.

❖ Turn to page 96 for chord inversions and hand positions in other keys.

❖ Usa términos en español para referir posiciones de la mano y términos en inglés para las inversiones de acordes para evitar confusiones.

❖ Pasa a la página 96 para ver las inversiones de acordes y las posiciones de las manos en otros tonos.

112H

p.81

Harp/Arpa

82

3 FIRST INVERSION & 2da POSICIÓN

ASCENDING ARPEGGIO / ARPEGIO ASCENDENTE

❖ Play slow and steady. Repeat each measure at least 4 times.

❖ If it is too difficult to play both hands together, play either hand alone.

❖ Toca lento y uniforme. Repite cada compás al menos 4 veces.

❖ Si resulta muy difícil tocar con las dos manos juntas, toca con una sola.

112H

p.82

83

4 FIRST INVERSION & 2da POSICIÓN

DESCENDING ARPEGGIO / ARPEGIO DESCENDENTE

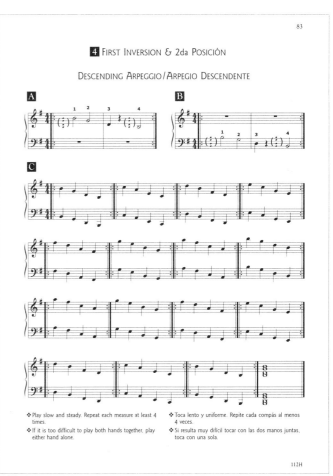

❖ Play slow and steady. Repeat each measure at least 4 times.

❖ If it is too difficult to play both hands together, play either hand alone.

❖ Toca lento y uniforme. Repite cada compás al menos 4 veces.

❖ Si resulta muy difícil tocar con las dos manos juntas, toca con una sola.

112H

p.83

230

Harp/Arpa

p.84

p.85

Harp/Arpa

p.86

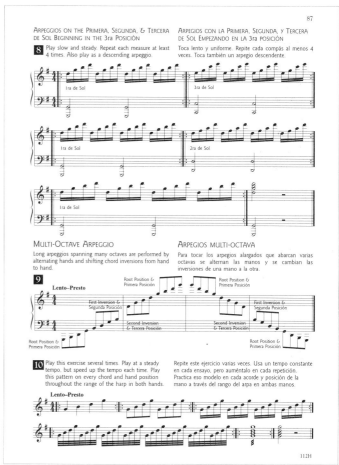

p.87

112F

Armonía

p.66

p.67

Armonía

p.68

p.69

Armonía

p.70

p.71

Guitarrón

p.66

p.67

Guitarrón

p.68

p.69

Guitarrón

p.70

p.71

Vln, Tpt: 72   Vla: 48   Arpa: 88
Arm: 72   Gtn: 72   Cello: 56

La Adelita
Ranchera Polkeada

Mexican Folk Song
Canción popular mexicana

1. En lo al - to de la a-brup-ta se - rra-
2. U - na no-che en que la es - col-ta re - gre-

ní - a A - cam - pa-do se en-con-tra-ba un re - gi - mien - to Y u-na mo-za que va
sa - ba Con-du-cien-do en-tre sus fi - las al sar - gen - to Por la voz de u-na mu-

lien-te le se - guí - a Lo - ca - men-te e-na-mo - ra-da de el sar - gen - to. Po-pu-
jer que so-llo - za - ba La ple - ga-ria se es-cu-chó en el cam-pa - men - to. Al o-

lar en-tre la tro-pa e-ra A-de - li - ta, La mu - jer que el sar-gen-to i-do-la-tra - ba,
ír-la el sar - gen-to te-mer-o - so De per - der pa-ra siem-pre a su a-do - ra - da,

A - de - más de ser va - lien-te e-ra bo - ni - ta Y has-ta el mis-mo co-ro - nel la res-pe-
O - cul - tan-do su e-mo - ción ba-jo el re - bo - zo A su a - ma-da le can-tó de és-ta ma-

ta - ba. Y se o - í - a, que de - cí - a
ne - ra. A - de - li - ta, A - de - li - ta,

A - quel que tan - to la que - rí - a.
No me va - yas a ol - vi - dar.

Tempo I

coro:

1. Si A-de - li - ta se fue - ra con o - tro La se-gui - rí - a por tie-rra y por
2. Y si a - ca - so yo mue-ro en cam-pa - ña Y mi cuer-po en la sie-rra va a-que-

mar, Si por mar en un bu-que de gue - rra Si por tie-rra en un
dar ¡A-de - li - ta por Dios te lo rue - go Que con tus o - jos me

1.
tren mi - li - tar.

2. rit.
va-yas a llo - rar!

TRISTES RECUERDOS
Bolero Ranchero

Mexican Folk Song
Canción popular mexicana

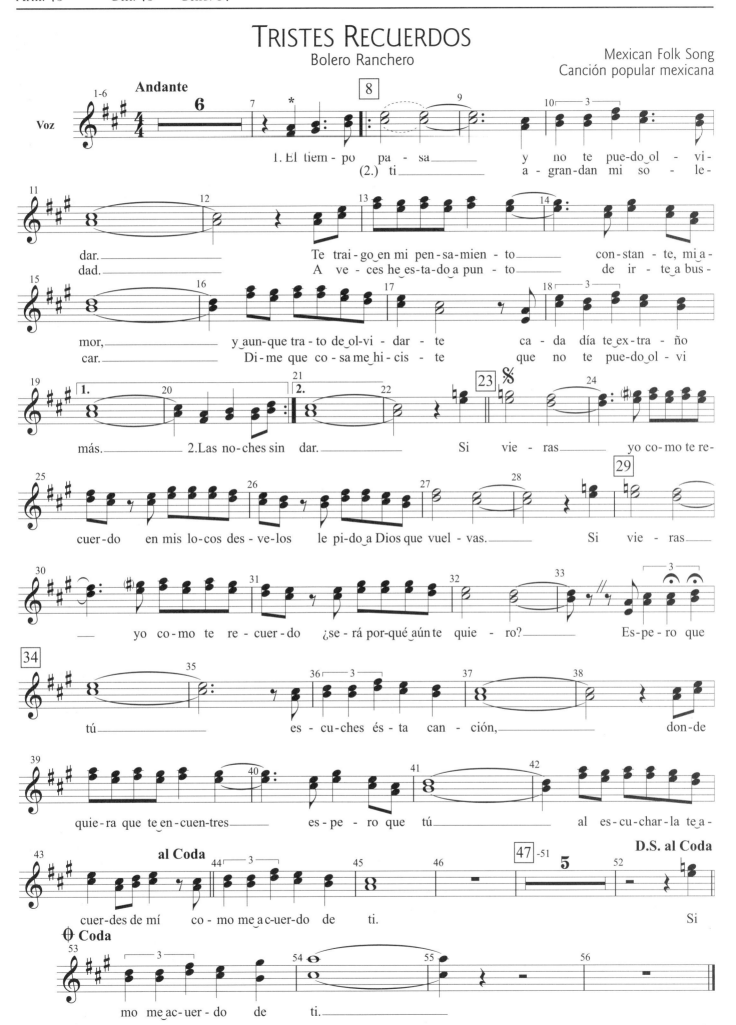

1. El tiem-po pa-sa y no te pue-do_ol-vi-
(2.) ti a-gran-dan mi so-le-

dar. Te trai-go_en mi pen-sa-mien-to con-stan-te, mi_a-
dad. A ve-ces he_es-ta-do_a pun-to de ir-te_a bus-

mor, y_aun-que tra-to de_ol-vi-dar-te ca-da día te_ex-tra-ño
car. Di-me que co-sa me_hi-cis-te que no te pue-do_ol-vi

más. 2.Las no-ches sin dar. Si vie-ras yo co-mo te re-

cuer-do en mis lo-cos des-ve-los le pi-do_a Dios que vuel-vas. Si vie-ras

yo co-mo te re-cuer-do ¿se-rá por-qué_aún te quie-ro? Es-pe-ro que

tú es-cu-ches és-ta can-ción, don-de

quie-ra que te_en-cuen-tres es-pe-ro que tú al es-cu-char-la te_a-

al Coda   D.S. al Coda

cuer-des de mí co-mo me_a-cuer-do de ti. Si

⊕ Coda

mo me_a-cuer-do de ti.

*The melody is in the lower part.
La melodía está en la parte inferior.

112F

Vln, Tpt: 74   Vla: 50   Arpa: 90
Arm: 74   Gtn: 74   Cello: 58

La Bamba

Son Jarocho

Mexican Folk Song
Canción popular mexicana

Lyrics as they appear under the staves:

Para bailar La Bamba, para bailar La
(2.) Bamba, cuando canto La

Bamba se necesita una poca de gracia, una poca de
Bamba yo estoy contento porque yo me acompaño, porque yo me acom-

gracia pa' mi, pa' tí, ay arriba y arriba, Ay, arriba y arriba y arriba iré. Yo no soy mari-
paño con mi instrumento ay arriba y arriba, Ay, arriba y arriba y arriba iré. Yo no soy mari-

nero, yo no soy marinero, por tí seré, por tí seré, por tí seré.
nero, yo no soy marinero, soy capitán, soy capitán, soy capitán.

2. Cuando canto La

Ay te pido te

pido, ay te pido te pido de compasión que se acabe La Bamba, que se acabe La

Bamba y venga otro son Ay, arriba y arriba! Ay, arriba y arriba y arriba iré. Yo no soy mari-

nero, yo no soy marinero, por tí seré, por ti seré, por tí seré. Bamba.

Additional Verses/Versos Adicionales

3. Que bonita es La Bamba en la madrugada
   Cuando todos la bailan en la enramada.
   Ay, arriba y arriba y arriba iré.
   Yo no soy marinero, soy capitán.

4. Para subir al cielo…
   se necesita
   una escalera grande
   y otra chiquita…

5. Una vez que te dije…
   que eras bonita,
   se te puso la cara…
   coloradita…

La Llorona
Huapango

Mexican Folk Song
Canción popular mexicana

112F

Vln, Tpt: 76   Vla: 52   Arpa: 92
Arm: 76   Gtn: 76   Cello: 56

El Son de Mi Tierra

Son Jalisciense

Mexican Folk Song
Canción popular mexicana

María Chuchena
Son Jarocho

Mexican Folk Song
Canción popular mexicana

1. Por a-quí___ pa-só vo-lan - do u-na ca-lán-dria a-ma-ri -
(2.)- ba u-na ro-sa de cas-ti -
3. Es - ta-ba___ Ma-ría Chu-che - na sen-ta-di-ta en la ba-rran -
(4.)- nas re-co-gien-do flo-res blan -

- lla, u-na ca- lán-dria a-ma-ri - lla por a-quí pa-só vo-lan - do.
- lla que el vien-to___ la des-ho-ja - ba co-mo blan-ca ma-ra-vi - lla.
- ca sen-ta-di-ta en la ba-rran - ca es-ta-ba Ma-ría Chu-che - na.
- cas es-ta-ba___ Ma-ría Chu-che - na sen-ta-di-ta en la ba-rran - ca.

2. En su pi - qui-to lle-va - Ma-ría Chu-che-na se fué a ba-
4. Con su ves - ti-do en las pier -

ñar a o-ri-llas del río jun-ti-to al mar. Ma-ría Chu-che-na se es-ta-ba ba-ñan-do y el te-cha-

dor por su ca-sa pa-san-do y le de-cía, Ni te-cho tu ca-sa ni te-cho la

al Coda   D.S. al Coda

mí-a ni te-cho tu ca-sa ni te-cho la mí-a ni te-cho la ca-sa de Ma-ría Gar - cí - a!

Coda

cí - a!   ¡Ay,   ay!___

112F

MARIACHI HISTORY

Mariachi is an art form whose roots date back centuries and is the result of the blending of cultures and races over time. This is the same blending that produced the Mexican people themselves, who are called *mestizos*, or "mixed" race, because they have indigenous, European, and African ancestors (among others and in varying degrees around the country, though these three are the most important with respect to Mexico's music). When the Spanish set forth for the New World during the European Renaissance, not only did they bring with them their language and religion (Mexicans speak Spanish and the large majority are Catholic), they also brought their music. The music of the Aztecs and other indigenous peoples was very highly developed at this time, but—as was true of so much of their native culture—very little of it survived the Spanish conquest.

The Spanish essentially left their musical instruments and songs in the hands of the mestizos, including ancestors of the modern harp, violin, and guitar. Among the songs were tonadillas, zarzuelas, and seguidillas. Over the next 400 years, this music was slowly transformed into what became known as mariachi.

Nobody can say exactly where or when people began to use the word "mariachi," but to date the earliest known mention of it in print is from 1838, and there are numerous other references to mariachi music, ensembles, and events throughout the 19th century. Mariachi (or "mariache," as it was sometimes called in the past) was originally a rural music, from small *pueblos* and *ranchos* in the region of western Mexico that includes Jalisco and at least part of each of its neighboring states, but in the early 20th century isolated mariachi groups began to travel to nearby Mexico City.

By the 1930s and 1940s, mariachis were well-established in Mexico City. They performed concerts, made recordings, and performed live on national radio programs. They even began appearing in grand Hollywood-style movies accompanying the most famous actors and singers in Mexico. Mariachis now dressed in the formal suit of the upper-class *charro* (elite Mexican cowboys) instead of the clothes of the peasants. Clearly, the musicians of that era had changed their appearance and transformed their music from quaint, rustic folk songs into a professional, sophisticated, and nationally-recognized art form.

LA HISTORIA DEL MARIACHI

La música de mariachi es una expresión artística que tiene sus orígenes hace varios siglos y es el resultado de una mezcla de culturas y razas. Es una mezcla similar a la que produjo al mexicano, al *mestizo*, que es una mezcla del europeo, del indígena y del africano (entre otros, y en distintas medidas en las varias regiones del país, aunque estos tres son los más importantes en cuanto a la música de México). Cuando los españoles se embarcaron hacia el Nuevo Mundo durante el Renacimiento, no sólo trajeron su lengua y su religión (los mexicanos hablan español y en su mayoría son católicos) sino que también trajeron su música. La música de los aztecas y de otros grupos indígenas estaba muy desarrollada en esta época, pero—y lo mismo pasada en otros aspectos de sus culturas—muy poco sobrevivió a la conquista española.

Los españoles básicamente dejaron sus canciones y sus instrumentos musicales en manos de los mestizos. Estos instrumentos incluyen antecesores del arpa moderna, del violín y de la guitarra. Entre las canciones tenemos tonadillas, zarzuelas y seguidillas. Durante los siguientes 400 años, esta música se transformó en lo que llegaría a ser la música de mariachi.

Nadie puede decir con exactitud cuándo se empezó a usar la palabra "mariachi," pero sí se sabe que el primer registro escrito data de 1838, y además hay numerosas referencias a la música de mariachi, a conjuntos y eventos musicales durante todo el siglo XIX. La música de mariachi (o "mariache," como a veces se llamaba en el pasado) tiene un origen rural; se tocaba en pueblos y ranchos en la región occidental de México, que incluye la región de Jalisco y zonas circundantes. Pero ya en los primeros años del siglo XX nos encontramos con grupos musicales aislados que comienzan a viajar hacia la ciudad de México.

Ya para 1930 y 1940, la música de mariachi se había establecido en la ciudad de México. El mariachi tocaba en conciertos, hacía grabaciones y tocaba en vivo en programas de radio de difusión nacional. Incluso empezaron a aparecer en películas tipo Hollywood, acompañando a los actores y cantantes más famosos en México. El mariachi se vestía ya en el traje formal del charro de clase alta en vez de usar la ropa del campesinado. Estos músicos no sólo transformaron su apariencia sino que también adoptaron esas canciones pueblerinas y curiosas y las transformaron en una expresión artística profesional, sofisticada, y reconocida como un tesoro de la cultura nacional.

"Mariache o Fandango en Tierra Caliente," mural by/por Alfredo Zalce (1908-2003). Palacio Gobierno, Michoacan. Used with permission. Usado con permiso.

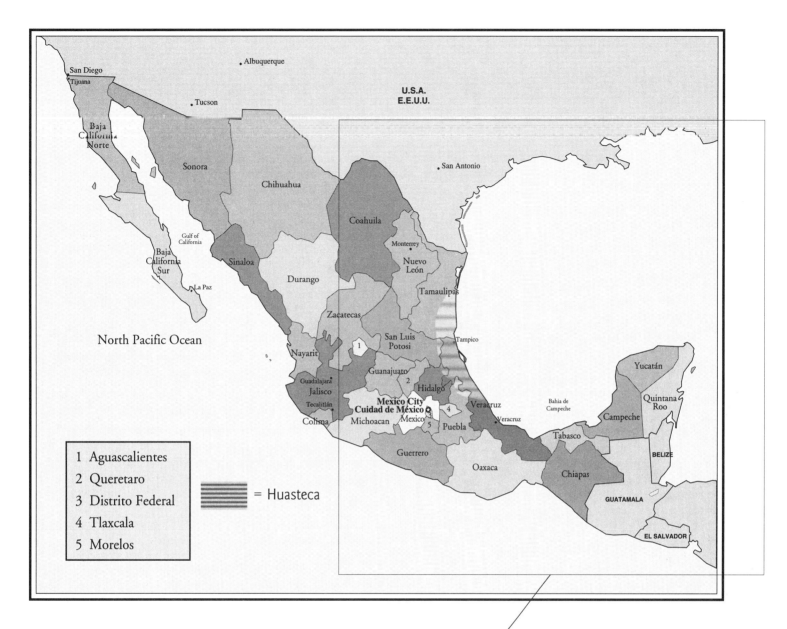

1 Aguascalientes
2 Queretaro
3 Distrito Federal
4 Tlaxcala
5 Morelos

= Huasteca

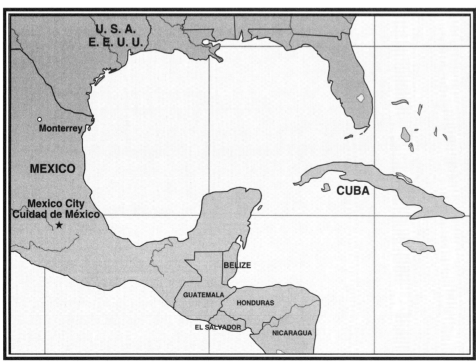

242

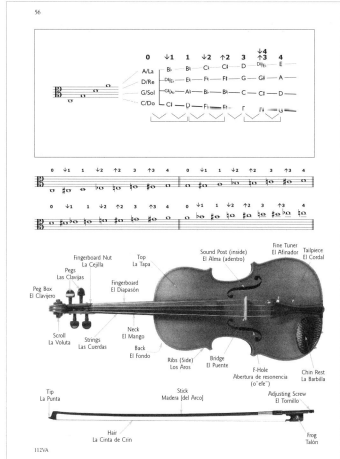

Vln pg.80

Vla pg.56

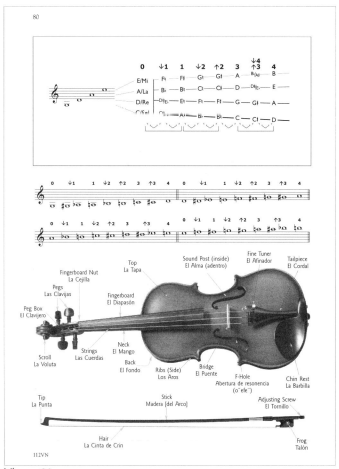

Tpt pg.80

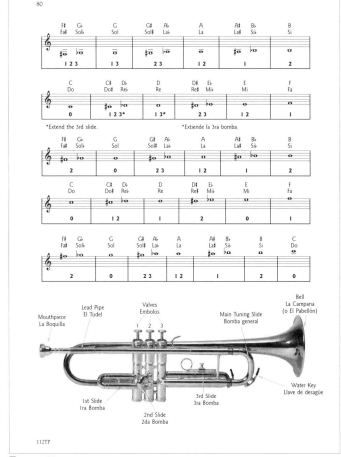

Arpa pg.96

112F

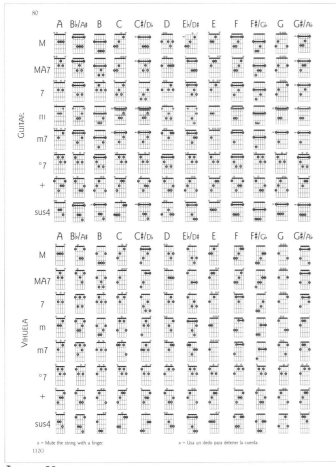

Arm pg.80

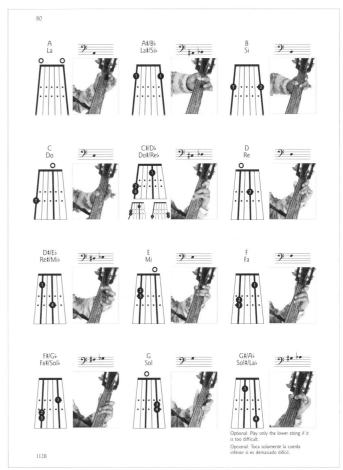

Gtn pg.80

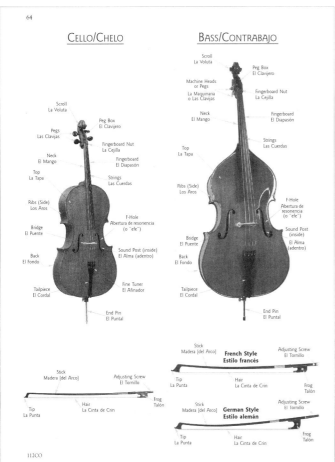

Cello pg.64

MARIACHI AND MUSIC LITERACY WORKSHEETS

The following Mariachi Worksheets and Music Literacy Worksheets can be photocopied and distributed to your students in order to enrich their musical and cultural educations.

The Mariachi Worksheets are designed as reading comprehension and creative thinking exercises, with paragraphs and timelines that deal with aspects of mariachi history and culture on the same page as questions about those readings.

The first three Music Literacy Worksheets similarly have "study guide" information at the top of the page and questions at the bottom, so that all students will learn the all of the same information (including some information not in their student books): English and Spanish names for musical terms, note names in Treble, Bass and Alto clefs, key signatures, etc. The fourth Music Literacy Worksheet is a final quiz (no study guide information).

Many of the questions on these worksheets can be answered in English, Spanish, or both. Young English-speaking students should probably answer in English, vice versa for young Spanish-speaking students. Older students could be challenged to learn both English and Spanish names for everything — you decide what works best for your students.

There are frequent reminders to distribute these worksheets to your students throughout the score. However, since they are not directly correlated to the songs, you are free to use them any way you wish. Distribute them more or less frequently than suggested, reserve them for day-after-concert classroom activities, leave them for days when you have a substitute teacher, assign them as take-home work, etc. Regardless of how you use them, your students will benefit from the cultural enrichment and broader understanding of mariachi that will come from doing these Mariachi Worksheets, and from a more complete understanding of music notation that will come from doing these Music Literacy Worksheets.

LAS HOJAS DE TRABAJO SOBRE EL MARIACHI Y LA NOTACIÓN MUSICAL

Las Hojas de trabajo sobre el mariachi y la Notación musical pueden fotocopiar y entregarse a los alumnos para enriquecer su educación musical y cultural.

Se diseñaron las Hojas de trabajo sobre el mariachi como ejercicios en comprensión de lectura y pensamiento creativo. Tienen párrafos y líneas de tiempo sobre ciertos aspectos de la historia y cultura del mariachi, y preguntas acerca de las lecturas.

Las primeras tres Hojas de trabajo sobre la Notación también empiezan con una 'guía de estudio' y tienen preguntas al final, para que todos los alumnos aprendan la misma información (incluidos datos que no están en los libros del estudiante): términos musicales, nombres de las notas en las claves de Sol, Fa y Do, armaduras de clave, etc., en inglés y español. La cuarta Hoja sobre la Notación es un último cuestionario (pero sin una guía de estudio).

Muchas de las preguntas en estas Hojas de trabajo pueden contestarse en inglés, en español, o ambos. Los jóvenes estudiantes de habla inglesa quizá deberán contestar en inglés, y los de habla hispana en español. Se podría retar a los alumnos mayores a aprender todos los nombres en inglés y español. Ud. tendrá que determinar cuál sistema funciona mejor con sus estudiantes.

A lo largo del libro, hay frecuentes recordatorios para que Ud. entregue las Hojas de trabajo a los alumnos. Empero, como no están directamente correlacionadas con las canciones, Ud. está libre de usarlas como mejor le parezca. Podría entregarlas con una frecuencia mayor o menor a la indicada, usarlas como actividades en el salón en los días después de un concierto, dejarlas para los días en que entra un maestro suplente, asignarlas como tarea, etc. Como sea que las use, los estudiantes se beneficiarán del enriquecimiento cultural, del más amplio entendimiento del mariachi y de la más completa comprensión de la notación musical que lograrán al contestar estas Hojas de trabajo.

Name/Nombre _____

FACT SHEET #1 — MARIACHI ORIGINS

HOJA INFORMATIVA #1 — LOS ORÍGENES DEL MARIACHI

Mexico is a large and diverse country. People in different parts of Mexico speak with distinct accents, have their own types of food and have different musical tastes. Today you can fly from one corner of the country to the other in a few hours, and a new song can be heard on the radio by the entire country the day after it is recorded. None of this was possible before the 20th century. Except for certain momentous occasions (like the Spanish arriving in Mexico), people evolved throughout history with very little outside influences, which is what created different cultures, languages, customs, foods, and of course music.

México es un país grande y diverso. La gente de las varias regiones de México tiene distintos acentos, sus propios tipos de comida y distintos gustos musicales. Hoy, uno puede volar de un rincón del país a otro en unas pocas horas y escuchar una nueva canción en el radio en todo el país un día después de su grabación. Nada de esto era posible antes del siglo XX. Con la excepción de unos sucesos decisivos (como la llegada de los españoles), la gente evolucionó a través de la historia con poca influencia del exterior, lo que dio lugar a una variedad de culturas, lenguas, costumbres, alimentos y, desde luego, música.

The Spanish brought their music and instruments to Mexico. During the next 400 years, each region of Mexico developed its own *types* of instruments and *styles* of playing. Now we have clearly defined styles of music that are as emblematic of each region as their food and clothing.

Los españoles llegaron a México con su música e instrumentos. En los siguientes 400 años cada región del país desarrolló sus propios *tipos* de instrumentos y *estilos* de tocar. Ahora hay estilos musicales propios de cada región y tan representativos de ellas como sus alimentos y ropa.

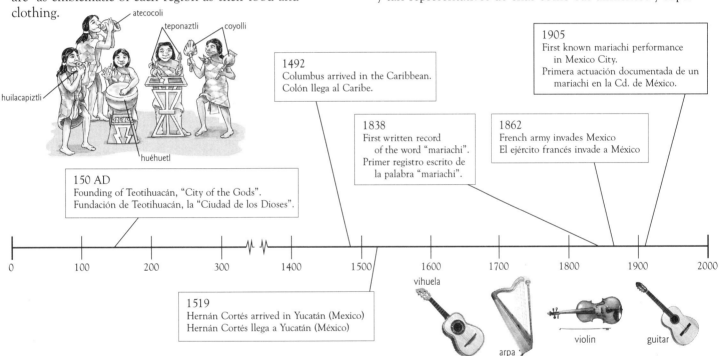

atecocoli
teponaztli
coyolli
huilacapiztli
huéhuetl

1492
Columbus arrived in the Caribbean.
Colón llega al Caribe.

1905
First known mariachi performance in Mexico City.
Primera actuación documentada de un mariachi en la Cd. de México.

1838
First written record of the word "mariachi".
Primer registro escrito de la palabra "mariachi".

1862
French army invades Mexico
El ejército francés invade a México

150 AD
Founding of Teotihuacán, "City of the Gods".
Fundación de Teotihuacán, la "Ciudad de los Dioses".

0   100   200   300   1400   1500   1600   1700   1800   1900   2000

1519
Hernán Cortés arrived in Yucatán (Mexico)
Hernán Cortés llega a Yucatán (México)

vihuela
arpa
violin
guitar

1) True/False: Mexicans are a culturally diverse people.

2) In what ways are separate regions of Mexico different from one another?

3) List three indigenous musical instruments.

4) The violin, guitar, and harp are originally from which part of the world?

5) What differences do you see between the indigenous instruments and Spanish instruments?

6) How do you think music in Mexico changed after the Spanish arrived?

1) Falso/Verdadero: Los mexicanos son un pueblo culturalmente diverso.

2) ¿En qué se diferencian entre sí las varias regiones de México?

3) Escribe los nombres de tres instrumentos musicales indígenas.

4) ¿En qué parte del mundo se originaron el violín, la guitarra y el arpa?

5) ¿Cuáles diferencias puedes ver entre los instrumentos indígenas y los españoles?

6) ¿Cómo piensas tú que cambió la música en México después de la llegada de los españoles?

Name/Nombre _____

FACT SHEET #2 – REGIONAL MEXICAN MUSIC: SONES

Most people in Mexico and all over Latin America call their folk music some type of *son*, a word and song type that comes from Africa either by way of slaves brought to Mexico or from the Moors (people of African descent, many of whom have lived in Spain for centuries). The two features of sones that most clearly reveal their African heritage are 1) the complex and often shifting rhythms, something common in African music but quite rare in early European and indigenous Mexican music, and 2) the singing of short rhyming phrases called *coplas*.

HOJA INFORMATIVA #2 — LA MÚSICA REGIONAL DE MÉXICO: LOS SONES

La mayoría de la gente en México, y en América Latina en general, llaman a su música folk "sones." Esta palabra y tipo de canción llegaron desde África con los esclavos o con los moros (gente de origen africano que ha vivido en España por siglos). Los dos rasgos de los sones que reflejan más claramente su origen africano son: 1) sus complejos y, a menudo, cambiantes ritmos, que son comunes en la música africana pero poco frecuente en la temprana música europea e indígena mexicana; y, 2) el uso de frases cortas que riman, llamadas "coplas."

son huasteco (also called *huapango*, from the *Huasteca* region), played by the "trio huasteco": violin, huapanguera, jarana

son huasteco (también llamado *huapango*, de la región de la *Huasteca*), tocado por el "trío huasteco": violín, huapanguera, jarana

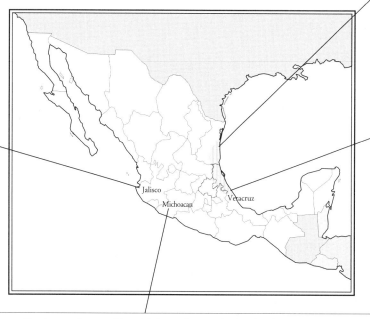

son jalisciense ("jalisciense" means "from Jalisco"), the original mariachi music: usually 2 violins, vihuela and guitarrón

son jalisciense ("jalisciense" significa "de Jalisco"), la original música de mariachi: usualmente tocada por 2 violines, vihuela y guitarrón

son jarocho ("jarocho" means "from Veracruz"), played by the "trio jarocho:" arpa jarocha, requinto jarocho, jarana jorocha

son jarocho ("jarocho" significa "de Veracruz"), tocado por el "trío jarocho:" arpa jarocha, requinto jarocho, jarana jarocha

son michoacano ("michoacano" means "from Michoacán"): very closely related to mariachi but usually played by one violin, harp, guitarra de golpe and drummer—someone drums on the body of the harp with their hands.

son michoacano ("michoacano" significa "de Michoacán"): muy relacionado con el mariachi, pero usualmente tocado por un violín, arpa, guitarra de golpe y batería: alguien golpea el cuerpo del arpa con las manos.

1) Where is the word son from originally?

2) What is it about sones that define them as being African?

3) Which areas in Mexico are each of these *sones* from?

  a) son jalisciense   b) son jarocho

4) What type of son uses someone drumming on the body of the harp with their hands?

5) How are all *sones* alike?

6) How are the individual *sones* different?

1) ¿De dónde viene originalmente la palabra *son*?

2) ¿Qué rasgos de los *sones* indican su origen africano?

3) ¿De qué áreas de México provienen los siguientes *sones*?

  c) son huasteco   d) son michoacano

4) ¿En qué tipo de *son* golpea alguien el cuerpo del arpa con sus manos?

5) ¿En qué se parecen todos los *sones*?

6) ¿En qué se diferencian entre sí los diferentes *sones*?

Name/Nombre _____

Fact Sheet #3 – Regional Mexican Music II

Mexico has a very strong national identity, but it is also the product of the blending of many cultures over time. In fact, like in the USA, different regions of Mexico still have differing concentrations people from other parts of the world (including indigenous people). This has affected the music in those regions as well.

But this in no way diminishes the pride that Mexican people feel in their heritage. It's just like in the USA: the French settled Louisiana, the British settled New England, and California used to be part of Mexico, but people all over the USA proclaim they are proud to be an American.

Hoja informativa #3 – La música regional mexicana II

México tiene una fuerte identidad nacional, aunque es el producto de la mezcla de muchas culturas a lo largo del tiempo. De hecho, al igual que E.U., diferentes regiones de México tienen concentraciones de distintos núcleos de población de otras partes del mundo (y pueblos indígenas). Esto ha influido en la música en esas regiones también.

Pero nada de esto disminuye en modo alguno el orgullo que los mexicanos sienten por su herencia. Es como en E.U.: los franceses colonizaron Louisiana, los ingleses se asentaron en Nueva Inglaterra y California pertenecía a México, pero toda la gente de E.U. proclama su orgullo de ser norteamericanos.

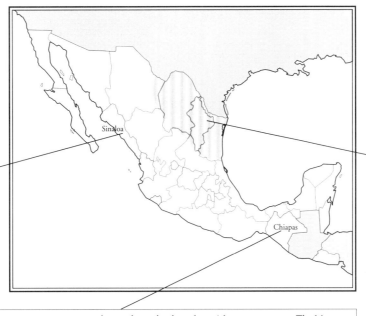

Sinaloa: *banda sinaloense*, with brass, a lot of drums and clarinets that is a descendent of European military bands.

Sinaloa: *banda sinaloense*, con instrumentos de metal, mucha batería y clarinetes; descendiente de las bandas militares europeas.

Northeastern Mexico (bordering Texas): a large number of people of German descent settled bringing their music, including a dance called the *polka* and an instrument called the accordion. The polka rhythm is very common today in mariachi, and (along with the accordion) is a large part of "Tex-Mex" music.

Noreste de México (frontera con Texas): mucha gente de origen alemán se asentó aquí y trajo su música, incluido un baile y un instrumento: la *polka* y el acordeón. Hoy, el ritmo de *polka* es muy común en el mariachi, y (con el acordeón) parte básica de la música "Tex-Mex".

Chiapas: the marimba, a percussion instrument with tuned wooden bars from Africa, is common. The Mexican marimba is played by two or three people at the same time, and paper is attached to bottom of some of the resonators to create an interesting "buzzing" sound when those notes are played.

Chiapas: un instrumento común es la marimba: llegada de África, es de percusión y tiene barras de madera afinadas. La marimba mexicana es tocada por 2 o 3 personas al mismo tiempo. Algunas personas pegan papel debajo de los resonadores que crea un sonido interesante con "zumbido" al tocar ciertas notas.

1) True/False: All Mexican music can be called a type of *son*.

2) The percussion instrument called the marimba is common in what part of Mexico?

3) Where did the marimba originate?

4) The polka is popular in what part of Mexico?

5) Where did the polka originate?

6) What do you think the *banda sinaloense* sounds like?

7) Why do you think a lot of "Tex-Mex" music (music in Texas by people of Mexican decent) would use the accordion and have a very bouncy beat (similar to a polka)?

1) Falso/Verdadero: Toda la música mexicana puede llamarse un tipo de *son*.

2) ¿El instrumento de percusión llamado 'marimba' es común en qué parte de México?

3) ¿De dónde es originaria la marimba?

4) ¿La *polka* es popular en qué parte de México?

5) ¿Dónde se originó la *polka*?

6) ¿Cómo piensas que suena la *banda sinaloense*?

7) ¿Por qué crees que gran parte de la música "Tex-Mex" (estilo tejano de gente de origen mexicano) usa el acordeón y tiene un ritmo muy boyante (parecido al de la *polka*)?

Name/Nombre _____

Fact Sheet #4 — The Evolution of Mariachi Instrumentation, Part I

Hoja informativa #4 — Los instrumentos del mariachi: evolucion, parte I

Early Mariachis (19th century): music in rural Mexico (in pueblos, on ranchos)
- No standard instrumentation, but most used harp, 1–2 types of guitar and 2 violins.
- Often included drums, flutes, trumpets, trombones, clarinets, hand clapping, feet stomping, whistling—anything that would make sound and contribute to the music.

First Prominent Mariachis (1905–1930): first mariachi in the city
- Dominated by string instruments
- Refined, subdued sound was preferred to the loud sound of drums and trumpets
- Mariachis without trumpets received more work and clients would tell trumpet players to stop playing!

Tempranos Mariachis (siglo XIX): música del México rural (pueblos, ranchos)
- No hubo instrumentación estándar, pero la mayoría usaba arpa, 1–2 tipos de guitarra y 2 violines.
- Solía incluir batería, flauta, trompeta, trombón y clarinete. La gente palmeaba, zapateaba y chiflaba, cualquier cosa que hiciera ruido y contribuyera a la música.

Primeros Mariachis Prominentes (1905–1930): primer mariachi en la ciudad
- Más bien instrumentos de cuerda
- Se prefería un sonido refinado y suave al sonido fuerte de la batería y trompeta
- Los mariachis sin trompeta tenían más trabajo y los clientes solían decir a los trompetistas ¡que dejaran de tocar!

1838
The name of a town called "Mariachi" is recorded in Jalisco.

Se registra un pueblo llamado "Mariachi" en el estado de Jalisco.

1852
A priest from Nayarit, Cosme Santa Anna, wrote a letter to his archbishop complaining about the loud noise mariachis made and what a bad influence they were on people.

Un sacerdote de Nayarit, Cosme Santa Anna, escribe una carta al arzobispo para quejarse del fuerte ruido que hacían los mariachis y de su mala influencia entre la gente.

1905
Mariachi Coculense de Justo Villa gave the first known mariachi performance in Mexico City with 2 violins, guitarrón and vihuela (they made the first mariachi recordings under the name *Cuarteto Coculense* in 1908).

El *Mariachi Coculense* de Justo Villa da el primer concierto de mariachi del que se tiene registro en la Cd. de México, con 2 violines, guitarrón y vihuela (también hizo, en 1908, las primeras grabaciones de mariachi, bajo el nombre *Cuarteto Coculense*).

1800 — 1850 — 1900 — 1950 — 2000

1862
French army invades Mexico.
El ejército francés invade a México.

1910
Mexican Revolution.
Revolución Mexicana.

1925
The mariachi led by Concepción "Concho" Andrade, from Cocula, became the first mariachi to base itself permanently in Mexico City.

El mariachi dirigido por Concepción "Concho" Andrade, de Cocula, fue el primero en establecerse en forma permanente en la Cd. de México.

1) How was the early, rural mariachi (from small pueblos and ranchos) different from the urban mariachi that first became popular in Mexico City?

2) List several instruments that might have been heard in early mariachi.

3) What type of instruments dominated the first mariachi music in the city (1905–1930)? String, brass, percussion or woodwinds?

4) Why do you think mariachis brought their music to Mexico City in the first place?

5) What do you think might have changed when mariachis moved to the city? What stayed the same?

6) A popular (but untrue) story is that the word "mariachi" came from the French word for marriage ("mariage"). What in the timeline above suggests this story is false?

1) ¿En qué se distinguía el temprano mariachi rural (de pueblos y ranchos pequeños) del mariachi urbano que llegó a ser popular primero en la Cd. de México?

2) Anota los nombres de varios instrumentos que podían escucharse en los primeros mariachis.

3) ¿Cuáles tipos de instrumento fueron más comunes en la temprana música de mariachi en la ciudad (1905–1930)? ¿De cuerda... de metal... de percusión... o de madera?

4) ¿Por qué crees que los mariachis llevaron su música a la Cd. de México en primer lugar?

5) ¿Qué supones que cambió cuando los mariachis se trasladaron a la ciudad? ¿Qué permaneció igual?

6) Una historia popular (aunque falsa) cuenta que la palabra "mariachi" viene de la palabra francesa que significa matrimonio ("mariage"). ¿Qué hay en la línea de tiempo que sugiere que esta historia es falsa?

Name/Nombre _____

Fact Sheet #5 — The Evolution of Mariachi Instrumentation, Part II

Transitional Mariachi (1930-40): influence of recordings and broadcasts
- The guitarrón and vihuela were used to reinforce or replace the harp since they produce a much stronger bass line and harmonic/rhythmic foundation
- More violins were also added (4-6) in order to balance with the guitarrón and vihuela
- A single trumpet was found to add life, clarity, and depth to mariachi recordings and broadcasts

Modern Mariachi (1950-present): mature sound
- Guitar added to complement the vihuela
- A 2nd Trumpet included to give even more life and versatility to the mariachi
- Standard instrumentation for a "complete" mariachi established: one guitarrón, one vihuela and one guitar, two trumpets, six violins and a mariachi harp (nearly everybody sings)

Sometimes other instruments are used in recordings—such as percussion, flute, French horn (or flugelhorn), accordion, saxophone, viola and cello—but not usually in live performance. The minimum instrumentation for a mariachi in the urban tradition today is one guitarrón, one vihuela and one or two violins or trumpets. Without at least this instrumentation, most would agree an ensemble is not a "true" mariachi.

Hoja informativa #5 — los instrumentos del mariachi: evolución, parte II

Mariachi transicional (1930-40): la influencia de grabaciones y transmisiones
- El guitarrón y la vihuela fueron usados para reforzar o reemplazar al arpa, porque producen una línea baja y un fondo harmónico y rítmico mucho más fuertes
- Se agregaron más violines (4-6) para balancear el sonido del guitarrón y de la vihuela
- Se dieron cuenta que la trompeta da vida, claridad y profundidad a las grabaciones y transmisiones del mariachi

Mariachi moderno (1950-hoy): sonido maduro
- Se agrega la guitarra como complemento a la vihuela
- Se incluyó una segunda trompeta para dar más vida y versatilidad al mariachi
- Se estableció la instrumentación estándar del mariachi "completo": guitarrón, vihuela y guitarra, 2 trompetas, 6 violines y un arpa de mariachi (casi todos los músicos también cantan)

Otros instrumentos —de percusión, flauta, corno francés (*flugelhorn*), acordeón, saxofón, viola, chelo— son usados en ocasiones para grabar pero rara vez en los conciertos. Los elementos mínimos del mariachi en la actual tradición urbana son el guitarrón, una vihuela y uno o dos violines o trompetas. Por lo general, se consideran estos instrumentos como lo mínimo para constituir un "verdadero" mariachi.

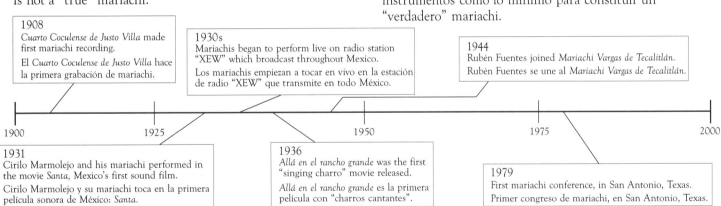

1908
Cuarto Coculense de Justo Villa made first mariachi recording.
El *Cuarto Coculense de Justo Villa* hace la primera grabación de mariachi.

1930s
Mariachis began to perform live on radio station "XEW" which broadcast throughout Mexico.
Los mariachis empiezan a tocar en vivo en la estación de radio "XEW" que transmite en todo México.

1944
Rubén Fuentes joined *Mariachi Vargas de Tecalitlán*.
Rubén Fuentes se une al *Mariachi Vargas de Tecalitlán*.

1900   1925   1950   1975   2000

1931
Cirilo Marmolejo and his mariachi performed in the movie *Santa*, Mexico's first sound film.
Cirilo Marmolejo y su mariachi toca en la primera película sonora de México: *Santa*.

1936
Allá en el rancho grande was the first "singing charro" movie released.
Allá en el rancho grande es la primera película con "charros cantantes".

1979
First mariachi conference, in San Antonio, Texas.
Primer congreso de mariachi, en San Antonio, Texas.

1) About when did the instrumentation of mariachi become standardized?
2) How were the first mariachis that moved into Mexico City different from the modern mariachi?
3) Can you think of any ways that the instrumentation of modern mariachis on recordings is like the earliest, rural mariachis?
4) Why were the guitarrón and vihuela used in the "transitional" mariachi period?
5) Why was the trumpet accepted into the modern mariachi?
6) What is the standard instrumentation of a "complete" mariachi today?
7) What is the minimum instrumentation for a "true" mariachi in the urban tradition today?
8) How do you think movies, radio broadcasts and recordings affected mariachi music?

1) ¿Aproximadamente cuándo quedó establecida la instrumentación estándar del mariachi?
2) ¿En qué se distinguen los primeros mariachis que fueron a la Cd. de México del mariachi moderno?
3) ¿Puedes imaginar algunas maneras en que la instrumentación del mariachi moderno en grabaciones se parece a los primeros mariachis rurales?
4) ¿Por qué se usaron el guitarrón y la vihuela en el periodo "transicional" del mariachi?
5) ¿Por qué fue aceptada la trompeta en el mariachi moderno?
6) ¿Cuál es la instrumentación estándar de un mariachi "completo" hoy?
7) ¿Cuál es la instrumentación mínima de un "verdadero" mariachi en la tradición urbana hoy?
8) ¿Cómo piensas que el cine, las transmisiones radiofónicas y las grabaciones han afectado la música de mariachi?

Name/Nombre _____

FACT SHEET #6 — MARIACHI VARGAS DE TECALITLÁN

The most important ensemble in the history of mariachi music is *Mariachi Vargas de Tecalitlán*. Their history embodies the history of the modern mariachi.

HOJA INFORMATIVA #6 — EL MARIACHI VARGAS DE TECALITLÁN

El más importante conjunto en la historia de la música de mariachi es el *Mariachi Vargas de Tecalitlán*, cuya historia refleja la historia del mariachi moderno.

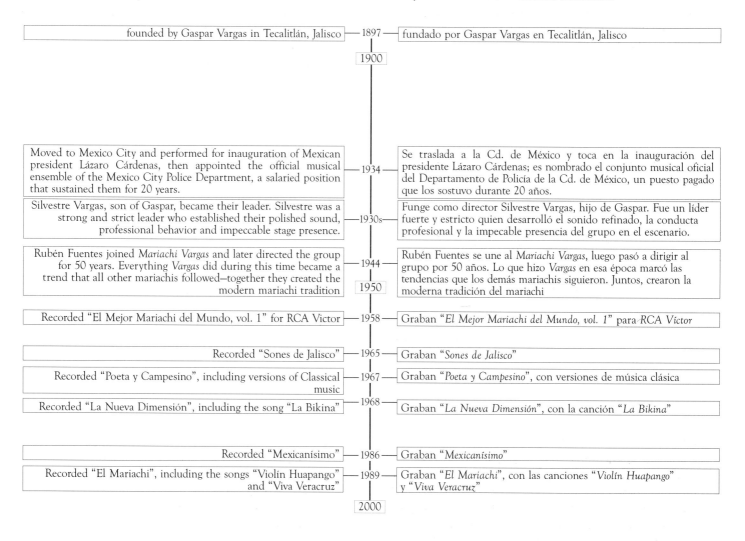

founded by Gaspar Vargas in Tecalitlán, Jalisco	1897	fundado por Gaspar Vargas en Tecalitlán, Jalisco
	1900	
Moved to Mexico City and performed for inauguration of Mexican president Lázaro Cárdenas, then appointed the official musical ensemble of the Mexico City Police Department, a salaried position that sustained them for 20 years.	1934	Se traslada a la Cd. de México y toca en la inauguración del presidente Lázaro Cárdenas; es nombrado el conjunto musical oficial del Departamento de Policía de la Cd. de México, un puesto pagado que los sostuvo durante 20 años.
Silvestre Vargas, son of Gaspar, became their leader. Silvestre was a strong and strict leader who established their polished sound, professional behavior and impeccable stage presence.	1930s	Funge como director Silvestre Vargas, hijo de Gaspar. Fue un líder fuerte y estricto quien desarrolló el sonido refinado, la conducta profesional y la impecable presencia del grupo en el escenario.
Rubén Fuentes joined *Mariachi Vargas* and later directed the group for 50 years. Everything *Vargas* did during this time became a trend that all other mariachis followed—together they created the modern mariachi tradition	1944 / 1950	Rubén Fuentes se une al *Mariachi Vargas*, luego pasó a dirigir al grupo por 50 años. Lo que hizo *Vargas* en esa época marcó las tendencias que los demás mariachis siguieron. Juntos, crearon la moderna tradición del mariachi
Recorded "El Mejor Mariachi del Mundo, vol. 1" for RCA Victor	1958	Graban "*El Mejor Mariachi del Mundo, vol. 1*" para RCA Víctor
Recorded "Sones de Jalisco"	1965	Graban "*Sones de Jalisco*"
Recorded "Poeta y Campesino", including versions of Classical music	1967	Graban "*Poeta y Campesino*", con versiones de música clásica
Recorded "La Nueva Dimensión", including the song "La Bikina"	1968	Graban "*La Nueva Dimensión*", con la canción "*La Bikina*"
Recorded "Mexicanísimo"	1986	Graban "*Mexicanísimo*"
Recorded "El Mariachi", including the songs "Violín Huapango" and "Viva Veracruz"	1989	Graban "*El Mariachi*", con las canciones "*Violín Huapango*" y "*Viva Veracruz*"
	2000	

1) Tecalitlán is in which state?

2) Who founded *Mariachi Vargas de Tecalitlán*?

3) How did Silvestre Vargas improve *Mariachi Vargas*?

4) True/False: *Mariachi Vargas* was the first mariachi to perform in Mexico City.

5) Why do you think it is important that *Mariachi Vargas* received a salaried position with the Mexico City Police Department?

6) Why do you think *Mariachi Vargas* is the most important mariachi in the world?

1) ¿En qué estado está Tecalitlán?

2) ¿Quién fundó el *Mariachi Vargas de Tecalitlán*?

3) ¿En qué forma mejoró Silvestre Vargas al *Mariachi Vargas*?

4) Falso/Verdadero: El *Mariachi Vargas* fue el primer mariachi en tocar en la Cd. de México.

5) ¿Por qué crees que es importante que el *Mariachi Vargas* tuvo un puesto pagado con el Departamento de Policía de la Cd. de México?

6) ¿Por qué piensas que el *Mariachi Vargas* es el más importante mariachi del mundo?

Name/Nombre _____

FACT SHEET #7 — RUBÉN FUENTES

Rubén Fuentes was music director for *Mariachi Vargas de Tecalitlán* during the time they set just about every major trend in mariachi. The moment he began to write and arrange music for *Mariachi Vargas* and the top singers of the day (using the mariachi ensemble the way an artist uses canvas and paints) marks the formation of the modern mariachi.

HOJA INFORMATIVA #7 — RUBÉN FUENTES

Cuando Rubén Fuentes fungía como el director musical del *Mariachi Vargas de Tecalitlán*, el grupo inició casi todas las tendencias importantes en el género. La formación del mariachi moderno data del día en que Fuentes empezó a escribir y arreglar la música para el *Mariachi Vargas* y los más destacados cantantes de la época (usando el mariachi como el artista usa su lienzo y pinturas).

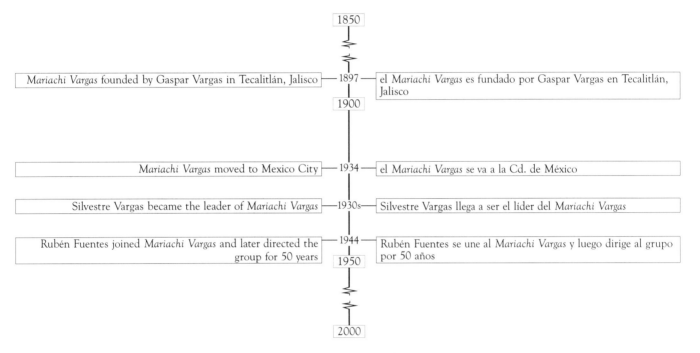

	1850	
Mariachi Vargas founded by Gaspar Vargas in Tecalitlán, Jalisco	1897	el *Mariachi Vargas* es fundado por Gaspar Vargas en Tecalitlán, Jalisco
	1900	
Mariachi Vargas moved to Mexico City	1934	el *Mariachi Vargas* se va a la Cd. de México
Silvestre Vargas became the leader of *Mariachi Vargas*	1930s	Silvestre Vargas llega a ser el líder del *Mariachi Vargas*
Rubén Fuentes joined *Mariachi Vargas* and later directed the group for 50 years	1944 / 1950	Rubén Fuentes se une al *Mariachi Vargas* y luego dirige al grupo por 50 años
	2000	

Rubén Fuentes
- formally trained violinist, pianist, and composer— not a mariachi before joining *Vargas*. Fuentes saw the musical potential in this unique ensemble that someone born into mariachi could not have imagined.
- established the modern relationship between the violins and trumpets: he used them separately, in unison, in 2-part or 3-part harmony, and used mutes in the trumpets in order to *orchestrate* mariachi music the same way that classical composers orchestrate symphonic music.

1) Why do you think Rubén Fuentes was so important to mariachi?

2) Why do you think it is important that Rubén Fuentes was a formally trained violinist, pianist, and composer, and that he was *not* born into the mariachi tradition?

3) What do you think it means to say that Rubén Fuentes used the mariachi ensemble the way an artist uses canvas and paints?

4) In what way did Rubén Fuentes create the modern mariachi?

Rubén Fuentes
- violinista, pianista y compositor de preparación formal. No era mariachi antes de unirse al *Vargas*. Vio el potencial musical de este conjunto único que alguien nacido en el medio no hubiera podido haber imaginado.
- estableció la relación moderna entre violín y trompeta, los usó por separado y en conjunto y en armonías de 2- o 3-partes. Usó sordinas con las trompetas. *Orquestó* la música de mariachi como los compositores clásicos orquestan la música sinfónica.

1) ¿A qué se debe la importancia de Rubén Fuentes en el mariachi?

2) ¿En qué consiste la importancia del hecho de que Fuentes haya sido violinista, pianista y compositor de formación clásica, y *no* nació en el medio del mariachi?

3) ¿Qué crees que significa decir que Rubén Fuentes usó el mariachi como el artista usa su lienzo y pinturas?

4) ¿En qué sentido "creó" Rubén Fuentes el mariachi moderno?

Name/Nombre _____

Fact Sheet #8 — Transition to an Art Music

Early mariachi, before 1940, is considered to have been almost purely "folk" music as opposed to "art" music, but today the distinction is less clear.

Folk music, or "music of the people," means it is:
- played by amateur musicians (people who play simply for the love of music)
- an aural tradition (learned by ear, not written down)
- anonymous (nobody knows who wrote the songs)
- claimed by some group of people as their own (usually rural populations)

But mariachis who established themselves in Mexico City in the 1930s began using their music to earn a living. This had many important implications for the future of mariachi:
- mariachis had to play whatever music the people who hired them wanted them to play
- the *quality* of the musicians and their music became more important because better mariachis and those who read music would earn more money
- mariachis became concerned with professionalism and showmanship
- mariachis began to create their own music and their own *style* of mariachi

1) What is folk music?

2) What makes something folk music?

3) What impact did playing professionally (for money) have on mariachis?

4) When did mariachi change from being almost purely folk music to art music?

5) Do you think the change from folk music to art music was good or bad for mariachi? Why?

6) True/False: Mariachis have always played for money.

Hoja informativa #8 — La Transición a una Música Artística

En la época temprana, antes de 1940, la música de mariachi era considerada más bien una música casi puramente "folk", y *no* un género "artístico", pero hoy esta distinción está menos clara.

La música folk, o "música del pueblo", significa:
- que la tocan músicos aficionados (los que tocan por amor al arte)
- que es una tradición lírica (aprendida por oído, no escrita)
- que es anónima (nadie sabe quién escribió las canciones)
- que varios pueblos lo reclaman como "suyo" (usualmente pueblos rurales)

Pero los mariachis que se establecieron en la Cd. de México en los años 30 empezaron a tocar para ganarse la vida, hecho que tuvo importantes repercusiones para el futuro del mariachi:
- se tuvo que tocar el tipo de música que pedía la gente que los contrataba
- la *calidad* de los músicos y de su música cobró cada vez más importancia porque los mejores mariachis y los que podían leer la música ganaban más dinero
- los mariachis se preocuparon por el profesionalismo y la presencia en el escenario
- los mariachis empezaron a crear su propia música y propio *estilo* de mariachi

1) ¿Qué es la música folk?

2) ¿Cuáles son los rasgos de la música folk?

3) ¿Cuál fue el impacto sobre el mariachi cuando empezaron a tocar profesionalmente (por dinero)?

4) ¿Cuándo cambió el mariachi de ser una música casi puramente folk a una música artística?

5) ¿Piensas que el cambio de música folk a música artística fue bueno o malo para el mariachi? ¿Por qué?

6) Falso/Verdadero: Los mariachis siempre han tocado por dinero.

Name/Nombre _____

Fact Sheet #9 — Professional Mariachis, Folk Roots

Modern mariachis often perform music in new and unfamiliar styles. Since the 1940s, they have been heard by millions of people and they play their music for a living. In short, when mariachis arrived in Mexico City they became more *professional* in every sense of the word. But while the mariachi that most people fell in love with was this professional mariachi, mariachi musicians themselves have always maintained a strong connection with their folk-music roots:

- the *mariachi style*, which comes directly from the earliest mariachis, is still one of the most important aspects of mariachi
- mariachis usually play from memory and most mariachis still learn the majority of their music by ear (not reading)
- if asked, most mariachis will say they do it "for the love of the music," even though they may be paid musicians
- audiences listening to mariachi often feel moved to join in singing, dancing, clapping, whistling, and yelling with the music

Although Jalisco and the surrounding region can still claim to be the birthplace of mariachi, people from all over Mexico now proudly proclaim, "mariachi is our music."

1) In what ways are mariachis still tied to their folk-music roots?

2) Why do you think it is important for mariachis to maintain a connection to their folk-music roots?

3) In what ways are modern mariachis different from folk mariachis?

4) How does the fact that mariachi audiences today like to join in singing, dancing, clapping, whistling and yelling with the music connect mariachi with its folk-music roots?

5) Why is it important for mariachis to read music?

6) Why is it important for mariachis to learn songs by ear?

7) What does it mean to say that mariachis became "more professional"?

Hoja informativa #9 — El mariachi profesional, raíces folk

Los mariachis modernos suelen tocar en estilos nuevos no tan conocidos. Desde los años 40, los han oído millones de personas y tocan para ganarse la vida. Al llegar los mariachis a la Cd. de México, se hicieron más *profesionales* en todos los sentidos. Sin embargo, aunque el mariachi del que la mayoría de la gente se enamora es este conjunto profesional, los músicos de mariachi han conservado siempre su fuerte relación con sus raíces en la música folk:

- el *estilo mariachi*, que proviene directamente de los mariachis más tempranos, sigue siendo uno de los rasgos más importantes del género
- los mariachis usualmente tocan de memoria y la mayoría aún aprende buena parte de su música por oído (sin leer)
- si uno les preguntara, la mayoría de los mariachis aún dirían que tocan "por amor a la música," aunque ahora se les paga
- al escuchar al mariachi el público a menudo se pone a cantar, bailar, palmear, chiflar y gritar con la música

Aunque Jalisco y sus alrededores aún puede presumir de ser el lugar donde nació el mariachi, ahora la gente en todo México proclama con orgullo que "el mariachi es nuestra música."

1) ¿En qué sentido siguen unidos los mariachis a sus raíces en la música folk?

2) ¿Por qué consideras importante que los mariachis hayan mantenido esa conexión con sus raíces en la música folk?

3) ¿En qué son distintos los mariachis modernos a los mariachis folk?

4) La gente que escucha al mariachi a menudo se pone a cantar, bailar, palmear, chiflar y gritar con la música. ¿Cómo liga esto al mariachi con sus raíces de música folk?

5) ¿Por qué es importante para los mariachis leer música?

6) ¿Por qué es importante para los mariachis aprender las canciones por el oído?

7) ¿Qué quiere decir que los mariachis se volvieron "más profesionales"?

Name/Nombre _____

FACT SHEET #10 —
MARIACHI LEGENDS

Justo Villa: leader of Cuarteto Coculense who made the first mariachi recordings in 1908 Mexico City

Cirilo Marmolejo: leader of one of the first and most important mariachis based in the Plaza Garibaldi ("mariachi square") in Mexico City, and the first mariachi known to have performed outside of Mexico, at the 1933 World's Fair in Chicago, Illinois

Gaspar Vargas: founded *Mariachi Vargas de Tecalitlán* in 1897

Silvestre Vargas: son of Gaspar, became leader of *Mariachi Vargas de Tecalitlán* in the 1930s and was responsible for making them the most professional, polished mariachi in the world

Rubén Fuentes: music director for *Mariachi Vargas de Tecalitlán* since about 1950, considered most responsible for creating the modern mariachi sound

Miguel Martinez: joined *Mariachi Vargas de Tecalitlán* in 1941, considered the first truly great mariachi trumpeter and most responsible for creating the mariachi trumpet style that is still emulated today

Natividad Santiago: guitarrón player for *Mariachi Vargas de Tecalitlán* for nearly 30 years beginning in 1959, considered the first true virtuoso of the guitarrón and pioneer of guitarrón playing technique

1) Who made the first mariachi recordings?

2) What is the name of the "mariachi square" where Cirilo Marmolejo's mariachi played?

3) Mariachis today still emulate the trumpet style of who?

4) Who was the first true virtuoso of the guitarrón?

5) What affect do you think it had on the world, on Mexico and on mariachis when Cirilo Marmolejo played with his mariachi at the World's Fair in Chicago in 1933?

HOJA INFORMATIVA #10 —
LAS LEYENDAS DEL MARIACHI

Justo Villa: director del *Cuarteto Coculense* que hizo las primeras grabaciones de mariachi en 1908 en la Cd. de México

Cirilo Marmolejo: líder de uno de los primeros y más importantes mariachis basados en la Plaza Garibaldi en la Cd. de México, y el primer mariachi que se sabe tocó fuera de México, en la *Feria Mundial* de 1933 en Chicago, Illinois

Gaspar Vargas: fundó el *Mariachi Vargas de Tecalitlán* en 1897

Silvestre Vargas: hijo de Gaspar, fue director del *Mariachi Vargas de Tecalitlán* en los años 30, responsable de convertirlo en el mariachi más profesional y refinado del mundo

Rubén Fuentes: director musical del *Mariachi Vargas de Tecalitlán* desde alrededor de 1950; considerado el creador del moderno sonido de mariachi

Miguel Martinez: se unió al *Mariachi Vargas de Tecalitlán* en 1941; considerado el primer gran trompetista de mariachi y creador del estilo de trompeta de mariachi que se sigue emulando hoy en día

Natividad Santiago: guitarronista del *Mariachi Vargas de Tecalitlán* por casi 30 años, a partir de 1959; considerado el primer virtuoso del guitarrón y pionero de la técnica de tocar este instrumento

1) ¿Quién hizo las primeras grabaciones de mariachi?

2) ¿Cómo se llama el sitio en la Cd. de México donde tocó el mariachi de Cirilo Marmolejo?

3) Hoy, ¿los mariachis siguen emulando el estilo de tocar la trompeta de quién?

4) ¿Quién fue el primer virtuoso del guitarrón?

5) ¿Qué impacto consideras que pudo haber tenido en el mundo, en México, y en el mariachi el que Cirilo Marmolejo y su mariachi hayan tocado en la *Feria Mundial* en Chicago en 1933?

Name/Nombre _____

FACT SHEET #11 — THE FIRST IMPORTANT MALE SOLO SINGERS WITH MARIACHI

In most folk music, including early mariachi, there are no soloists—everyone is equally important. It is ironic then that the modern mariachi is best known for accompanying solo singers. The "star power" of these singers and movie stars drew the attention of the public to their music, and today the mariachi musicians themselves take turns singing solos, often imitating the voices of the soloists.

Jorge Negrete *(1911–1953):* a true legend who personified the ideal Mexican man in his many patriotic films. Negrete trained and aspired to be an opera singer before he was persuaded to return to Mexico to appear in a "new" and "untested" medium: movies. He had a strong, refined, operatic voice that influenced all mariachi singers after him.

Pedro Infante *(1917–1957):* one of the first true superstars of Mexican film, Pedro Infante was beloved as much for his acting as for his singing. He had a beautiful, clear, light voice that was well suited to singing the bolero ranchero, a song form that he was the first to popularize. Infante died in a mysterious plane crash at the height of his popularity, immortalizing him forever as a legend.

Miguel Aceves Mejía *(1916–):* most noted for popularizing the huapango with mariachi. Miguel Aceves had a very high, clear, expressive voice and was often called "The Golden Falsetto"—many huapangos feature high falsetto singing.

1) Which singer studied to be an opera singer before singing solo with mariachis in movies? What effect do you think this had on the way mariachis themselves sing and why?

2) Why do you think it is important that most mariachi singers also acted in films?

3) What type of song is Miguel Aceves Mejía most known for singing?

4) Why is it ironic that modern mariachi is best known for accompanying solo singers?

5) What type of song is Pedro Infante credited with popularizing?

HOJA INFORMATIVA #11— LOS PRIMEROS IMPORTANTES SOLISTAS VARONES CON MARIACHI

La música folk en general, incluido el temprano mariachi, no tiene solistas: todos los miembros tienen la misma importancia. Es irónico, entonces, que el mariachi moderno se hizo más famoso precisamente por acompañar a solistas. La "atracción" de los cantantes y estrellas de cine llamó la atención del público a este género, y hoy los mariachis alternan cantando solos, a menudo imitando las voces de los solistas.

Jorge Negrete *(1911–1953):* una verdadera leyenda que encarnó el ideal hombre mexicano en sus muchas películas patrióticas. Negrete se formó como cantante de opera y anhelaba seguir esta carrera, pero le convencieron a volver a México y trabajar en un medio "nuevo" y "no probado": el cine. Su voz era fuerte, refinada y operística e influyó en todos los cantantes de mariachi posteriores.

Pedro Infante *(1917–1957):* quizá la primer "súperestrella" verdadera del cine mexicano. Era amado tanto por su actuación como por su canto. Su voz era hermosa, clara y ligera, muy apta para el bolero ranchero, tipo de canción que él fue el primero en popularizar. Infante murió en un misterioso avionazo cuando estaba en la cima de su popularidad, lo cual lo inmortalizó como una leyenda.

Miguel Aceves Mejía *(1916–):* muy conocido por popularizar el huapango con mariachi. Aceves era de voz muy aguda, clara y expresiva. Le solían llamar "el falsete de oro". Muchos huapangos se caracterizan por cantar en falsete.

1) ¿Cuál artista estudió para ser cantante de ópera antes de cantar como solista con mariachis en el cine? ¿Qué efecto piensas que esto tuvo en el estilo de cantar de los mariachis? ¿Por qué?

2) ¿Por qué crees que es importante que muchos cantantes de mariachi también actuaron en el cine?

3) ¿Por cuál tipo de canción es más conocido Miguel Aceves Mejía?

4) ¿Por qué es irónico que el mariachi moderno es tan conocido por acompañar a cantantes solistas?

5) ¿La popularización de cuál tipo de canción es la que se le atribuye a Pedro Infante?

Name/Nombre _____

Fact Sheet #12 — Important Female Solo Singers with Mariachi

While most professional mariachi groups have historically excluded women from joining, all-female mariachis have existed since at least the 1950s and they are becoming more and more popular today.

Despite the historically small number of women playing in mariachi bands, female solo singers have always been a significant part of the modern mariachi tradition: female solo singers with mariachi are just as famous and important as their male counterparts.

Lucha Reyes *(1906-1944)*: the first important female mariachi singer, Reyes sang opera until an illness reportedly caused her to lose her voice. After recovering, she began to sing with mariachis, but while she sang mariachi in a very different style from her classical singing she still had an amazingly powerful and exciting voice that set the example for every female mariachi after her.

Lola Beltran *(1932-1996)*: known as "Lola la grande" and "The Queen of Ranchera Music" because no other woman has made such an impact on mariachi music. She had an amazing, beautiful, versatile voice and could convey the emotion of a song so honestly that many (including Lola herself) would weep when she sang.

Linda Ronstadt *(1946-)*: an American with Mexican and German parents, Linda Ronstadt was already extraordinarily famous as a pop singer in the United States when she first recorded mariachi. Her album *Canciones de mi padre* ("My Father's Songs") was produced by Rubén Fuentes with members of *Mariachi Vargas* and others of the best mariachis in the world performing. This recording prompted a huge surge of awareness and popularity of mariachi music in the U.S. in the late 1980s.

1) Knowing what you know about Lucha Reyes' history, that she was an opera singer who began to sing mariachi after her voice was damaged by an illness, how do you think her voice might sound?

2) Why do you think most professional mariachi bands are either all-male or all-female?

3) Why do you think mariachis in Mexico have historically resisted letting women join?

4) Who is the most important female solo singer with mariachi in Mexico and why?

5) Who is the most important female solo singer with mariachi in the US and why?

Hoja informativa #12 — Importantes cantantes solistas mujeres con Mariachi

Si bien la mayoría de los mariachis profesionales tradicionalmente han excluido a las mujeres, ha habido mariachis de mujeres desde, al menos, la década de 1950, y estos grupos se están haciendo más y más populares hoy.

Aunque son relativamente pocas las mujeres que han tocado en mariachis, las solistas siempre han formado parte importante de la moderna tradición del mariachi: las solistas que cantan con mariachi son tan famosas e importantes como sus homólogos varones.

Lucha Reyes *(1906-1944)*: la primera destacada cantante de mariachi. Reyes cantó ópera hasta que, según informes, una enfermedad le hizo perder su voz. Tras recuperarse, empezó a cantar con mariachis y, aunque cantó este género usando un estilo muy distinto a su preparación clásica, tuvo una voz increíblemente poderosa y emocionante que puso el ejemplo para todas las cantantes de mariachi que le siguieron.

Lola Beltran *(1932-1996)*: conocida como "Lola la grande" y la "Reina de la música ranchera" porque ninguna otra mujer ha tenido semejante impacto en la música de mariachi. Su voz era privilegiada, hermosa y versátil, y transmitía la emoción de sus canciones con tanta sinceridad que mucha gente (¡incluida la propia Lola!) lloraba cuando cantaba.

Linda Ronstadt *(1946-)*: una cantante norteamericana nacida de padres mexicanos y alemanes, Ronstadt ya era muy famosa como cantante de *pop* en e.u. cuando grabó su primer disco de música de mariachi. Su disco *Canciones de mi padre* fue producido por Rubén Fuentes y tocaron en él los miembros del *Mariachi Vargas* y otros de los mejores mariachis del mundo. Esta grabación desató una enorme ola de interés y popularidad en la música de mariachi en e.u. a finales de la década de 1980.

1) Sabiendo lo que ya sabes de la historia de Lucha Reyes -que era cantante de ópera y empezó a cantar mariachi cuando su voz fue afectada por una enfermedad- ¿cómo crees que se escucha su voz?

2) ¿Por qué crees que la mayoría de los conjuntos de mariachi profesionales están integrados sólo por hombres o sólo por mujeres?

3) ¿Por qué crees que a lo largo de la historia los mariachis en México se hayan opuesto a que entren mujeres?

4) ¿Quién es la más importante solista que canta con mariachi en México? ¿Por qué?

5) ¿Quién es la más importante solista que canta con mariachi en E.U.? ¿Por qué?

Name/Nombre _____

FACT SHEET #13 — LATER MALE SOLO SINGERS WITH MARIACHI

HOJA INFORMATIVA #13 — POSTERIORES SOLISTAS VARONES DE MARIACHI

Javier Solís *(1931–1966):* with a rich, baritone voice, Javier Solís is considered by many to have been the greatest ranchera singer of his time. While Pedro Infante is the first to have popularized singing the bolero ranchero, Javier Solís truly brought it to new heights, making it one of the most popular mariachi song forms.

Javier Solís *(1931–1966):* por su rica voz barítono Javier Solís es considerado por mucha gente como el más grande cantante ranchero de su época. Aunque Pedro Infante fue el que popularizó el bolero ranchero, Javier Solís lo llevó a nuevas alturas y lo hizo una de las más populares formas de canción de mariachi.

José Alfredo Jiménez *(1926–1973):* known as much for his songwriting as for his singing, José Alfredo was the type of person the "common man" could identify with. He was not very handsome, never pretended to be "high-class," and was not an intellectual, but his songs were honest and touching— he sang of emotions that we have all felt.

José Alfredo Jiménez *(1926–1973):* conocido tanto por sus canciones como su canto, Jiménez fue una persona con quien el "hombre común" podía identificarse. No era muy guapo, nunca pretendía ser de "clase alta," y no era un intelectual, pero sus canciones eran conmovedoras y honestas. Cantaba acerca de las emociones que todos hemos sentido.

Vicente Fernández *(1940–):* perhaps the most famous mariachi singer of all time, Vicente Fernández has ruled the mariachi stage and record sales since the early 1970s. His high, rich, expressive voice gives his performances and recordings an unmistakably touching quality.

Vicente Fernández *(1940–):* quizá el más famoso cantante de mariachi de todos los tiempos, Fernández ha dominado el escenario del mariachi y las ventas de discos desde inicios de los 70. Su aguda, rica y expresiva voz da a sus conciertos y grabaciones una inconfundible cualidad conmovedora.

1) What group of people most identify with José Alfredo Jiménez's music and why?

1) ¿Cuál grupo de personas se identifica más con la música de José Alfredo Jiménez? ¿Por qué?

2) Who brought the bolero ranchero to new heights, and why was he able to do this?

2) ¿Quién llevó al bolero ranchero a nuevas alturas, y cómo logró hacerlo?

3) Why do you think Vicente Fernández is considered the most famous mariachi singer of all time?

3) ¿Por qué piensas que Vicente Fernández es considerado el más famoso cantante de mariachi de todos los tiempos?

4) Who is just as famous for being a songwriter as a singer?

4) ¿Quién es tan famoso como compositor que como cantante?

Name/Nombre _____

FACT SHEET #14 — MARIACHI SONG COMPOSERS

While mariachi has its roots in the folk music tradition, the majority of mariachi songs we know today were composed by professional songwriters since the 1930s. Some of the most important mariachi song composers are:

Ernesto Cortázar *(1897–1953)* and **Manuel Esperón** *(1911–)* worked together to write many of the early mariachi classics for Jorge Negrete and others, including "*Ay Jalisco no te rajes,*" ("*Oh Jalisco, Don't Back Down*") and "*Tequila con limón*" (Tequila with Lime).

Tomás Méndez *(1927–1995)* wrote many mariachi classics sung by every major mariachi singer. Many of his songs are about birds, including "Cucurrucucú paloma" ("*Cooo, Cooo Dove*") and "Paloma Negra" ("*Black Dove*").

Juan Gabriel *(1950–)* is known as much for being a singer as a songwriter. Juan Gabriel composed some of the most popular mariachi songs since the 1970s including "*Amor eterno*" ("*Eternal Love*") and "*Siempre estoy pensando en ti*" ("I'm Always Thinking of You").

Rubén Fuentes *(1926–)* is best known as an arranger and music director for *Mariachi Vargas* but he also composed songs including many ground-breaking *huapangos* recorded by Miguel Aceves Mejía and the enormous hit "*La bikina*"

José Alfredo Jiménez *(1926–1973)* is as well-known for his singing as his songwriting. Jose Alfredo's songs have been sung and recorded by all of the greatest mariachi singers. He composed more songs that are part of the standard repertoire for mariachis today than perhaps any other single composer, including "Ella" ("She") and "El rey" ("The King").

1) When were most mariachi songs composed?

2) Which two mariachi composers are also well-known for their singing?

3) Which composer wrote the most songs that are in the standard repertoire for mariachis today?

4) Which composer was famous for writing a lot of songs about birds?

5) Which composer is also known for being the director of an important mariachi?

6) Who wrote many of the early classic mariachi songs for Jorge Negrete and others?

HOJA INFORMATIVA #14 — COMPOSITORES DE MARIACHI

Si bien el mariachi traza sus raíces a la tradición de la música folk, la mayoría de las canciones de mariachi que conocemos hoy fueron escritas por compositores profesionales a partir de los años 30. Algunos destacados compositores de mariachi son:

Ernesto Cortázar *(1897–1953)* y **Manuel Esperón** *(1911–)* colaboraron en escribir muchas de las primeras canciones clásicas de mariachi para Jorge Negrete y otros, incluidas "*Ay Jalisco no te rajes,*" y "*Tequila con limón*".

Tomás Méndez *(1927–1995)* escribió muchas de las piezas clásicas del género que han entonado los principales cantantes de mariachi. Muchas de sus canciones hablan de pájaros, incluidas "*Cucurrucucú paloma*" y "*Paloma negra*".

Juan Gabriel *(1950–)* conocido por ser cantante y compositor, Juan Gabriel escribió algunas de las canciones de mariachi más populares desde los años 70, incluidas "*Amor eterno*" y "*Siempre estoy pensando en ti.*"

Rubén Fuentes *(1926–)* mejor conocido como arreglista y director musical del *Mariachi Vargas*, pero también escribió canciones, incluidos varios *huapangos* novedosos que grabó Miguel Aceves Mejía, y el gran éxito "*La Bikina.*"

José Alfredo Jiménez *(1926–1973)* tan conocido por su canto como por sus composiciones, las cuales han sido cantadas y grabadas por los más destacados artistas de mariachi. Escribió más canciones que ahora son parte del repertorio estándar del mariachi que quizá ningún otro compositor; incluidas "*Ella*" y "*El rey*".

1) ¿Cuándo fueron escritas la mayoría de las canciones de mariachi?

2) ¿Cuáles dos compositores de mariachi son conocidos también por su canto?

3) ¿Cuál compositor escribió más canciones que hoy forman parte del repertorio estándar del mariachi?

4) ¿Cuál compositor se hizo famoso por escribir varias canciones sobre pájaros?

5) ¿Cuál compositor es conocido también por haber sido el director de un importante mariachi?

6) ¿Quién escribió muchas de las tempranas canciones clásicas de mariachi para Jorge Negrete y otros?

Name/Nombre _____

FACT SHEET #15 – "CLASSICAL" MARIACHI SONG COMPOSERS

Most mariachi songs were considered "pop music" when they were written, but some have since become known as "classical" songs. To call something "classic" (music, art, architecture, literature, etc.) is to say that it is of very high quality, it has been around for a long time but people still enjoy it today. It is still considered as beautiful and important as it was the day it was created.

The following are some composers who wrote mariachi songs that are now considered "classical:"

Manuel M. Ponce *(1882–1948)* wrote most of his music for orchestra, guitar, piano and other classical ensembles but he also wrote many incredible songs including "*Estrellita*" ("*Little Star*") and "*A la orilla de un palmar*" ("*Next to the Palms*").

Agustín Lara *(1900–1970)* was also called "El flaco de oro" ("the golden skinny man") because of his looks and ability to write beautiful melodies. Agustín Lara's lifetime was known as "the golden age of song" in Mexico. He wrote countless well-known songs, including "Granada" and "Solamente una vez" ("Only One Time").

María Grever *(1894–1951),* having written more than 600 songs including "Júrame" ("Swear to Me") and "Cuando vuelvo a tu lado" ("When I Return to Your Side"), she is held in such high esteem that many singers consider it an honor to have the privilege of singing her songs.

1) What does it mean to call something "classical"?

2) What are some things that you consider "classics"?

3) Whose lifetime was known as "the golden age of song" in Mexico?

4) Whose songs do many singers consider it an honor to have the privilege of singing?

5) Which composer wrote most of his music for classical ensembles as opposed to songs?

HOJA INFORMATIVA #15 – COMPOSITORES "CLÁSICOS" DE CANCIONES DE MARIACHI

Cuando primero aparecieron, muchas de las canciones de mariachi eran consideradas "música pop", pero ahora se clasifican como "clásicas." Llamar a algo "clásico" (en música, arte, arquitectura, literatura, etc.), indica que es de muy alta calidad y ha durado mucho tiempo, aunque se sigue disfrutando hoy. Se considera tan importante y bello como el día en que fue creado.

Los siguientes son algunos de los compositores que escribieron canciones de mariachi que ahora se consideran "clásicas:"

Manuel M. Ponce *(1882–1948)* escribió la mayor parte de su música para orquesta, guitarra, piano y otros conjuntos clásicos, pero también escribió varias canciones muy buenas, como "*Estrellita*" y "*A la orilla de un palmar*."

Agustín Lara *(1900–1970)* también conocido como "El flaco de oro" por su físico y su habilidad de escribir hermosas melodías. La época de Agustín Lara se conoce como la "época de oro de la canción mexicana". Escribió incontables canciones famosas, como "Granada" y "Solamente una vez."

María Grever *(1894–1951),* por haber escrito más de 600 canciones, incluidas "Júrame" y "Cuando vuelvo a tu lado", es tan estimada que muchos cantantes consideran un honor y privilegio entonar sus composiciones.

1) ¿Qué quiere decir cuando llamamos a algo "clásico"?

2) Nombra algunas cosas que tú consideras "clásicas."

3) ¿La llamada "época de oro de la canción mexicana" coincidió con la vida de quién?

4) Muchos cantantes consideran un honor y privilegio entonar las canciones de esta compositora. ¿De quién se trata?

5) ¿Cuál compositor escribió la mayor parte de su música para conjuntos musicales clásicos y no como canciones?

Name/Nombre _____

Music Literacy Worksheet 1

Hoja de trabajo: Notación Musical 1

Note and Rest names / Nombres de notas y silencios

Whole Note, Whole Rest	○ ▬	Redonda, Silencio de redonda
Half Note, Half Rest	♩	Blanca, Silencio de blanca
Quarter Note, Quarter Rest	♩ 𝄽	Negra, Silencio de negra
Eighth Note, Eighth Rest	♪ 𝄾	Corchea, Silencio de corchea
Sixteenth Note, Sixteenth Rest	♬ 𝄿	Semicorchea, Silencio de semicorchea

Clefs / Claves

Treble clef – the second line from the bottom is "G."

Clave de Sol – la segunda línea de abajo hacia arriba es "Sol."

Bass Clef – the fourth line from the bottom is "F."

Clave de Fa – la cuarta línea de abajo hacia arriba es"Fa."

Alto Clef – the middle line is "C."

Clave de Do – la línea media es "Do."

Key Signature – Sharps or flats located at the beginning each line of music.

Armadura de clave – Se indican los sostenidos o of bemoles al principio de cada línea de música.

Time Signature – The top number tells how many beats per measure, the bottom number tells which note value gets the beat.

Cifra de compás: El número de arriba indica cuántos tiempos hay en cada compás; el número de abajo indica el tipo de nota que tiene la unidad de tiempo.

Dynamics / Dinámicas

Pianissimo – very soft	*pp*	**Pianissimo** – muy suave
Piano – soft	*p*	**Piano** – suave
Mezzo Piano – medium soft	*mp*	**Mezzo piano** – medianamente suave
Mezzo Forte – medium loud	*mf*	**Mezzo forte** – medianamente fuerte
Forte – loud	*f*	**Forte** – fuerte
Fortissimo – very loud	*ff*	**Fortissimo** – muy fuerte

Repeat signs repeat the music between the signs then continue.

Signos de repetir: Repite la música entre los signos y luego continua.

Write the order that the measures will be played in the music above: _____

Anota el orden en que se tocan los compases en la música arriba

Name the symbols in the music above:

Identifica los símbolos de la música arriba:

1._____	6._____	11._____	16._____
2._____	7._____	12._____	17._____
3._____	8._____	13._____	18._____
4._____	9._____	14._____	19._____
5._____	10._____	15._____	20._____

Name/Nombre _____

Music Literacy Worksheet II
Note names

Hoja de Trabajo: Notación Musical II
Nombres de Notas

Treble Clef / Clave de Sol

F / Fa
D / Re
B / Si
G / Sol
E / Mi

E / Mi
C / Do
A / La
F / Fa

Bass Clef / Clave de Fa

A / La
F / Fa
D / Re
B / Si
G / Sol

G / Sol
E / Mi
C / Do
A / La

Alto Clef / Clave de Do

G / Sol
E / Mi
C / Do
A / La
F / Fa

F / Fa
D / Re
B / Si
G / Sol

Accidentals

Sharp: raises the note 1/2 step
Flat: lowers the note 1/2 step
Natural: cancels a sharp or flat

Accidentales

♯ **Sostenido**: sube la nota un semitono
♭ **Bemol**: baja la nota un semitono
♮ **Becuadro**: cancela un sostenido o un bemol

Keys

C Major: no sharps, no flats
G Major: 1 sharp
D Major: 2 sharps
A Major: 3 sharps
E Major: 4 sharps

Tonos

Do Mayor: ni sostenidos ni bemoles
F♯ — Sol Mayor: 1 sostenido
F♯, C♯ — Re Mayor: 2 sostenidos
F♯, C♯, G♯ — La Mayor: 3 sostenidos
F♯, C♯, G♯, D♯ — Mi Mayor: 4 sostenidos

Notation

Staff
Bar Line
Rhythmic Dot: adds half the value of the note
Ledger Line: extends the staff

Notación

Pentagrama
Línea divisoria
Puntillo rítmico: agrega la mitad del valor de la nota
Líneas adicionales: extienden el pentagrama

English–Spanish Note Names
First Ending and Second Ending:
Play the first ending the first time.
Repeat the music, jump the first ending and play the second.

Nombres de notas: inglés–español
Primera casilla y Segunda casilla:
Toca la primera casilla la primera vez. Repite la música, salta la primera casilla y toca la segunda.

Write the order that the measures will be played in the music above: _____

Anota el orden en que se tocan los compases en la música arriba

Name the symbols in the music above:

Identifica los símbolos en la música arriba.

1. _____ 4. _____ 7. _____

2. _____ 5. _____

3. _____ 6. _____

Identify the following note names (C, G, etc.) from the music above:

Identifica los siguientes nombres de notas (Do, Sol, etc.) de la música arriba.

8. _____ 9. _____ 10. _____ 11. _____ 12. _____ 13. _____

In the music above, what key are the following measures in?

En la música arriba, ¿en qué clave están los siguientes compases?

Measures/Compases 1-2 _____   Measure/Compás 3 _____   Measure/Compás 4 _____

Translate English-Spanish, Spanish-English:

Traduzca inglés al español, y español al inglés

Do _____ Sol _____ Si _____ E _____ D _____ F _____ A _____

Name/Nombre _____

Music Literacy Worksheet III

Song Types

The most important differences between mariachi song types are their time signature and armonía/guitarrón rhythm.

Hoja de trabajo: Notación Musical III

Tipos de canciones

Las diferencias mas importantes entre los tipos de canciones de mariachi son sus cifras de compás y los ritmos del guitarrón y armonía.

Repeats

D.C. ("da capo"): Jump to the beginning
D.S. (%) ("dal segno"): Jump to the sign (%)
al Coda: Jump to the coda (θ)

Repeticiones

D.C. ("da capo"): Salta al principio
D.S. (%) ("dal segno"): Salta al signo (%)
al Coda: Salta a la coda (θ)

Write the order that the measures will be played in the music above: _____

Anota el orden en que se tocan los compases en la música arriba

Write the order that the measures will be played in the music above _____

Anota el orden en que se tocan los compases en la música arriba

Match the musical terms with their translation: Conecta los términos musicales con su traducción:

_____ whole note	_____ natural	1. pentagrama	10. clave de Sol
_____ half note	_____ time signature	2. armadura de clave	11. corchea
_____ quarter note	_____ key signature	3. clave de Fa	12. sostenido
_____ eighth note	_____ key	4. redonda	13. negra
_____ sixteenth note	_____ measure	5. bemol	14. silencio
_____ rest	_____ treble clef	6. clave de Do	15. becuadro
_____ staff	_____ bass clef	7. semi-corchea	16. compás
_____ sharp	_____ alto clef	8. blanca	17. tono
_____ flat		9. cifra de compás	

Identify each song type   Identifica cada tipo de canción

1. _____   2. _____   3. _____   4. _____   5. _____

Music Literacy Worksheet IV

Hoja de trabajo: Notación Musical IV

Name/Nombre _____

Name the symbols in the music above:

Identifica los símbolos de la música arriba:

1. _____   6. _____   11. _____   16. _____

2. _____   7. _____   12. _____   17. _____

3. _____   8. _____   13. _____   18. _____

4. _____   9. _____   14. _____   19. _____

5. _____   10. _____   15. _____   20. _____

Complete the measures below according to their time signatures by adding one rest per measure.

Apunta un silencio en cada uno de los compases abajo para completarlos de acuerdo con su cifra de compás.

Write the order that the measures will be played in the music above: _____

Anota el orden en que se tocan los compases en la música arriba

Identify each song type

Identifica cada tipo de canción

1. _____   2. _____   3. _____   4. _____   5. _____

Identify each key according to the key signature.

Identifica cada tono según la armadura de clave.

6. _____   7. _____   8. _____   9. _____   10. _____

Identify the notes below (pay attention to the clef).

Identifica cada nota abajo (concéntrase en el clave).

11. _____   12. _____   13. _____

Answers/Contestaciones

#1

1) True. / Verdadero

2) Answers may vary: different food, accents, music, clothes, etc.
Respuestas pueden variar: diferentes comidas, acentos, gustos de música, ropa, etc.

3) Three of these / tres de esos: huilacapiztli, atecocoli, huéhuetl, coyolli, teponaztli

4) Spain. / España.

5) Answers may vary: Spanish used string instruments, indigenous instruments had no strings.
Respuestas pueden variar: los instrumentos de España tenian cuerdas, los indígenos, no.

6) Answers may vary / Respuestas pueden variar

#2

1) Africa.

2) Complex rhythms and short rhyming phrases. / Ritmos complejos y frases cortas que riman.

3) **son jaliscience** = Jalisco
son jarocho = Vercruz
son huasteco = Huasteca
son michoacano = Michoacán

4) son michoacano

5) Answers may vary: all have complex rhythms, rhyming phrases, played in Latin America, use mainly string instruments
Respuestas pueden variar: todos tienen ritmos complejos, coplas que riman, se los toqen en America Latina, y usan primariamente instrumentos de cuerda

6) Answers may vary: different instrumentation, played in different places, sing about different subjects, dance to them differently
Respuestas pueden variar: diferentes instrumentos, se toca en diferentes lugares, las letras hablan de diferentes temas, se bailan diferente

#3

1) False. / Falso.

2) Chiapas.

3) Africa.

4) Northeastern/Texas Border. / Noreste/Frontera con Texas.

5) Germany. / Alemania.

6) Answer may vary: loud, noisy / Respuestas pueden variar: suena muy fuerte, ruidoso

7) Because German a lot of people who played the polka rhythm and accordion used to live there.
Porque mucha gente de origen alemán se asentó allí, con su música (la polka y el acordeón).

#4

1) Early mariachi had many different types of instruments, but in Mexico City they used mainly string instruments so they sounded softer and more refined.
El mariachi temprano tenía muchos diferentes instrumentos, pero en el DF usaban primariamente instrumentos de cuerda y por eso sonó mas suave y refinado.

2) Flutes, drums, trumpets, clarinets, trombones / Flautas, batería, trompetas, trombones, clarinetes

3) String. / De cuerda.

4) Answers may vary / Respuestas pueden variar

5) Answers may vary / Respuestas pueden variar

6) The town of Mariachi in 1838, before the French invaded./El pueble de "Mariachi" en 1838, antes que llegó los franceses

#5

1) 1950

2) Answers may vary: first mariachis had only one trumpet, no guitar. Modern mariachi has more songs.
Respuestas pueden variar: los primeros mariachis sólo tenían una trompeta y ninguna guitarra. El mariachi moderno tiene mas canciones.

3) On recordings, like early mariachis, many different instruments are common, including drums, flutes, etc. En grabaciones, como los mariachis tempranos, muchos diferentes instrumentos eran común, como tambores, flautas, etc.

4) To replace the harp and give a stronger bass line and harmonic/rhythmic foundation to the mariachi.
Para reemplazar el arpa y dar una línea de bajo y fundacion armónica/rítmica más fuerte al mariachi.

5) Because the trumpet added life, clarity and depth to mariachi recordings and broadcasts.
Porque la trompeta le da vida, claridad y profundidad a las grabiciones y transmisiones de mariachi.

6) 1 guitarrón, 1 vihuela, 1 guitar/guitarra, 2 trumpets/trompetas, 6 violins/violines, 1 harp/arpa

7) 1 guitarrón, 1 vihuela, 2 violins or trumpets/violines o trompetas

8) Answers may vary: new songs, more professional, different styles, recordings helped standardize style, instrumentation and repertoire.
Respuestas pueden variar: nuevas canciones, eran mas profesionales, diferentes estilos, grabiciones se hizo el estilo, la instrumentación y el repertorio más estandares.

#6

1) Jalisco.

2) Gaspar Vargas.

3) He was a strict leader who helped polish their sound and make them more professional.
Fué un lider estricto quien desarrolló el sonido refinado y se hizo el mariachi más profesional.

4) False. / Falso.

5) Answers may vary: it gave them a steady income and many important performances, so they could perform together full time and improve how they play.
Respuestas pueden variar: le dió un sueldo fijo y muchos conciertos importantes para que podrian tocar juntos más y mejorar como tocan.

6) Answers may vary: been a strong mariachi for longer than any other, they have set every important trend in mariachi, etc.
Respuestas pueden variar: porque eran un mariachi fuerte para más tiempo que cualquier otro mariachi, se marcó todos los tendencias importancias en la historia del mariachi, etc.

#7

1) Answers may vary: created the modern mariachi sound, directed Mariachi Vargas for more than 50 years, etc.
Respuestas pueden variar: creó el sonido moderno del mariachi, dirijió Mariachi Vargas para más que 50 años, etc.

2) Answers may vary: he saw the musical potential in the mariachi ensemble that someone born into mariachi could not have imagined.
Respuestas pueden variar: vio el potencial musical del mariachi que alguien nacido afuera de este mundo no hubiera podido haber imaginado.

3) Answers may vary: he used the mariachi ensemble, reshaped it in unique ways in order to realize his artistic vision.
Respuestas pueden variar: usaba el mariachi, lo cambió entre formas nuevas para realizar su visión artistica.

4) He created the modern relationship between the violins and trumpets, and was the person writing for Mariachi Vargas when they defined the modern mariachi.
Estableció la relación moderna entre los violines y trompetas, y fué la persona escribiendo para Mariachi Vargas cuando definó el mariachi moderno.

#8

1) "Music of the people" / "música del pueblo"

2) Amateur musicians, aural tradition, anonymous, claimed by some group of people as "their own".
Músicos aficionados, tradición lirica, anónima, varios pueblos la reclaman como "suyo".

Answers/Contestaciones

3) Repertoire changed and expanded, quality of music and musicians improved, mariachis thought about professionalism and showmanship, different mariachis created their own style of mariachi.

El repertorio cambió y creció, la calidad de la música mejoró, los mariachis concentraron en el profesionalismo y la presencia en el escenario, diferentes mariachis empezaron a creer su proprio estilo de mariachi.

4) 1940.

5) Answers may vary. / Respuestas pueden variar

6) False. / Falso.

#9

1) Mariachis still play with the same style as before, most play from memory and learn new songs by ear, mariachis still "play for love" (even if they are paid), and the audiences often join in singing, dancing, whistling, etc.

Los mariachis todavía tocan con el mismo estilo de antes, la mayoria tocan de memoria y aprenden canciones del oído, siguen tocando por el gusto de tocar (aunque esten pagados por tocar) y el público a menudo canta, baila, chifla, etc., juntos con el mariachi.

2) Answers may vary: continue tradition, preserve style, etc. / Respuestas pueden variar: seguir la tradición, preservar el estilo, etc.

3) They usually perform for pay, they play new songs in unfamiliar styles, are heard by many people, they try to make their music sound as good as possible, they are "professional" in every sense.

A menudo tocan para dinero, tocan nuevas canciones en estilos poco conocidos, mucha gente se escucha su música, se tratan de tocar a lo mejor que pueden, y son muy profesionales en todos los sentidos.

4) This shows that it is still okay for anyone to participate in the music, unlike most "professional" types of music where the audience is expected to sit quietly and observe only.

Eso nos enseña que todavia está buena para cualquiera persona a participar en la música, no como en la mayoria de los conciertos de música tipa "profesional" donde la gente debe sentarse y ser callados mientras escuchan la música.

5) Answers may vary: the ability to read music makes it easier to learn new songs, provides more professional opportunities (recording, accompanying singers, etc.), and also makes the player a better musician generally.

Respuestas pueden variar: la abilidad de leer música se hace más fácil a aprender canciones nuevas, le da más oportunidades profesionales (grabando, acompañando a cantantes, etc.), y se mejora el músico en general.

6) Answers may vary: learning by ear keeps mariachis closer to their folk music roots and helps to perpetuate mariachi style.

Respuestas pueden variar: a aprender música del oído se conecta los mariachis a sus raises folklóricas y perpetua el estilo.

7) Answers may vary: they tried to play their music better, dressed better, treated playing like a job, etc.

Respuestas pueden variar: trataron a tocar mejor, vestirse mejor, consideraron tocar musica como "carrera", etc.

#10

1) Justo Villa/Cuarteto Coculense.

2) Plaza Garibaldi.

3) Miguel Martinez.

4) Natividad Santiago.

5) Answers may vary / Respuestas pueden variar

#11

1) Jorge Negrete. Answer may vary: it encouraged mariachi musicians to sing with a more operatic voice.

Jorge Negrete. Contestaciones pueden variar: animó a los mariachis a cantar en voces más operáticas.

2) Answer may vary: actors sing more dramatically, the songs they sing often tell a story (songs from movies), and their fame as movie stars helped make mariachi more famous.

Contestaciones pueden variar: los actors cantan con más "drama", sus canciones (las de películas) a menudo cuentan una historia, y su fama como "estrellas de cine" ayudó a llamar atención al mariachi tambien.

3) Huapango.

4) Because originally mariachi was folk music, so there were no soloists. / Porque originalmente mariachi era música folklórica: no hubo solistas.

5) Bolero.

#12

1) Answers may vary: strong voice, expressive, but also rough.

Respuestas pueden variar: una voz fuerte, espresiva, pero tambien bastante áspera.

2) Answers may vary: tradition, keeping "all-male" or "all-female" sound for chorus, etc.

Respuestas pueden variar: la tradición, manteniendo el sonido del coro vocal masculino y feminino, etc.

3) Answers may vary: prejudice, tradition, machismo, etc.

Respuestas pueden variar: prejuicio, tradición, machismo, etc.

4) Lola Beltran, she made a bigger impact on mariachi music than any other woman.

Lola Beltra, porque ninguna otra mujer ha tenido semejante impacto en la música de mariachi.

5) Linda Ronstadt, she made mariachi music famous in the US in the 1980s.

Linda Ronstadt, ella hizo la música de mariachi famosa en EU en la década de 1980.

#13

1) The "common folk", because they identified with José Alfredo and his music.

El "hombre común", porque se identificó con José Alfredo y su música.

2) Javier Solis, because he was considered the greatest ranchera singer of his time.

Javier Solis, porque era considerado el mejor cantante de música ranchera en su generación.

3) Answer may vary: because he sings with a high, clear voice that is very touching.

Respuestas pueden variar: porque canta con una voz alta y clara que es muy conmovedora.

4) José Alfredo Jimenez

#14

1) 1930-present. / 1930-presente.

2) Juan Gabriel & José Alfredo Jimenez.

3) José Alfredo Jimenez.

4) Tomás Méndez.

5) Rubén Fuentes.

6) Ernesto Cortazar & Manuel Esperón.

#15

1) High quality, around for a long time, people still enjoy it today./ Alta calidad, ha existado por mucho tiempo, la gente sigue disfrutandola hasta hoy.

2) Answers may vary: classic cars, classic movies, etc. / Respuestas pueden variar: carros clásicos, películas clásicas, etc.

3) Agustin Lara.

4) María Grever.

5) Manuel M. Ponce.

Answers/Contestaciones

260

Write the order that the measures will be played in the music above: ABCDECDEFG

Anota el orden en que se tocan los compases en la música arriba

Name the symbols in the music above:

Identifica los símbolos de la música arriba:

1. Treble clef / Clave de Sol
2. Key Signature / Armadura de clave
3. Time signature / Cifra de compás
4. Quarter note / Negra
5. Forte

6. Eighth note / Corchea
7. Piano
8. Half rest / Silencio de blanca
9. Mezzo piano
10. Quarter rest / Silencio de negra

11. Mezzo forte
12. Half note / Blanca
13. Fortissimo
14. Eighth rest / Silencio de corchea
15. Sixteenth note / Semi-corchea

16. Sixteenth note rest / Silencio de semi-corchea
17. Whole note / Redonda
18. Pianissimo
19. Bass clef / Clave de Fa
20. Whole rest / Silencio de redonda

261

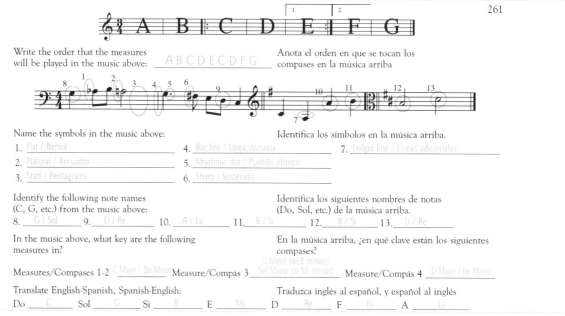

Write the order that the measures will be played in the music above: ABCDECDFG

Anota el orden en que se tocan los compases en la música arriba

Name the symbols in the music above:

Identifica los símbolos en la música arriba.

1. Flat / Bemol
2. Natural / Becuadro
3. Staff / Pentagrama

4. Bar line / Línea divisoria
5. Rhythmic dot / Puntillo rítmico
6. Sharp / Sostenido

7. Ledger line / Líneas adicionales

Identify the following note names (C, G, etc.) from the music above:

Identifica los siguientes nombres de notas (Do, Sol, etc.) de la música arriba.

8. G / Sol   9. D / Re   10. A / La   11. B / Si   12. B / Si   13. D / Re

In the music above, what key are the following measures in?

En la música arriba, ¿en qué clave están los siguientes compases?

Measures/Compases 1-2 C Major / Do Mayor   Measure/Compás 3 G Major (or E minor)/ Sol Mayor (o Mi menor)   Measure/Compás 4 D Major / Re Mayor

Translate English-Spanish, Spanish-English:

Traduzca inglés al español, y español al inglés

Do   C   Sol   G   Si   B   E   Mi   D   Re   F   Fa   A   La

262

Write the order that the measures will be played in the music above: ABCDEABCFG

Anota el orden en que se tocan los compases en la música arriba

Write the order that the measures will be played in the music above ABCDCEFGHBC[DC]EFI

Anota el orden en que se tocan los compases en la música arriba

Match the musical terms with their translation: Conecta los términos musicales con su traducción:

4	whole note	15	natural	1. pentagrama
8	half note	9	time signature	2. armadura de clave
13	quarter note	2	key signature	3. clave de Fa
11	eighth note	17	key	4. redonda
7	sixteenth note	16	measure	5. bemol
14	rest	10	treble clef	6. clave de Do
1	staff	3	bass clef	7. semi-corchea
12	sharp	6	alto clef	8. blanca
5	flat			9. cifra de compás

10. clave de Sol
11. corchea
12. sostenido
13. negra
14. silencio
15. becuadro
16. compás
17. tono

Identify each song type

Identifica cada tipo de canción

Armonía

Guitarrón

1. Jarabe   2. Ranchera polkeada   3. Son jalisciense   4. Ranchera valseada   5. Bolero ranchero

Answers/Contestaciones

MUSIC LITERACY WORKSHEET IV

HOJA DE TRABAJO: NOTACIÓN MUSICAL IV

Name/Nombre _____

Name the symbols in the music above:

Identifica los símbolos de la música arriba:

1. Treble clef / Clave de Sol
2. Key Signature / Armadura de clave
3. Time signature / Cifra de compás
4. Quarter note / Negra
5. forte

6. Eighth note / Corchea
7. Piano
8. Half rest / Silencio de blanca
9. Mezzo piano
10. Quarter rest / Silencio de negra

11. Mezzo forte
12. Half note / Blanca
13. Fortissimo
14. Eighth rest / Silencio de corchea
15. Sixteenth note / Semi-corchea

16. Sixteenth note rest / Silencio de semi-corchea
17. Whole note / Redonda
18. Pianissimo
19. Bass clef / Clave de fa
20. Whole rest / Silencio de redonda

Complete the measures below according to their time signatures by adding one rest per measure.

Apunta un silencio en cada uno de los compases abajo para completarlos de acuerdo con su cifra de compás.

Write the order that the measures will be played in the music above:

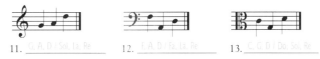

Anota el orden en que se tocan los compases en la música arriba

Identify each song type

Identifica cada tipo de canción

Armonía

Guitarrón

1. Jarabe
2. Ranchera polkeada
3. Son jalisciense
4. Ranchera valseada
5. Bolero ranchero

Identify each key according to the key signature.

Identifica cada tono según la armadura de clave.

6. A Major / La Mayor
7. C Major / Do Mayor
8. G Major (or E minor) / Sol Mayor (o Mi menor)
9. B Major / Si Mayor
10. E Major / Mi Mayor

Identify the notes below (pay attention to the clef).

Identifica cada nota abajo (concéntrase en el clave).

11. G, A, D / Sol, La, Re
12. F, A, D / Fa, La, Re
13. C, G, D / Do, Sol, Re

FURTHER READING/RESOURCES

Books

Clark, Jonathan. Mexico's Pioneer Mariachis, vol. 1-4: Arhoolie Records. (liner notes to CD series)

Nevin, Jeff. Virtuoso Mariachi: University Press of America, 2002.

Olsen, Dale and Daniel Sheehy, eds. The Garland Handbook of Latin American Music: Garland Publishing, 2000.

Rafael, Hermes. DelMariachi.com: internet site dedicated to the history of mariachi written by noted mariachi author and historian. (In Spanish)

Serrano, Álvaro Ochoa. Mitote, fandango y mariacheros: El Colegio de Michoacan, 2005. (In Spanish)

Sheehy, Daniel. Mariachi Music in America: Oxford University Press, 2006.

Stores

Each store listed below has their own site on the World Wide Web. Due to the ever-changing nature of Internet addresses, physical addresses, and phone numbers, we have not provided specific information. Please use your favorite Internet search engine to find out more about the stores listed below.

Candelas Guitars. Store and manufacturer of guitars, vihuelas and guitarrones, located in Los Angeles, California.

El Charro. Seller of mariachi trajes and instruments, located in El Paso, Texas.

Instrumentos Morales. The legendary manufacturer of vihuelas, guitarrones, guitars and mariachi harps. Once considered the "Stradivarius of mariachi instruments." Located in Guadalajara, Jalisco, Mexico.

The Mariachi Connection. A one-stop store for mariachi materials, including music, instruments, trajes (uniforms) and resources, located in San Antonio, Texas.

Sandpiper Instruments. Manufacturers of a professional quality mariachi harp designed by Sergio Alonso from *Mariachi Los Camperos de Nati Cano*. Located in Coquille, Oregon.

Internet

There are a large number of private internet sites dedicated to mariachi music, some well-researched with good information and some with incorrect information. As always when using the internet for research, be aware that not everything you find will be accurate. However, any search for "Mariachi" or "Mariachi Conferences" or "Mariachi Resources," for example, will yield quite a lot of good information.

LECTURAS ADICIONALES/RECURSOS

Libros

Clark, Jonathan. Mexico's Pioneer Mariachis, vol. 1-4: Arhoolie Records. (apuntes de portada de esta colección de CDs)

Nevin, Jeff. Virtuoso Mariachi: University Press of America, 2002.

Olsen, Dale and Daniel Sheehy, eds. The Garland Handbook of Latin American Music: Garland Publishing, 2000.

Rafael, Hermes. DelMariachi.com: Sitio de Internet dedicado a la historia del mariachi, elaborado por un importante escritor e historiador de mariachi. (En Español)

Serrano, Álvaro Ochoa. Mitote, fandango y mariacheros: El Colegio de Michoacan, 2005. (En Español)

Sheehy, Daniel. Mariachi Music in America: Oxford University Press, 2006.

Tiendas

Las tiendas de esta lista tienen sus propios sitios de Internet. Por los frecuentes cambios de dirección de Internet, de domicilio y de número telefónico, no hemos proporcionado información específica. Favor de usar su buscador de Internet preferido para obtener los datos de las tiendas mencionadas.

Candelas Guitars. Expendio y fabricante de guitarras, vihuelas y guitarrones, en Los Angeles, California.

El Charro. Vendedor de trajes e instrumentos para mariachi, en El Paso, Texas.

Instrumentos Morales. El legendario fabricante de vihuelas, guitarrones, guitarras y arpas para mariachi. Alguna vez considerado el "*Stradivarius* de los instrumentos de mariachi," en Guadalajara, Jalisco, México.

The Mariachi Connection. Una tienda con todo tipo de material para mariachi, incluida música, instrumentos, trajes y material de apoyo, en San Antonio, Texas.

Sandpiper Instruments. Fabricante de un arpa para mariachi de calidad profesional, diseñado por Sergio Alonso del *Mariachi Los Camperos de Nati Cano*. En Coquille, Oregon.

Internet

Hay muchas páginas particulares de Internet dedicadas a la música de mariachi; algunas bien elaboradas y con muy buena información, otras con información quizá inexacta. Cuando uno investiga en Internet debe tener presente que no toda la información que encuentra será correcta. Pero las búsquedas con palabras claves como "Mariachi" o "Congresos de Mariachi" o "Recursos para Mariachi," por ejemplo, llevarán a mucha información buena.

THE NATIONAL STANDARDS OF MUSIC EDUCATION AS APPLIED TO MARIACHI MUSIC

Mariachi music is ideally suited to teaching the National Standards of Music Education in a classroom setting, arguably better suited to addressing all of the Standards than the ensembles typically found in American schools today. Specifically, every member of a mariachi is expected to sing and play an instrument, and the standard mariachi repertoire contains a wide range of music that originated in various distinct regions of Mexico, other Latin American countries and Europe. Also, like any other formalized music, reading, writing, listening, talking about the music and learning about its rich history go hand in hand with mastering its performance.

1) Singing, alone and with others, a varied repertoire of music

It is integral to the mariachi culture that everyone in the ensemble sing (chorus singing and solo singing). The standard mariachi repertoire consists of many different styles of music including *rancheras* (relating to Mexican rural life), *boleros* (originally a dance form from Cuba), *sones jaliscienses* (from western Mexico), *huapangos* (from eastern Mexico), *polkas* and *valses* (both originally European dances), and many other distinct styles. All of the books in **Mariachi Mastery** have vocal exercises and parts integrated with the instrumental parts, and present the student with a broad range of distinct mariachi repertoire.

2) Performing on instruments, alone and with others, a varied repertoire of music

It is integral to the mariachi culture that everyone in the ensemble play an instrument. The standard mariachi repertoire consists of many different styles of music including *rancheras* (relating to Mexican rural life), *boleros* (originally a dance form from Cuba), *sones jaliscienses* (from western Mexico), *huapangos* (from eastern Mexico), *polkas* and *valses* (both originally European dances), and many other distinct styles. All of the books in **Mariach Mastery** have exercises designed to help students master the performance practice of their instrument, and present the student with a broad range of distinct mariachi repertoire.

3) Improvising melodies, variations, and accompaniments

Mariachi was originally an oral tradition, and learning to improvise accompaniments by supplying harmonic and rhythmic progressions (armonía, guitarrón, harp players) and improvising melodic accompaniments (violin, trumpet players) is an important aspect to mastering mariachi music. **Mariachi Mastery** teaches students the basic chord progressions and melodic figures common in mariachi (and other) music, and encourages students to play and transpose these from memory in order to prepare them to improvise these sorts of accompaniments.

LAS NORMAS NACIONALES DE EDUCACIÓN MUSICAL Y SU APLICACIÓN AL MARIACHI

La música de mariachi es ideal para enseñar las *Normas Nacionales de la Educación Musical* en la escuela; incluso se podría decir que hoy el mariachi es más adecuado para estudiar este conjunto de *Normas* que los otros conjuntos típicos de las escuelas de E.U., porque se exige que todos los miembros del mariachi toquen un instrumento y canten, y el repertorio estándar del mariachi tiene una amplia variedad de estilos musicales que originaron en diferentes regiones de México, otros países de América Latina y Europa. Además, como todo género musical formal, leer, escribir, escuchar y hablar de ella y, también, aprender su rica historia van de la mano con el dominio de su presentación.

1) Cantar, sólo y en coro, un variado repertorio de música

Parte integral de la cultura del mariachi es que todos los miembros cantan (en coro y solos). El típico repertorio del mariachi contiene varios estilos musicales: ranchera (relacionada con la vida campirana en México), boleros (originalmente una forma de danza de Cuba), sones jaliscienses (del oeste de México), huapangos (del este de México), polkas y valses (ambos originarios de Europa), así como varios más. Todos los libros de **LA MAESTRÍA DEL MARIACHI** incluyen ejercicios y partes vocales plenamente integrados con las partes instrumentales y ofrecen al estudiante un amplio repertorio de música de mariachi.

2) Tocando con los instrumentos, solo y acompañado, un variado repertorio de música

Parte integral de la cultura del mariachi es que todos los miembros tocan un instrumento. El típico repertorio del mariachi contiene varios estilos musicales: ranchera (relacionada con la vida campirana en México), boleros (originalmente una forma de danza de Cuba), sones jaliscienses (del oeste de México), huapangos (del este de México), polkas y valses (ambos originarios de Europa), así como varios estilos más. Todos los libros de **La maestría del mariachi** incluyen ejercicios y partes vocales plenamente integrados con las partes instrumentales, y ofrecen al estudiante un amplio repertorio de música de mariachi.

3) Improvisación de melodías, variaciones y acompañamientos

Ya que en sus orígenes el mariachi es una tradición oral, un aspecto clave para dominar este género es aprender a improvisar acompañamientos consistentes en progresiones armónicas o rítmicas (armonía, guitarrón, arpa) y melódicas (violinistas, trompetistas). **La maestría del mariachi** enseña a los alumnos las progresiones de acordes y figuras melódicas básicas de éste estilo musical (y otros) y les alienta a tocarlas y a hacer la transportación de memoria; esto, como un medio para prepararlos a improvisar estos tipos de acompañamientos.

4) Composing and arranging music within specific guidelines

Mariachi music lends itself to teaching arranging and composing very well. Many songs are structured in standard song forms, harmonic progressions are often very simple, and melodic figures are usually harmonized in parallel thirds. With some guidance students should be able to take a song melody and harmonize it, fill in the rhythmic accompaniment and bass line, write an introduction and some simple melodic figures (*adornos*) to complement the voice line. In **Mariachi Mastery** students are encouraged to compose their own lyrics to **La Bamba** following the form of the included lyrics, and they are taught the basic melodic, harmonic and rhythmic components that will prepare them to write arrangements.

5) Reading and notating music

Although mariachi was originally an aural tradition, all mariachi students today should be taught to read and write music—there is no excuse for not doing so. Just about every top mariachi musician today is literate, and any illiterate musician is at a severe disadvantage both moving from school to school and seeking employment as a professional mariachi. Reading and writing music not only facilitates teaching in a classroom setting, but it makes students more well-rounded musicians, prepares them for joining other more advanced mariachis in the future, performing in band, orchestra, choir or other ensembles, and it makes an individual much more "marketable" as professional mariachi. **Mariachi Mastery** is specifically designed to teach music literacy along with mariachi style and technique, teaching fundamental elements such as key signatures, time signatures, repeats, accidentals, melodic figures, etc., in a clear and straightforward format.

6) Listening to, analyzing, and describing music

Mariachi students should be encouraged to listen to, absorb and think about recordings and live performances of master mariachis, then to talk about what they hear and incorporate these ideas into their own performance. This is the best way of learning to interpret any style of music. Students are encouraged to use the CD recording supplied with **Mariachi Mastery** to improve their musicianship through this sort of listening and analysis.

7) Evaluating music and music performances

Listening to the huge body of mariachi recordings, comparing recordings of the same pieces by different groups, learning to differentiate one group's performance and musical (arrangement) style from another is an important part of mastering mariachi. Mariachi directors should teach their students to evaluate their own performances and those of other mariachi ensembles. In **Mariachi Mastery** students are continually encouraged to listen to the other members of their ensemble and evaluate their own playing in order to best contribute to the music, and the accompanying CD recording provides an opportunity to evaluate performances of the included songs.

4) Componer y arreglar la música según guías específicas

La música de mariachi se presta muy bien para enseñar arreglos y composición. Muchas canciones de mariachi están estructuradas según formas estándares, las progresiones armónicas suelen ser sencillas, y las figuras melódicas normalmente están tocadas en terceras paralelas. Con cierta orientación de parte de Ud., los alumnos deberán poder tomar la melodía de una pieza, añadir el acompañamiento rítmico y la línea del bajo y escribir una introducción y algunas figuras melódicas simples (adornos) para complementar la línea de voz. *La maestría del mariachi* los invita a escribir su propia letra para **La Bamba**, siguiendo la forma de la letra incluida, y les enseña las partes melódicas, armónicas y rítmicas básicas que necesitan para escribir arreglos musicales.

5) Leer y escribir música

Aunque el mariachi fue, cambian de una tradición lírica, hoy es preciso que todo estudiante de mariachi aprenda a leer y escribir música: no hay pretexto para no hacerlo. Hoy, casi todos los mejores mariachis pueden leer música y los que no pueden están en clara desventaja cuando cambian de escuela o buscan un empleo como mariachi profesional. La capacidad de leer y escribir música no sólo agiliza la enseñanza en el aula, sino ayuda a producir músicos más capacitados y a prepararlos para tocar en un futuro con otros mariachis más avanzados, o para tocar en una banda, orquesta, coro u otro grupo. Además, estas personas serán más "comerciales" en el mundo de la música profesional. *La maestría del mariachi* se diseñó específicamente para enseñar a leer y escribir música, al tiempo que el alumno va aprendiendo el estilo y la técnica del mariachi. El método enseña elementos básicos como: armaduras de clave, cifras de compás, repeticiones, alteraciones, figuras melódicas, etc., en un formato claro y accesible.

6) Escuchar, analizar y describir la música

A los estudiantes de mariachi hay que animarlos a escuchar, apreciar y reflexionar sobre grabaciones y conciertos de destacados mariachis, para que luego hablen de lo que oyeron e incorporen esas ideas en su propia forma de tocar. Ésta es la mejor manera para aprender a interpretar toda clase de música. Se invitan a los alumnos a escuchar y analizar el CD incluido con *La maestría del mariachi* para mejorar su estilo y técnica.

7) Evaluando la música y su presentación

Parte importante de apreciar la música de mariachi consiste en escuchar el enorme corpus de discos, comparar versiones de las mismas canciones tocadas por distintos grupos, y aprender a diferenciar entre el estilo musical y de presentación (arreglo) de un grupo y otro. El director de un mariachi debe enseñar a cada alumno a evaluar su propia actuación y las de otros mariachis. *La maestría del mariachi* insiste en que los alumnos escuchen a los otros miembros de su grupo y evalúen su propia técnica para poder contribuir más a la música. El CD incluido les da la oportunidad de evaluar las versiones que están grabadas allí.

8) Understanding relationships between music, the other arts, and disciplines outside the arts

Mariachi music has always been very closely associated with Mexican folkloric dance and many opportunities exist today for mariachis to accompany these *ballet folklóricos*. Doing so helps mariachis understand the relationship between rhythm and motion. Mariachi song lyrics are in many instances extremely evocative poetry and present the opportunity to learn and discuss rhyme schemes, metaphors, poetic meters and many other aspects of poetry. *Mariachi Mastery* contains two pages of full-color photos of Mexican *ballet folklórico* dancers with text explaining the relationship of music to dance, and poses questions for consideration and discussion about how dance is related to music. Translations of the text to all of the songs are also included in PDF (Adobe's "Portable Document Format") files on the enhanced portion of the accompanying CD, providing the opportunity to discuss the relation of this poetry to the music.

9) Understanding music in relationship to history and culture

Mariachi music has roots that can be traced back centuries, bringing together indigenous Mexican cultures with descendants of European instruments and song forms and combining these with African rhythmic influences. It underwent considerable transformation throughout the 20th century (continuing to evolve today), and has become an almost ubiquitous part of the average Mexican person's life. This presents innumerable opportunities for a teacher to discuss world history as related to mariachi music:

❖ What was happening during the European Rennaissance to cause the Spanish to travel to Mexico in the first place, and how did Mexico change after their arrival?

❖ **La Adelita** was very popular during the Mexican revolution, and was one of Pancho Villa's favorite songs. What can you learn about Mexican people at that time from reading the lyric to La Adelita?

Additionally, mariachi songs sing about social contexts (love, celebrations, etc.), geographic locations, patriotic themes, and countless other subjects, all of which provide teachers with opportunities to explore the meaning of those texts and their relationships to the music:

❖ Without considering the lyrics, does **La Llorona** sound happy or sad? After reading and understanding the lyrics, how does the music to **La Llorona** reflect and further express their meaning? How might you perform your part in order to best portray this meaning?

8) Entender la relación entre música, las otras artes y disciplinas ajenas

La música de mariachi siempre ha tenido una cercana asociación con la danza folklórica de México, y hoy hay muchas oportunidades para que un mariachi acompañe a un ballet folklórico. Al hacerlo, el mariachi logra entender la relación entre ritmo y movimiento. La letra de las canciones de mariachi suele evocar la poesía y presenta la oportunidad de aprender y hablar de tipos de rima, metáforas, compases poéticos y muchos otros aspectos de la poesía. *La maestría del mariachi* contiene dos páginas con fotos a color de los bailarines del *Ballet Folklórico Mexicano*, con un texto que explica la relación entre la música y la danza. Allí mismo, hay una serie de preguntas sobre la relación entre danza y música que los estudiantes deben ponderar y discutir. La parte avanzada del CD tiene la traducción de la letra de todas las canciones en formato PDF (*Formato de Documento Portátil* de Adobe), lo que permite que el grupo platique sobre la relación entre esta poesía y la música.

9) Entender la música en relación a la historia y la cultura

Las raíces de la música de mariachi datan de hace varios siglos, producto de una combinación de las culturas indígenas de México, los descendientes de instrumentos y géneros de canción europeos, e influencias rítmicas africanas. En el siglo XX, el mariachi sufrió una transformación importante (y sigue evolucionando hoy), hasta llegar a ser un elemento casi ubicuo de la vida diaria de los mexicanos comunes. Este contexto le abre al maestro muchas oportunidades para hablar de la historia universal y cómo ésta se relaciona con la música de mariachi:

❖ ¿Qué estaba sucediendo durante el Renacimiento europeo que alentó a los españoles a viajar hasta México en primer lugar, y cómo cambió México tras su llegada?

❖ **La Adelita** era una canción muy popular durante la Revolución Mexicana y una de las favoritas de Pancho Villa. ¿Qué aprendemos sobre la gente de México en este tiempo cuando leemos la letra de **La Adelita**?

Además, las canciones de mariachi hablan de situaciones sociales (el amor, las celebraciones, etc.), de sitios geográficos, del patriotismo y de muchos otros temas, todos los cuales permiten al maestro explorar el significado de esos textos y su relación con la música:

❖ ¿Dejando de lado su letra por el momento... ¿tiene la canción **La Llorona** un tono feliz o triste? Una vez que haya leído y entendido la letra, piensa en cómo la música de **La Llorona** refleja y expresa su significado. ¿Cómo podría uno tocar su parte para dar mayor expresión a este significado?

Each of the student books in **Mariachi Mastery** contains a page detailing mariachi history, a mural by Mexican artist Alfredo Zalce depicting early mariachi, a map of Mexico which identifies cities and regions important to mariachi, and several places within the books where students are encouraged to refer to this map to think about cultural issues. The teacher's edition contains additional pages detailing other aspects of mariachi history, culture, musicians, etc., with accompanying worksheets that can all be photocopied for use in the classroom.

Clearly, as has been shown, mariachi music is an ideal art form through which to teach the fundamental objectives outlined in the National Standards for Music Education, and **Mariachi Mastery** contains all of the tools necessary for teachers to easily and successfully fulfill these objectives in their classrooms.

Todos los libros de estudiante de **La maestría del mariachi** contienen una página que detalla la historia del mariachi, un mural del artista mexicano Alfredo Zalce que representa un temprano mariachi, y un mapa de México que muestra las ciudades y regiones más importantes para el mariachi. Además, en varios puntos el texto indica al lector que debe consultar este mapa para reflexionar sobre temas culturales. La versión para el maestro tiene páginas adicionales que explican otros aspectos de la historia, cultura y músicos de mariachi, etc. También hay Hojas de Trabajo que se pueden fotocopiar y usar en clase.

Está claro, por lo anterior, que la música de mariachi es una forma de arte ideal para la enseñanza de los objetivos básicos esbozados en los *Estándares Nacionales de la Educación Musical*, y **La maestría del mariachi** tiene todas las herramientas que el maestro necesita para lograr estas metas fácil y exitosamente en el aula.

STARTING A MARIACHI PROGRAM IN YOUR SCHOOL

Just like adding any new component to the curriculum in your school, starting a mariachi program from scratch has its challenges. There are issues of finding a qualified instructor, convincing the school's administration, and raising enough funds to have a viable program. However, if you take the steps to get organized and gain community support, a student mariachi group in your community will be a rewarding experience for all involved.

Teaching Mariachi

In many schools, credentialed music educators with considerable mariachi experience are in short supply. Though it would be ideal to hire a teacher such as this with years of mariachi experience, any music teacher can successfully lead a mariachi using *Mariachi Mastery* regardless of their previous exposure to mariachi music and culture.

There are numerous mariachi conferences scheduled throughout the year around the country. A few are mentioned below:

❖ **Albuquerque, New Mexico** — Mariachi Spectacular! — occurs in early July
❖ **Tucson, Arizona** — Tucson International Mariachi Conference — occurs in late April
❖ **Las Cruces, New Mexico** — International Mariachi Festival and Concerts — occurs in early November
❖ **Topeka, Kansas** — Fiesta Mexicana — occurs in mid July
❖ **San Jose, California** — Mariachi Conference — occurs in mid July
❖ **Las Vegas, Nevada** — Clark County International Mariachi Conference & Festival — occurs in early September
❖ **Guadalajara, Jalisco, Mexico** — Encuentro Internacional del Mariachi y la Charreria - Camara Nacional de Comercio — occurs in early September

Obviously, some of the most prominent are in the southwestern United States, however, more and more state music education associations are including mariachi clinics and lectures in their annual conventions, and MENC: the National Association for Music Education has formed a committee of mariachi educators to promote mariachi education and to create national standards. All teachers should feel encouraged to attend not only their state's convention, but also any local mariachi music festivals to absorb mariachi's unique style and to become acquainted with different teaching methods for all of the mariachi instruments.

Administration

Convincing your school's administration of the benefits of starting a new music program can be a daunting task. Please consult the "Rationale for Mariachi Music Education" on page 10 and the section on class structure below for more information.

INTRODUCIR UN PROGRAMA DE MARIACHI EN SU ESCUELA

Al igual que la introducción de cualquier otro componente nuevo al curriculum de una escuela, iniciar un programa de mariachi desde la nada implica ciertos retos: el problema de encontrar un instructor calificado, de convencer a los administrativos, y de conseguir los fondos requeridos para un programa viable. Pero, organizarse y obtener el apoyo de su comunidad para un mariachi estudiantil será una experiencia gratificante para todos los que participan.

Enseñando la música de mariachi

Muchas escuelas encuentran difícil encontrar un maestro de música calificado con experiencia en la música de mariachi. Aunque lo ideal sería contratar a un maestro de este tipo con años de experiencia con el mariachi, cualquier profesor de música puede dirigir un mariachi con éxito si usa *La maestría del mariachi*, no importa su contacto anterior con esta música y cultura.

Varios congresos de mariachi están programados para cada año en E.U. A continuación, mencionamos algunas:

❖ **Albuquerque, Nuevo México** — *Mariachi Spectacular!* —principios de julio
❖ **Tucson, Arizona** — *Tucson International Mariachi Conference* —finales de abril
❖ **Las Cruces, Nuevo México** — *International Mariachi Festival and Concerts* —principios de noviembre
❖ **Topeka, Kansas** — *Fiesta Mexicana* —mediados de julio
❖ **San José, California** — *Mariachi Conference* — mediados de julio
❖ **Las Vegas, Nevada** — *Clark County International Mariachi Conference & Festival* —principios de septiembre
❖ **Guadalajara, Jalisco** — *Encuentro Internacional del Mariachi y la Charreria* - Camara Nacional de Comercio — principios de septiembre

Obviamente, algunos de los eventos más importantes se celebran en el suroeste de E.U., pero cada vez más asociaciones de educación musical estatales incluyen clínicas y conferencias sobre el mariachi en sus convenciones anuales, y la MENC –*National Association for Music Education*– ya estableció un comité de maestros de mariachi que está promoviendo la enseñanza de mariachi y creando estándares nacionales. Todos los maestros deben animarse a asistir no sólo a la convención en su estado, sino a cualquier festival local de música de mariachi, donde asimilarán su estilo único y conocerán diferentes métodos de enseñanza para cada instrumento del mariachi.

Administración

Convencer a los administrativos de la escuela de los beneficios de iniciar un nuevo programa de música puede ser una tarea intimidante. Favor de leer la sección "¿Por qué enseñar la música de mariachi?" (p.10) y la sección sobre la estructura de la clase (abajo) para más información.

Community Support

Garnering community support for mariachi can be the easiest or the most difficult task, depending on your community, yet it can be the most lucrative. Appearing at numerous community events representing your school, or for fundraising purposes are wonderful ways to expose the community to the musicality of your students. See the section below on fundraising for more information.

Apoyo de la comunidad

Obtener el apoyo de la comunidad podría ser la tarea más fácil o más difícil –depende de su comunidad– pero, a la vez, la más lucrativa. Presentarse en numerosos eventos comunitarios en representación de su escuela, o para recabar fondos, son excelentes formas de mostrar el talento musical de los alumnos a la comunidad. Para más información, véase la siguiente sección y sus sugerencias para recabar fondos.

Class Structure

It is important to structure the classes appropriately. Classes are usually most successful when offered during the school day for credit, not as an after-school club: administration, the community, fellow teachers and even students tend to take "real" classes more seriously than extracurricular programs. Class size can also be an issue for school administration, since school funding (which pays for teachers' salaries and facilities) is tied to class size. The typical "full-size" mariachi has 11–13 players: 6–7 violins, 2–3 trumpets, harp (a less common instrument, unfortunately), vihuela, guitar, and guitarrón. Typical class sizes for music programs (band, orchestra, choir) can range from 30–60 students or more. It may be necessary to convince administrators to allow the class maximum to be smaller than they would like, and it may be necessary to accept a somewhat larger than "standard" mariachi size for your class. If class size is a serious issue for your administration, a fair compromise may be to set the mariachi class maximum at around 20 students. Any class larger than this will begin to loose the intimate feeling that is an essential part of mariachi culture, while classes smaller than 20 might place an undue strain on administration.

Programación de la clase

Es importante programar las clases adecuadamente. El éxito suele ser mayor cuando se integra la materia en el día escolar y se le asigna créditos, y menor si se ofrece como un "club" después de la salida: la administración, la comunidad, los maestros e incluso los alumnos tienden a ver con más seriedad las clases "reales" que las actividades extracurriculares. Otro problema administrativo puede ser el tamaño del grupo, ya que el financiamiento (que paga los sueldos del personal y el mantenimiento de la escuela) depende del tamaño de ellos. El típico mariachi tiene de 11 a 13 músicos: 6–7 violines, 2–3 trompetas, un arpa (lástima que éste es poco común), la vihuela, la guitarra y el guitarrón, pero el tamaño normal de los grupos en programas de música (orquesta, coro o banda) es de 30–60 alumnos o más. Podría ser necesario persuadir a los directivos a aceptar un tamaño máximo menor al que quisieran y que Ud. atienda un grupo más grande que lo normal en su clase de mariachi. Si el tamaño del grupo es un problema para los directivos, un acuerdo justo podría ser un máximo de 20 alumnos. Si el grupo es más grande tiende a perder el ambiente íntimo que es un aspecto esencial de la cultura del mariachi, mientras que grupos más reducidos quizá constituyan una presión adicional para la administración.

Scheduling

If scheduling a mariachi class during the school day is not possible, consider beginning an after school group which involves students from neighboring schools and surrounding school districts.

La programación

Si resulta imposible programar la clase de mariachi dentro del horario normal, Ud. podría comenzar con un grupo vespertino con alumnos de escuelas vecinas y de distritos escolares cercanos.

Different Ability Levels

Mariachi Mastery supports both the homogenous (like instruments) and heterogeneous (all instruments) learning environments equally well. If your school's schedule and class enrollment permit, each section of the mariachi could study their instrument and music separately, before combining the whole mariachi. However, as this situation is unrealistic for most teachers, *Mariachi Mastery* was designed for use in a classroom setting with instrumentalists of different abilities. The beginning guitarists can play along with the more advanced violin and trumpet players.

Since the violin and trumpet players may be enrolled in the orchestra and band classes at the same time, those students will already have a venue to hone their skills and technique and be exposed to other repertoire for their instrument. A beginning guitarist or vihuela player may not have that experience, so consider teaching them classical guitar technique for part of the school week. This will give them a more well-rounded education and prepare them for life outside mariachi, as well.

Structuring the Class Period

A director should provide a regular structure to the class period. Having a daily routine such as 3 minutes of tuning, 10 minutes vocal warm-up, 10 minutes instrumental warm-up, 10 minutes music theory, 15 minutes working on the exercises and songs in *Mariachi Mastery,* can prove very beneficial for both students and directors.

Mariachi Mastery includes graduated exercises for each instrument in relation to the songs, but a director should also include scales, and other types of exercises used in orchestras, choirs, and bands to help build up their instrumental and vocal technique.

Mariachi Mastery also includes worksheets that can be used as part of the class period, or saved far a "day after the concert" activity.

Student Recruitment

For a mariachi ensemble to be successful, it is imperative that the right students are selected to play.

Informing Students about the Ensemble

As much as possible, work with the band, orchestra, and choir directors to recruit existing music students and enrich the entire music program. Your administration may require a student to be a member of another instrumental music department performing group to perform in the mariachi ensemble. (Please read "Mariachi: Coexisting with Other School Ensembles" on page 279 for more important information.) For after school or community-based groups, contact the music teachers of other schools directly, use press releases in community newspapers or on the Internet, or distribute flyers to local music dealers to reach students of the age and ability level appropriate

Distintos niveles de habilidad

La maestría del mariachi se adapta bien a ambos ambientes de aprendizaje escolar: el homogéneo (instrumentos afines), y el heterogéneo (todos los instrumentos). Si el horario de clases y el tamaño del grupo lo permiten, cada sección del mariachi puede estudiar su instrumento y música por separado, pero esta situación pocas veces es realista para la mayoría de los maestros. Entonces, se diseñó *La maestría del mariachi* para usarse en aulas con alumnos de diferentes niveles: por ejemplo, un guitarrista principiante puede tocar con violinistas y trompetistas más avanzados.

Es probable que los violinistas y trompetistas estén inscritos en clases de orquesta o banda al mismo tiempo, y ya tienen la oportunidad de mejorar su destreza y técnica y de conocer otros repertorios para sus instrumentos. Sin embargo, un guitarrista o vihuelista novato quizá no tenga esta experiencia, y Ud. tendrá que pensar en enseñarles la técnica clásica de guitarra durante parte de la semana. Esto les dará una educación más redonda y los preparará mejor para la vida fuera del mariachi, también.

La estructura de la clase

El director debe establecer una estructura fija para la clase. Una rutina que consiste en 3 minutos para afinar, 10 de calentamiento vocal, 10 de calentamiento instrumental, 10 de teoría musical y 15 de ensayo de los ejercicios y las canciones de *La maestría del mariachi* beneficiará a todos, tanto a los alumnos como al director.

La maestría del mariachi ofrece ejercicios progresivos para cada instrumento, relacionados con las canciones, pero el director debe incluir escalas y otros tipos de prácticas usadas por orquestas, coros y bandas, para así ayudar a los estudiantes a mejorar su técnica instrumental y vocal.

La maestría del mariachi también incluye hojas de trabajo que se pueden usar en clase o guardar como una actividad para el "día después de un concierto".

Cómo atraer estudiantes

Para que un grupo de mariachi sea exitoso, es indispensable seleccionar a los estudiantes más adecuados.

Informar a los estudiantes sobre el conjunto

Haga lo posible para colaborar con los directores de banda, orquesta y coro y atraer a alumnos de música actuales para enriquecer el programa. La dirección quizá exigirá que para participar en el mariachi un alumno debe ser miembro de algún otro grupo instrumental del departamento de música. (Favor de leer "Convivencia del mariachi con otros conjuntos" p.279, para más información.) Si el grupo es vespertino o si está conformado por jóvenes de la comunidad, hable con los profesores de otras escuelas, publique avisos en los periódicos locales o el Internet, o distribuya volantes en tiendas de música para establecer contacto con jóvenes de la edad y nivel de habilidad

for membership in the ensemble. Many students with no interest in "traditional" American music offerings will find mariachi an attractive way to enter your music program.

You should invite another school's mariachi or a professional mariachi to perform for an assembly of students in their school in order to help recruit players. If a large number of students show interest, an audition should be used to select the most talented and experienced students, just as is done in band, choir, and orchestra.

One of the major benefits of using *Mariachi Mastery* is that beginning guitar, vihuela, guitarrón, and harp players can learn alongside more advanced violin and trumpet players. To recruit beginners, consider inviting a mariachi to perform for a school assembly.

Singing and Playing

Students interested in joining the mariachi will often be reluctant to sing and play at the same time. Others (especially those recruited from the school's choir) may want to join the ensemble but may not be interested in learning an instrument. However, singing and playing an instrument is an important aspect of mariachi culture and history. Encourage those reluctant to sing by reassuring them that they will be singing with the whole group, and that they don't have to sing a solo (though the opportunity is there). *Mariachi Mastery* provides vocal parts directly in the music and numerous vocal exercises designed to improve the "non-singer's" voice.

Similarly, encourage singers to learn the guitar, vihuela, guitarrón, or harp. Their experienced voices will give others confidence in their singing abilities, and since the books for those armonía instruments are designed to be used by beginners, they won't feel left behind the ability level of other students.

Girls in Mariachi

Mariachi ensembles were historically comprised of males. Unfortunately, there are some musicians who still abide by this unwritten rule, and there may be some parents of potential students who refuse to allow their daughter to join a mariachi. Due to the influence of Laura Sobrino, Rebecca Gonzales, *Mariachi Reyna de Los Angeles*, *Mariachi Divas*, *Mariachi Mujer 2000* and others there has been a growth in the number of female mariachis. Mariachi is not "just for boys" anymore.

Females add vocal diversity to the songs and enhance the mariachi's sound by doing what female solo singers such as Lucha Reyes, Linda Ronstadt and Aída Cuevas have always done. This only justifies providing an opportunity for females to participate in this genre of music.

adecuadas para unirse al grupo. Muchos alumnos que no tienen interés en lo que ofrece la música "tradicional" norteamericana podrían ser atraídos por el mariachi a su programa de música.

Usted debe invitar a un mariachi de otra escuela o a un mariachi profesional a hacer una presentación frente a los alumnos de su escuela para atraer a más estudiantes. Si son muchos los alumnos que muestran interés, habría que organizar una audición para elegir los más talentosos y experimentados, como se hace para la banda, el coro o la orquesta.

Uno de las grandes ventajas de *La maestría del mariachi* es que los principiantes de guitarra, vihuela, guitarrón y arpa pueden aprender al lado de violinistas y trompetistas más avanzados. Una buena manera de atraer a nuevos alumnos sería invitar a un mariachi a dar un concierto en la escuela.

Cantando y tocando

A menudo, los jóvenes que quieren tocar en el mariachi están reacios a cantar y tocar al mismo tiempo. Otros (los que están en el coro de la escuela) quizá deseen participar pero no les interesa aprender a tocar un instrumento. Empero cantar y tocar un instrumento son aspectos básicos de la cultura e historia del mariachi. Aliente a los que se cohíben para cantar, diciéndoles que cantarán con el grupo y no tendrán que cantar solos si no quieren hacerlo (aunque tendrán la oportunidad de hacerlo). *La maestría del mariachi* anota las partes vocales en las partituras, con varios ejercicios vocales diseñados para mejorar la voz de los que "no cantan".

Anime a los cantantes a tocar la guitarra, vihuela, guitarrón o arpa. Sus voces entrenadas darán confianza a los otros en su habilidad de cantar y, ya que los libros para los instrumentos de armonía están diseñados para principiantes, estos no se sentirán que se están abajo del nivel de sus compañeros.

Las muchachas y el mariachi

Los mariachis han sido formados tradicionalmente por varones y, desgraciadamente, hay músicos que mantienen esta regla no-escrita. Además, puede haber padres de familia de potenciales estudiantes que no permitirán que sus hijas se inscriban. Gracias a la influencia de Laura Sobrino, Rebecca Gonzales, el *Mariachi Reyna de Los Angeles*, el *Mariachi Divas*, el *Mariachi Mujer 2000*, entre otras, ahora cada vez más mujeres están participando. Hoy en día, el mariachi ya no es "sólo para varones."

Las mujeres dan variedad vocal a las canciones y embellecen el sonido del mariachi como las cantantes solistas como Lucha Reyes, Linda Ronstadt y Aída Cuevas siempre han hecho. Esto justifica abrirles la oportunidad de participar en este género musical.

Auditions

The next step is to set up an informal meeting for prospective members. Structure the meeting to explain the process of becoming a member of the ensemble. If auditions are a part of the process, take time to alleviate anxiety and provide those auditioning with pertinent information relating to the audition, including an opportunity to sign up for an audition time. Provide potential members with specific ensemble requirements and procedures, attendance policies, extra rehearsal policies, and rehearsal and performance schedules.

If you have more students interested in participating than you have positions in the ensemble, or if you intend to screen players to determine part assignment within each section, an audition process will be necessary.

Be sure the audition is well-organized. This will send a strong signal to each student that the mariachi ensemble is a <u>serious</u> musical organization. A badly-run audition sets a poor example and implies the wrong standards.

Music Selection

Choosing appropriate music for your ensemble is paramount. To ensure students have a thorough education in mariachi music, history, and culture, they should learn as many different types of songs as possible, rather than learning several songs of one or two types. To foster the development of a mature mariachi, when your students are ready teach them at least one ranchera, one son jalisciense, one huapango, one bolero each semester. By using **Mariachi Mastery**, students have access to twelve authentic mariachi songs of differing genres, ideal for creating well-rounded musicians.

Due to the nature of beginning a music program from scratch, it is often the case that you will have students of widely varying abilities in the same classroom. Playing a ranchera is ideal for more advanced violin and trumpet players, because those instrumets often have long melodies and countermelodies, while the armonía has a very simple accompaniment. A son, however, has intricate armonía parts and relatively simple melodic lines, making it appropriate for more experienced guitarists.

Fundraising

Financial restraints can stop any music program in its tracks, and mariachi is no different. Expenses are similar to other more traditional music programs: salaries for additional instructors, transportation to and from performances, *trajes* (uniforms), instruments, and music. Fundraising opportunities for mariachi ensembles don't differ much from those of the concert band or orchestra. Candy or magazine sales, car washes, bake sales, and raffles are all viable ways to bring in funds for the ensemble. However, since the mariachi is more portable

Audiciones

El siguiente paso es una reunión informal con los potenciales integrantes, en que se les explica el proceso a seguir para ser miembros del grupo. Si este proceso incluye audiciones, tome un tiempo para calmar su ansiedad, entregue a los interesados la información pertinente a su prueba y déles la oportunidad de apartar una hora para su audición. Hay que informarles de los requerimientos y procedimientos formales del grupo, de las políticas de asistencia, de las reglas de ensayos adicionales, y de la programación de los ensayos y presentaciones o conciertos.

Si son más los alumnos interesados que los lugares disponibles en el conjunto, o si Ud. desea evaluarlos *antes* de determinar la asignación de papeles dentro de cada sección, un proceso de audición será necesario.

Asegúrese que la audición esté bien organizada. Así, los estudiantes recibirán una clara señal de que este mariachi es un conjunto musical <u>serio</u>. Una audición mal dirigida pone un mal ejemplo y presenta un estándar inadecuado.

La selección de la música

Escoger la música apropiada para su grupo es fundamental. Para que sus pupilos reciban un aprendizaje redondo de la música, historia y cultura del mariachi, deben ser expuestos a tantos estilos de canción que sea posible, y no sólo a varias piezas de uno o dos tipos. Para guiar el desarrollo de un mariachi hacia la madurez, cuando los alumnos estan listos, enséñeles en cada semestre al menos una ranchera, un son jalisciense, un huapango y un bolero. *La maestría del mariachi* les proporciona doce auténticas canciones de mariachi de distintos géneros, ideales para formar músicos bien preparados.

La naturaleza del proceso de iniciar un programa de música desde la nada implica, a menudo, que uno tendrá alumnos de diferentes capacidades en un solo salón. Tocar una canción ranchera es ideal para los violinistas y trompetistas más avanzados, porque sus instrumentos suelen tocar melodías y contra-melodías largas, mientras que el acompañamiento de la armonía es sencillo. En el son, en contraste, las partes de la armonía son más complicadas y las líneas melódicas más simples y más apropiadas para guitarristas con mayor experiencia.

Recabar fondos

Los limitantes de dinero pueden parar un programa de música en seco, y el mariachi no es la excepción. Los gastos son similares a los de otros programas de música más tradicionales: sueldos para maestros adicionales, transporte para ir y venir de los conciertos, trajes, instrumentos y música. Las medidas de que dispone el mariachi para recabar fondos son las mismas que tienen una banda u orquesta: vender dulces o revistas, lavar coches, vender postres, y organizar rifas son maneras viables de obtener fondos para el grupo. Sin embargo, ya

than other school ensembles, consider booking the mariachi at a wedding or a *quinceañeras* (a young Hispanic girl's 15th birthday celebration) to provide the ensemble with valuable performing experience in addition to raising funds. Many student ensembles perform several engagements every weekend, raising perhaps $500-$1,000 per week.

Purchasing Instruments

Certain schools provide all instruments for students, but at a certain level students should be expected to provide their own. However, every school should have at least one vihuela and guitarrón (2 or 3 are even better) since these instruments tend to be less easy for students to acquire on their own. Each instrument should have a hard- or soft-shell case in good working condition to protect the instrument.

Purchase instruments through reputable stores such as The Mariachi Connection, Candelas Guitars, or Roberto Morales in Guadalajara, MX. Many stores sell over the Internet.

Any student who is given a school instrument should have an instrument contract making the student (and their parents) responsible in case of damage or theft.

If the school can afford to purchase two guitarrones per student (one at home, and one at school), that would be ideal, as guitarrones are often broken when traveling. (Many school orchestras do this for double bass players for the same reason). It is more convenient and ensures that the life of that instrument lasts a little longer.

Purchasing Trajes

The *traje charro* is the traditional "uniform" of the mariachi. However, until the mariachi ensemble has some performing experience and quality instruments to use, there is no need to spend thousands of dollars on trajes. It is perfectly acceptable for a mariachi to wear black pants or skirt and a white shirt while performing. Purchase or have someone make moños (mariachi bow ties) to add some style to the outfit, if desired.

In Jalisco, Mexico, the *traje charro* is considered the state's traditional dress and one of its uses is by the males for *charrerias* or *jaripeos* (rodeos). The other official use of the *traje de charro* is for special events and occasions such as parties, *quinceañeras,* and weddings. When at these events, *greca* (embroidory), *botonadura* (metal ornamentation), or both are used to show status. The more ornate the suit, the higher social status is assumed of the wearer. For this reason, when mariachis started using the *traje de charro,* people in Mexico understood that their status as musicians had been elevated to higher plane.

que es más fácil trasladar un mariachi que otros conjuntos musicales escolares, es factible ofrecer sus servicios para bodas o fiestas de quince años en los fines de semana, ya que además de lograr una entrada de dinero, se trata de valiosas oportunidades para actuar en público. Muchos mariachis estudiantiles tocan en varios eventos los fines de semana, ganando quizá $500-$1,000 (US) a la semana.

Adquirir los instrumentos

Algunas escuelas proporcionan los instrumentos a los estudiantes, pero llega un momento en que ellos deben tener instrumentos propios. Cada escuela debe tener una vihuela y guitarrón (mejor aún, 2 o 3), porque no es tan fácil para los alumnos conseguirlos. Cada instrumento debe tener su estuche (tipo suave o duro) en buen estado para su protección.

Hay que adquirir los instrumentos de proveedores confiables como *The Mariachi Connection, Candelas Guitars,* o *Roberto Morales* en Guadalajara, MX. Muchas tiendas también venden por Internet.

Todos los estudiantes que reciben un instrumento por parte de la escuela deben firmar un contrato que los hace –a ellos mismos o a sus padres– responsables en caso de daño o robo.

Sería ideal que la escuela tuviera los recursos necesarios para comprar dos guitarrones por alumno (uno para la casa, otro para la escuela), porque este instrumento se daña fácilmente en los viajes. (Muchas orquestas escolares hacen esto con el contrabajo por la misma razón). Esto es muy conveniente, ya que asegura que el instrumento tendrá una más larga vida útil.

La compra de los trajes

El traje charro es el uniforme tradicional del mariachi, pero no es necesario gastar miles de dólares en trajes mientras el conjunto no cuente con experiencia en conciertos e instrumentos de buena calidad. Es perfectamente aceptable que el mariachi use pantalón –falda para las mujeres– negro y camisa blanca para tocar. Hay que comprar, o mandar hacer, moños, que dan al atuendo más estilo, si así se desea.

En Jalisco, México, el traje charro es considerado el atuendo tradicionál del estado y es usado por los hombres que participan en charrerías o jaripeos. El otro uso oficial del traje de charro es en eventos y ocasiones especiales, como fiestas, quince años y bodas, y en estos escenarios suele estar adornado con grecas (bordados), botonadura (ornamentos metálicos), o ambos, para mostrar el status. Entre más adornado esté el traje, mayor status social tiene el hombre que lo viste. Por esta razón, cuando el mariachi empezó a usar el traje charro, la gente en México entendió que su status como músicos había subido a un nivel más alto.

The uniform should include pants for boys, long skirts for girls, a waiste-coat, vest (optional depending on the design and or budgeted money), *greca or botonadura* (or both), *moño*, pita belt (for the boys), *botines* (short boots) and perhaps sombreros. Optional things to include are and ear-rings and hair bows for the girls.

A standard full suit, not including boots, moños, belts, sombreros, and white shirt, will cost at least $150. Fancier suits with more designs and better fabric may cost between $500 and $1,000. If your school has a marching band, follow the same model of purchasing uniforms for your mariachi. Perhaps the school could own the jackets, pants/skirts, ties, and possibly the belts and sombrero, while all students provide their own shirts and boots, and girls supply their own earrings and bows for their hair. Ensure that your students buy the same style of clothing and boots so that everyone matches.

Try to purchase trajes locally, so that if alterations or replacements are necessary, they can be easily obtained. And needless to say, trajes should be cleaned frequently.

When wearing the *traje de charro students* should never walk in public without the entire uniform on. People from Mexico who understand the history of the uniform are very offended when they see student mariachis not wearing the entire outfit. It is a matter of respect for the uniform, the tradition, and the culture.

Mariachi Coexisting with Other School Ensembles

Many band, orchestra, and choir directors might be reluctant to let their students join the mariachi because they feel that what they are teaching will conflict with what will be taught in mariachi. In fact, the opposite is true. Learning to play in a mariachi ensemble provides another outlet for creativity to the student, which only enhances their musical education.

Many trumpet players have improved in their technique by playing in mariachi. Their sight-reading skills have also benefited due to the reading of sharp keys used in mariachi. The only difference in technique would be the addition of vibrato into their playing. The director only has to inform and teach students that in mariachi this is acceptable playing style but not in band. Band trumpet players do this on occasion when they switch to jazz band. Mariachi music is just another style of playing. See "Teaching the Trumpet in Mariachi" on page 289 for more information.

El uniforme debe consistir de un pantalón para los hombres, una falda larga para las mujeres, una chamarra, un chaleco (opcional, según el diseño o presupuesto), grecas o botonadura (o ambos), el moño, un cinto pitiado (varones), botines y quizá un sombrero. Los accesorios opcionales para la mujer incluyen aretes y moños para el pelo.

El traje básico completo, sin botines, moño, cinturón, sombrero y camisa blanca, cuesta al menos $150 dólares. Trajes más elaborados, de mejor diseño y con tela de mejor calidad pueden costar entre $500 y $1,000 dólares. Si su escuela tiene una banda de desfile, siga su modelo al comprar los trajes de mariachi. La chamarra, el pantalón o falda, el moño y, quizá, el sombrero y cinto podrían ser propiedad de la escuela. Todos comprarían sus propios botines y camisa, y las alumnas usarían sus propios aretes y moños para el pelo. Asegure que todos compren ropa y botines del mismo estilo para lucir iguales.

Trate de comprar los trajes en su localidad, por si resulta necesario hacer alteraciones o cambios será mucho más fácil. Sobra decir que los trajes deben lavarse frecuentemente.

Cuando usan el traje de charro, los alumnos **NO** deben caminar en público si su atuendo no está completo. La gente en México que entiende la historia del traje se ofende cuando ven a estudiantes de mariachi caminando en un atuendo incompleto. Es cuestión de respeto para el traje en sí, para la tradición, y para la cultura.

Convivencia del mariachi con otros conjuntos

Muchos directores de orquesta, coro y banda a nivel escolar quizá estén reacios a permitir a sus pupilos participar en el mariachi, porque sienten que su enseñanza resultará perjudicada por practicar este género musical. Pero la verdad es otra. Aprender a tocar en un mariachi les da otra oportunidad de expresar su creatividad, algo que sólo puede servir para mejorar su educación musical.

Muchos trompetistas han mejorado su técnica al tocar en el mariachi. Su habilidad de leer música también se ve beneficiada porque leen los sostenidos que usa este género. La única diferencia en su técnica consistiría en agregar el *vibrato*. El director sólo debe informar y enseñar a sus alumnos que esto es aceptable en mariachi, pero no en banda. Los trompetistas de banda de concierto lo hacen a veces cuando cambian al jazz. La música de mariachi es sólo otro estilo de tocar. Véase la sección "Enseñar la trompeta en el mariachi" en la página 289 para más información.

String orchestra directors should not fear letting their students play in a mariachi, because the technique of mariachi playing is identical to that of orchestral playing. The only difference is that instead of playing orchestra music they play mariachi music. Students are taught correct posture, bow techniques, vibrato, use of 4th finger instead of open strings and other aspects of good playing.

Although vocalists do tend to sing louder when singing a solo in mariachi, correct vocal technique is applied in mariachi singing just like in choir. Correct vocal technique has always been the foundation of modern mariachi singers. In fact, famous mariachi singers such as Lucha Reyes and Jorge Negrete began their careers as opera singers. Many choral directors have had reservations for students to join mariachi because they have heard many singers not singing in tune. This problem is not unique to mariachi, though: mariachis should strive to sing and play in tune. If proper care is taken in assuring that correct vocal technique is taught, the choir director should have no reservations of allowing their students to join the mariachi.

Active and successful music programs should feed and drive one another. A band director need not "fear" the mariachi stealing the best trumpet players. The limited instrumentation and chamber ensemble nature of the mariachi limits the trumpets to only two or three players. Student musicians often are already a part of more than one instrumental ensemble. Belonging to the concert band, marching band, orchestra, and jazz band, should be no different than belonging to the mariachi.

Additionally, some students who are not interested in band, choir or orchestra WILL be interested in mariachi, so these students will finally have the opportunity to play music they enjoy and join the school's music department, thereby increasing administration support. Conversely, other students will be attracted to orchestra, choir and band but not mariachi. The more musical opportunities offered to students, the more successful they will become. Teachers should work together to encourage their students to take advantage of as many different opportunities as possible.

Los directores de orquestas de cuerdas no deben temer que sus estudiantes toquen en un mariachi, porque la técnica de mariachi es idéntica a la de la orquesta. La única diferencia es que en lugar de tocar música para orquesta, tocan la del mariachi. Los estudiantes aprenden la postura correcta, las técnicas del arco, el vibrato, el uso del 4to dedo en lugar de las cuerdas descubiertas, así como otros aspectos de la buena técnica.

Aunque los vocalistas solistas de mariachi tienden a cantar más fuerte, se aplica la técnica de canto correcta en ambos, mariachi y coro. La buena técnica vocal siempre ha sido básica para los cantantes del mariachi moderno. ¡De hecho, famosos cantantes de mariachi como Lucha Reyes y Jorge Negrete iniciaron sus carreras cantando ópera! Muchos directores de coro están renuentes a permitir que sus pupilos participen en el mariachi porque han escuchado a cantantes que cantan desentonado. Pero este problema no es propio sólo del mariachi: los mariachis siempre deben luchar de y tocar entonados. Si el mariachi tiene el cuidado de enseñar la correcta técnica vocal, el director del coro no debe tener reservas si sus estudiantes quieren practicar también este estilo musical.

Los programas de música activos y exitosos se alimentan e impulsan mutuamente. Un director de banda no debe "temer" que un mariachi le vaya a robar su mejor trompetista, pues por su reducido número de instrumentos y tamaño (conjunto de cámara) el mariachi sólo requiere dos o tres trompetistas. Aparte, los estudiantes comúnmente tocan en más de un conjunto instrumental. Tocar en el mariachi no debe ser diferente a pertenecer a la banda de concierto, la banda de desfile, la orquesta o la banda de jazz.

Además, habrán alumnos con poco interés en la banda, el coro o la orquesta pero SÍ interesados en el mariachi. Por fin, ellos tendrían la oportunidad de tocar una música que les gusta, y de inscribirse en el departamento de música de la escuela. Y esto podría aumentar el apoyo de parte de los directivos. Conversamente, ciertos alumnos sentirán atracción por la orquesta, coro o banda, y no el mariachi. Entre más oportunidades musicales uno ofrece a los alumnos, mayor éxito tendrán. Los maestros deben colaborar y alentar a los estudiantes a aprovechar todas las oportunidades que puedan.

Performing

Performing in front of an audience is the culmination of all the rehearsal and hard work of your students, and is the ultimate goal of any musical ensemble.

Stage Set-up

There are numerous ways to configure a mariachi on stage. The most common and practical is in a large arch. When viewing from the audience, one will see from left to right: violins, trumpets, harp, guitarrones, vihuelas, and guitars. The vocal soloist(s) walk to the front of the mariachi and stand in the middle. Depending on the number of members in the ensemble, and the available space on stage, the mariachi may stand in 2 or more rows with the violins in front, other members behind, and the guitarrones always near the center (from left to right).

Tocando en presentaciones

Tocar frente a un público es el punto culminante de los ensayos y del duro trabajo de sus alumnos; así como la máxima meta de cualquier conjunto musical.

El acomodo en el escenario

Hay varias maneras en que se puede acomodar al mariachi, ya en el escenario. La más común y práctica es la de un arco extendido. Viendo desde las butacas y de izquierda a derecha, uno debe ver: violines, trompetas, arpa, guitarrones, vihuelas y guitarras. Los solistas caminan al frente y se paran en medio. Según el número de miembros en el mariachi y las dimensiones del escenario, el grupo podría ponerse en 2 filas o más, con los violines en la primera, los demás atrás, y los guitarrones siempre cerca del centro (de izquierda a derecha).

Large stage / Escenario grande

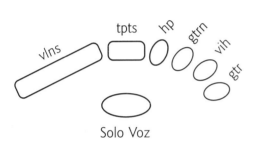

Small stage / Escenario pequeño

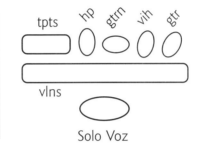

Large mariachi / Mariachi grande

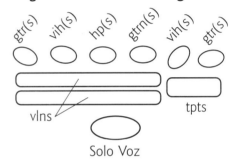

Microphones and Sound Reinforcement

While mariachis will normally conduct their regular rehearsals without microphones, in some performances (especially major ones with large audiences) sound reinforcement may be necessary (especially for solo voices). Ideally, the soloist will have a strong enough voice and the mariachi will lower their volume sufficiently to balance appropriately. In school music settings, however, the voice of the soloist may not be mature enough to sing at full volume, or the mariachi may be too big to make unamplified singing impractical. If necessary, each violin, the guitarrón, every guitar and vihuela, back-up voices and perhaps even the trumpets should have their own microphones. Regardless of the reason for using microphones or size of the sound system, it should be set to make the group sound as natural as possible.

Before performing with microphones, be sure to rehearse with them several times. Emphasize the importance of keeping a consistent distance from the microphone while playing and singing so the sound technician can set the levels properly. Moving closer and farther away from the microphone can distort the sound quality and give undesirable results. Consider keeping the vocal microphone on its stand if the student has difficulty holding the microphone comfortably. Also, be sure every student using a microphone knows how to adjust the height of the stand and remove the microphone without causing a distraction.

Micrófonos y la amplificación

En sus ensayos normales el mariachi no suele usar micrófonos, pero en algunos conciertos (especialmente donde hay mucho público) los amplificadores podrían ser necesarios (más para los solistas vocales). Idealmente, la voz del cantante será suficientemente fuerte y el mariachi bajará un poco el volumen hasta que todos estén en equilibrio. Sin embargo, en el ambiente escolar puede ser que la voz del solista no sea aún lo bastante madura como para cantar a todo volumen, o el mariachi puede ser demasiado grande para que sea práctico cantar sin micrófono. Si es necesario, cada violín, el guitarrón, cada guitarra y vihuela, las voces de coros y quizá hasta las trompetas deben tener su propio micrófono. Sin importar la razón de por qué se usa los micrófonos ni el tamaño del sistema, habría que ajustarlos de modo que el sonido del conjunto sea lo más natural posible.

Es preciso ensayar con el micrófono antes de usarlo en un concierto. Enfatice la importancia de mantener una distancia constante respecto del micrófono al tocar y cantar, para que al técnico de sonido pueda ajustar los niveles adecuadamente. Si el cantante suele acercar y alejar el micrófono, distorsionará la calidad del sonido, con resultados indeseables. Si al cantante le resulta difícil sostener el micrófono en su mano, recomiende que lo deje en su base. También, hay que asegurar que todos los alumnos que usan el micrófono sepan ajustar la altura del tubo y quitar el micrófono sin causar una distracción.

Showmanship

More so than other traditional ensembles, a mariachi performance is more of an "event" than a "concert." The intricate costumes, the intimacy of a smaller ensemble, and the music all contribute to an exciting musical moment. Showmanship plays an important role in mariachi music.

Stage presence is an important aspect of showmanship. From the moment the students take the stage, the performance has begun. Students should hold their instruments and sombreros (if part of the traje) uniformly. A smile assures confidence and pride, and fosters a connection with the audience. Before playing the next piece, the students should reflect the mood of that song in their expression while they should put their instruments in playing position at the same time. When the performance is over, the students should bow or wave to acknowledge the audience accordingly. Assign a student to lead the mariachi while doing this: it should not be awkward, but rather a genuine expression of appreciation and gratitude towards the audience.

Dancing

Many teachers feel that mariachis should <u>not</u> dance because it disrespects the tradition of mariachi in Mexico, while others feel dancing contributes energy to their performances with no disrespect. Historically, however, mariachis have always accompanied dancers. Each student book in **Mariachi Mastery** contains two pages of full color photographs showing the choreography and authentic costumes of the *ballet folklórico* (see pages 135 and 161 in this score). Including a *ballet folklórico* in a mariachi performance not only carries on a tradition, it adds another element of showmanship to the performance. A *ballet folklórico* allows the school's dance team to get involved with another performance opportunity. Many mariachi instrument dealers also have resources for the ballet folklórico.

Memorization

Mariachi musicians almost always play their music from memory. This helps them to concentrate on listening to the other members of the ensemble, to express the song more genuinely, and to make a better connection with the audience. Decide on a list of songs to play so that students don't stand on stage wondering what to play next. See the "Memorization Techniques" article on page 287 for more information.

La presencia

Comparado con las presentaciones de otros conjuntos tradicionales, la del mariachi es más "evento" que "concierto." Todo -sus elaborados trajes, la intimidad de un conjunto pequeño, la música- contribuyen a crear un emotivo momento musical. La presencia es un aspecto clave de la música de mariachi.

La presencia en el escenario es un aspecto importante del espectáculo. La presentación inicia en el momento en que los miembros suben al escenario. Deben sostener a sus instrumentos y sombreros (si se usan) uniformemente. Una sonrisa refleja confianza y orgullo, e impulsa la conexión con el público. Antes de cada pieza, los alumnos deben mostrar el "ambiente" de la canción en sus expresiones y alzar sus instrumentos a la posición de tocar al mismo tiempo. Al terminar el evento, deben reconocer al público. Nombre a un miembro para dirigir a los demás cuando se lo hacen: no debe ser un movimiento torpe, sino una genuina expresión de agradecimiento y aprecio hacia el público.

Bailar

Unos maestros creen que los mariachis <u>no</u> deben bailar porque sería una falta de respeto hacia la tradición del mariachi en México, pero otros creen que más bien anima a sus presentaciones sin causar problemas. Históricamente, sin embargo, el mariachi siempre ha acompañado a danzantes y en los libros de estudiante de **La maestría del mariachi** hay dos páginas a color que muestran los auténticos trajes del ballet folklórico (véanse las páginas 135 y 161 de este libro). Cuando un ballet folklórico participa en una presentación de mariachi se extiende esta tradición y se agrega un elemento adicional al espectáculo. Incluir al ballet folklórico le da al equipo de danza de la escuela otra oportunidad de actuar. Muchos proveedores de instrumentos de mariachi también venden materiales para el ballet folklórico.

La memorización

Los mariachis casi siempre tocan la música de memoria. Así, pueden concentrarse en escuchar los otros miembros del conjunto, dar mayor autenticidad a su expresión de la canción y lograr una mejor conexión con el público. Hay que hacer una lista de las canciones que se decide tocar para evitar que los músicos estén en el escenario preguntándose cuál pieza es la que sigue. Véase la sección "Técnicas de memorización" en la página 287 para más información.

The Role of the Teacher as the Conductor

As the director of the mariachi, it is your responsibility to lead the rehearsal by starting and stopping the group, pointing out and correcting mistakes, etc., but the director of a mariachi should almost never conduct the musicians in the way that an orchestra conductor does. Simply count off the musicians (so they will start together and play the proper tempo), then let them feel the music together. Encourage everyone to listen to the guitarrón since it serves as the rhythmic foundation of the mariachi and is usually playing on beat one. Ideally, a student member of the mariachi will be able to start each song during a performance (with a motion of the trumpet or violin). But when it is necessary for the teacher to start a piece, the teacher should simply count them off and then stand out of the way: the focus of the performance should be the students performing together, not on the instructor directing them. Mariachi competitions may require that the ensemble not have any director on stage.

Concert Programming

Choosing repertoire for a mariachi concert is no different than choosing repertoire for a concert band or orchestra. Concerts usually open and end with a lively piece, and the songs in the middle should explore different styles, tempos, and emotions. At the same time, the repertoire should be quality literature that will teach your students something valuable about being a musician, and something that they will enjoy playing. *Mariachi Mastery* provides songs that meet all these criteria. Of course, when selecting songs from any source including *Mariachi Mastery* make sure you have the right mix of singers and players to perform them.

Printed programs are important to an audience and it can mean a lot to your students to see their names in print. Programs should include at least the songs being performed and a list of members in the mariachi. The use of computers can make it easy to quickly produce an attractive program. Distributing programs fosters a sense of pride when parents see their child's name in print. Also, a printed program provides documentation to the administration that the mariachi is active and beneficial to the school and community.

El papel del maestro como conductor

Como maestro del mariachi, Ud. es responsable de dirigir los ensayos. Ud. tiene que indicar a los alumnos cuándo deben tocar y cuándo deben detenerse, además de señalar y corregir sus errores, etc.; pero el director de un mariachi rara vez dirige a sus músicos como lo hace el conductor de orquesta. Sólo márqueles el conteo (para que todos empiecen a tocar al mismo tiempo y en el tempo indicado) y luego deje que ellos sientan la música en forma conjunta. Aliente a todos a escuchar el guitarrón, porque este instrumento toca la base rítmica del mariachi y normalmente toca en el batimiento uno. Lo ideal es que uno de los miembros del grupo inicie cada pieza del concierto (con un movimiento de su trompeta o violín). Si Ud. tiene que indicar el inicio de una canción, sólo debe marcar el conteo y después hacerse a un lado: el centro de atención siempre debe ser el conjunto de estudiantes y no el instructor que los dirige. De hecho, los concursos de mariachi a menudo estipulan que el director del grupo tiene que permanecer fuera del escenario.

Programación del concierto

Escoger el repertorio para una presentación de mariachi no es distinto a elegir la música para una banda u orquesta de concierto. Se suele iniciar y terminar con piezas movidas, mientras que en las canciones en medio el grupo debe explorar diferentes estilos, tempos y emociones. Al mismo tiempo, el repertorio debe incluir 'literatura de calidad' que enseña a todos aspectos valiosos acerca de ser músico, además de canciones que les gusta tocar. *La maestría del mariachi* contiene canciones que cumplen todos estos criterios. Desde luego, antes de escoger las canciones de ésta u otra fuente, asegúrese que cuente con músicos y cantantes capaces de tocarlas.

Un programa impreso es importante para el público, y muy especial para los alumnos que ven allí sus nombres. El programa debe indicar, por lo menos, las canciones que se tocarán y una lista de los nombres de los miembros del mariachi. Se puede hacer un programa atractivo fácil y rápidamente en computadora. Repartir un programa aumenta la autoestima del grupo, pues todo padre de familia siente orgullo al ver el nombre de su hijo/a impreso. Además, sirve para probar a los directivos que el programa de mariachi está activo y beneficia a la escuela y la comunidad.

MARIACHI LITERACY AND THE AURAL TRADITION

Mariachi music has traditionally existed as an aural tradition. Until the middle of the Twentieth Century mariachis learned all of their music by ear and very few mariachis could read music, even at a rudimentary level. As with most things in life, music literacy has its advantages and disadvantages. The disadvantages should be readily apparent: it takes longer to learn new music by ear than to read it; one needs to have a teacher present or recordings available in order to learn new music; one can't take advantage of the wealth of instructional methods that exist without reading them (mariachi trumpet players who don't read can't work through *Arban's Complete Conservatory Method for Trumpet*, for example); in many professional situations (such as in the recording studio or accompanying professional singers) it is required that you perform new music with little (or no!) rehearsal. And in addition to these disadvantages facing individuals who don't read music, a teacher with a classroom full of mariachi students who don't read is essentially handcuffed: it is almost impossible for one teacher to simultaneously teach by rote multiple violinists (often playing in 2- or 3-part harmony), trumpet players, armonía, harp, and guitarrón players—especially students with limited experience.

But being an aural tradition has been advantageous to mariachi music as well. Most importantly, when one learns music by listening, the style of the music is just as important as the notes and rhythms. Someone who has been born and raised listening to mariachi music will not make a distinction between "what" notes to play and "how" to play those notes, in fact they will instinctively give the a *son jalisciense* its characteristic galloping "swing" and other stylistic inflections. To a mariachi, playing a *son* passage without these inflections is just as incorrect as playing wrong notes. To a mariachi, *style* is paramount. In fact, professional mariachis will usually prefer to hire a musician who may miss a few too many notes and play out of tune but who plays with great style, as opposed to someone who plays every note with a beautiful sound and in tune but with no style at all. Don't be mistaken, the best mariachis do play as accurately and as in-tune as professional classical musicians, but they approach their music from the standpoint of "style first, then accuracy." When learning from the printed page, the reverse is usually true: "accuracy first, then style." All musicians should strive to meet in the middle: "style and accuracy together."

LEER LA MÚSICA DE MARIACHI Y LA TRADICIÓN LÍRICA

De sus inicios, la música de mariachi ha existido como una tradición lírica. Hasta mediados del siglo XX, un mariachi aprendía la música por el oído y muy pocos podían leer música, ni siquiera a un nivel rudimentario. Como todo en esta vida, la habilidad de leer y escribir música tiene ventajas y desventajas. Estas últimas deben ser obvias: se necesita más tiempo para aprender nuevas piezas por el oído; se requiere un maestro o una grabación para aprender; no se puede aprovechar los métodos de instrucción disponibles si no puede leer (por ejemplo, un trompetista de mariachi que no lee música no puede usar *Arban's Complete Conservatory Method for Trumpet*); en ciertos escenarios profesionales (estudios de grabación, cuando uno acompaña a cantantes profesionales) uno se ve obligado a tocar piezas nuevas con poco (¡o nulo!) tiempo de ensayo. Además de estas desventajas que enfrentan las personas que no leen música, el maestro que está frente a un grupo de alumnos de mariachi que no sabe leer la música tiene sus manos atadas, pues es casi imposible que él solo enseñe simultáneamente por imitación a varios violinistas (que a menudo tocan en 2 o 3 cuerdas), trompetistas, y los de la armonía, arpa y guitarrón; especialmente si son pupilos con poca experiencia.

Empero, sus raíces líricas también han dado a la música de mariachi ciertas ventajas. La más importante de ellas es que cuando uno aprende por el oído el estilo tiene tanta importancia como las notas y los ritmos. Alguien que nació y creció oyendo la música de mariachi no distingue entre "las notas" que debe tocar y "cómo" debe tocarlas; de hecho, dará espontáneamente al son jalisciense su característico "*swing*" galopante, y otras inflexiones de estilo. Para el mariachi, tocar un son sin estas inflexiones sería tan incorrecto como tocar las notas equivocadas. En el mariachi, el estilo lo es todo. Los mariachis profesionales, de hecho, a menudo prefieren contratar a un músico que quizá falle una o dos notas o que toque desafinado, pero que tenga mucho estilo, en vez de incluir a alguien que toca cada nota con un hermoso sonido y bien afinado, pero que carece de ese "brío." Por supuesto, los grandes mariachis tocan con perfecto tino y afinación como todo músico profesional clásico; es sólo que se acercan a su música poniendo al "estilo por delante, y después la exactitud." Cuando uno aprende a partir de la música impresa, sin embargo, suele pasar lo contrario: "primero la exactitud, después el estilo." Todo músico debe buscar un balance entre estos dos aspectos: "estilo y exactitud juntos."

Another advantage to learning music by ear is that the skills needed to do so make one intimately in touch with their instrument and ensemble. When you can hear a note or interval and instinctively recreate it, it is almost as if the instrument is an extension of yourself. When you are not reading music you can more easily pay attention to the rest of the ensemble. As a member of symphony orchestras for many years I can attest to the fact that many classical musicians (though clearly not the best ones) have their faces so buried in their music, perhaps focusing on the conductor, that they have little awareness of what may be happening on the other side of the orchestra. When music is learned by ear, by definition it is memorized, and therefore players can be more "free" to express themselves and focus on blending with the rest of the ensemble.

Once players have developed the ability to learn songs by ear quickly and easily (many non-mariachi musicians will be astonished at the speed and facility with which professional mariachis learn music after simply hearing it once), they can memorize a huge number of songs, recall them and play them immediately upon request (without having to fumble through books to find a song, for example), transpose those songs in their head in order to accommodate the vocal range of a singer's voice, and they can even accompany singers singing songs that they *have never heard before* by following the melody and improvising the accompaniment together. Concerning this final point, on many occasions I have played in a mariachi when a singer asked us to accompany them on a song we had never played before (for example, "I would like to sing this song I just wrote…"). After a few moments spent figuring out in what key to play, what sort of accompaniment rhythm the armonía and guitarrón will use, listening to the person sing the melody of the song one, or at most, two times, we would all begin playing an introduction to that song based on the melody we had just heard, and then improvising accompaniment figures (*adornos*) that compliment the voice—all together, in two- or three-part harmony! Granted, one person (violin or trumpet player) will take the lead, playing most strongly, hearing in his/her head an upcoming figure and quietly singing or playing that figure for everyone else ahead of the moment it will be played, but everyone together must follow that lead and play along, improvising second and third harmony parts that conform to the chords played by the armonía. Musicians who have never played music without reading it on paper must think this an impossible feat (like in the movies when someone walks up to an orchestra, says "gimme a C," then proceeds to perform an extensive, highly orchestrated and rehearsed song: impossible!), but professional mariachis do this all of the time.

Otra ventaja de aprender por el oído es que la destreza requerida crea una intimidad entre el músico, su instrumento y el grupo. Cuando puedes escuchar una nota o un intervalo y luego reproducirlo por instinto, el instrumento casi se transforma en una extensión de ti. Si uno no tiene que leer la música es más fácil que ponga atención al resto del grupo. Después de tocar por varios años en orquestas sinfónicas, puedo afirmar que muchos músicos clásicos (claro, no los mejores) tienen sus rostros tan pegados a la música, o sus ojos tan clavados en el conductor, que casi no están conscientes de lo que está pasando al otro lado de la orquesta. Cuando uno aprende por el oído, por definición la música queda memorizada y, así, los músicos están más "libres" para expresarse y concentrarse en la integración con sus compañeros.

En cuanto un músico desarrolle la capacidad de aprender piezas por el oído con cierta rapidez y facilidad (muchos músicos no-mariachis se sorprenden porque los mariachis profesionales aprenden su música rápido y fácilmente, tras oírla una sola vez), podrá memorizar muchas canciones y recordar y tocarlas en el momento en que se las piden (es decir, sin buscar la música en un libro), transportarlas en su cabeza para acomodarlas a la tesitura de la voz del cantante e, incluso, acompañar a cantantes en piezas que *nunca habían escuchado antes*, al seguir la melodía e improvisar el acompañamiento al mismo tiempo. Respecto de este último punto: en muchas ocasiones he estado tocando con un mariachi cuando el cantante pide que toquemos una canción que jamás habíamos ensayado (por ejem., dice "Quiero cantar esta pieza que acabo de escribir…"). Después de unos momentos para determinar el tono en la que se va a tocar y el tipo de ritmo de acompañamiento que usarán la armonía y el guitarrón, y de escuchar a la persona cantar la melodía una o, máximo, dos veces, todos empezábamos a tocar una introducción a la canción basada en la melodía que acabábamos de oír. Luego, improvisábamos figuras de acompañamiento (*adornos*) para complementar la voz… ¡todos juntos y en dos o tres cuerdas! Claro está que uno (violinista o trompetista) toma la delantera y toca más fuerte, oyendo en su cabeza una próxima figura y quietamente cantando o tocándola para todos antes del momento de tocarla. Todos tienen que seguir sus indicaciones y acompañar, improvisando las cuerdas segunda y tercera que conformen los acordes que tocan la armonía. Aunque el músico que nunca ha tocado sin tener música impresa ante sus ojos pensará que ésta es una hazaña imposible (como en las películas cuando alguien se acerca a la orquesta y dice "toquen una Do" y procede a cantar una pieza extensa y altamente orquestada y ensayada… ¡imposible!), en realidad es algo que el mariachi profesional hace todos los días.

Clearly literacy is essential in school settings and almost essential for professional mariachis (at the very least, illiterate professional mariachis are at a strong disadvantage in the job market today), but it is just as important to foster the long-standing aural tradition of mariachi. Listening to mariachi recordings, imitating those recordings, listening to and playing with professional mariachi musicians, memorizing music, listening to one song over and over again until you can pick out your part and play along (without seeing it written down on paper), improvising accompaniments to songs; all of these practices help to nurture the mariachi style. If, hypothetically, all mariachi musicians from now on learn to play from printed music *without* listening to recordings or master mariachis in live performance, then clearly the mariachi *style* (those aspects of the music that cannot be written down) will certainly fade away.

Desde luego, la capacidad de leer música es esencial en la escuela y casi esencial para el mariachi profesional (el mariachi que no lee música está en desventaja en el mercado laboral actual), pero juega un papel igualmente importante en preservar la antigua tradición lírica del mariachi. Son muchas las prácticas que ayudarán a nutrir el estilo del mariachi: escuchar e imitar las grabaciones de otros mariachis, escuchar y tocar con músicos de mariachi profesionales, memorizar la música, escuchar una canción varias veces hasta poder discernir y tocar tu parte (sin ver la música impresa), e improvisar acompañamientos a las canciones. Si, hipotéticamente hablando, de aquí en adelante todos los músicos de mariachi aprendieran a tocar sólo a partir de la música impresa, *sin* escuchar discos o mariachis profesionales en vivo, está claro que el *estilo* propio del mariachi (es decir, los aspectos de la música que no pueden escribirse) se irían desvaneciendo.

MEMORIZATION TECHNIQUES

The process of memorizing music may be foreign to some players and teachers who were taught exclusively from the printed page, but playing music from memory is a wonderful experience and not terribly difficult for most players once they overcome a few initial barriers. The good thing is, the techniques and exercises that prepare you for memorizing quickly and well are also what make you a better musician overall:

❖ Practice scales and scale patterns in different keys such as those found at the beginning of each chapter of *Mariachi Mastery* (broken thirds, triads on each step of the scale, etc.), and then play them from memory (armonía, guitarrón, and harp players should use the chord progressions/bass patterns in these same exercises).

❖ Practice and master playing small melodic and harmonic gestures such as those that are found in the exercises leading up to the songs in each chapter of *Mariachi Mastery*, then memorize them.

❖ After mastering and memorizing these exercises, choose one and then play it in another familiar key. When doing this for the first time, explain to the melody instruments how to find their first note ("you begin on the first note of the scale," or third note, etc.), then have these players "play the same melodic pattern but using notes from this other scale". Explain to the armonía, guitarrón, and harp players that the "harmonic progression will be the same, but in this different key the *primera* is... the *segunda* is..."

❖ Encourage students to always spend some of their time practicing music without reading it. Memorize their warm up routines, play all of the scales from memory, etc. The more that these patterns are repeated and infused into muscle memory, the easier it will be for students to play new songs by ear.

❖ When memorizing a song, encourage students to focus on the *sound* of their part and *not* on trying to memorize exactly what notes they should play. This is very important: memorizing music uses a different part of our brain from memorizing phone numbers or other abstract lists. For example, everyone can easily remember and immediately recall the melody to simple songs like "Twinkle, Twinkle Little Star," but if asked to memorize even the first 14 notes of that melody (D, D, A, A, B, B, A, G, G, F♯, F♯, E, E, D) I would hazard to say that almost no one would find this a simple task—let alone playing that song in a different key (you would have memorize a completely different string of notes!). When memorizing a song, first commit the *sounds* to memory so that you can sing your part correctly, then use your instrument to recreate what is in your head. (Try this in a rehearsal setting: "everybody sing your part—guitarrón part, trumpet part, violin part, armonía, etc.—without looking at your music, without playing your instrument.") Invariably, people new to memorizing will stare at their music and try to memorize the string of notes ("A, G, F♯, etc."), but the skill that

TÉCNICAS DE MEMORIZACIÓN

El proceso de memorizar música puede ser desconocido por algunos estudiantes y maestros que fueron enseñados exclusivamente con música impresa, pero tocar de memoria es una experiencia maravillosa que no es tan difícil para la mayoría de los músicos, una vez que venzan algunas barreras iniciales. Lo bueno es que los ejercicios y técnicas que nos ayudan a aprender a memorizar rápida y eficazmente son los mismos que ayudan a uno a llegar a ser un mejor artista:

❖ Practicar las escalas y patrones de escalas en diferentes tonos, como los que están al inicio de los capítulos de *La maestría del mariachi* (terceras quebradas, triadas en cada paso de la escala, etc.), y luego tocarlas de memoria (los de la armonía, guitarrón y arpa deben usar las progresiones de acordes y patrones del bajo de los mismos ejercicios).

❖ Practicar y dominar cortas figuras melódicas y armónicas como los que están justo antes de las canciones en cada capítulo de *La maestría del mariachi*, y luego memorizarlas.

❖ Después de dominar y memorizer estos ejercicios, escoja uno y tóquelo en otro tono conocido. La primera vez, explique a los pupilos de los instrumentos melódicos cómo encontrar su primera nota ("empiezas en la primera nota de la escala," o la tercera, etc.), y después pídales que "toquen el mismo patrón melódico pero con notas de otra escala". Explique a los de la armonía, guitarrón y arpa que la "progresión armónica será igual, pero que en este nuevo tono la *primera* es... la *segunda* es..."

❖ Invite a los estudiantes a dedicar parte de su tiempo a prácticar la música *sin* leer. Deben memorizar sus rutinas de calentamiento, tocar todas las escalas de memoria, etc. Entre más repitan estos patrones y más los graben en su memoria, más fácil será que toquen nuevas piezas por el oído.

❖ Cuando tratan de memorizer una canción, enseñe a los alumnos a concentrarse en el *sonido* de su parte. *No* deben tratar de memorizar la secuencia exacta de notas que deben tocar. Es muy importante que entiendan que memorizar música ocupa un área del cerebro distinta a la parte que almacena números telefónicos u otras listas abstractas. Por ejemplo, es fácil recordar la melodía de una canción simple como *TWINKLE, TWINKLE LITTLE STAR*, pero si nos piden memorizar sólo las primeras 14 notas de la melodía (Re, Re, La, La, Si, Si, La, Sol, Sol, Fa♯, Fa♯, Mi, Mi, Re) me atrevo a decir que casi nadie la haría fácilmente, mucho menos tocar la canción en otro tono (¡pues habría que memorizar otra serie de notas totalmente distinta!). Para memorizer una pieza, primero hay que memorizer los *sonidos* y poder cantar su parte correctamente, y luego usar el instrumento para recrear lo que ya lleva en la cabeza. (Haga esto en un ensayo: "Cada quien – guitarrón, trompeta, violín, armonía, etc.– va a cantar su parte sin ver la música ni tocar el instrumento.") Claro, los que no saben memorizar se quedarán mirando la música, tratando de memorizar la secuencia de notas ("La, Sol, Fa♯," etc.), cuando la capacidad que deben

should be developed is the ability to remember sounds—to *hear them in your head*—and then to recreate them on your instrument.

❖ Encourage students to transcribe their part in some song off of a recording. Even if it requires listening to a short melody 50 times or more, writing one new note on each time through the song, the process of focusing on the minute details of their part in the music will greatly enhance their ability to hear notes and intervals in their heads—an important aspect to memorizing music.

❖ Encourage students to play on their instrument any melody they know or hear: play "Row, Row, Row Your Boat," "Ode To Joy," or play along with the latest pop song on the radio. The point is for your instrument to become like an extension of yourself: you can play anything you hear in your head.

This statement may seem strange, but most mariachis can play literally hundreds of songs from memory yet they have never memorized any of them. What they do is listen to music, the sounds stick in their head (like that song on the radio you can't get rid of, or so many songs from our childhood we never forget), and then when they need to play one of these songs they will simply use the musical techniques they have developed over time (by practicing scales, arpeggios, melodic and harmonic figures, etc.) to recreate what they hear in their head—essentially to "fake" the song. In this way, it really doesn't matter in which key they play almost any song (assuming they can play all of their scales equally well), it doesn't matter whether they play the melody or a harmony part, it doesn't matter if a singer decides to hold a note for an extra measure or more (the next entrance or chord change is based on the when the singer moves to the next word of the song—there is no need to count rests in your head). In short, mariachi musicians feel *closer* to the music and the members of their ensemble because these wonderful sounds are coming out from within themselves, and they are all reacting to the other members of the group together.

desarrollar consiste en recordar los sonidos, oírlos en la cabeza, y luego re-crearlos con el instrumento.

❖ Invítelos a transcribir su parte de una pieza desde un CD. Aunque implique oír la misma melodía 50 veces, o más, escribiendo una sola nota cada vez, el ejercicio de enfocarse en los detallitos de una parte de la música mejorará la habilidad de oír las notas y los intervalos en la cabeza, algo muy importante en la memorización de la música.

❖ Aliente a los pupilos a tocar con sus instrumentos cualquier melodía que conocen o escuchan: podrían tocar *ROW, ROW, ROW YOUR BOAT*, *ODE TO JOY*, o la última canción pop en el radio. La meta es convertir al instrumento en una extensión de uno mismo; así, ellos podrán tocar cualquier pieza que escuchan en la cabeza.

La siguiente afirmación podría parecer rara, pero la mayoría de los mariachis puede tocar cientos de canciones de memoria sin haber memorizado ninguna. Al escuchar la música, los sonidos quedan grabados en sus cabezas (como una canción en el radio que uno no logra olvidar, o los cantitos que aprendemos en la infancia y nunca olvidamos). Luego, cuando necesitan tocar una de estas piezas, sólo aplican las técnicas musicales que han desarrollado con el tiempo (al practicar escalas, arpegios, figuras melódicas y armónicas, etc.) para recrear lo que escuchan por su oído; en efecto, "fingiendo". Así, casi no importa en cuál tono toquen alguna canción (asumiendo que pueden tocar todas las escalas con la misma hechura), ni si toquen la parte melódica o armónica, ni si el cantante decida sostener una nota por uno o más compases extras (se basa la entrada o cambio de acorde que sigue en el momento en que el cantante pasa a la siguiente palabra de la canción; no es necesario que uno cuente los descansos en la cabeza). En pocas palabras, los mariachis se sienten más *cercanos* a su música y a sus compañeros porque todos estos maravillosos sonidos están saliendo de su interior, y todos reaccionan mutuamente, como un verdadero equipo.

Teaching the Violin in Mariachi

Mariachi violin style may sound quite unique but the basic technique required to play violin in mariachi is identical to that of classical violin playing. In fact, it is fair to say that classically-trained violinists will make the best mariachi violinists (provided they have mastered the idiosyncrasies of the mariachi style) and it is just as fair to say that learning mariachi will be a valuable, musically-enriching experience for any violinist. In other words, playing mariachi will make any violinist better.

The similarities between mariachi and classical playing are innumerable, but a few are worth mentioning. Enlist the aid of a classical string teacher or dedicated string method if you need assistance with these techniques:

❖ Proper violin playing position is extremely important. Holding the violin under the chin, lifting the scroll up in line with the left leg, keeping the fingers rounded and the wrist relaxed, etc.

❖ Proper finger position is essential for good intonation. Don't accept the stereotype that it is acceptable for mariachis to play out of tune: perfect intonation is a goal that all mariachis should strive for.

❖ Proper bow technique is essential to play mariachi well. Bow technique includes holding the bow (finger, wrist, arm position), but also developing good bow control for playing loud, soft, fast, slow and with a consistent sound. Also, it is important for all of the violins to match their bows direction, speed, intensity, etc.

The differences between classical and mariachi violin technique are few, but nevertheless important:

❖ Mariachi violinists, especially when playing the more "rustic" song forms such as the various types of *sones*, will tend to stay in first position and use open strings whenever possible. Classical violinists are trained to avoid the loud, rough sound of these open strings except when called for as a special effect (or to make a rapid passage simpler to play), but this same loudness and roughness is characteristic of the mariachi sound. Make sure your students do this only when it is appropriate: certain songs require a more "refined" violin sound, and in these songs the open strings should of course be avoided.

❖ Mariachis often use faster bows and more bow pressure than might be commonly used in classical playing. When classical players hear mariachis they sometimes describe them as "sawing" the strings, while mariachis sometimes describe classical players as being "in love with" their bow (as if to say, "why are you moving your bow so slowly, are you in love with the sound, are you 'savoring' the sound of every single note? Move it more quickly so you can get on to the next note, give them all more energy!") It must

Enseñando Violín para Mariachi

El estilo de violín del mariachi puede parecer único, pero la técnica básica requerida para tocar el violín en un mariachi es igual a la del estilo clásico. De hecho, es justo decir que los violinistas con formación clásica serán los mejores violinistas de mariachi (siempre y cuando dominen las idiosincrasias de este género). También podríamos decir que aprender a tocar mariachi será una valiosa y enriquecedora experiencia musical para cualquier violinista. Es decir, al aprender a tocar la música de mariachi todo violinista mejorará su habilidad.

Son incontables las similitudes entre tocar música clásica y de mariachi; vale la pena mencionar algunas de ellas. Puedes recurrir a un maestro de cuerdas clásico o un método para cuerdas si necesitas ayuda para aprender estas técnicas:

❖ La posición correcta para tocar el violín es muy importante: el violín debe estar debajo de la barbilla con la voluta alzada y alineada con la pierna izquierda, los dedos encorvados y la muñeca relajada, etc.

❖ La colocación correcta de los dedos es clave para la buena entonación. No acepte el estereotipo que dice que es aceptable que el mariachi toque desafinado: todo mariachi debe esforzarse por lograr la meta de una perfecta entonación.

❖ La correcta técnica del arco es esencial para tocar bien la música de mariachi. Se trata de cómo se sujeta el arco (dedos, muñeca, posición del brazo), de lograr un control que permite tocar fuerte, bajito, rápido o lento con un sonido constante. Es preciso además que los violinistas emparejen sus arcos en cuanto a dirección, rapidez, intensidad, etc.

Las diferencias entre las técnicas de violín clásico y de mariachi son pocas, pero aun así importantes:

❖ El violinista de mariachi suele usar la primera posición y tocar cuerdas abiertas siempre que pueda, especialmente cuando toca canciones más "rústicas" como los varios tipos de *sones*. A los violinistas clásicos les enseñan a evitar el sonido fuerte y áspero de las cuerdas abiertas, excepto cuando sea indicado para crear un efecto especial (o para agilizar una sección muy rápida), pero lo fuerte y áspero son rasgos característicos del sonido del mariachi. Vigile que sus alumnos toquen así sólo cuando es apropiado: algunas piezas requieren un sonido más "refinado" que los obliga a evitar tocar cuerdas abiertas.

❖ El mariachi suele mover el arco más rápido y usar más presión que el violinista clásico. Cuando éste escucha al mariachi suele decir que toca como si su arco fuera un serrucho; por su parte, el mariachi a veces dice que el violinista clásico está "enamorado" de su arco (como si dijera, "¿por qué lo mueves tan despacio? ¿estás enamorado del sonido? ¿saboreas el sonido de cada nota? ¡Ande, muévelo más rápido para llegar a la nota que sigue... póngales más energía!"). Empero, hay que enfatizar que los mejores

be emphasized, though, that the best mariachis vary their bow speed and pressure to match the song/style they are playing, and it is only certain songs that demand fast and strong bows to sound correct. It should also be emphasized that the best classical violinists tend *not* to be the ones who play with very light, soft, beautiful bows all of the time: the best classical players have the technique to play soft and sweet when appropriate, but they have the confidence and strength to play with strong, fast, full bows ("like a mariachi!") when it is appropriate too.

❖ Classical violin players develop the technique of turning the bow on its side ("as if using one bow-hair to play the string") in order to play more softly and sweetly, while mariachis tend to play with the bow flat on the strings. Playing with the bow flat on the strings obviously creates a louder, stronger sound but it can also be a rougher, less refined sound. You should always emphasize to your students that they must use the appropriate sound/technique for each musical context: some songs require this sort of sound (mariachi bow technique), while other songs require a more refined sound (classical bow technique). The best mariachis are comfortable using both techniques, just like the best classical players.

❖ Mariachi vibrato can sometimes be faster and more pronounced than classical vibrato, but again, both mariachi and classical players should be adept at varying their vibrato speed and depth in order to fit each musical context. When it is appropriate to use a very fast, pronounced, "mariachi" vibrato you should encourage your students to do so, and when it is more appropriate to use a more subtle vibrato you should likewise encourage them to do so.

❖ Much of the mariachi style comes from the "galloping" eighth-note rhythm that derives from armonía mánicos. Encouraging your students to listen to the armonía and to match its rhythm will only make them better over-all musicians. Don't be worried that your students will forever play with galloping eighth-notes, rather always encourage them to use the proper rhythmic and stylistic inflections for each piece of music. When playing the *son jalisciense,* match the rhythmic style of the armonía mánicos; when playing Haydn, match the rhythmic style of the rest of the orchestra. Never use one style for the wrong musical context.

With the proper guidance, mariachi violinists can and should develop into mature musicians who are as comfortable performing with a symphony orchestra or string quartet as they are with mariachi, and any classical violinist can enjoy expanding their musical horizons and techniques by learning this unique musical style.

violinistas de mariachi también cambian la rapidez y presión con que tocan de acuerdo con la canción o el estilo de la pieza que están interpretando, pues sólo algunas piezas requieren el estilo rápido y fuerte para que se escuchen bien. Nótese además que suele ocurrir que los mejores violinistas clásicos *no* son los que siempre tocan usando arcos muy ligeros, suaves y hermosos: los mejores músicos clásicos tienen la habilidad de tocar suave y dulcemente cuando es apropiado, pero también la confianza y fuerza para tocar con arcos fuertes, rápidos y completos ("¡como el maria- chi!") cuando es preciso hacerlo.

❖ El violinista clásico practica una técnica que implica ladear el arco ("como si tocara las cuerdas con un solo pelo") para tocar más suave y dulcemente, mientras que los mariachis tienden a tocar con el arco al ras de las cuerdas. Claro está que usar este estilo crea un sonido más fuerte y robusto, aunque puede gene-rar también notas ásperas, menos refinadas. Ud. debe insistir siempre que sus alumnos usen el sonido o la técnica que sea apropiado/a para cada contexto musical: algunas piezas exigen el tipo de sonido que produce la técnica de arco del mariachi, mientras que otras –la técnica clásica– requieren un sonido más refinado. Al igual que los buenos violinistas clásicos, los mejores violinistas de mariachi también se sienten cómodos usando ambas técnicas.

❖ El vibrato que usa el mariachi es a veces más rápido y pronunciado que el vibrato clásico pero, otra vez, ambos violinistas deben estar adeptos a variar la rapidez y robustez de su vibrato para adecuarlo a cada contexto musical. Cuando es apropiado usar el vibrato muy rápido y pronunciado del mariachi, Ud. debe insistir en que los estudiantes toquen así, pero cuando es más adecuado usar el vibrato más sutil, debe alentarlos a tocar de esta manera.

❖ El estilo del mariachi depende en buena medida del ritmo de las corcheas "galopantes" que emerge de los mánicos de la armonía. Ud. debe alentar a sus alumnos a escuchar la armonía y copiar su ritmo; así llegarán a ser mejores músicos en general. No se preocupe al pensar que siempre tocarán corcheas galopantes: más bien enséñeles a usar las inflexiones rítmicas y estilísticas correctas para cada pieza. Cuando tocan un *son jalisciense,* deben usar el estilo rítmico de los mánicos de la armonía; pero cuando tocan Haydn, deben seguir el estilo rítmico que usa el resto de la orquesta. Nunca deben usar un estilo inadecuado para el contexto musical.

Si tiene una formación adecuada, el violinista de mariachi podrá (y deberá) emerger como un músico maduro que está igualmente cómodo al tocar con una orquesta sinfónica que con un cuarteto de cuerdas o con un Mariachi. Asimismo, el violinista clásico puede gozar de ampliar sus horizontes y técnicas musicales al aprender este estilo musical único.

Preparing Violin Players for a Career in Music

Almost no colleges or universities today provide instruction (nor obviously credit that can be applied towards an official music degree) in mariachi-style violin, so if you have any violin students expressing interest in pursuing music as a career you should encourage them to also learn to play classical violin. The basic technique of playing violin in mariachi is the same as playing in any other type of music—the only real differences being stylistic—and as is true with any musical instrument, the more your students practice, the more they enjoy playing, and the more musical experiences they participate in, the better musicians they will become. In other words, playing other types of music will make them better mariachis, just as playing mariachi will make them better at playing other types of music.

Please remember, as music teachers we are doing more than simply training professional musicians (it is simply wrong to label any student who pursues something other than music as a career as a musical "failure"). Rather, we are providing valuable, life-enriching experiences to everyone who participates. In this sense, it shouldn't be the teacher's goal to direct all of your students towards music/mariachi careers. However, when you do encounter students who have the talent, dedication and desire to become professional musicians or music teachers, it is your duty to prepare them to succeed in college. It is easy to envision a future where mariachi music and degrees will be as common and accepted as jazz is today, but until then we must use these specific means of preparing our students to succeed in musical careers.

Preparando los violinistas para una carrera en música

Hay pocas instituciones que ofrecen instrucción en el violín del estilo mariachi (o, lógico, créditos que se podrían aplicar a un título en música), entonces, si Ud. encuentra algún alumno de violín que expresa interés en seguir la carrera de música, debe alentarlo a aprender a tocar también el violín clásico. La técnica básica de violín para el mariachi es igual a la de cualquier otro género musical –las únicas diferencias reales son de estilo– y, como en el caso de cualquier otro instrumento musical, entre más practiquen, más disfruten de tocar su instrumento y más experiencias musicales tengan sus alumnos, mejores músicos serán. Es decir, tocar otros géneros musicales los ayudará a ser mejores intérpretes del mariachi; del mismo modo que tocar el estilo mariachi mejorará su habilidad de tocar otros géneros.

Hay que recordar que como maestros de música hacemos mucho más que sólo formar músicos profesionales (es incorrecto calificar de "fracasado" musical a un alumno que opta por otra carrera). Más bien, ofrecemos experiencias de vida enriquecedoras y valiosas a todos los participantes y, entonces, la meta del maestro no debe ser sólo encaminar a todos los alumnos hacia una carrera musical o de mariachi. Pero, si Ud. encuentra a alumnos que sí tienen el talento, la dedicación y el deseo de llegar a ser músicos profesionales o maestros de música, es su deber prepararlos para que puedan tener éxito en sus estudios futuros. Podemos imaginar que en un futuro no muy lejano la música de mariachi y títulos en este género serán tan comunes y aceptados como en el jazz hoy; pero mientras tanto es deber nuestro usar estos medios específicos para prepararlos a tener éxito en su carrera musical.

Teaching the Viola, Cello, and Bass in Mariachi

Mariachi style may sound quite unique but the basic technique required to play in mariachi is identical to that of classical playing. In fact, it is fair to say that classically-trained musicians will make the best mariachi musicians (provided they have mastered the idiosyncrasies of the mariachi style) and it is just as fair to say that learning mariachi will be a valuable, musically-enriching experience for any viola, cello, or bass player. In other words, playing mariachi will make any musician better.

Preparing Viola, Cello, and Bass Players for a Career in Music

Almost no colleges or universities today provide instruction (nor obviously credit that can be applied towards an official music degree) in mariachi-style viola, cello, or bass, so if you have any students expressing interest in pursuing music as a career you should encourage them to also learn to play classical viola, cello, or bass. The basic technique of playing in mariachi is the same as playing in any other type of music—the only real differences being stylistic—and as is true with any musical instrument, the more your students practice, the more they enjoy playing, and the more musical experiences they participate in, the better musicians they will become. In other words, playing other types of music will make them better mariachis, just as playing mariachi will make them better at playing other types of music.

Please remember, as music teachers we are doing more than simply training professional musicians (it is simply wrong to label any student who pursues something other than music as a career as a musical "failure"). Rather, we are providing valuable, life-enriching experiences to everyone who participates. In this sense, it shouldn't be the teacher's goal to direct all of your students towards music/mariachi careers. However, when you do encounter students who have the talent, dedication and desire to become professional musicians or music teachers, it is your duty to prepare them to succeed in college. It is easy to envision a future where mariachi music and degrees will be as common and accepted as jazz is today, but until then we must use these specific means of preparing our students to succeed in musical careers.

Enseñando viola, chelo, y contrabajo para Mariachi

El estilo del mariachi puede parecer único, pero la técnica básica requerida para tocar en un mariachi es igual a la del estilo clásico. De hecho, es justo decir que los músicos con formación clásica serán los mejores músicos de mariachi (siempre y cuando dominen las idiosincrasias de este género). También podríamos decir que aprender a tocar mariachi será una valiosa y enriquecedora experiencia musical para cualquier violista, chelista, o contrabajista. Es decir, al aprender a tocar la música de mariachi todo violinista mejorará su habilidad.

Preparando los violinas, chelistas, y contrabajistas para una carrera en música

Hay pocas instituciones que ofrecen instrucción en el viola, chelo, o contrabajo del estilo mariachi (o, lógico, créditos que se podrían aplicar a un título en música), entonces, si Ud. encuentra algún alumno de viola, chelo, o contrabajo que expresa interés en seguir la carrera de música, debe alentarlo a aprender a tocar también el estilo clásico. La técnica básica para el mariachi es igual a la de cualquier otro género musical –las únicas diferencias reales son de estilo– y, como en el caso de cualquier otro instrumento musical, entre más practiquen, más disfruten de tocar su instrumento y más experiencias musicales tengan sus alumnos, mejores músicos serán. Es decir, tocar otros géneros musicales los ayudará a ser mejores intérpretes del mariachi; del mismo modo que tocar el estilo mariachi mejorará su habilidad de tocar otros géneros.

Hay que recordar que como maestros de música hacemos mucho más que sólo formar músicos profesionales (es incorrecto calificar de "fracasado" musical a un alumno que opta por otra carrera). Más bien, ofrecemos experiencias de vida enriquecedoras y valiosas a todos los participantes y, entonces, la meta del maestro no debe ser sólo encaminar a todos los alumnos hacia una carrera musical o de mariachi. Pero, si Ud. encuentra a alumnos que sí tienen el talento, la dedicación y el deseo de llegar a ser músicos profesionales o maestros de música, es su deber prepararlos para que puedan tener éxito en sus estudios futuros. Podemos imaginar que en un futuro no muy lejano la música de mariachi y títulos en este género serán tan comunes y aceptados como en el jazz hoy; pero mientras tanto es deber nuestro usar estos medios específicos para prepararlos a tener éxito en su carrera musical.

Teaching the Trumpet in Mariachi

Teaching trumpet players in mariachi has unique challenges compared to teaching them in the concert band setting. Conflicting styles, "difficult" key signatures, "uneven" rhythms, seemingly exaggerated articulations, and "wild" vibrato are all arguments that detractors use to discourage trumpet players from learning the mariachi style. However, when trumpet players have the prerequisite year of study behind them (as is recommended to use *Mariachi Mastery*) they will have a solid foundation to learn this new and exciting style of music called mariachi. And as long as you view the unique characteristics of mariachi as techniques that should be used intentionally, turned on and off for musical effect, then there is no need to fear: changing styles only creates stronger musicians. The following is gleaned from years of study and personal observation.

Conflicting Styles

The style of trumpet playing in mariachi is so distinct that many people mistakenly believe that a player who plays mariachi cannot play any other style. I myself was told when I began to play mariachi to stop because, "once you start to use that kind of vibrato you won't be able to turn it off!" I have also heard many American band and orchestra directors say that they were afraid to let their students play mariachi because it would ruin their "legit" playing. But in fact, switching from mariachi trumpet to symphonic band or orchestral trumpet styles is no different from playing Mozart trumpet parts in an orchestra and then switching to playing Mahler. One of the most wonderful things about playing trumpet is that we can and *must* learn to play in many widely differing styles, often switching immediately from one to another. In an orchestra, for example, we might be expected to play a strong, sharply articulated, military style fanfare projecting over the entire orchestra and then suddenly play a soft, lyrical countermelody blending with a solo flute. In mariachi as well, trumpet players must switch from playing a loud, strongly articulated *son jalisciense* to playing a soft, second melody underneath a solo voice.

As long as players are taught to be sensitive to musical contexts, to blend their sound with the ensemble or project when appropriate (and in an appropriate way), then they will never fall into the "rut" of not being able to "turn off" one style or another. This is a very good lesson to teach every trumpet player: always be sensitive to and adapt to the musical context you find yourself in, from piece to piece, song to song, style to style, ensemble to ensemble. The more successful they are at adapting to different styles of playing, the better musician they will become.

Enseñando trompeta para Mariachi

Enseñar a los trompetistas del mariachi presenta retos únicos cuando se compara con enseñarles a tocar en una banda de concierto. Los detractores de la música de mariachi que quieren desalentar a los trompetistas a aprender este género argumentan que tiene estilos enfrentados, tonos "difíciles", ritmos "disparejos", articulaciones aparentemente exageradas, y un *vibrato* "salvaje". Pero un trompetista que ya tiene el año de estudio requerido (según recomienda *La maestría del mariachi*) tendrá una sólida base para aprender este nuevo y excitante estilo de música llamado mariachi. Además, si acepta que los rasgos únicos del mariachi son técnicas usadas al propósito y que se aprenden y apagan a fin de crear un efecto musical, no habrá porqué sentir temor: ¡al variar estilos se crean mejores músicos! Los siguientes comentarios están basados en muchos años de estudio y de observación personal.

Estilos enfrentados

El estilo de tocar la trompeta en el mariachi es tan propio que la gente cree, erróneamente, que un trompetista que toca así no podrá tocar otro estilo. Cuando empecé a tocar mariachi, me dijeron que lo debía dejar porque "¡una vez que comiences a usar ese *vibrato* no podrás quitarlo!" También he escuchado a muchos directores de banda y orquesta norteamericanos decir que temían que sus alumnos tocaran mariachi porque arruinarían su estilo "legítimo". Pero, en verdad, alternar entre el estilo mariachi y los estilos de trompeta para banda u orquesta sinfónica no es distinta a dejar de tocar la parte de trompeta en una pieza de Mozart para empezar a tocar Mahler. Una de las cosas maravillosas de tocar la trompeta es que podemos, y *debemos*, aprender a tocar muchos estilos diferentes, e incluso a cambiar de repente de uno a otro. En la orquesta, por ejemplo, quizá tengamos que tocar primero una pieza estilo militar, fuerte, de articulación aguda y proyectándonos por encima del conjunto, para luego cambiar a una contra-melodía suave y lírica que acompaña a un solo de flauta. Así también en el mariachi, el trompetista tendrá que cambiar de un son jalisciense, fuertemente articulado y de alto volumen, a una suave segunda melodía como fondo a un solo de voz.

Siempre y cuando se enseñen a los músicos cierta sensibilidad para el contexto musical, a combinar su sonido con el del conjunto y a proyectarse cuando es preciso hacerlo (y en la forma apropiada), no se caerán en una "rutina", ni serán incapaces de dejar un estilo u otro. Una buena lección para todo trompetista es que debe estar sensible, y adaptarse, al contexto musical en que se encuentre, de una pieza a otra, de una canción a otra, de un estilo a otro y de un grupo a otro. Entre más ábiles sean para adaptarse a diferentes estilos, mejores músicos serán.

"Too Many Sharps"

Mariachis tend to play in sharp keys more often than in flat keys because string instruments sound better in these keys (there are more open strings ringing, fewer muted strings on the guitars). This may seem daunting for beginning trumpet players (playing in A, E, and B major quite often), but in actuality playing a low D♯ (valves 2–3) is no more difficult than playing D (1–3), and playing a G♯ (2–3) is no harder than playing G (0). It is only a question of experience: since most young trumpet players in America began in concert band settings they are less familiar with A major than with F major, but with a little practice they will become just as familiar with these sharp keys and become stronger musicians overall. On a humorous note, I once invited a mariachi trumpet student of mine to play *Sinfonietta* by Leos Janácek with my orchestra. The part was written with many accidentals, all flats, and she asked if it was ok to rewrite the part using sharps! The flats would have been easier for most "legit" trumpet players, but this story illustrates that there is nothing inherently difficult about playing sharps on the trumpet: they are just less familiar to young or inexperienced players.

Intonation is an issue when playing a low C♯ (1–2–3), but students should be taught early that this note must be played with the third slide extended, just as the low D (1–3) should also be played with the third slide extended.

Articulation

Trumpet articulation is an important part of mariachi style. Many notes sound very short, but in order to make them sound correct players should be encouraged to play with as full and clear a sound as possible in spite of the shortness: do not under any circumstances play notes so short that they don't sound clearly. The metaphor of playing like a bell is common and apt: strong articulation, clear sound.

Also, in order to make certain melodic figures sound right—especially in the *son jalisciense*—some notes that seem slurred are actually played with a very soft "thu" tongue. Many published arrangements will have figures such as these printed with slurs, and many players, if asked, will actually tell you that they *are slurring* the notes, but in fact if you play with a *real* slur (lifting or depressing a valve without disrupting the air stream with the tongue) then it will sound slightly different, slightly *less mariachi* than playing with a "thu" tongue. In **Mariachi Mastery**, these passages are notated with tenuto markings, not slurs. All written slurs are intended as true slurs. Again, listening is the key: students should play the music *the way it's supposed to sound* as heard in the examples on the accompaniment CD.

"¡Tantos sostenidos!"

El mariachi tiende a tocar más en los tonos con sostenidos que en los con bemoles porque mejora el sonido de los instrumentos de cuerda (más cuerdas de las guitarras están sonando al aire, menos están tapadas). Tocar frecuentemente en La, Mi y Si mayor puede intimidar a los trompetistas principiantes, pero en realidad tocar Re♯ bajo (émbolos 2–3) no es más difícil que tocar Re (1–3), y tocar Sol♯ (2–3) no es más difícil que tocar Sol (0); es cuestión de experiencia. Ya que la mayoría de los jóvenes trompetistas en E.U. comienzan a tocar en bandas de concierto, La mayor les es menos familiar que Fa mayor, pero con la práctica pronto conocerán estos tonos sostenidos y serán mejores músicos. Ahora, una nota chistosa: una vez invité a un estudiante de trompeta de mariachi a tocar la *Sinfonietta* de Leos Janácek con mi orquesta. Como su parte tenía muchos alteraciones (todos bemol), me preguntó si no podría re-escribirla poniendo sostenidos(!) Los bemoles habrían sido más fáciles para la mayoría de los trompetistas "legítimos", pero esta anécdota nos enseña que no hay una dificultad inherente en tocar sostenidos con la trompeta: es que los músicos jóvenes sin mucha experiencia no los conocen.

La entonación es importante cuando se toca un Do♯ bajo (1–2–3), pero hay que enseñar a los estudiantes desde el principio que esta nota debe tocarse con la tercera bomba extendida, como también el Re bajo (1–3).

La articulación

La articulación es un aspecto clave para tocar la trompeta en el estilo mariachi. Aunque muchas notas son muy cortas, hay que enseñar a los trompetistas a tocar con el sonido más fuerte y claro que puedan, a pesar de lo corto de las notas. Sólo así lograrán el sonido propio. Por ninguna razón deben tocar las notas en forma tan corta que no se escuchen con claridad. La metáfora de "tocar como campana" es común y apto: la articulación debe ser fuerte y el sonido debe ser claro.

Además, para que ciertas figuras melódicas se escuchen correctamente (especialmente del son jalisciense) algunas notas que parecen ligadas en realidad se tocan con un suave movimiento de la lengua para formar la sílaba *"du"* (con la "d" suave del español). Muchos arreglos impresos suelen mostrar estas figuras como notas ligadas y muchos trompetistas dirían que, en efecto, ligan las notas. Pero si realmente tocas con ligadura (subir/bajar el émbolo sin cortar la columna de aire con tu lengua) suena un poco diferente –menos *mariachi*– que cuando usas la lengua. En **La maestría del mariachi**, estas partes son marcadas con *tenuto*, no ligadura. Como siempre, la clave reside en escuchar: los estudiantes deben reproducir la música *tal y como ésta debe escucharse*, de acuerdo con las muestras que encontrarán en el CD incluido.

Where Does the Trumpet Fit In Mariachi?

It can't be stressed enough that mariachi trumpet players must be sensitive to musical contexts. Professional mariachi trumpet players do play very strong, and they must, but many young mariachis don't realize that playing so strongly is only appropriate in certain contexts. The trumpet was a reluctant and late addition into *Mariachi Vargas de Tecalitlán*, the most influential mariachi in the world. Silvestre Vargas only admitted Miguel Martínez into his group after he proved that he was able to blend his trumpet sound with three violins, three different types of guitar, and a harp. Miguel Martínez learned to feel the rhythm of the vihuela and guitarrón, learned to blend his sound, vibrato, and articulation with the violins, and made his trumpet sound fuse with that of the entire ensemble. Martínez' playing defined the mariachi trumpet style. The first recordings of Miguel Martínez playing with *Mariachi Vargas* do *not* sound much different from the earlier *Mariachi Vargas* recordings without trumpet—they just sound a little bit *better*. The trumpet adds color, clarity, and strength to the overall mariachi sound, but it should not dominate the entire ensemble.

The familiar style of seemingly excessively strong mariachi trumpet playing developed later as a result of having larger mariachis playing in large venues where the guitars, violins and voices are amplified, and by the addition of different song styles. Young mariachi trumpet players who play this loudly all of the time, assuming that their part is always the most important and therefore should always lead the group, will never grasp the concept that mariachi's style comes from bringing together all of the instruments to form one "whole," a single musical gesture. The trumpet must fit inside that whole along with all of the other mariachi instruments in order to sound truly *mariachi*.

Preparing Trumpet Players for a Career in Music

Almost no colleges or universities today provide instruction (nor credit that can be applied towards an official music degree) in mariachi-style trumpet, so if you have any trumpet students expressing interest in pursuing music as a career you should encourage them to also learn to play classical, band, and/or jazz trumpet. The basic technique of playing trumpet in mariachi is the same as playing in any other type of music—the only real differences being stylistic—and as is true with any musical instrument, the more your students practice, the more they enjoy playing, and the more musical experiences they participate in, the better musicians they will become. In other words, playing other types of music will make them better mariachis, just as playing mariachi will make them better at playing other types of music.

¿Cuál es el lugar de la trompeta en el mariachi?

Hay que hacer hincapié en que todo trompetista de mariachi debe estar sensible al contexto musical. El trompetista de mariachi profesional a menudo debe tocar fuerte, pero muchos jóvenes no entienden que tocar con esta fuerza es apropiado sólo en ciertos contextos. La trompeta fue incorporada tarde y con cierto recelo en el *Mariachi Vargas de Tecalitlán*, el más influyente del mundo. Silvestre Vargas sólo invitó a Miguel Martínez a formar parte de su grupo después de que éste probó que podía mezclar el sonido de su trompeta con los tres violines, los tres tipos de guitarra y el arpa. Martínez aprendió a sentir el ritmo de la vihuela y guitarrón y a mezclar su sonido, el *vibrato* y la articulación con los violines, para lograr que el sonido de su trompeta se fusionara con el del conjunto. Gracias a él, emergió el estilo de tocar trompeta para mariachi y las primeras grabaciones del *Mariachi Vargas* con Martínez suenan similar a las anteriores que no tenían trompeta... similares pero, eso sí, un poco mejor. La trompeta agrega color, claridad y fuerza al sonido total del mariachi, pero no debe dominar (ahogar) al conjunto en sí.

El conocido estilo de mariachi en que la trompeta parece tocarse demasiado fuerte surgió más tarde, porque conjuntos de mariachi más grandes empezaron a tocar en sitios también más grandes, donde tenían que amplificar las guitarras, los violines y las voces, y porque incluyeron nuevos estilos de canción. Hay jóvenes trompetistas de mariachi que siempre tocan a alto volumen porque asumen que *su* parte es siempre la más importante y que, por lo tanto, ellos deben guiar al grupo. Ellos no entienden que el secreto del estilo mariachi reside en que los instrumentos se "entretejen y fusionen para generar ese sonido especial, esa expresión musical íntegra. Para lograr el verdadero sonido de mariachi, la trompeta tiene que unirse al conjunto de instrumentos.

Preparando a trompetistas para una carrera en música

Hoy día, son pocos los tecnológicos o universidades que ofrecen instrucción (o créditos aplicables a un título oficial en música) en trompeta de estilo mariachi; así que si Ud. tiene alumnos que muestran interés en seguir una carrera en música debe alentarlos también a aprender a tocar la trompeta para banda clásica y/o jazz. La técnica básica para tocar la trompeta en el mariachi es igual a la de cualquier otro género musical –la única diferencia real es estilística– y, como en el caso de cualquier instrumento musical, entre más practica el alumno, más disfruta de tocar y más experiencias musicales experimenta, mejor músico será. Es decir, aprender a tocar otros estilos musicales ayudará a los estudiantes a ser mejores mariachis; asimismo, aprender a tocar mariachi mejorará su habilidad de tocar otros estilos musicales.

Please remember, as music teachers we are doing more than simply training professional musicians (it is simply wrong to label any student who pursues something other than music as a career as a musical "failure"). Rather, we are providing valuable, life-enriching experiences to everyone who participates. In this sense, it shouldn't be the teacher's goal to direct all of your students towards music/mariachi careers. However, when you do encounter students who have the talent, dedication and desire to become professional musicians or music teachers, it is your duty to prepare them to succeed in college. It is easy to envision a future where mariachi music and degrees will be as common and accepted as jazz is today, but until then we must use these specific means of preparing our students to succeed in musical careers.

Favor de recordar que como maestros de música hacemos más que sólo entrenar a músicos profesionales (es incorrecto calificar de "fracasado" musical a un alumno que opta por otra carrera). Más bien, ofrecemos experiencias enriquecedoras y valiosas a toda persona que participa. Así, no debe ser meta del maestro encaminar a todo alumno a una carrera en música o mariachi. Sin embargo, cuando uno encuentra a alumnos que tienen el talento, dedicación y deseo de ser músicos profesionales o maestros de música, es deber del maestro formarlos para que tengan éxito en sus estudios. Es fácil imaginar un futuro en que la música de mariachi y títulos en este género serán tan comunes y aceptados como en el jazz hoy en día; pero, mientras tanto, debemos usar estos medios específicos para preparar a nuestros estudiantes a tener éxito en una carrera musical.

TEACHING HARP IN MARIACHI

The harp is one of the oldest and most traditional mariachi instruments, but it has become less common recently because of it softer sound and relatively less portability. However, most top professional mariachis today do use harp as it adds a wonderful dimension to the mariachi sound. As a teacher, you should encourage your students to learn this wonderful instrument.

Preparing Harp Players for a Musical Career

Almost no colleges or universities today provide instruction (nor credit that can be applied towards an official music degree) in mariachi-style harp, so if you have any harp students expressing interest in pursuing music as a career you should encourage them to also learn to play classical harp. The basic technique of playing mariachi harp is the same as playing the classical harp, the primary differences being the fact that the mariachi harp is played with the fingernails while the classical harp is played with the flesh of the fingers, and that the classical harp has pedals allowing it to change key rapidly. Pedaling is not a particularly difficult aspect of playing classical harp, so any mariachi harp student who wished to switch to classical harp need only cut their fingernails and start practicing the different repertoire. As is true with any musical instrument, the more your students practice, the more they enjoy playing, and the more musical experiences they participate in, the better musicians they will become.

Please remember, as music teachers we are doing more than simply training professional musicians (it is simply wrong to label any student who pursues something other than music as a career as a musical "failure"). Rather, we are providing valuable, life-enriching experiences to everyone who participates. In this sense, it shouldn't be the teacher's goal to direct all of your students towards music/mariachi careers. However, when you do encounter students who have the talent, dedication and desire to become professional musicians or music teachers, it is your duty to prepare them to succeed in college. It is easy to envision a future where mariachi music and degrees (including mariachi harp) will be as common and accepted as jazz is today, but until then we must use these specific means of preparing our students to succeed in musical careers.

ENSEÑANDO ARPA PARA MARIACHI

El arpa es uno de los más antiguos y tradicionales instrumentos del mariachi, pero en años recientes se ha vuelto menos común debido a su sonido suave y su poca portabilidad. Sin embargo, hoy la mayoría de los mariachis profesionales más destacados usan el arpa porque añade un maravilloso matiz al sonido del conjunto. Como maestro, Ud. debe alentar a sus alumnos a aprender a tocar este espléndido instrumento.

Preparando al arpista para una carrera musical

Hay pocas instituciones que ofrecen instrucción en el arpa del estilo mariachi (o, lógico, créditos que se podrían aplicar a un título en música), así que si Ud. encuentra algún alumno de arpa que expresa interés en seguir la carrera de música, debe alentarlo a aprender a tocar también el arpa clásico. La técnica básica de tocar el arpa en el mariachi es igual a la del arpa clásica. Las principales diferencias son dos: el mariachi toca el arpa con las uñas, mientras que en el estilo clásico se usan las yemas de los dedos; y, el arpa clásico viene con pedales que permiten cambiar el tono rápidamente. Usar los pedales no es un aspecto difícil de la técnica del arpa clásico, y el estudiante de arpa de mariachi que quisiera cambiar al instrumento clásico sólo tiene que recortar sus uñas y empezar a ensayar un nuevo repertorio. Como en el caso de cualquier otro instrumento musical, entre más practiquen, más disfruten de tocar su instrumento y más experiencias musicales tengan sus alumnos, mejores músicos serán.

Hay que recordar que como maestros de música hacemos mucho más que sólo formar músicos profesionales (es incorrecto calificar de "fracasado" musical a un alumno que opta por otra carrera). Más bien, ofrecemos experiencias de vida enriquecedoras y valiosas a todos los participantes y, entonces, la meta de un maestro no debe consistir sólo en encaminar a los alumnos hacia carreras en música o mariachi. Pero, si Ud. encuentra a alumnos que sí tienen el talento, la dedicación y el deseo de llegar a ser músicos profesionales o maestros de música, es su deber prepararlos para que puedan tener éxito en sus estudios futuros. Podemos imaginar que en un futuro no muy lejano la música de mariachi y títulos en este género serán tan comunes y aceptados como en el jazz hoy; pero mientras tanto es deber nuestro usar estos medios específicos para prepararlos a tener éxito en su carrera musical.

Teaching Armonía Instruments (Guitar and Vihuela) in Mariachi

There are many unique issues surrounding teaching guitar and vihuela that the mariachi teacher should consider.

What's the Difference?

The guitar used in mariachi is a standard, 6-string, nylon-string acoustic guitar (sometimes called a "folk" guitar or "classical" guitar). The vihuela is smaller than the guitar, shaped somewhat differently and has 5 nylon strings. The vihuela is tuned the same as the guitar (minus the low E string), except the A, D and G strings are all one octave higher. Since the tuning is essentially the same, it is quite easy for players to switch from playing guitar to vihuela and vice versa (most chord fingerings are very similar), but since the vihuela strings are tuned in a higher register (and with higher string tension), the two instruments sound quite distinct. The combination of the deeper, more resonant guitar and the brighter, more percussive vihuela is part of what gives mariachi its characteristic sound.

Guitar and Vihuela: One or Both?

On the most fundamental level, the vihuela (along with the guitarrón) is emblematic of the mariachi ensemble and therefore, from a purist's perspective, indispensable. However, given the practical and pragmatic realities of teaching music in schools, and given that the guitar and vihuela play the same music, it is possible to teach a mariachi with only guitars if your school does not have a vihuela. Nevertheless, the vihuela does have a very unique sound that contributes a great deal of energy and life to the mariachi ensemble, so it is recommended that you acquire a vihuela and incorporate it into your mariachi as soon as possible in order to give your students the most authentic experience possible. And since the techniques to playing the vihuela are very similar to those of playing the guitar, your students will have no difficulty learning to play the vihuela.

Enseñando armonía (Guitarra y Vihuela) para Mariachi

Enseñar guitarra y vihuela implica algunas situaciones únicas que todo maestro de mariachi debe tomar en cuenta.

¿Cuál es la diferencia?

La guitarra que se usa en el estilo mariachi es un modelo acústico estándar con 6 cuerdas de nylon (a veces llamada la guitarra "folk" o "clásica"). La vihuela es más chica que la guitarra, su forma es un poco diferente y tiene sólo 5 cuerdas de nylon. Se afina como la guitarra (menos la cuerda Mi baja), salvo que las cuerdas La, Re y Sol están una octava más alta. Ya que la afinación es casi igual, es muy fácil para el músico cambiar de guitarra a vihuela y viceversa (la posición de los dedos para la mayoría de los acordes es muy similar), pero ya que las cuerdas de la vihuela están en un registro más alto (y tienen más tensión), el sonido de los dos instrumentos es bastante distinto. La combinación de los sonidos de la guitarra –más bajo y resonante– y vihuela –más ligero y de percusión– es parte de lo que le da al mariachi su sonido característico.

Guitarra y vihuela: ¿Una o las dos?

En el nivel más básico, la vihuela (y el guitarrón) es emblemática del conjunto del mariachi y, por lo tanto, desde el punto de vista del purista, es indispensable. Pero, en vista de la realidad práctica y pragmática de enseñar la música en la escuela, y dado que la guitarra y vihuela tocan la misma partitura, es posible enseñar a un mariachi que sólo usa guitarras, si es que su escuela no tiene una vihuela; aunque es cierto que este instrumento tiene un sonido único que contribuye mucha energía y vigor al conjunto, así que se recomienda adquirir una vihuela e incorporarla en el grupo a la mayor brevedad, para que sus alumnos tengan la más auténtica experiencia de mariachi que sea posible. Además, ya que las técnicas de tocar la vihuela son tan parecidas a las de la guitarra, los estudiantes no encontrarán dificultad alguna para aprender a tocar este instrumento de cuerdas.

Elementary School Challenges

Teaching very young students presents some specific challenges, most stemming from the fact that young people have smaller and more delicate fingers, which can make some aspects of guitar playing more difficult:

❖ Use light-weight strings (low tension) for young players so they don't hurt the fingers of their lefthands when pressing down on the strings.

❖ Use light-weight picks (thinner, more flexible) with young players since these make strumming easier (they are more "forgiving" of mistakes and poor technique). This is true for all beginning players (older beginners included): the heavy-weight picks (harder) that professionals use demand better wrist technique. Once players are more advanced, they should switch to more heavy-weight picks to achieve the strong, clear sound that mariachi is known for.

❖ Players with small hands might have difficulty playing some of the guitar and vihuela chords because their fingers may not reach the lower strings. If this is the case, it is possible to play just the 4 higher strings of each instrument. Tell students to use the same fingers that the chord diagrams say to place on the upper 4 strings of their instrument and to ignore the other strings. When your students strum, tell them to "aim for the upper strings" so that the lower strings (sounding notes that may not belong to the chord) do not disturb the chord. Stress the importance of using the same fingering as is shown in the full chord diagram (even if it may seem odd) so that when the students' hands grow they will already be used to the proper fingering—they will simply add the additional fingers to complete the chord.

Finger Strength and Discomfort

Even when using light-weight strings there can be a lot of tension in the strings of the vihuela and guitar, and beginning players may be reluctant to push down the strings with the force needed to make them sound clear. If a student presses too lightly then their fingers actually *mute* the strings (at least partially). Encourage students to practice often, so they develop calluses on their fingers—once they have developed calluses, there will be no pain involved with pressing the strings down firmly. Additionally, the more they practice the more finger strength they will develop, which also makes pressing the strings down firmly more comfortable.

Los desafíos de la escuela Primaria

Enseñar a alumnos chicos presenta sus propios retos, mayormente porque los dedos de los niños son más pequeños y delicados. Por esto, algunas de las técnicas requeridas para tocar la guitarra les pueden resultar algo difíciles:

❖ Con los estudiantes chicos se puede usar cuerdas ligeras (de baja tensión) que no lastimarán los dedos de su mano izquierda cuando las presionan.

❖ También deben usar púas ligeras (más delgadas y flexibles) que facilitarán el rasgueo (y "perdonan" mejor los errores o la mala técnica). Esto es aplicable también a todo alumno principiante (incluidos los de más edad): las púas más duras y pesadas que usan los músicos profesionales exigen una mejor técnica de muñeca. Cuando los alumnos están más avanzados, deben cambiar a la púa más dura para lograr el sonido tan robusto y claro característico del mariachi.

❖ Los alumnos con manos pequeñas quizá tengan problemas para tocar algunos de los acordes de guitarra y vihuela, porque sus dedos no alcanzan las cuerdas inferiores. Si esta situación se presenta, pueden tocar solo las 4 cuerdas superiores del instrumento. Dígales que pongan sus dedos según lo indicado en los diagramas de acordes para las 4 cuerdas superiores del instrumento y que ignoren las otras. Mientras rasguean, pídales que "se concentren en las cuerdas superiores" para que las más bajas (que producen notas que quizá no sean parte del acorde) no les estorben. Insista en lo importante que es respetar la colocación de los dedos mostrada en los diagramas de los acordes (aunque les parezca raro), de tal modo que cuando sus manos crezcan ya estarán acostumbradas a colocarse correctamente, y sólo tendrán que incluir a los otros dedos para completar el acorde.

Incomodidad y la fuerza de los dedos

Aunque uno equipa a su guitarra o vihuela con cuerdas ligeras, puede haber mucha tensión y un estudiante joven puede estar reacio a ejercer la presión que se necesita para producir tonos claros. Cuando la presión que aplica el estudiante es muy ligera, sus dedos más bien matan las cuerdas (al menos hasta cierto punto). Insista en que ensayen muy frecuentemente para desarrollar callos en las yemas de sus dedos; cuando tienen callos no habrá dolor cuando presionan las cuerdas con firmeza. Además, al practicar más, lograrán tener más fuerza en sus dedos y así podrán presionar las cuerdas firmemente sin tanta incomodidad.

Guitar/Vihuela Strap Use

Mariachis almost always stand while performing, so a strap is essential for the armonía instruments. During rehearsal, however, it is often necessary (or more comfortable) to sit. If you have your students sit, tell them to continue using the strap so their instrument remains in the same playing position as when they are standing. If students remove the strap while sitting, it can cause their instrument to be too low or otherwise out of position, which can cause the development of bad playing habits.

El talí de la guitarra/vihuela

Los mariachis casi siempre tocan parados, entonces los que tocan los instrumentos de armonía tienen que usar talí. En los ensayos, sin embargo, a menudo les es necesario (o más cómodo) sentarse. Si Ud. permite que sus alumnos se sienten, dígales que sigan usando el talí para mantener su instrumento siempre en la misma posición que tendrá cuando se paran. Si quitan el talí cuando se sientan, su instrumento podría estar muy abajo o fuera de posición, y esto puede propiciar que el estudiante desarrolle malos hábitos cuando toca.

Alternate Chord Fingerings

There are many different ways to play almost every chord. The fingerings favored by mariachis are usually the ones that allow them to play all of the strings (or as many as possible) and that utilize open strings as much as possible. However, sometimes it is easier to use an alternate fingering for a chord in some contexts, or sometimes a player will prefer the sound of one fingering over another for musical reasons. Advanced students should be encouraged to know their instrument "inside and out"—so they can play every chord in any number of ways—and to utilize the chord fingering that sounds best or best suits the musical context.

Otras posiciones para los acordes

Casi todos los acordes pueden ser tocados de diferentes maneras. Las posiciones de dedo que los mariachis prefieren usualmente son las que les permiten tocar todas las cuerdas (o tantas como sean posibles) y usar las cuerdas al aire lo más que puedan. Empero, a veces es más fácil usar una colocación alternativa para algún acorde en un cierto contexto, o a veces -por razones musicales- un músico puede preferir el sonido de una forma a otras. A los estudiantes avanzados aliéntalos a conocer su instrumento "por dentro y fuera," para así poder tocar los acordes en varias maneras y usar la posición de dedo que suene mejor o que sea más apropiado para el contexto musical.

Preparing Armonía Players for a Musical Career

The guitar and vihuela style in mariachi is very unique: if your students learn to play mariachi-style guitar or vihuela only, they will not be fully prepared to play other styles of music and will therefore not be prepared to major in music in college (at least until more colleges and universities begin to offer mariachi degrees). However, given the right guidance, any of your armonía players who wish to pursue music as a career can succeed in college and beyond.

Preparando a los alumnos de armonía para una carrera musical

El estilo de guitarra y vihuela del mariachi es único: si sus alumnos aprenden a tocar solo este estilo de guitarra/vihuela, no estarán bien preparados para tocar otros estilos de música y no tendrán la formación necesaria para estudiar una carrera en música en la universidad (al menos hasta que más instituciones ofrecen títulos en mariachi). Pero, con la orientación adecuada, todo alumno de armonía que quiere seguir la carrera musical podrá tener éxito en la universidad y después.

First, almost no colleges or universities today provide instruction (nor credit that can be applied towards an official music degree) in vihuela, so if you have any vihuela students expressing interest in pursuing music as a career you should encourage them to also learn to play guitar (which is not a dramatic change from vihuela playing). Next, realize that the basic techniques for holding and playing the guitar, especially fingering chords with the left hand, is the same for mariachi and classical guitar playing—so your beginning mariachi guitar students should be receiving the same basic instruction as beginning classical guitar students. The main difference is in the right hand: mariachi guitar and vihuela almost exclusively strum all of the strings together (often called "rhythm guitar") using rhythms and hand patterns (mánicos) that are unique to mariachi, whereas classical guitars usually pluck strings individually. Since music degrees

Primero, casi ninguna institución ofrece cursos (o créditos aplicables a un título en música) en vihuela, así que si Ud. tiene alumnos vihuelistas que expresan interés en seguir una carrera en música debe también alentarlos a aprender a tocar guitarra (que no representa un cambio drástico de la técnica de tocar la vihuela). Segundo, hay que recordar que las técnicas básicas para sostener y tocar la guitarra, especialmente la posición de los dedos de la mano izquierda para los acordes, es igual para el estilo mariachi que para la guitarra clásica, así que sus estudiantes principiantes de guitarra de mariachi deben recibir la misma instrucción básica que los de guitarra clásica. La principal diferencia tiene que ver con la mano derecha: en la guitarra y vihuela de Mariachi casi siempre se rasguean todas las cuerdas a la vez (a menudo llamado "guitarra rítmica") usando ritmos y movimientos de la mano (mánicos) propios del mariachi; pero en la guitarra clásica es más común

today focus almost exclusively on classical guitar playing, you should encourage any of your armonía students who show a desire and aptitude to become professional musicians or teachers to also study classical guitar.

In fact, many mariachi teachers split their armonía students' classroom time between mariachi and classical guitar. It is actually quite a bit easier for armonía players to reach a level of basic proficiency on their instrument than it tends to be for most violinists and trumpet players—which is the reason *Mariachi Mastery* recommends one year of preparation for violinists and trumpet players while armonía players can begin their studies with this method (they will soon "catch up" to the other players). However, to master the guitar, like any instrument, requires years of dedication and practice. If you find that your guitar students are bored playing "simple" rhythms and chords while you spend more time rehearsing with the violins and trumpets, you may wish to separate the armonía from the rest of the ensemble so they can study classical guitar style (assuming availability of facilities and perhaps a separate, dedicated guitar teacher).

Another option for the mariachi guitar and vihuela player wishing to pursue music as a career is to study voice as their primary instrument. Remember, every mariachi should sing: you should be developing your students' voices and vocal technique in every class period. Many mariachis develop very strong voices, and the basic technique for singing mariachi is essentially the same as that of singing any other music—albeit with stylistic differences. As long as you encourage your students to sing with proper vocal technique, they should be prepared to study voice in college.

Please remember, as music teachers we are doing more than simply training professional musicians (it is simply wrong to label any student who pursues something other than music as a career as a musical "failure"). Rather, we are providing valuable, life-enriching experiences to everyone who participates. In this sense, it shouldn't be the teacher's goal to direct all of your students towards music/mariachi careers. However, when you do encounter students who have the talent, dedication and desire to become professional musicians or music teachers, it is your duty to prepare them to succeed in college. It is easy to envision a future where mariachi music and degrees (including mariachi-style guitar and vihuela) will be as common and accepted as jazz is today, but until then we must use these specific means of preparing our students to succeed in musical careers.

puntear cuerdas individuales. Ya que hoy en día los títulos en música son casi exclusivamente para la guitarra clásica, Ud. debe alentar a los alumnos de armonía que tienen el deseo y aptitud de convertirse en músicos profesionales o maestros a estudiar asimismo guitarra clásica.

De hecho, los maestros de mariachi suelen dividir el tiempo de clase con sus estudiantes de armonía entre estos dos estilos. En realidad, es más fácil para los de la armonía lograr un nivel básico de habilidad con su instrumento comparado con la mayoría de los trompetistas y violinistas; razón por la cual *La maestría del Mariachi* recomienda un año de preparación previa para estos últimos, mientras que estudiantes de armonía pueden iniciar sus estudios con este método (aquéllos pronto "alcanzarán" a los demás). Empero, como es el caso de cualquier otro instrumento musical, lograr dominar la técnica guitarrista requiere años de dedicación y práctica. Si Ud. ve que sus estudiantes de guitarra se aburren al tocar ritmos y acordes "simples" mientras Ud. dedica más tiempo a ensayar con los violines y trompetas, podría optar por separar a los de la armonía del resto del grupo y ponerlos a estudiar el estilo de guitarra clásica (si es que el entorno lo permite y quizás haya otro maestro disponible).

Otra opción para el guitarrista o vihuelista que desea seguir una carrera en música es estudiar la voz como su principal instrumento. Hay que recordar que todo mariachi debe cantar, así que Ud. debe desarrollar también las voces y la técnica vocal de sus alumnos en cada clase. Muchos músicos de mariachi llegan a tener voces muy fuertes y la técnica básica para cantar mariachi es, en esencia, igual a la de cualquier otro estilo de canto, aunque tiene ciertas diferencias estilísticas. Si Ud. alienta a sus alumnos a cantar con las técnicas vocales correctas, ellos deberán estar preparados para estudiar voz a nivel universitario.

Por favor, recuerda que como maestros de música hacemos más que sólo formar músicos profesionales (es incorrecto calificar de "fracasado" musical a un alumno que opta por otra carrera). Más bien, ofrecemos experiencias de vida enriquecedoras y valiosas a toda persona que participa. Entonces, el maestro no debe tener la meta de encaminar a todos sus alumnos a una carrera en música o mariachi. Sin embargo, cuando uno encuentra a alumnos que tienen el talento, la dedicación y el deseo de ser músicos profesionales o maestros de música, es deber suyo prepararlos para que tengan éxito en la universidad. Es fácil imaginar un futuro en que la música de mariachi y títulos en este género serán tan comunes y aceptados como en el jazz hoy en día; pero, mientras tanto, debemos usar estos medios específicos para preparar a nuestros estudiantes a tener éxito en la carrera musical.

Teaching the Guitarrón in Mariachi

There are many unique issues surrounding teaching guitarrón that the mariachi teacher should consider.

Unique Playing Technique

❖ The guitarrón is played by plucking 2 strings at a time, sounding in octaves, using the thumb (always) and either the index or middle finger of the right hand. Players use the middle finger when playing the outer A string, and use the index finger when playing any of the other strings (see student book for more detail).

❖ There is a lot of tension in the strings of the guitarrón, and beginning players may be reluctant to push down the strings with the force needed to make them sound clear. If a student presses too lightly then their fingers actually *mute* the strings (at least partially). Encourage students to practice often, so they develop calluses on their fingers—once they have developed calluses, there will be no pain involved with pressing the strings down firmly. Additionally, the more they practice the more finger strength they will develop, which also makes pressing the strings down firmly more comfortable.

❖ Young students and students with small hands may have difficulty playing some of the guitarrón notes with 2 strings, as indicated in the chord fingering diagrams. There are two schools of thought on this matter: 1) provide a smaller instrument (3/4 size or 1/2 size) so they can play the "correct" fingering on each note, 2) have them play only one string at a time until their hands grow. The first method has the obvious advantage of teaching proper fingering from the beginning, but the disadvantage of causing students to learn improper spacing of their fingers (when they switch to a full-size guitarrón they will have to relearn this in order to play in tune), and also, since smaller guitarrones have lower tension strings, students will be slow to develop their calluses and finger-strength (this low tension could be an advantage as well, making it easier for young students to press down their strings). The second method has the advantage of developing students' finger-strength and calluses quickly while they become familiar with the same instrument they will be playing when they grow up, but the obvious disadvantage of the difficulty of reaching the 2-string versions of the notes. If using the second method, experiment with which of the 2 strings would be best to play (which sounds the loudest?), have your students play the one string with the same fingering as is indicated even if it seems odd to use that fingering (this will prepare them to add the second string when they are able), and have them play 2 strings whenever possible (to develop proper technique as soon as possible). Many teachers have their own preferred method: you should use the method that works best for you.

Enseñando guitarrón para mariachi

Enseñar el guitarrón implica varios aspectos únicos que el maestro de mariachi debe tener presente.

Técnica única de tocar

❖ Para tocar el guitarrón, se puntea 2 cuerdas a la vez, a una octava de distancia, usando (siempre) el pulgar y el dedo índice o medio de la mano izquierda. El dedo medio toca la cuerda exterior La, mientras que se usa el dedo índice para tocar todas las demás cuerdas (véase el libro del estudiante para más información).

❖ Dado que las cuerdas del guitarrón tienen mucha tensión, el principiante podría estar reacio a presionarlas con la fuerza necesaria para producir sonidos claros. Si no aplica la presión necesaria, el alumno matará las cuerdas (al menos parcialmente); entonces, hay que insistir en que practiquen mucho para desarrollar callos en las yemas de sus dedos. Una vez que tengan callos, no les dolerá tanto cuando presionen las cuerdas con firmeza. Además, entre más ensayan más fuerza desarrollarán en sus dedos, lo cual también les ayudará a poder presionar las cuerdas firmemente con menos incomodidad.

❖ Los estudiantes chicos y los de manos pequeñas quizá encuentren difícil tocar algunas de las notas del guitarrón con las 2 cuerdas, como indican los diagramas de la colocación de los dedos. Hay dos escuelas de pensamiento a este respecto: 1) usar un guitarrón más chico (de 3/4 o 1/2) para que practiquen la técnica "correcta" de cada nota; y, 2) dejar que toquen sólo una cuerda a la vez hasta que sus manos crezcan. El primer método tiene la ventaja obvia de que permite enseñar la técnica correcta desde el principio, pero la desventaja de que el estudiante aprende el espaciamiento incorrecto de sus dedos (cuando cambian a un guitarrón de tamaño completo tendrán que re-aprender esto para tocar afinado). Además, ya que las cuerdas de un guitarrón chico tienen menos tensión, los alumnos tardarán en desarrollar callos y la fuerza de sus dedos (aunque la baja tensión también puede ser una ventaja, ya que es más fácil para el alumno chico presionar las cuerdas). La ventaja del segundo método es que permite desarrollar los callos y la fuerza de los dedos del alumno más rápido, al tiempo que se familiarizan con el instrumento que tocarán cuando son grandes. La obvia desventaja es que será difícil para ellos tocar las notas con las 2 cuerdas. Si Ud. opta por el segundo método, experimente para ver cuál de las 2 es mejor tocar (¿cuál suena más fuerte?) y haga que sus alumnos toquen esa cuerda usando la misma colocación de los dedos *aun cuando esto pudiera parecer raro* (así los prepararás para añadir la segunda cuerda en cuanto puedan), y que toquen ambas cuerdas siempre que les sea posible (para desarrollar la técnica correcta a la mayor brevedad). Muchos maestros tienen su método preferido, y Ud. deberá usar el que mejor le funcione.

Preparing Guitarrón Players for a Musical Career

The guitarrón in mariachi is very unique: if your students learn to play the guitarrón only, they will not be fully prepared to play other styles of music besides mariachi and will therefore not be prepared to major in music in college (at least until more colleges and universities begin to offer mariachi degrees). However, given the right guidance, any of your guitarrón players who wish to pursue music as a career can succeed in college and beyond.

First, almost no colleges or universities today provide instruction (nor credit that can be applied towards an official music degree) in guitarrón, so if you have any guitarrón students expressing interest in pursuing music as a career you should encourage them to also learn to play contrabass or classical guitar. While different techniques are employed in each, this should not be too dramatic a transition for the most talented and dedicated players, especially if they begin to consider this at an early point in their studies.

Many mariachi teachers actually have their guitarrón students (along with the armonía students) use classroom time to learn classical guitar. It is actually quite a bit easier for guitarrón players to reach a level of basic proficiency on their instrument than it tends to be for most violinists and trumpet players—which is the reason **Mariachi Mastery** recommends one year of preparation for violinists and trumpet players while guitarrón players can begin their studies with this method (they will soon "catch up" to the other players). However, to master the guitarrón, like any instrument, requires years of dedication and practice. If you find that your guitarrón students are bored playing their relatively "simple" music while you spend more time rehearsing with the violins and trumpets, you may wish to separate the guitarrón (and armonía) from the rest of the ensemble so they can study classical guitar style (assuming availability of facilities and perhaps a separate, dedicated guitar teacher).

Another option for the guitarrón player wishing to pursue music as a career is to study voice as their primary instrument. Remember, every mariachi should sing: you should be developing your students' voices and vocal technique in every class period. Many mariachis develop very strong voices, and the basic technique for singing mariachi is essentially the same as that of singing any other music—albeit with stylistic differences. As long as you encourage your students to sing with proper vocal technique, they should be prepared to study voice in college.

Please remember, as music teachers we are doing more than simply training professional musicians (it is simply wrong to label any student who pursues something other than music as a career as a musical "failure"). Rather, we are providing valuable, life-enriching experiences to every-

Preparando al guitarronista para una carrera musical

Tocar el guitarrón de mariachi es algo único: si sus alumnos aprenden a tocar solo el guitarrón no estarán preparados para tocar otros estilos musicales aparte del mariachi, ni para estudiar una carrera musical en la universidad (al menos hasta que más escuelas empiecen a otorgar títulos en mariachi). Sin embargo, si tiene la orientación adecuada, un guitarronista que desea seguir la carrera musical podrá tener éxito en sus estudios y después.

Primero, son pocas las instituciones que hoy ofrecen instrucción (o dan créditos aplicables a un título oficial en música) en el guitarrón, así que si Ud. tiene algún alumno de guitarrón que expresa interés en seguir la carrera musical deberá alentarlo a aprender a tocar también el contrabajo o la guitarra clásica. Aunque estos instrumentos emplean técnicas distintas, la transición no debe resultar muy drástica para un estudiante talentoso y dedicado, especialmente si empieza a contemplarlo desde el inicio de su formación.

Muchos maestros de mariachi hacen que los estudiantes de guitarrón (junto con los de la armonía) usen el tiempo de clase para aprender guitarra clásica. En realidad, es más fácil para un guitarronista lograr el nivel básico de habilidad con su instrumento que para los violinistas y trompetistas, razón por la cual **La maestría del Mariachi** recomienda que estos últimos tengan un año de preparación previa, mientras que el guitarronista puede empezar sus estudios usando este método (los guitarronistas pronto "alcanzarán" a los demás). Pero, para dominar la técnica del guitarrón –como todo instrumento musical– se requiere años de dedicación y práctica. Si Ud. ve que los alumnos del guitarrón se aburren al tocar sus partituras relativamente "sencillas" mientras Ud. dedica más tiempo a ensayar con los violines y trompetas, puede separarlos (con los de la armonía) del grupo para que estudien guitarra clásica (si es que el entorno lo permite y quizás cuenta con un maestro de guitarra).

Otra opción para el guitarronista que desea seguir la carrera musical es estudiar voz como su principal instrumento. Recuerda que todos los mariachis deben cantar y que Ud. debe desarrollar la voz y la técnica vocal de sus alumnos en cada clase. Muchos mariachis desarrollan voces muy fuertes y la técnica básica para cantar mariachi es esencialmente igual a la de cualquier otro género musical, si bien hay ciertas diferencias estilísticas. Siempre que Ud. los aliente a cantar usando la técnica vocal correcta, ellos deberán estar preparados para estudiar voz en la universidad.

Hay que recordar que como maestros de música hacemos más que sólo formar músicos profesionales (es incorrecto calificar de "fracasado" musical a un alumno que opta por otra carrera). Más bien, ofrecemos a toda persona que participa experiencias de vida enriquecedoras y valiosas. Así,

one who participates. In this sense, it shouldn't be the teacher's goal to direct all of your students towards music/mariachi careers. However, when you do encounter students who have the talent, dedication and desire to become professional musicians or music teachers, it is your duty to prepare them to succeed in college. It is easy to envision a future where mariachi music and degrees (including guitarrón) will be as common and accepted as jazz is today, but until then we must use these specific means of preparing our students to succeed in musical careers.

no debe ser meta del maestro encaminar a todo alumno a una carrera en música o mariachi. Sin embargo, cuando Ud. encuentra a alumnos que tienen el talento, la dedicación y el deseo de convertirse en músicos profesionales o maestros de música, es su deber prepararlos para tener éxito en sus estudios universitarios. Es fácil imaginar un futuro en que la música de mariachi y títulos en este género serán tan comunes y aceptados como en el jazz hoy en día; pero, mientras tanto, debemos usar estos medios específicos para preparar a nuestros estudiantes a tener éxito en la carrera musical.

TEACHING THE VOICE IN MARIACHI

Mariachi style may sound quite unique but the basic technique required to sing in mariachi is identical to that of classical singing. In fact, it is fair to say that classically-trained musicians will make the best mariachi musicians (provided they have mastered the idiosyncrasies of the mariachi style) and it is just as fair to say that learning mariachi will be a valuable, musically-enriching experience for any singer. In other words, playing mariachi will make any musician better.

Preparing Singers for a Career in Music

Almost no colleges or universities today provide instruction (nor obviously credit that can be applied towards an official music degree) in mariachi-style singing, so if you have any students expressing interest in pursuing music as a career you should encourage them to also learn to sing in the classical style. The basic technique of playing in mariachi is the same as playing in any other type of music—the only real differences being stylistic—and as is true with any musical instrument, the more your students practice, the more they enjoy singing, and the more musical experiences they participate in, the better musicians they will become. In other words, singing other types of music will make them better mariachis, just as singing mariachi will make them better at singing other types of music.

Please remember, as music teachers we are doing more than simply training professional musicians (it is simply wrong to label any student who pursues something other than music as a career as a musical "failure"). Rather, we are providing valuable, life-enriching experiences to everyone who participates. In this sense, it shouldn't be the teacher's goal to direct all of your students towards music/mariachi careers. However, when you do encounter students who have the talent, dedication and desire to become professional musicians or music teachers, it is your duty to prepare them to succeed in college. It is easy to envision a future where mariachi music and degrees will be as common and accepted as jazz is today, but until then we must use these specific means of preparing our students to succeed in musical careers.

ENSEÑANDO LA VOZ PARA MARIACHI

El estilo del mariachi puede parecer único, pero la técnica básica requerida para cantar en un mariachi es igual a la del estilo clásico. De hecho, es justo decir que los músicos con formación clásica serán los mejores músicos de mariachi (siempre y cuando dominen las idiosincrasias de este género). También podríamos decir que aprender a cantar mariachi será una valiosa y enriquecedora experiencia musical para cualquier cantante. Es decir, al aprender a cantar la música de mariachi todo cantante mejorará su habilidad.

Preparando los violinas, chelistas, y contrabajistas para una carrera en música

Hay pocas instituciones que ofrecen instrucción en la voz del estilo mariachi (o, lógico, créditos que se podrían aplicar a un título en música), entonces, si Ud. encuentra algún alumno que expresa interés en seguir la carrera de música, debe alentarlo a aprender a cantar también el estilo clásico. La técnica básica para el mariachi es igual a la de cualquier otro género musical –las únicas diferencias reales son de estilo– y, como en el caso de cualquier otro instrumento musical, entre más cantiquen, más disfruten de cantar y más experiencias musicales tengan sus alumnos, mejores músicos serán. Es decir, cantar otros géneros musicales los ayudará a ser mejores intérpretes del mariachi; del mismo modo que cantar el estilo mariachi mejorará su habilidad de cantar otros géneros.

Hay que recordar que como maestros de música hacemos mucho más que sólo formar músicos profesionales (es incorrecto calificar de "fracasado" musical a un alumno que opta por otra carrera). Más bien, ofrecemos experiencias de vida enriquecedoras y valiosas a todos los participantes y, entonces, la meta del maestro no debe ser sólo encaminar a todos los alumnos hacia una carrera musical o de mariachi. Pero, si Ud. encuentra a alumnos que sí tienen el talento, la dedicación y el deseo de llegar a ser músicos profesionales o maestros de música, es su deber prepararlos para que puedan tener éxito en sus estudios futuros. Podemos imaginar que en un futuro no muy lejano la música de mariachi y títulos en este género serán tan comunes y aceptados como en el jazz hoy; pero mientras tanto es deber nuestro usar estos medios específicos para prepararlos a tener éxito en su carrera musical.

METHODS OF TUNING THE VIHUELA AND GUITAR

There are several ways to tune vihuelas and guitars. Electronic tuners are very inexpensive, accurate and easy to use so they have become one of the most popular means of tuning especially among young players. Another method is matching the pitch of each string to a reference pitch, such as those contained on the CD accompanying **Mariachi Mastery** or by playing pitches on a piano/keyboard.

In most performance situations, the mariachi will tune together to the note "A," usually given by one of the trumpet players since a trumpet will tend to stay more in tune from day to day than strings. In these situations, especially when a tuner and reference source for all of the strings is unavailable, the vihuela and guitar strings can be tuned as follows:

Vihuela

1) Tune the "A" string from the reference pitch (trumpet).
2) Place one finger on the "A" string on the second fret to create the note "B," then use this as a reference to tune the "B" string.
3) Place one finger on the "B" string on the third fret to create the note "D," then use this as a reference to tune the "D" string.
4) Place one finger on the "D" string on the second fret to create the note "E," then use this as a reference to tune the "E" string.
5) Place one finger on the "E" string on the third fret to create the note "G," then use this as a reference to tune the "G" string.

MÉTODOS PARA AFINAR LA VIHUELA Y LA GUITARRA

Hay varias maneras para afinar la vihuela y guitarra. Un afinador electrónico es económico, exacto y fácil de usar, así que ahora es un medio de uso muy común, más aún por músicos jóvenes. Otro método se basa en ajustar el tono de cada cuerda a un tono de referencia como los que están en el CD incluido con **La maestría del mariachi**, o el de un piano o teclado.

Normalmente antes de un concierto, el mariachi afina en grupo con la nota "La" tocada por una trompeta, ya que este instrumento se mantiene afinado día tras día mejor que uno de cuerda. Si no se cuenta ni con un afinador ni una referencia para todas las cuerdas, la vihuela y la guitarra pueden afinarse siguiendo estos pasos:

Vihuela

1) Afine la cuerda "La" usando el tono de referencia (trompeta).
2) Coloca un dedo en el segundo traste de la cuerda "La" para crear la nota "Si," y use ésta como referente para afinar la cuerda "Si".
3) Coloca un dedo en el tercer traste de la cuerda "Si" para crear la nota "Re," y use ésta como referente para afinar la cuerda "Re".
4) Coloca un dedo en el segundo traste de la cuerda "Re" para crear la nota "Mi," y use ésta como referente para afinar la cuerda "Mi".
5) Coloca un dedo en el tercer traste de la cuerda "Mi" para crear la nota "Sol," y use ésta como referente para afinar la cuerda "Sol".

Guitar

1) Tune the "A" string from the reference pitch (trumpet).
2) Place one finger on the "A" string on the fifth fret to create the note "D," then use this as a reference to tune the "D" string.
3) Place one finger on the "D" string on the fifth fret to create the note "G," then use this as a reference to tune the "G" string.
4) Place one finger on the "G" string on the fourth fret to create the note "B," then use this as a reference to tune the "B" string.
5) Place one finger on the "B" string on the fifth fret to create the note "E," then use this as a reference to tune the high "E" string.
6) Use the high "E" string as a reference to tune the low "E" string (two octaves lower).
7) To double-check the tuning, place one finger on the low "E" string on the fifth fret to create the note "A." This "A" should be in tune with the "A" string.

It will take a lot of practice from the student and constant monitoring on your part to ensure that your students are successful in tuning their instruments correctly.

Guitarra

1) Afine la cuerda "La" usando el tono de referencia (trompeta).
2) Coloca un dedo en el quinto traste de la cuerda "La" para crear la nota "Re," y use ésta como referente para afinar la cuerda "Re".
3) Coloca un dedo en el quinto traste de la cuerda "Re" para crear la nota "Sol," y use ésta como referente para afinar la cuerda "Sol".
4) Coloca un dedo en el cuarto traste de la cuerda "Sol" para crear la nota "Si," y use ésta para afinar la cuerda "Si".
5) Coloca un dedo en el quinto traste de la cuerda "Si" para crear la nota "Mi," y use ésta como referente para afinar la cuerda "Mi" superior.
6) Use la cuerda "Mi" superior como referente para afinar la cuerda "Mi" inferior (dos octavas abajo).
7) Para revisar la afinación, coloca un dedo en el quinto traste de la cuerda "Mi" inferior para crear la nota "La." Esta "La" debe ser igual a la cuerda "La".

¡Lograr que los estudiantes aprendan a afinar sus instrumentos con éxito require mucha práctica, así como un constante monitoreo de parte suya, maestro!

DISCOGRAPHY	DISCOGRAFÍA
Mariachi recordings can be hard to find because they go in and out of print or change record companies, but there is a wealth of early and wonderful mariachi recordings available on CD today. Internet stores have the widest selection, but your local record store may also have a good variety mariachi recordings in stock.	A veces es difícil encontrar discos de mariachi, porque se agotan o cambian de una empresa a otra, pero hoy está disponible en CD una gran cantidad de maravillosos discos de mariachi. Las tiendas de Internet tienen una selección más amplia, pero su tienda de discos local también podría tener en existencia algunos discos de mariachi.

ARTIST/ARTISTA	TITLE/TÍTULO
Mariachi Vargas de Tecalitlán	Bailes Regionales En Concierto La Fiesta del Mariachi El Mariachi La Nueva Dimensión 5ta Generación Sones de Jalisco vol. 1 & 2
Mariachi Sol de México	Corazón buenas noches Homenaje al Mariachi
Mariachi Cobre	Éste es mi mariachi Mariachi Cobre
Mariachi Los Camperos	Canciones de Siempre Viva el Mariachi
Jiménez, José Alfredo	Las 100 Clásicos vol. 1 & 2
Fernández, Vicente	La Historia de un Ídolo vol. 1 & 2
Mejía, Miguel Aceves	15 Huapangos de oro
Ronstadt, Linda	Canciones de mi padre Más canciones
Solís, Javier	Mis 30 mejores canciones

IMPORTANT ARTISTS IN MARIACHI MUSIC	IMPORTANTES ARTISTAS DE LA MÚSICA DE MARIACHI
Most mariachi music you will find was recorded by solo singers with mariachi accompaniment, so when looking for these recordings you should look under the singer's name, usually in the "Regional Mexican" section, or sometimes in the "Latin," "World Music," or "Ranchera" sections. Specific recordings by many of these artists can be very to hard to find, so it is best to search for "greatest hits" recordings from these artists. In Spanish, these may be labeled "Exitos" [Greatest Hits], "Inolvidables" [unforgetables], "Versiones Originales" [original versions], "de oro" [gold] and "lo mejor de" [the best of] for example.	La mayor parte de la música de mariachi que uno puede encontrar fue grabada por cantantes solistas acompañados de un mariachi, así que cuando uno quiere comprar estos discos debe buscar bajo el nombre de los solistas, usualmente en la sección "Regional Mexican", o quizá "Latin," "World Music," o "Ranchera". Ya que puede ser difícil encontrar discos específicos de algunos de estos artistas, lo mejor que se puede hacer es buscar discos de sus "greatest hits" ("grandes éxitos"). Si sus etiquetas están en español, podrían decir Éxitos, Inolvidables, Versiones Originales, Versiones de Oro, o Lo Mejor De, por ejemplo.

MEN/HOMBRES	WOMEN/MUJERES
Pedro Infante	Lucha Reyes
Jorge Negrete	Lola Beltrán
José Alfredo Jiménez	Aída Cuevas
Vicente Fernández	Lucha Villa
Javier Solís	Amalia Mendoza
Miguel Aceves Mejía	Linda Ronstadt
Alejandro Fernández	Rocío Dúrcal
Pepe Aguilar	Ángeles Ochoa
Antonio Aguilar	Flor Silvestre
Juan Gabriel	Vikki Carr

INDEX / ÍNDICE

VOCAL EXERCISES

MASTERING MARIACHI

These vocal exercises ("vocalises") should be used at the beginning of each class or practice session to prepare the voice before singing the songs in this book and also to help develop vocal quality, range, and technique.

1 Inhale and exhale slowly several times (4–8 counts in, 4–8 counts out). Breath deeply, let your rib cage expand and abdomen extend when breathing in but don't let your shoulders move. Keep your throat open and relaxed, as if saying "o" when you breathe in.

2 Hum gently, allowing your head to resonate on pitch, then open your mouth slightly. Sing very pure vowel sounds, clearly changing from one to another while visualizing "tall" vowels (drop the tongue and raise the soft palate) instead of "wide" vowels (do not smile while singing). Women and children sing at the written pitch, men sing 8vb.

EJERCICIOS VOCALES

DOMINANDO LA MÚSICA DE MARIACHI

Estos ejercicios vocales (*vocalises*) deben usarse al principio de cada clase o sesión de práctica para preparar la voz antes de entonar las canciones del libro y así poder desarrollar la calidad vocal, el alcance, y la técnica.

Inhala y exhala lentamente varias veces (inhala a la cuenta de 4–8, y exhala igual). Respira profundo, deja expandir tu caja torácica y extender tu abdomen mientras inhalas, pero no dejes que se muevan tus hombros. Mantén tu garganta abierta y relajada, como si estuvieras diciendo "O" al inhalar.

Tararea suavemente, dejando que tu cabeza resuene en el tono y luego abre un poco tu boca. Canta sonidos vocales muy puros, cambiando claramente de uno a otro mientras visualizas vocales "largas" (baja la lengua y levanta el paladar suave), en vez de vocales "anchas" (no sonrías mientras cantas). Las mujeres y los niños cantan el tono escrito, los hombres cantan 8vb.

3 Open your throat as if yawning (raise soft palate, lower tongue), sing softly, slide from a comfortable high note to a comfortable low note without moving the tongue or soft palate. Repeat 2–3 times.

Abre tu garganta como si estuvieras bostezando (levanta el paladar suave, baja la lengua), canta suavemente, deslízate de una nota alta cómoda a una baja también cómoda, sin mover la lengua ni el paladar suave. Repite 2–3 veces.

4 Sing as in previous example, but from a low comfortable note to a high note and back without moving the tongue or soft palate. Repeat 2–3 times.

Canta como en el ejemplo anterior, pero desde una nota baja cómoda a una alta también cómoda y de regreso, pero sin mover la lengua ni el paladar suave. Repite 2-3 veces.

5 Concentrate on producing a beautiful, resonant sound with good intonation. Other vowel sounds may be used.

Concéntrate en producir un sonido hermoso y resonante con buena entonación. Puedes usar otros sonidos vocales.

6 Solfege. Learn to associate these syllables with the notes they represent.

Solfeo. Aprende a relacionar estas sílabas con las notas que representan.

MARIACHI MASTERY
ENHANCED CD
EXERCISES

Adjust the balance of your speakers to hear your part better, or to remove your part and play along. The violins, viola, and trumpets are on the left channel. The harp, armonia, and guitarrón are on the right channel.

LA MAESTRÍA DEL MARIACHI
CD COMPATIBLE CON P.C.
EJERCICIOS

Ajusta el balance de las bocinas para escuchar mejor tu parte, o quita esta parte y toca con las demás. Los violines, la viola, y las trompetas están en el canal izquierdo. El arpa, la armonia, y el guitarron estan en el canal derecho.

1	Introduction in English
2	Introducción en español
3	Tuning Note: **A**
	Nota para Afinar: **La**
4	Tuning Note: **B**
	Nota para Afinar: **Si**
5	Tuning Note: **C**
	Nota para Afinar: **Do**
6	Tuning Note: **D**
	Nota para Afinar: **Re**
7	Tuning Note: **E**
	Nota para Afinar: **Mi**
8	Tuning Note: **F#**
	Nota para Afinar: **Fa#**
9	Tuning Note: **G**
	Nota para Afinar: **Sol**

DE COLORES
10	Exercise / Ejercicio 1
11	Exercise / Ejercicio 2
12	Exercise / Ejercicio 3
13	Exercise / Ejercicio 4
14	Exercise / Ejercicio 6

LA VALENTINA
15	Exercise / Ejercicio 1
16	Exercise / Ejercicio 2
17	Exercise / Ejercicio 3
18	Exercise / Ejercicio 4
19	Exercise / Ejercicio 5

LAS GOLONDRINAS
20	Exercise / Ejercicio 1
21	Exercise / Ejercicio 2
22	Exercise / Ejercicio 3
23	Exercise / Ejercicio 4
24	Exercise / Ejercicio 5
25	Exercise / Ejercicio 6
26	Exercise / Ejercicio 7
27	Exercise / Ejercicio 8

LA ADELITA
28	Exercise / Ejercicio 1
29	Exercise / Ejercicio 2
30	Exercise / Ejercicio 3
31	Exercise / Ejercicio 4
32	Exercise / Ejercicio 5
33	Exercise / Ejercicio 6
34	Exercise / Ejercicio 7
35	Exercise / Ejercicio 8
36	Exercise / Ejercicio 10
37	Exercise / Ejercicio 11
38	Exercise / Ejercicio 12

TRISTES RECUERDOS
39	Exercise / Ejercicio 1
40	Exercise / Ejercicio 2
41	Exercise / Ejercicio 3
42	Exercise / Ejercicio 4
43	Exercise / Ejercicio 5
44	Exercise / Ejercicio 6
45	Exercise / Ejercicio 8

LA RASPA
46	Exercise / Ejercicio 1
47	Exercise / Ejercicio 2
48	Exercise / Ejercicio 3
49	Exercise / Ejercicio 4
50	Exercise / Ejercicio 5
51	Exercise / Ejercicio 6
52	Exercise / Ejercicio 7
53	Exercise / Ejercicio 8

EL CABALLITO
54	Exercise / Ejercicio 1
55	Exercise / Ejercicio 2
56	Exercise / Ejercicio 3
57	Exercise / Ejercicio 4
58	Exercise / Ejercicio 5
59	Exercise / Ejercicio 6

LA BAMBA
60	Exercise / Ejercicio 1
61	Exercise / Ejercicio 2
62	Exercise / Ejercicio 3
63	Exercise / Ejercicio 4
64	Exercise / Ejercicio 5

EL SÚCHIL
65	Exercise / Ejercicio 1
66	Exercise / Ejercicio 2
67	Exercise / Ejercicio 3
68	Exercise / Ejercicio 4
69	Exercise / Ejercicio 5

70	Exercise / Ejercicio 6
71	Exercise / Ejercicio 7

LA LLORONA
72	Exercise / Ejercicio 1
73	Exercise / Ejercicio 2
74	Exercise / Ejercicio 3
75	Exercise / Ejercicio 4
76	Exercise / Ejercicio 5

EL SON DE MI TIERRA
77	Exercise / Ejercicio 1
78	Exercise / Ejercicio 2
79	Exercise / Ejercicio 3
80	Exercise / Ejercicio 4
81	Exercise / Ejercicio 5
82	Exercise / Ejercicio 7
83	Exercise / Ejercicio 8

MARÍA CHUCHENA
84	Exercise / Ejercicio 1
85	Exercise / Ejercicio 2
86	Exercise / Ejercicio 3
87	Exercise / Ejercicio 4
88	Exercise / Ejercicio 5
89	Exercise / Ejercicio 6

DIRECTOR CD

1	DE COLORES		7	EL CABALLITO
2	LA VALENTINA		8	LA BAMBA
3	LAS GOLONDRINAS		9	EL SÚCHIL
4	LA ADELITA		10	LA LLORONA
5	TRISTES RECUERDOS		11	EL SON DE MI TIERRA
6	LA RASPA		12	MARÍA CHUCHENA

CD-ROM

Las hojas de trabajo sobre el mariachi y la notación músical
Mariachi and Music Literacy Worksheets
Proposal for Standardizing Mariachi Notation
Propuesta para normar la notación de la música de mariachi

ENHANCED STUDENT CD

To access the features of the Enhanced portion of the CD, place the disc into a computer. You'll find complete recordings of the 12 songs in this book in .mp3 file format. Listen to these files using your computer's audio program. We've also provided the Spanish lyrics and English translations in Adobe's .pdf format. You can download Adobe's Acrobat Reader for free from http://www.adobe.com.

CD COMPATIBLE CON P.C. DEL ESTUDIANTE

Para accesar el material del CD compatible con PC, coloca el disco en tu computadora. Allí encontrarás versiones completas de las 12 canciones del libro en formato mp3. Escucha estos archivos con el programa de audio de tu PC. Aparte, incluimos la letra en español con traducción al inglés en formato Adobe .pdf. Puedes descargar Adobe Acrobat Reader en la página http://www.adobe.com.